中央财政支持高等职业学校提升专业服务



# 电子商务实务

薛晓燕　主编

中国农业大学出版社

·北京·

## 内 容 简 介

电子商务实务课程是高职类电子商务专业的基础课和必修课，是培养一线电子商务高端技能型人才的必备课程。

本教材主要包括认知电子商务、商务网络信息收集与整理、B2B、B2C、B2C电子商务模式、网上银行与电子支付、电子商务安全、电子商务与现代物流、网络营销、移动电子商务等任务，根据每个任务的具体内容和特点，合理设置子任务。

本教材注重实践能力的培养，在每项任务的最后都设有分组讨论和业务技能训练，加深学生对课堂内容的理解，巩固所学的知识，掌握基本的应用技能。

本教材可作为高等职业院校、普通高等院校（应用型本科）、成人高校电子商务专业及其他相关专业的教学用书，也可作为广大电子商务爱好者自学的入门教材。

**图书在版编目(CIP)数据**

电子商务实务/薛晓燕主编. —北京：中国农业大学出版社，2013.10
ISBN 978-7-5655-0799-1

Ⅰ.①电… Ⅱ.①薛… Ⅲ.①电子商务 Ⅳ.①F713.36

中国版本图书馆CIP数据核字(2013)第187732号

**书　　名** 电子商务实务
**作　　者** 薛晓燕 主编

**策划编辑** 康昊婷 伍 斌　**责任编辑** 张玉芬 张苏明
**封面设计** 郑 川　**责任校对** 王晓凤 陈 莹
**出版发行** 中国农业大学出版社
**社　　址** 北京市海淀区圆明园西路2号　**邮政编码** 100193
**电　　话** 发行部 010-62818525，8625　读者服务部 010-62732336
编辑部 010-62732617，2618　出 版 部 010-62733440
**网　　址** http://www.cau.edu.cn/caup　**e-mail** cbsszs @ cau.edu.cn
**经　　销** 新华书店
**印　　刷** 北京时代华都印刷有限公司
**版　　次** 2013年10月第1版　2014年8月第2次印刷
**规　　格** 787×1 092　16开本　18.5印张　457千字
**定　　价** 36.00元

# 编写人员


**主　编**　薛晓燕（北京农业职业学院）

**副主编**　朱京燕（北京农业职业学院）

白栋英（北京农业职业学院）

杜一馨（北京农业职业学院）

耿乔科（北京农业职业学院）

宋丽芳（北京农业职业学院）

张建豪（上海商派网络科技有限公司）

薛晓乐（人民文学杂志社）

**参　编**　张光连（北京市科学技术委员会）

张　平（北京市科学技术委员会）

马金旺（北京市科学技术委员会）

李文通（北京市农林科学院）

李祥欣（北京市自然科学基金委员会办公室）

谢莉娇（北京市科学技术委员会）

张晓华（北京市科学技术委员会农村发展中心）

段晓宇（北京市科学技术委员会农村发展中心）

# 前　言

电子商务作为时代的一种新的商贸形式，从根本上改变了传统商务运作的过程和方法，对社会的生产和管理、人们的生活和就业、政府职能、法律制度以及文化教育等各个领域产生了巨大的影响，并且从多方面促使人们的思想观念、思维方式和相互交往方式的转变，电子商务给我们这个时代带来了一场深广的革命。随着电子商务的不断普及完善，电子商务已经成为现代服务业中的重要产业，并且被列入国家“十二五”发展规划战略性新兴产业的重要组成部分。

基于新时期行业背景，我校电子商务专业根据专业教学标准和应用发展前沿不断深化改革，并积极开展了校企合作，力争将依托企业进行教学改革和专业建设的最新成果体现在该教材编写中。本教材分为认知电子商务、商务网络信息收集与整理、B2B 电子商务模式、B2C 电子商务模式、C2C 电子商务模式、网上银行与电子支付、电子商务安全、电子商务与现代物流、网络营销、移动电子商务等十项任务。通过各项任务的学习，使学生真正做到学以致用，活学活用，切实培养学生的实践操作能力，工学结合提高学生的综合素质。

本教材的编写有以下几个特色：

(1)以理实一体化教学为理念，以培养一线电子商务高端技能型人才为目标，按照校企合作、任务驱动、工作过程导向的教学组织方式编写体系结构和内容，符合高职教学要求，具有良好的易教易学性。

(2)力求将电子商务最新动态和发展趋势纳入【阅读案例】和【前沿聚焦】中，其他基础重要性的知识纳入【知识链接】中，确保内容的新颖性、实用性和完整性。

(3)注重实践能力的培养。在每项任务的最后都设有分组讨论和业务技能训练，加深学生对课堂内容的理解，巩固所学的知识，掌握基本的应用技能。

本教材由北京农业职业学院薛晓燕担任主编。在教材编写过程中，编者借鉴和吸收了国内外专家、学者的最新科研成果，同时也参阅了大量相关书籍和资料，在此谨向原作者表示深深的谢意！

由于编者水平有限，书中难免有不足之处，敬请广大读者批评指正。

意见建议请寄：xuexy20030716@126.com

联系电话：010-62502152，13811992356

编　者

2013 年 7 月

# 目 录

20世纪末，信息技术突飞猛进，不断地创造着令人耳目一新的天地。就在人们对互联网络刚刚有所认识的时候，电子商务——这一全新的概念就以难以估量的速度在兴起，进而改变着社会经济生活的各个方面。虽然在其发展的过程中曾经在全球信息技术产业，特别是网络经济、电子商务中出现颓势，许多知名网络公司及电子商务企业都陷入困境。但是，摒弃网络股的泡沫，我们仍然看好网络经济尤其是电子商务市场，诸多大型公司仍在向网络化发展，完善电子商务。这是因为，网络是一条扩大销售，削减成本，实现社会财富最大化的佳径。电子商务所蕴含的巨大市场和无限商机不容小觑，它已成为全球最具活力的经济增长点。

# 任务一 认知电子商务

## ◈任务解析

对于电子商务的初学者，需要对电子商务的含义、分类、影响、发展状况及电子商务专业的就业方向与岗位等有所了解。

## ◈分项任务

子任务1. 了解电子商务的含义

子任务2. 了解电子商务的分类

子任务3. 了解电子商务的影响

子任务4. 了解中国电子商务的发展状况

子任务5. 明确电子商务专业的就业方向与岗位

## ◈能力目标

通过完成本任务，你应该能够：

1. 了解电子商务的含义、分类、影响及发展状况；
2. 明确电子商务专业的就业方向与岗位。

## ◈核心能力

通过实地调研或网络调研，形成对电子商务及其发展现状的正确认识。

## ◈引导性案例

### 各种不同的情景，享受电子商务带来的便捷与实惠

情景1：生日礼物

一位母亲通过Internet查看了十几个在线鲜花供应商后，选择了喜爱的一家订了束鲜花送给她的儿子作为生日礼物。此时她的儿子正在地球的另一端讲学。生日的那一天，她的儿子收到了远在万里的母亲的祝福。

情景2：音乐专辑

一位青少年听说他最喜欢的一位音乐家最近出版了一份专辑。他从网上链接到一家电子音乐商店下载并收听了这份专辑的试听版本，非常喜欢，于是就从网上订了一盘CD，第二天就收到了。

情景3：订票

一对夫妇正在制订度假计划。他们从网上找到一家旅行社，通过一种交互式的系统，这对夫妇查看了他们要去的地方的航班时间，其中有多种选择方案。几分钟后，他们选择了一个行程并预订了机票，第二天他们就收到了机票。

情景4：订餐

一天晚上，一个科研小组工作到很晚了，他们准备从网上订食物。于是，从网上找到了几家当地的送餐公司，然后查看了这几家餐厅的网上菜单，从中预订了几种食物。一小时之内，他们就吃到了所订的食物。（注意：这里是来自多家餐厅的食物）

情景5：新闻消息

一位美国公司的管理人员正在中国出差，他想看《纽约时报》，于是他通过计算机登录到了《纽约时报》的官方网站上，下载了他要看的那一天的报纸。

情景6：梦想成真

一位刚毕业的大学生找到了一份高薪工作。他做梦都想买一辆跑车，于是，他上网找到了一个提供汽车销售信息的网站，它所提供的信息包括汽车的性能、型号、出厂年份、价格、汽车的照片、汽车销售商的地址。他花了一些时间查看这些信息后，最终选择了他最满意的一辆跑车——梦想变成了现实。

情景7：地方特色美食

2012年央视热播的纪录片《舌尖上的中国》引发了淘宝的美食购买热潮，地方特色美食成了淘宝上的热门搜索词。淘宝数据显示，《舌尖上的中国》开播后，短短5天内就有580多万人上淘宝淘一淘熟悉的家乡味。

思考：

1. 你在以前的生活、学习过程中是否已经接触过电子商务？请举例说明。

2. 在你的印象中，电子商务是怎样的？简单谈谈自己的理解。

# 子任务1　了解电子商务的含义

20世纪90年代以来，一系列技术的突破使得Internet（因特网）发生了日新月异的变化，呈现出爆炸性增长。随之，一种基于Internet、以交易双方为主体、以银行电子支付和结算为手段、以客户数据为依托的全新商务模式——电子商务（Electronic Commerce）应运而生。目前电子商务正飞速发展，并成为世界经济中的主角。

## 一、电子商务与传统商务

1. 传统商务

传统商务起源于史前，当我们的祖先开始对日常活动进行分工时，商业活动就开始了。每个家庭不再像以前那样既要种植谷物，又要打猎和制造工具，而是专心于某一项活动，然后用他们的产品换取所需之物。例如:制造工具家庭可以和种植谷物家庭互换产品。在这些原始的活动中,无形的服务也开始了买卖,例如:巫医通过巫术或求神换取食品或工具。最终,货币的出现取代了易货贸易,交易活动变得更容易了。然而,贸易的基本原理并没有变化。所以,商务或商务活动是指至少有两方参与的有价物品或服务的协商交换过程,它包括买卖各方为完成交易所进行的各种活动。

企业的商务活动不仅是采购与销售,还包括很多其他活动。例如:产品的销售方需要了解顾客的需求向潜在顾客促销产品——接收订单——支付产品——开具票据——接收付款——提供服务等。当然,产品的购买方也要参与很多业务活动,他们必须明白自己的需求,确定能够满足这些需求的产品并对这些产品做出评价。然后,他们要订购所需的产品,确定产品的交付方式并付款。在很多情况下,买方需要就产品的质量保证与售后服务问题与卖方保持联系。

2. 电子商务

在互联网技术迅速发展的今天,网上订购CD、网上订花、网上订餐、网上订票、网上购物、网上交易……电子商务这一词汇开始频繁地出现在人们的日常生活当中。组织和个人对电子商务有了不同程度的认识,人们对电子商务的兴趣也与日俱增,但是可能有许多人只是认为,电子商务就是网上购物。其实当今的电子商务领域并不局限于网上购物或买卖,还包括其他更多的业务。那么,到底什么是电子商务呢?电子商务有狭义与广义之分,狭义的电子商务我们称之为电子商业(E-Commerce),一般我们认为的电子商务是指广义的电子商务(E-Business)。

电子商业(E-Commerce)是指实现整个贸易过程中各阶段贸易活动的电子化。从涵盖范围方面可以定义为:交易各方以电子交易方式而不是通过当面交换或直接面谈方式进行的任何形式的商业交易;从技术方面可以定义为:电子商业是一种多技术的集合体,包括交换数据(如电子数据交换、电子邮件)、获得数据(如共享数据库、电子公告牌)以及自动捕获数据(如条形码)等。

电子商务(E-Business)是利用网络实现所有商务活动业务流程的电子化,不仅包括了电子商业的面向外部的业务流程,如:网络营销,电子支付,物流配送等,还包括了企业内部的业务流程,如:企业资源规划、管理信息系统、客户关系管理、供应链管理、人力资源管理、网上市场调研、战略管理及财务管理等。

综合各方面的不同看法,结合我国电子商务的实践,可以将电子商务的概念做如下表述:电子商务指交易当事人或参与人利用计算机技术和网络技术(主要是互联网)等现代信息技术所进行的各类商务活动,包括货物贸易、服务贸易和知识产权贸易。这里的“利用信息技术和计算机网络”和“进行商务活动”都具有丰富的含义。

电子商务起源于企业。企业希望更好地利用计算机,特别是网络技术,改善企业的经营活动和企业内外的信息交流,尤其是与客户的交流。电子商务的产生并非一日之功,它经历了由局部的、在专用网上的电子交易,到开放的、基于Internet的电子交易过程。计算机的高速发展、网络的普及和成熟、银行卡及信用卡的普及应用、电子安全交易协议的制定、政府的支持与推动等因素促使电子商务产生与发展。

传统企业要进行电子商务运作,重要的是优化内部管理信息系统(Management Information System,MIS)。MIS是企业进行电子商务的基石。MIS本质上是通过对各种内部信息的加工处理,实现对物流、资金流、信息流的有效管理和控制,从而最终扩大销售,降低成本,提高利润。

3. 传统商务与电子商务的区别

电子商务与传统商务其核心都是商务，只是手段、工具不同。早在1839年，当电报刚出现时，人们就开始了对运用电子手段进行商务活动的讨论。随着电话、传真、电视、计算机、网络等工具的诞生，商务活动中可应用的工具也得到了补充。

通过前面我们对电子商务与传统商务的分析可以看出，电子商务与传统商务可以从信息取得、流通方式、流通渠道、交易对象、交易时间、消费者的便利性等方面进行比较，如表1-1所示。

**表1-1　传统商务与电子商务的区别**

| 项目 | 传统商务 | 电子商务 |
|---|---|---|
| 信息提供 | 根据销售商的不同而不同 | 透明、准确 |
| 流通渠道 | 企业→中间商→消费者 | 企业→消费者 |
| 交易对象 | 部分地区 | 全球 |
| 交易时间 | 营业时间内 | 二十四小时全天候 |
| 销售方法 | 企业推动式 | 消费者拉动式 |
| 顾客便利性 | 受时间、地点的限制，便利性弱 | 不受任何限制，自由式，便利性强 |
| 客户管理 | 需要很长时间掌握顾客需求，不便于客户管理 | 能够迅速掌握顾客需求，便于客户管理 |
| 销售场地 | 需要销售空间，有门店 | 虚拟空间 |

## 二、电子商务的功能与特点

1. 电子商务的功能

电子商务可提供网上交易和管理等商务活动全过程的服务。因此，它具有企业业务组织、信息发布与广告宣传、咨询洽谈、网上订购、网上支付、网上金融与电子账户、信息服务传递、意见征询和调查统计、交易管理等各项功能。

(1)企业业务组织　电子商务是一种基于信息的商业进程，在这一进程中，企业内外的大量业务被重组，使整个企业更有效地运作。企业对外通过Internet加强了与合作伙伴之间的联系，打开了面向客户的窗口；对内则通过Internet提高业务管理的集成化和自动化水平，以实现高效、快速和方便的业务活动流程。

(2)发布与广告宣传　企业可以在互联网上发布各类商业信息和企业信息，以供客户浏览。客户可借助网上的搜索引擎工具迅速地找到所需商品信息，而商家则可利用网上主页和电子邮件在全球范围内做广告宣传。与以往的各类广告相比，网上的广告成本更为低廉，宣传范围覆盖全球，同时能给顾客提供更为丰富的信息。

(3)咨询洽谈　在电子商务活动中，顾客可以借助非实时的电子邮件(E-mail)、新闻组(News Group)和实时的论坛(BBS)来了解市场和商品信息，洽谈交易事务，如有进一步的需求，还可用网上的交互平台来及时交流图文信息。网上的咨询和洽谈能超越人们面对面洽谈的限制，提供多种方便的异地交谈形式，甚至可以在网络中传输实时的图片和视频片段，产生如同面对面交谈的感觉。

(4)网上订购　网上订购通常是在产品介绍的页面上提供十分友好的订购提示信息和订购单。当客户填写完订购单后,系统会通过发送电子邮件或其他方式通知客户确认订购信息。通常,订购信息会采用加密的方式来传递和保存,以保证客户和商家的商业信息不会泄露。

(5)网上支付　对于一个完整的电子商务过程,网上支付是不可缺少的一个重要环节。客户和商家之间可采用虚拟电子货币、网银在线、信用卡等系统来实现支付。网上支付比传统的支付手段更为高效和方便,可节省交易过程中许多人员的开销。但是,由于网上支付涉及机密的商业信息,所以,它需要更为可靠的信息传输安全性控制以防止欺骗、窃听、冒用等非法行为出现。

(6)网上金融与电子账户　网上的支付需要电子金融来支持,即银行或信用卡公司以及保险公司等金融机构为客户提供可在网上操作的金融服务,而电子账户管理是其基本的组成部分。信用卡号或银行账号是电子账户的一种标志,其可信度需配合必要的技术措施来保证,如:数字凭证、数字签名、加密等手段的应用,为电子账户操作提供可靠的安全保障。

(7)信息服务传递　交易过程中的信息服务传递,如订货信息、支付信息、物流配送信息等均可通过各种网络服务来实现。另一方面,信息是交易商品的一种形式,如软件、电子读物、信息服务等,可直接通过网络传递到客户手中。

(8)意见征询和调查统计　在网页上采用"选择"、"填空"等问卷调查方式收集用户对产品及服务的反馈意见,使企业的市场运营形成一个回路。通过对反馈意见的分析,以及对交易数据的统计,可以了解用户的需求和爱好,有效地把握市场的发展趋势,使企业获得改进产品、扩大市场的商业机会。

(9)交易管理　在商务活动中,对整个交易过程的管理涉及人、财、物多个方面以及企业与企业、企业与客户、企业内部等各方面的协调和管理,因此,交易管理涉及商务活动的全过程。电子商务的发展,将会提供一个良好的交易管理的网络环境及多种多样的应用服务系统以促进电子商务获得更广泛的应用。

2. 电子商务的特点

电子商务综合运用信息技术,以提高贸易伙伴间商业运作效率为目标,将一次交易全过程中的数据和资料用电子方式实现,在整个商业运作过程中实现交易无纸化、直接化。电子商务可以使贸易环节中各个参与者更紧密地联系,更快地满足需求,在全球范围内选择贸易伙伴,以最小的投入获得最大的利润。

电子商务与传统的商务活动相比,具有以下几个特点:

(1)交易虚拟化　通过互联网进行的贸易活动,贸易双方从贸易磋商、签订合同到支付等,无须当面进行,均可通过计算机在互联网上完成,整个交易都可在网络这个虚拟化的环境中进行。对卖方来说,可以到网络管理机构申请域名,制作自己的主页,组织产品信息上网。而虚拟现实、网上聊天等新技术的发展使买方能够根据自己的需求选择商品,并将信息反馈给卖方。通过信息的交互传递,签订电子合同,完成交易并进行电子支付,实现整个交易的完全虚拟化。

(2)交易成本低　电子商务使得买卖双方的交易成本大大降低,具体表现在以下几个方面:

①距离越远,网络上进行信息传递的成本相对于信件、电话、传真而言就越低。此外,电子商务还可缩短信息传递时间,减少数据重复录入,降低信息成本。

②买卖双方通过网络进行商务活动，无须中介者参与，减少了交易的环节，减少了流通成本。

③卖方可通过互联网进行产品介绍、宣传，节省了在传统方式下的广告制作及印刷制品等的费用，降低了宣传成本。

④电子商务实行“无纸贸易”，可减少90%的文件处理费用，降低管理成本。

⑤互联网使买卖双方即时沟通供需信息，使无库存生产和无库存销售成为可能，从而使库存成本尽可能为零。

⑥企业利用内部网(Intranet)可实现“无纸办公(OA)”，提高了内部信息的传递效率，节省了时间，同时降低了管理成本。通过互联网把公司总部、代理商以及分布在其他国家的子公司、分公司联系在一起，及时对各地市场情况做出反应，及时生产，及时销售，降低存货，快捷配送，从而降低产品成本。

⑦传统的贸易平台是地面店铺，新的电子商务贸易平台则是一台联网的计算机，大大降低了经营成本。

(3)交易效率高　由于互联网将贸易中的商业报文标准化，使商业报文在世界各地的传递能在瞬间完成，计算机自动处理数据，使原料采购、产品生产、需求与销售、银行汇兑、保险、货物托运及申报等过程无须专人干预，就能在最短的时间内完成。电子商务克服了传统贸易方式的费用高、易出错、处理速度慢等缺点，极大地缩短了交易时间，使整个交易非常快捷与方便。

(4)交易透明化　电子商务使买卖双方从交易的洽谈、签约以及货款的支付、交货通知等整个交易过程都在网络上进行。通畅、快捷的信息传输可以保证各种信息之间互相核对自动化、实时化，降低伪造信息的可能性。例如，在典型的许可证EDI(Electronic Data Interchange，电子数据交换)系统中，由于加强了发证单位和验证单位的通信、核对，假的许可证就不易漏网。

(5)提升企业竞争力　电子商务使得许许多多的中小企业也可以通过网络实现全天候、国际化的商务活动。通过网络进行宣传、营销，可以创造更多的销售机会，从而提高企业的竞争力。

(6)促进经济全球化　电子商务使得世界各地的人们都可以了解到国际上的商业信息，加速了信息沟通和交流，促进了国际商务活动的开展，跨国商务活动变得越来越简易和频繁，适应了经济全球化的发展趋势。

## 三、电子商务的优势与劣势

### 1. 电子商务的优势

企业对电子商务感兴趣的理由非常简单——电子商务可以为企业带来利润。对企业来说，电子商务的优势可以归纳为一句话：电子商务可以增加销售额并降低成本。一家小企业在网上做广告可以把企业的促销信息传递到世界各地的潜在客户那里。企业也可以通过电子商务将信息传递到在地球上极为狭小的目标市场。互联网和万维网创造了虚拟社区，这些虚拟社区就可以成为企业理想的目标市场。

企业在销售商品和处理订单时，用电子商务可以降低询价、报价和确定现货等活动的处理成本。例如：戴尔公司通过互联网销售计算机，由于销售商品和处理订单等活动很少需要客户服务代表，使得公司的运营成本低，效率非常高。

电子商务可以增加卖方的销售机会，也同样可以增加买方的购买机会。企业在采购时，可以利用电子商务找到新的供应商和贸易伙伴。在电子商务中，由于互联网的强大交互性，买卖双方之间的讨价还价也非常便利，从而降低交易成本。

电子商务同时给买方提供了更多的选择，因为买方可以考虑更多卖方的产品和服务，买方每天 24 小时都可以与卖方接触，可以得到更多有关产品的信息。

电子商务的优势可以直接惠及整个社会，互联网可以安全、迅速、低成本地实现税收、退休金和社会福利金的电子结算。电子商务可以帮助人们实现在家工作、在家学习。我国 2003 年"非典"时期电子商务的发展是一个最好的实例。

2. 电子商务的劣势

有些业务流程也许永远也不能使用电子商务。例如：无论将来技术如何进步，易腐食品和珠宝古董等物品也不能远程检验。电子商务的劣势主要在于关键技术的不成熟。例如：在中国大部分农民还没有计算机，特别是中西部地区的信息化技术程度还很低。

企业在采用任何新技术之前都要计算投资收益情况，而电子商务的投资收益很难计算，一般投资期较长。中国知名电子商务网站阿里巴巴直到 2002 年才赢利一元钱。同样，电子商务的实施并不是简单的技术、手段的改变，还存在理念上的改变。很多企业实施电子商务还会遇到消费习惯和观念上的障碍，例如：一些消费者不愿在互联网上发送信用卡号码，许多 50 岁以上的人不相信网络的安全，不相信网上购物。

## 四、电子商务的基本组成要素

电子商务是一个复杂而又庞大的系统。从其系统组成看，它所涉及的内容已经远远超过了企业和消费者的范畴，而且几乎涵盖了整个社会的各个行业和领域。图 1-1 为电子商务系统组成示意图。从图中可以看出，电子商务系统包含了商家、客户、物流配送中心、认证中心、银行等金融机构、海关和工商税务等管理部门，同时也涉及物流、资金流和信息流的相互转换。

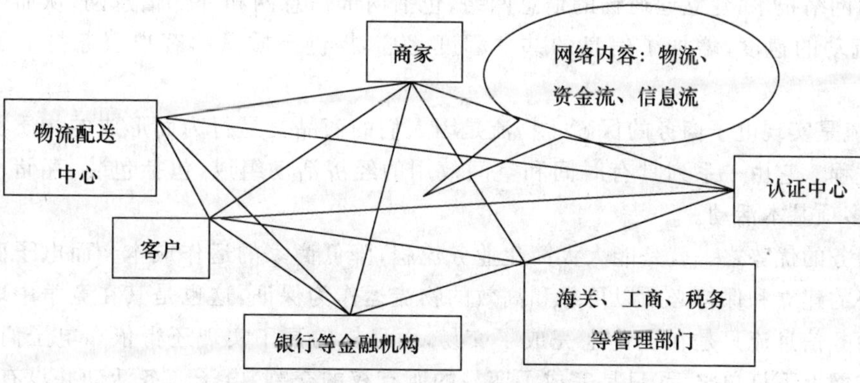


**图 1-1 电子商务系统组成示意图**

1. 电子商务的参与主体

电子商务的参与主体包括以下 6 个方面。

(1)商家　在整个电子商务系统中，商家就是指发布商品信息并接收订单的站点。无论是 IBM、联想等大商家还是个人，都可以通过 Internet 建立一个无国界、无时限的网上商店。

(2)客户　客户通过浏览器、电视机顶盒、个人数字助理、电话等方式接入 Internet，从而达到获取信息、购买商品的目的。今天的网上客户不仅仅需要单纯的信息浏览，而是希望获得全方位的、个性化的交互服务。

(3)银行等金融机构　银行等金融机构是商家和客户在电子商务交易过程中实现资金流动的重要部门。首先，银行等金融机构通过互联网完成一些传统的银行业务。其次，网上银行可以突破时间和地点的限制，使商家和客户可以足不出户地获得每周 7 天、每天 24 小时的实时服务，大大提高了交易效率。第三，网上银行与信用卡公司等通力合作，提供网上支付手段，为电子商务交易中的商家和客户提供服务。

(4)海关、工商、税务等管理部门　这些管理部门是通过 Internet 作为信息载体进行日常商业活动的组织机构。他们通常与政府部门、商业伙伴保持高效、密切、实时的联系和商务处理过程，进一步降低运营成本，提高运作效率。

(5)认证中心　认证中心是受法律承认的权威机构，负责发放和管理电子证书，使网上交易的各方能相互确认身份。电子证书是一个包含证书持有人、个人信息、公开密钥、证书序号、有效期、发放单位的数字签名等内容的数字文件。认证中心作为电子商务系统的重要组成部分，对于保证网上交易的安全性起到至关重要的作用。

(6)物流配送中心　物流配送中心接受商家的送货要求，组织运送无法从网上直接得到的商品，跟踪商品流向，将商品送到客户手中。

2. 电子商务中的“三流”

电子商务的核心是通过互联网实现商品的顺利交换。但这是一个相当复杂的过程，在这个过程中，涉及物流、资金流和信息流的流动与相互转换。在由原材料供应商、零部件供应商、生产商、分销商、零售商等一系列企业组成的供应链中，物流从上游的供应商往下游的零售商流动，资金流从下游往上游流动，而信息流的流动则是双向的。

(1)信息流是电子商务系统的核心　信息流是电子商务交易各个主体之间的信息传递与交流的过程。在经营过程中，商家需要对信息流实施有效控制。在电子商务环境下，商家利用先进的通信网络技术，建立起通畅的信息网络，包括内部信息网和外部信息网，从而大大加快了其信息流动的速度，增加了信息的共享程度，为其提供高质量的客户服务打下了坚实的基础。

(2)物流是实现电子商务的保障　物流是因人们的商品交易行为而形成的物质实体的物理性移动过程。它由一系列具有时间和空间效用的经济活动组成，包括包装、存储、装卸、运输、配送等多项基本活动。

电子商务的优势之一就是能大大简化业务流程，降低商家的运作成本。而电子商务下商家成本优势的建立和保持必须以可靠和高效的物流运作为保证，这也是其在竞争中取胜的关键。电子商务信息流只是在理论上完成了交易，而目标的真正实现还得依靠电子商务物流。当消费者在网上下订单之后，只是完成了商品的所有权的交割，电子商务活动并没有完成，只有通过物流配送，将商品真正送到消费者手中，电子商务活动才告以结束。可以说，没有现代化的物流作为电子商务的支撑，电子商务将是空中楼阁。

电子商务的三要素是信息流、物流和资金流，其中，信息流和资金流(网上支付)都可以通过网络来快速实现。而物流作为电子商务系统的一个重要的组成部分，需要一个逐步的完善过程。特别是针对我国物流业起步较晚，水平较低的现状，决定了其发展的必然性和紧迫性。

管理大师彼得·杜拉克曾经预言，物流经济是经济增长的“黑暗大陆”，是“降低成本的最后边界”，是降低资源消耗，提高劳动生产率之后的“第三利润源泉”。

(3)资金流是实现电子商务的手段　资金流是指资金的转移过程，包括支付、转账、结算等。资金的加速流动，具有财富的创造力，商务活动的经济效益是通过资金的流动来体现的。资金流是实现电子商务交易活动的不可或缺的手段。

在电子商务中，银行是连接生产企业、商业企业和消费者的纽带，起着至关重要的作用。银行能否有效地实现电子支付已成为电子商务成败的关键。以一个简单的网上交易流程为例，首先持卡人向商家发出购物请求；商家将持卡人的支付指令通过支付网关送往银行；银行通过银行卡网络从发卡行获得批准，并将确认信息再通过支付网关送回商家；商家取得确认后，向持卡人发出购物完成信息，银行与银行之间通过支付系统完成最后的行间结算。从上述交易流程中不难发现，网上交易可以分为交易环节和支付结算环节两大部分。其中支付结算环节是由包括支付网关、银行和发卡行在内的金融专业网络完成的。因此，离开了银行，便无法完成网上交易的支付，从而也谈不上真正的电子商务。

(4)物流、资金流和信息流的相互关系　电子商务物流、资金流和信息流作为电子商务这个整体的组成要素，它们之间的有机互动构成了电子商务系统的运行。三者的关系可以表述为：以信息流为依据，通过资金流实现商品的价值，通过物流实现商品的使用价值。物流应是资金流的前提和条件，资金流应是物流的依托和价值担保，并为适应物流的变化而不断进行调整。信息流对资金流和物流起指导与控制作用，并为资金流和物流提供决策的依据。

综上所述，电子商务是在Internet上进行的，Internet是电子商务的基石。在电子商务活动过程中，商家、客户、银行等金融机构、认证机构、配送中心等是活动的主体，而物流、资金流和信息流作为电子商务的三个组成要素，在上述主体之间流动，实现电子商务交易的全过程。

## ◈阅读案例

### 网络购物勃兴助推中国电子商务快速发展

近年来，国内经济生活领域最值得关注的现象之一，莫过于以网络购物为代表的电子商务的迅猛发展。随着政府的日益重视以及网络环境的日益成熟，有业内人士认为，中国电子商务服务业将成为全球领先的战略性新兴产业。

第十一届全国人大四次会议上政府工作报告指出，要积极发展电子商务、网络购物、地理信息等新型服务业态。有业内人士表示，这是网络购物首次明确地进入政府工作报告内容，因此受到业内外的普遍关注。

据了解，我国电子商务和网络购物市场近年来取得了令人瞩目的发展，成为我国少数发展水平与全球同步甚至领先的行业之一。业内人士指出，网络零售交易平台可以通过提供海量信息管理平台和有效的信用评价体系，集成物流、资金流等电子商务服务体系，显著地降低交易成本，促进内需和消费。

首先，借助网络购物平台，我国各地特别是中西部地区企业能有效地对接全国大市场。一方面，中西部地区如新疆、内蒙古、四川等地超过70%的商品都是销往外省。通过电子商务平台，新疆的大枣、内蒙古的奶酪以及四川的特色小吃等都得以销往全国。另一方面，通过电子商务交易平台，三四级城市及中西部地区的消费者可以购买到只在一线城市上架销售的品牌商品。如:2011年甘肃、青海、贵州、内蒙古等地在淘宝全网(含淘宝网和天猫)的消费金额中超过67%都是跨省购买的。

其次,网购具有全天候消费的特点,从而可与传统零售方式形成有效互补。根据淘宝网的数据,在淘宝网上网购的消费者购物高峰集中在工作日,且高峰时间集中在21:00～22:00,这与线下消费者在周末集中购物的消费习惯形成有效互补。

最后,网购可以提供极其丰富、高性价比的商品。同时,网购能有效降低营销、渠道、物流等环节的交易成本,商品具有良好的性价比。

经过近几年的发展,目前国内的网购市场也正呈现几个新的发展趋势。一是网货加速品牌化。网货成为网购市场的消费焦点,这其中既包括歌瑞尔、德尔这样的外贸转内销网货,也包括麦包包、零号男等一批完全基于网络发展起来的网货品牌;二是主流品牌网销化。国际金融危机加速了品牌厂商的网络销售进程,并涌现出一批"明星网货",如联想、宝洁、优衣库、戴尔、李宁等品牌;三是主流消费网购化,家居日用类商品销售的数量和金额也呈倍数上升。

国际研究机构IDC研究认为,经过十几年的发展,电子商务服务业已成为目前国内信息经济的重要生产要素,预计中国电子商务服务业将成为全球领先的战略性新兴产业。按当前发展曲线计算,到2015年,我国电子商务平台的交易规模将增长5～10倍,以淘宝网为代表的网络零售平台将覆盖5亿消费者,交易额有望超过2万亿元。

◆引导性案例

**不同商品,选择不同的电子商务网站**

王林是一个网购迷,他经常去淘宝网(http://www.taobao.com)购买小件商品,淘宝网属于电子商务的C2C(个人对个人)模式。这里的优点是价格便宜、产品齐全,几乎是只有想不到的商品,没有买不到的商品;缺点是产品的质量没有保障,经常有一些假冒伪劣商品滥竽充数。

对于一些比较贵重的商品,他喜欢在京东商城(http://www.jd.com)购买。京东商城属于电子商务的B2C模式(商家对个人)模式。它的优点是价格比较合理、商品质量值得信赖、售后有保障、部分网站免费配送;缺点是价格稍贵,商品的种类不够齐全。

思考:

按照不同的分类标准,电子商务是如何具体分类的?

# 子任务2　了解电子商务的分类

对电子商务的分类有不同的标准,可以按电子商务活动的范围、参与交易涉及的对象、交易所涉及的商品内容和进行交易的企业所使用的网络类型对其进行不同的分类。

## 一、按照电子商务活动的范围分类

按照电子商务活动的范围进行分类,可分为本地电子商务、远程国内电子商务和全球电子商务。

1. 本地电子商务

通常是指利用本城市内或本地区内的信息网络实现的电子商务活动,电子交易的地域范围较小。本地电子商务是利用 Internet、Intranet 或专用网将系统联结在一起的网络系统。其中包括:①参加交易各方的电子商务信息系统,包括买方、卖方及其他各方的电子商务信息系统;②银行金融机构电子信息系统;③保险公司信息系统;④商品检验信息系统;⑤税务管理信息系统;⑥货物运输信息系统;⑦本地区 EDI 中心系统。

本地电子商务系统是开展远程国内电子商务和全球电子商务的基础系统。

2. 远程国内电子商务

远程国内电子商务是指在本国范围内进行的网上电子交易活动。其交易的地域范围较大,对软硬件和技术要求较高,要求在全国范围内实现商业电子化、自动化,并实现金融电子化;交易各方具备一定的电子商务知识、经济能力和技术能力,并具有一定的管理水平。

3. 全球电子商务

全球电子商务是指在全世界范围内通过全球网络系统进行的电子交易活动。涉及有关交易各方的相关系统,如:买方国家进出口公司系统、海关系统、银行金融系统、税务系统、运输系统、保险系统等。全球电子商务业务内容繁杂,数据来往频繁,要求电子商务系统严格、准确、安全、可靠,应制定出世界统一的电子商务标准和电子商务(贸易)协议,使全球电子商务得到顺利发展。

## 二、按照电子商务活动的对象类型进行分类

按照电子商务活动的对象类型分类,可分为企业对企业的电子商务(B2B)、企业对消费者的电子商务(B2C)、企业对政府的电子商务(B2G)、消费者对消费者的电子商务(C2C)。

1. 企业对企业的电子商务(B2B)

企业对企业的电子商务(Business to Business,B2B)是指企业(生产企业或商业企业)利用 Internet 或各种商务网络向供应商(生产企业或商业企业)订货、收发票据和支付货款。企业对企业的电子商务是目前为止电子商务发展最快的一个领域,也将是电子商务业务中的重头戏。目前,商家是电子商务最积极的推动者。B2B 典型的网站有阿里巴巴、慧聪网等。

2. 企业对消费者的电子商务(B2C)

企业对消费者的电子商务(Business to Consumer,B2C)基本等同于商业电子化的零售商务,随着 WWW 的出现和快速发展,这种类型的电子商务发展很快。Internet 上已遍布各种类型的商业中心,提供各种商品的电子商务服务,主要有书籍、计算机软硬件、母婴用品等。常见的 B2C 网站如京东商城、凡客诚品、红孩子、当当网、卓越亚马逊等。

3. 企业对政府的电子商务(B2G)

企业对政府机构的电子商务 B2G(Business to Government)可以覆盖企业、公司与政府组织间的商业事务。目前我国有些地方政府已经推选网上采购。例如:政府通过 Internet 发布采购清单,公司以电子化方式回应;另外,政府通过电子交换的方式向企业征税等。目前,这种方式仍处于初期的试验阶段,但可能会很快发展起来,主要是这种方式可以更好地树立政府的形象,实施对企业的行政事务管理,有利于推行各种经济政策等。

4. 消费者对消费者的电子商务(C2C)

消费者之间 C2C(Consumer to Consumer, C2C)电子商务可以通过使用公共网站和个人网站等方式来交换数据。如消费者之间网络上“以物易物”方式的交换,信息资料的交换,商品的买卖以及民间借贷等。

## 三、按交易所涉及的商品内容分类

1. 有形商品电子商务(间接电子商务)

有形商品指实体类商品,它的交易过程中所涉及的信息流和资金流完全可以在网上传输,买卖双方在网上签订购货合同后就可以在网上完成货款支付,但交易的有形商品必须由卖方通过某种运输方式送达买方指定地点,所以有形商品电子商务必须解决好货物配送的问题。有形商品交易电子商务由于三流(信息流、资金流、物流)不能完全在网上传输,又称非完全电子商务。

2. 无形商品电子商务(直接电子商务)

无形商品指包括软件、电影、音乐、电子读物、信息服务等可以数字化的商品。这类无形商品交易可以直接在网上联机订购、付款和交付或免费下载。无形商品网上交易与有形商品网上交易的区别在于前者可以通过网络将商品直接送到购买者手中,这种无形商品电子商务模式完全可以在网上实现,又称完全电子商务。

## 四、按照电子商务所使用的网络类型分类

按照电子商务所使用的网络类型,可以将电子商务分为 EDI 商务、Internet 商务和 Intranet 商务 3 类。

1. EDI(Electronic Data Interchange,电子数据交换)商务

EDI 是按照一个公认的标准和协议,将商务活动中涉及的文件标准化和格式化,通过计算机网络,在贸易伙伴的计算机网络系统之间进行数据交换和自动处理。

2. Internet 商务

Internet 商务是利用联通全球的网络开展的电子商务活动。它以计算机、通信、多媒体、数据库技术为基础,在网上实现营销、购物服务,真正实现了网上商务成本低、零库存、高效率的优势,避免了商品的无效搬运,从而实现了社会资源的高效运转和最大节余。消费者不再受时间、空间和厂商的限制,在网上以最低的价格获得了最为满意的商品和服务。

在 Internet 上可以进行各种形式的电子商务业务,这种方式涉及的领域广泛,全世界各类企业和个人都可以参与,是目前电子商务的主要形式。

3. Intranet 商务

Intranet(企业内部网)是在 Internet 基础上发展起来的企业内部网,它在原有的局域网上附加一些特定的软件,将局域网与 Internet 网连接起来,从而形成企业内部的虚拟网络。Intranet 与 Internet 最主要的区别在于 Intranet 内的敏感信息或享有产权的信息受到企业防火墙安全网点的保护,它只允许被授权者访问内部网点,外部人员只有在许可条件下才可进入企业的 Intranct。

Intranet 将大中型企业分布在各地的分支机构及企业内部有关部门和各种信息,通过网络予以连接,使企业各级管理人员能够通过网络获取信息,利用在线业务的申请和注册,代替纸张贸易与内部流通的形式,通过这种形式形成一个商务活动链,这样可以大大提高工作效率和降低业务成本。

◈引导性案例

电子商务带来的影响

电子商务飞速的发展让我们的生活起了翻天覆地的变化。王小菲的消费观念就有了很大的改变。原来她喜欢去商场购物，而现在她只是去商场试穿，然后到网上购买。生活中的一些日用品、电器、食品等就在网上商城直接购买，不仅价格便宜，而且免费送货，非常方便，就连出去吃饭看电影，她都到团购网站团购折扣券，价格非常便宜，通过手机短信就能兑换消费。

思考：

1. 电子商务对社会经济的影响有哪些？

2. 电子商务对政府的影响有哪些？

3. 电子商务对企业的影响有哪些？

4. 电子商务对个人的影响有哪些？

# 子任务 3　了解电子商务的影响

21 世纪是一个以数字化、网络化与信息化为特征，以网络通信为核心的信息时代。电子商务作为时代的一种新的商贸形式，从根本上改变了传统商务运作的过程和方法，对社会的生产和管理、人们的生活和就业、政府职能、法律制度以及文化教育等各个领域产生了巨大的影响，并且从多方面促使人们的思想观念、思维方式和相互交往方式的转变，电子商务给我们这个时代带来了一场深广的革命。

## 一、电子商务对社会经济的影响

电子商务是互联网技术发展日益成熟的直接结果，是网络技术发展的新方向。它不仅改变了企业本身的生产、经营和管理，而且对传统的贸易方式带来了巨大的冲击。电子商务最明显的作用是增加了贸易机会、降低了贸易成本、提高了贸易的效益，它大大地改变了商务模式，带动了经济结构的变革，对现代经济活动产生了巨大的影响。

1. 促使全球经济的发展

电子商务使贸易的范围空前扩大，从而引起全球贸易活动的大幅度增加，促使全球范围内的经济有一个良好的发展趋势。

2. 促使知识经济的发展

信息产业是知识经济的核心，而电子商务又是信息产业最主要的推动力，因此电子商务的发展必将直接或间接推动知识经济的发展。

3. 促使新兴行业的产生

在电子商务环境下，传统的商务模式发生了根本性的变化，社会分工将重新组合，因而会产生许多新兴行业来配合电子商务的顺利运转。例如：Internet 服务提供商、Internet 内容提供商、网上商店、网络银行和各种类型的网上搜索引擎等。还有，网上购物使得送货上门成为一项极为重要的服务业务，导致出现快递公司、物流公司等专门从事送、配货业务的行业。因此电子商务为社会创造了更多的就业机会和社会财富。

## 二、电子商务对政府的影响

政府对电子商务的支持态度将直接影响电子商务的发展，同时，电子商务的发展也在一定程度上影响政府机构的职能。

1. 政府的政策导向

电子商务具有全球性的特点。一切商务活动均建立在互联网上，其结果必然带来贸易环境的开放。因此，一个国家要发展市场经济，要发展电子商务，就必须施行开放政策，但这些政策与保护民族产业、保证信息安全和保护个人隐私等问题都有一定的矛盾，需要国家采取相应措施，制定相关的法律和政策来予以解决。

2. 政府机构的业务转型

电子商务的发展需要政府部门介入到企业的商务交易活动中，政府部门在这个加入过程中存在着相应的业务转型。例如：工商管理部门在电子商务环境下需对各类企业的经营活动进行管理，由于被管理对象已经集成到电子商务系统中，工商管理部门无法用以前传统的方式来监督企业活动，所以必须加入到企业的电子商务交易活动中才能完成相关的工作；同样，国家税务部门也必须在电子商务环境下进行相关的业务转型，才能完成对电子商务交易活动的征税工作。管理者加入电子商务可以更及时准确地获得企业信息，更严密地监督企业活动，并可以采用相应的技术手段进行执法，维护正常的经济秩序。

3. 政府机构在安全认证中的权威作用

在电子商务活动中，一切商务活动均在网上进行，交易的双方都无法确认对方的身份，如何取得对方的信任和保证电子交易的安全则是电子商务中最关键的问题。如何在网上确定对方的身份，一般采用第三方认证的方法。认证机构(CA)就是这样的第三方，它是一个权威机构，专门验证交易双方的身份。这一角色应该由政府承担或指定相关部门机构来担当，它必须具备法律效力和权威性，才能进行电子商务活动的仲裁和各方信誉的保证。

## 三、电子商务对企业的影响

1. 电子商务将改变企业的生产方式

电子商务促成了直接经济的产生，取消了许多中间环节，一切将更加直接，大大缩短了生产厂家与消费者之间供应链的距离，改变了传统市场的结构，使敏捷生产战略得以实现。在信息经济中，零库存成为现实。中小企业都可进入这个开放的大市场，在互联网上，大家的机会是均等的，任何一家小公司都可能获得与IBM这种像巨人一样公司同等的机会与地位。这种市场进入方式的变化，降低了市场进入的壁垒。

2. 电子商务将对传统行业带来一场革命

电子商务是一种崭新的贸易形式，通过人与机结合方式，可极大地提高商务活动的效率，减少不必要的中间环节，让“零库存”成为可能。传统大批量生产的制造业进入小批量、多品种的时代，“无店铺”和“网上营销”的新模式为传统企业的重新崛起提供了全新的平台。

3. 电子商务将带来一个全新的电子金融业

在线电子支付是电子商务的关键环节，也是电子商务得以顺利发展的基础条件。随着电子商务在电子交易环节上的突破，网上银行、银行卡支付网络、银行电子支付系统以及电子支票、电子现金等服务，将传统的金融业带入一个全新的领域。

4. 电子商务改变了企业的管理模式

电子商务将在一个广泛的领域中建立从消费者到企业以及整个贸易过程中所有相关角色之间的协同组合，把生产、采购、销售、广告、洽谈、成交、支付、税收等一系列的过程都集成在一个系统中，这样，企业可以缩短生产周期、降低成本、减少库存和产品的积压，同时通过与消费者和客户的直接沟通，及时了解市场动向，创造更多的销售机会，从而形成流通市场的良性循环。

◈阅读案例

## 中国代工企业与国外厂商"分手"转型电商尝鲜

为国外品牌作"嫁衣"的中国代工企业正走在命运的十字路口，而部分企业已决定与国外厂商"分手"。

2013 年 3 月 6 日，12 家原帮宜家家居（以下简称宜家）代工的家居生产企业在杭州联合宣布，准备抱团到阿里巴巴集团旗下淘宝、天猫等平台，寻找适合自己的电商发展模式。

"要么忍辱负重，要么彻底决裂"作为 12 家宜家代工企业集体转型的发起人，黑龙江耐力木业集团董事局主席曹跃伟表示，长期以来，中国的制造业一直处于为国外知名品牌做代工的阶段，大部分产品的附加值都被国外厂商和品牌赚取，随着逐渐严峻的世界经济和国际市场的日益萎缩，代工企业换来的只是杯水车薪。

曹跃伟说："家具原材料、人力和运输成本翻倍增长，宜家采购价却一降再降，企业当时每年亏损近 500 万元。"2011 年，为宜家代工十余年的黑龙江耐力木业集团、庆安厚成木业有限公司、伊春华丽木业公司先后与宜家解除供货合同，随后据媒体报道，百余家宜家中国代工厂纷纷宣布停止为其供货。

寻求转变迫在眉睫，创立自主品牌，加入电商行业成为耐力木业集团转型的一个新渠道，这便是嘉宜美家居品牌的前身。曹跃伟说，去年 10 月嘉宜美天猫旗舰店正式开业，迅速打开市场，仅"双十一"一天就实现 200 多万元的交易额，让他惊喜万分。

说起"分手"后的感受，他表示，国外品牌的低价策略让代工的供应商必须面对低利润否则就会被淘汰，而通过电商，将缩短消费者和工厂的距离，利润空间全部让利给客户。尝到甜头的曹跃伟决定，从 2013 年起彻底转型为电商。

上海奥朵家饰此前也是一家专业做出口灯饰产品的代工企业，老板李永华表示，"代工企业一半的命运掌握在世界经济手中，欧债危机、次贷危机……有一单没一单地为他人作嫁衣，还得浪费时间与委托商讨价还价。"所以从 2008 年开始李永华寻思自创品牌，但线下卖场的高昂租金让其压力重重，最终他催生了借道电商做直营的念头。几年前，奥朵家饰在淘宝亮相，在该平台迅速成长，成为自主品牌的代表。

据了解，在天猫、淘宝平台上从传统行业转型电商的商家群体正在逐年递增。据阿里巴巴集团研究中心分析，2012 年中国电子商务经济体规模达到 8.3 万亿元，预计到 2020 年，中国电子商务经济体规模将超过 30 万亿元，成为全球第一大电子商务经济体。其中到 2020 年，网络零售交易额将约占整个社会消费品零售总额的 16%，达到 10 万亿元，平台型电子商务交易平台仍是主流，中国电子商务服务业规模将超过 3 万亿元。

有关专家认为，在这一庞大体量的电商经济中，电商平台帮助中国企业转型升级的效应也将发挥巨大的作用。

(资料来源：http://www.100ec.cn/detail—6086922.html)

## 四、电子商务对个人的影响

1. 生活方面

随着电子商务的发展，在因特网上已形成了一个没有国界的虚拟社会，人们在这个虚拟社会中可以做许许多多从未想过的事情。人们可以在网上购物消费。坐在家里的电脑前，我们可以走进世界上任何一家网络商店，浏览所有的商品，再不用考虑是步行还是乘车到商店去购物，也不用担心时间太晚商店要关门。消费者只需要拥有一个银行账号，就可以在任何地点、任何时间、任何一家网上商店购买自己所需要的商品，甚至是专门订做服装、首饰、皮鞋及最喜欢的食品等。

在网上人们可以更广泛地交流，获得更多、更具体的信息。人们可以通过因特网与世界各地的人民交朋友，足不出户与朋友们一起聊天，不受时间、地点的限制。与传统传媒方式(如电视、广播、报纸、杂志等)相比，网上传播新闻和信息，不仅快捷、时效性强，而且还具有双向性(交互性)，人们可以根据自己的需要，来获取新闻信息，并可以提出疑问，发表自己的观点和意见。

网上娱乐方式更加丰富多彩。人们坐在家中就可以点播自己所喜爱的电影和歌曲，在网上玩电子游戏，还可以在网上欣赏纽约百老汇的歌舞、维也纳金色大厅的交响乐和北京中国大剧院的京剧，甚至可以远隔重洋与某位高手下一盘围棋等。

总之，电子商务给我们带来更多的选择和更多的便利，改变着人们的生活方式、消费观念和娱乐形式，使我们的生活质量得到空前的提高，使人的个性得到充分的发挥。

2. 工作方面

由于网络通信的快捷、安全和广域性，因此在电子商务环境下办公的方式是灵活的，对于营销人员来说，整个交易过程都可以在网上进行，包括业务洽谈、签合同、发货和运输、结算支付等，不必把宝贵的时间花在旅途和谈判桌上。对于企业的老板来说，可以方便地坐在家中处理各种事务，通过网络了解企业的生产和销售情况，了解客户对产品的需求，应用电子邮件来传递对各级管理人员的指令或计划，远程监控企业的正常运营。对于专业设计人员，同样可以在家中工作，通过电子邮件与客户联络业务，在网上与客户对设计方案进行讨论和交流，及时把设计成果传递给客户。因此，电子商务的发展促使各行各业的分工发生变化，出现了许多新的行业，电子商务将替代许多传统的销售和服务形式，形成巨大的信息服务业市场，随着网上消费的增多，物流配送业将空前发展，这些新的行业需要大量的信息技术和管理人才，将为社会提供许多新的就业机会。

3. 学习方面

随着因特网的广泛应用，促使教育的内容和形式发生变化。在因特网上开设网络大学进行远程教育已被国内外众多大学所采用。在美国、欧洲等国家和地区许多知名的大学均开设了自己的网络大学，国内的清华大学、中国人民大学、北京邮电大学、哈尔滨工业人学、浙江大学、湖南大学也陆续开设了网络大学并受到人们的欢迎。网络大学以计算机技术和网络通信技术为依托。在教育方式方面，交互式的网络多媒体技术给人们的教育带来了很大的方便，远程的数字化课堂让很多人的教育问题得到解决。讲课、作业、讲评，一切都在网络上进行。网络大学作为远程教育的一种方式，打破了时间和空间的限制，为越来越多的人所接受。网络大学需要的管理机构和人员少，教育成本低、效果好，可以充分发挥名校师资和教材的优势，低投入、高产出地完成高质量的教育。

## ◈阅读案例

### 普华永道:中国消费者网购频率全球第一

北京时间2013年5月8日午间消息,咨询公司普华永道周二发布的报告显示,中国消费者使用智能手机和平板电脑等消费电子设备上网购物的频率,高于世界其他地区。

这一结果是通过对11个国家的1.1万网购用户调查得出的,它表明中国已经迅速跻身为全球最大电子商务市场之一。

普华永道亚太区域零售与消费者事务负责人余凯莉表示,五年前,网络购物在中国几乎还不存在,但如今却已经成为零售商的重要销售渠道,去年的合并销售额约为1.3万亿元人民币(约合2 110亿美元)。

"这里的市场发展很快。"她说,"电子商务已经成为各类零售企业的重点,无论是电子产品、奢侈品、还是日用百货。"

余凯莉表示,无论是从交易总额还是购物频率来看,电子商务的爆炸式增长都已经让中国成为全球最繁忙的网购市场之一。

例如:在普华永道的这份调查中,有58%的中国受访者表示每周至少上网购物一次。这一比例在此次调查所涉及的所有国家中位居第一。作为对比,美国受访者只有42%每周至少上网购物一次,英国为41%,德国为29%。法国的比例最低,仅为13%。

中国消费者使用智能手机和平板电脑网购的比例也远高于其他地区。超过1/3的中国网购用户使用这类设备,大约是全球平均水平的两倍。

余凯莉指出,低廉的价格是近年来促使消费者上网购物的主要原因,尤其是在金融危机之后的这五年,很多消费者都在有意识地节省资金。

但中国网购市场的蓬勃发展还得益于其他几个因素:包括经济的持续高速增长、工资水平上涨、网民数量激增、通信网络改善、上网设备普及等。

咨询公司麦肯锡在3月发布的报告中说:"在这个各行各业都在快速扩张的国家中,电子商务凭借着惊人的增长脱颖而出。"

据麦肯锡测算,中国2011年是全球第二大电子商务市场,位列美国之后,总交易额为1 200亿美元——远高于日本的1 070亿美元,两倍于英国。到2012年,中国的电子商务交易额"已经与美国非常接近"。

(资料来源:http://www.100ec.cn/detail—6099115.html)

## ◈引导性案例

### 《电子商务"十二五"发展规划》发布

2012年3月27日,工信部规划司发布《电子商务"十二五"发展规划》,确定"十二五"期间电子商务发展的具体目标为交易额翻两番,突破18万亿元。企业间电子商务交易规模超过15万亿元。网络零售交易额突破3万亿元,占社会消费品零售总额的比例超过9%。

同时,各地方政府也在紧急制订符合地方发展的"电子商务'十二五'规划",而浙江省的步伐无疑是走在了全国的前列。2011 年 7 月，浙江省首度发布了由电子商务研究中心参与编制的《浙江省电子商务产业“十二五”发展规划》，这也是我国第一个省级层面的电子商务产业发展的五年规划。

在“十二五”时期，整个电子商务环境，将维持一个持续快速增长态势，并且逐渐走向稳健和成熟。电子商务可以说是走进一个拓宽期，进入快车道，用户应用的广度和深度不断延展。电子商务正在走向融合创新的新阶段，成为其他行业价值变现的重要平台。

思考：

1. 我国电子商务的发展过程经历了哪几个阶段？
2. 通过数据分析目前我国电子商务发展的现状。
3. 我国电子商务发展的特点有哪些？
4. 我国电子商务发展的趋势是什么？
5. 我国电子商务发展面临的主要问题有哪些？

# 子任务 4 中国电子商务的发展状况

## 一、我国电子商务的发展过程

中国电子商务的发展也是建立在中国因特网发展的基础之上的，因特网在中国发展经历了四个阶段：第一阶段（1989—1992 年年初），以 E-mail 为主要应用的因特网连接阶段；第二阶段（1992—1994 年），与因特网的全功能连接，实现国际 Internet 开通阶段；第三阶段（1994—1998 年），是中国因特网建设全面铺开阶段；第四阶段（1998 年至今），结合国情发展完善和应用阶段。

1995 年 5 月开始，中国着手筹建 Chinanet 全国骨干网，采用分层体系结构，即核心层、区域层、接入层组成，全国设立 8 个大区，分 32 个节点。到 1997 年年底，国内四大网络实现了互联互通。在此基础上，1998 年年底 Chinanet 骨干网第二期工程启动，八大区的主干网带宽拓宽到 155 Mb/s，163 和 169 全部叠加到 ATM 主干网中。同时，Chinanet 国际出口带宽达到 123 Mb/s。

全国性的网络出现后，有关部门分散建立的数据库得以上网提供服务。从此，大量的交通、旅游、医疗、娱乐等信息，开始系统、及时、准确地提供大范围的网上服务，并形成一批如搜狐、新浪、网易等知名网站。中国电子商务开始启航，1999 年电子商务服务商、电子商务网站及致力于电子商务项目开发推广的机构纷纷出现。许多企业跟随其后，于 2000 年开始在电子商务舞台上扮演越来越重要的角色，到 2001 年年底，企业已经成为中国电子商务应用与发展的主角。进入 21 世纪后，由于 Internet 突飞猛进的发展，企业电子商务的网络平台发生巨大的变化，特别是网络成本的大幅度降低，使网络建设更加便利，电子商务的发展速度大大加快。

## 二、我国电子商务的发展现状

互联网在中国的发展非常迅猛，中国互联网络信息中心（CNNIC）发布了《第 31 次中国互联网络发展状况统计报告》。报告显示，截至 2012 年 12 月底，我国网民规模达 5.64 亿人，全年共计新增网民 5 090 万人。互联网普及率为 42.1%，较 2011 年年底提升 3.8 个百分点。我国手机网民规模为 4.20 亿人，较上年底增加约 6 440 万人，网民中使用手机上网的用户占比由上年底的 69.3%提升至 74.5%。

在网民增长速度逐步放缓的背景下，网络购物应用依然呈现迅猛的增长势头。引人注目的是，电子商务类应用在手机端发展迅速，此领域整体看涨。相比 2011 年，手机网民使用手机进行网络购物的比例增长了 6.6 个百分点，用户量是上年底的 2.36 倍；此外，手机团购用户在手机网民中占比较上年底提升 1.7 个百分点，手机在线支付提升 4.6 个百分点，手机网上银行提升 4.7 个百分点，这三类移动应用的用户规模增速均超过了 80%。

1. B2B 电子商务数据

①市场规模：2012 年中国 B2B 电子商务市场规模达 6.25 万亿元，同比增长 27%，相比 2011 年下滑两个百分点。

②企业规模：截至 2012 年 12 月，我国 B2B 电子商务服务企业达 11 350 家，同比增长 8%，相比 2011 年下降 6 个百分点。

③市场营收：2012 年中国 B2B 电子商务服务商的营收规模约为 160 亿元，同比增长 23%。

④市场份额：2012 年 B2B 电子商务服务商营收（包括线下服务收入）份额中，阿里巴巴继续排名首位，市场份额为 45%。而环球资源、我的钢铁网、慧聪网、中国制造网、环球市场集团、网盛生意宝依次位列 2～7 位。

⑤用户规模：2012 年 12 月，国内使用第三方电子商务平台的中小企业用户规模（包括同一企业在不同平台上注册但不包括在同一平台上重复注册）已经突破 1 700 万户。

2. B2C，C2C 电子商务即网络零售行业数据

①交易规模：2012 年中国网络零售市场交易规模 13 205 亿元，同比增长 64.7%，占社会消费品零售总额的 6.3%。

②企业规模：到 2012 年 12 月底，国内 B2C，C2C 与其他电商模式企业数已达 24 875 家，较去年增幅达 19.9%，预计 2013 年达到 25 529 家。

③市场份额：截至 2012 年 12 月 B2C 网络零售市场（包括平台式与自主销售式），排名第一的依旧是天猫商城，占 52.1%；京东商城名列第二，占据 22.3%；位于第三位的是苏宁易购达到 3.6%，后续 4～10 位排名依次为：腾讯 B2C（3.3%）、凡客诚品（2.7%）、亚马逊中国（2.3%）、库巴网（1.4%）、当当网（1.2%）、易迅网（0.6%）、新蛋中国（0.3%）。

④用户规模：截至 2012 年 12 月，中国网购的用户规模达 2.47 亿人，同比增长 21.7%。

⑤网店规模：据其他第三方机构监测数据显示，截至 2012 年 12 月，实际运营的个人网店数量达 1 365 万家，同比减少 15.7%，自 2008 年来首次出现下滑。另有机构报告数据显示：淘宝网现有职业卖家 600 多万家，每天停运或倒闭网店数量近万家，大多数网店卖家经营一年后，往往面临着无钱可赚、乃至亏本的尴尬局面。

3. 移动电子商务数据

截至 2012 年 12 月，中国移动电子商务市场交易规模达到 965 亿元，同比增长 135%，依然保持快速增长的趋势。到 2013 年这一数字将达到 1 300 亿元。

4. 海外代购数据

2012 年中国海外代购市场交易规模达 483 亿元，较去年涨幅 82.2%。

5. 网络团购行业数据

①企业规模：截至2012年年底全国团购网站累计诞生总数高达6 177家，累计关闭3 482家，“死亡率”已达56%，尚运营中2 695家。

②用户规模：2012年我国团购参团人数总体呈现上升趋势，参团人数最高时段集中在12月。受1月春节长假的影响，1月团购人群较去年12月锐减。之后呈稳定上升态势，直到6月份开始出现下滑。12月是岁末传统销售旺季，众多消费者开始囤积年货。实物类团购与吃喝玩乐团购人气齐暴涨，12月有6 000万人参加团购，创下团购单月参团人数最高纪录。

③交易规模：2012年全年，团购市场（含聚划算）成交规模达到了348.85亿元，而这一数字在2011年仅为216.32亿元，同比增长61%。回顾团购成长的历史，团购在其兴起的2010年，交易额只有25亿元。

④市场份额：排名前十的独立团购网站依次为：美团网占13%、高朋网占7%、拉手网占6%、大众点评占5%、糯米网占5%、窝窝团占5%、千品网占2%、满座网占2%、嘀嗒团占1%、聚齐网占1%。十强团购网站占据了整个团购市场46%的市场份额。而以聚美优品、知我网、Like团、喜团网、团购王、品质团等为主的中小综合团购网站和垂直细分团购网站占据了12%的市场份额。

⑤融资数据：2010年起团购行业共发生43起投资事件，获投总金额约为7.19亿美元。其中2010年发生20笔投资，投资额约为1.40亿美元；2011年发生15笔投资，投资额约为5.34亿美元；2012年仅3笔投资，金额为0.45亿美元。

⑥移动交易：截至2012年12月31日，来自移动端的生活服务团购交易（不含聚划算）同比上一年激增27倍，移动业务占总体交易的占比例已超过15%。

6. 第三方支付数据

①交易规模：据中国电子商务研究中心监测显示，2012年，国内第三方支付业务交易规模35 000亿元，同比增长57%。

②用户规模：截至2012年12月，我国使用网上支付的用户规模达到2.3亿人，使用率提升至37.6%。

③排名情况：监测显示，2012年中国十大第三方支付企业分别为：支付宝、财付通、银联商务、汇付天下、快钱、网银在线、易宝支付、环迅支付、上海银联、通联支付。

7. 网络购物快递数据

①业务规模：国家邮政局发布2012年全国邮政运行情况。其中，全国规模以上快递业务收入首次突破1 000亿元，同比增长39.2%，步入千亿时代。全国规模以上快递服务企业业务量完成56.9亿件，同比增长54.8%。快递行业已经连续5年实现超过27%的增长，其中50%以上的营收来自电子商务。

据中国电子商务研究中心监测显示，2012年圆通公司完成快递业务量9亿件左右，同比增长60.7%，业务收入为130亿元左右，同比增长30%左右，市场占有率约20%。而前年的营业额在123亿左右，按照公司发展的规划，在2015年营业额目标是500亿元。

②排名情况：监测数据显示，2012年中国十大物流快递企业分别为：EMS（邮政快递）、顺丰速运、申通快递、圆通速运、汇通快运、中通速递、韵达快递、天天快递、宅急送、全峰快递。

8. 企业区域分布数据

据中国电子商务研究中心监测数据显示，目前国内电子商务服务企业主要分布在长三角、珠三角一带以及北京、上海等经济较为发达的省市。

在企业区域的分布上，排在前十的省份(含直辖市)分别为：浙江省、广东省、上海市、北京市、江苏省、山东省、四川省、河北省、河南省、福建省。

电子商务作为新经济，其发展跟地方经济密切相关，这在区域分布上体现明显，北京、上海、浙江、广东等沿海地区由于经济发达，人们接受新事物的能力较强，为电子商务的发展奠定了良好基础。

9. 企业行业分布数据

在日益增长的电子商务网站数量中，各电子商务服务商所处的行业至关重要。据中国电子商务研究中心数据显示，在目前电子商务网站所处的行业分布来看，排在前十名的依次为：服装鞋帽、纺织化纤、农林畜牧、数码家电、机械设备、化工塑料、食品糖酒、建筑建材、五金工具、医疗医药。

服装、纺织等大众化，需求较大的行业聚集的电商网站最多，其次是数码家电等适合开展电商的行业。而随着电商的不断发展，将影响更多的行业加入电商。

10. 企业从业人员数据

电子商务正在成为创造新的经济增长点、新的市场、新的就业方式。

根据中国电子商务研究中心监测数据显示，截至2012年12月，电子商务服务企业直接从业人员超过200万人。目前由电子商务间接带动的就业人数，已超过1 500万人。

在直接从业人员上，随着更多的中小企业加入到电子商务的阵营中来，专业人才的需求不断，势必带动需求的增长。而且，这一增长趋势未来还将延续。

在带动从业人员上，电子商务衍生出了服务商、网络模特、快递业务员以及其他依托电商的新兴群体。这一人群规模庞大，快递业务员的需求大量增加就是例证，网上购物的发展带动各类产业的连动发展。

## 三、我国电子商务发展的特点

根据国家经贸委《中国企业互联网应用和电子商务发展水平调查》的结果表明：我国企业互联网应用的总体水平还比较低，尚处在信息发布与交流的初级阶段，亟需采取切实措施推进。当前我国企业互联网应用和电子商务发展有以下特点：

1. 全国发展不平衡，差异性较大

由于我国经济在行业和地域上发展不平衡，东南沿海与中西部地区有很大区别。从总体上看，东部好于中部，中部好于西部；大城市企业好于地处偏远的企业；新建企业好于老企业；经济实力强，利润空间大的企业信息化和电子商务的建设开展较好；产权越明晰的企业互联网应用水平越高，效果越明显。同时，企业之间差异很大，有的企业完成了供应链各个环节的信息化，做好了电子商务全部基础工作，有的企业内部的信息化建设才刚刚起步。

2. 资金投入少，基础条件不足

1995年至2000年年底，企业在信息技术(包括计算机、办公自动化、信息管理系统、计算机辅助系统等)应用方面的累计投入占企业总资产的0.21%，而发达国家大企业信息化的投入占总资产的比例多为8%～10%。从行业看，民航、轻工、医药、电子、铁道、烟草等行业的投入占总资产比例较高。由于基础条件不足，直接产生的后果是市场规模小，投入不合理，效益差。国民经济信息化基础薄弱，商业自动化水平低，传统商业与电子商务长期并存，传统商场与网上商场长期并存。

3. 影响因素多，尚处于初级阶段

由于电子商务受网络安全、网络支付、社会信用以及缺乏相关法律、法规等因素制约，大多数企业的电子商务网站功能单一，多数是搞电子市场商情，在网上发布广告、电子目录、电子查询、网上互通商品信息，订单与合同的正式签订、支付及配送等活动基本上还只能在网下进行。

从上述分析不难看出，我国企业互联网应用的总体水平还比较低，建立在网络基础上的企业内部信息化建设取得了一定的进展，正在由“信息群岛”向信息集成跨越，但建立在互联网应用基础之上的电子商务建设仍处在尝试阶段。

## 四、我国电子商务发展面临的主要问题

我国发展电子商务所面临的主要问题包括安全问题、观念问题、技术问题、法律问题、物流问题、政府角色定位问题、隐私权保护问题及其他问题。

1. 安全问题

安全性问题是企业应用电子商务最担心的问题。目前它对网上入侵者、伪造者、攻击者几乎没有防范能力。因此，从技术上保证数据的安全已成为电子商务发展中至关重要的问题。一般来说，电子商务的安全由以下要素构成：数据的准确性、保密性、完整性和可靠性。

电子商务面临的安全威胁主要有：第一，信息在网络的传输过程中被截获；第二，传输的文件可能被篡改；第三，伪造电子邮件；第四，假冒他人身份；第五，不承认已做过的承诺，抵赖。

2. 观念问题

电子商务虽然已在我国形成潮流，但作为推动电子商务原动力的企业却对此多数采取观望态度，其中一个重要原因就是观念滞后。世界已进入到信息经济时代，掌握最新技术和管理方法将处于竞争的有利位置，认识落后者将会被市场淘汰，所以必须加强这方面的教育和引导。

3. 技术问题

第一，中国的信息产品，无论是低端的PC机、网络设备、电源，还是高端的主机系统还都不能完全国产化，计算机的性能指标及其技术对美国的依赖都很大，关键设备价格昂贵；第二，目前流行的许多操作系统均存在网络安全漏洞。尽管人们增加了一些安全措施，但对黑客的攻击还无从防范；第三，带宽与速度的问题也非常突出；第四，人们无法从网上获得商品的直观印象和感受，搜索到自己想要的商品并不容易，用户需要花费很多时间才能找到价格满意的商品，网络的使用还没有完全普及。

4. 法律问题

由于电子商务是一个全新的商务模式，全球对电子商务都没有标准的法律文献。虽然我国在1999年10月颁布的新经济合同法中对电子商务的法律地位作了规定，但远远不能适应电子商务的发展，还需要从系统的角度考虑通过立法解决电子商务实践中的法律问题，涉及电子商务的主要法律有以下几类：①电子商务操作的基本规则方面的法律问题；②电子商务安全性方面的法律问题；③信息基础设施和市场准入方面的法律问题；④电子商务中的知识产权保护；⑤司法管辖及法律冲突；⑥电子商务中的税赋和关税问题。

5. 物流问题

电子商务高效率和全球性的特点，要求物流也必须达到这一目标。而物流要达到这一目

标，良好的交通运输网络、通信网络等基础设施是最基本的保证。这是我国电子商务发展面临的一个重要“瓶颈”因素。物流问题是发展我国电子商务尤其是 B2C 的电子商务所必须解决的一个大问题。我国电信部门采取的集经营与行政管理于一身的垄断体制，也限制了电子商务的发展，随着中国加入 WTO 这种局面有所改善，但进步不大。

6. 政府角色定位问题

互联网是一个跨国界的全球网络，建立在其上的电子商务活动必然也具有同样的特点。如果各个国家按照自己的交易方式运作电子贸易，必然一事无成。必须建立一个全球性的标准和规则，以保证电子商务的顺利实施。同时，政府对电子商务活动不应过多地干涉，而应遵循电子商务的国际准则，尽量放权于企业。政府应转变观念，加强服务和支持，而不是控制和干预。当然，在交易中出现的法律问题，政府应及时、准确地加以解决。在我国，目前的电子商务应用面临的社会环境是：政企不分、信用制度不完整、流通秩序比较混乱、地方利益和部门利益纵横交错而滋生出形形色色的保护主义。面对如此境况，政府如何管理才能化消极因素为积极因素，推进电子商务普及应用，值得深刻反思。

7. 隐私权保护问题

消费者希望保护个人资料和隐私。欧盟 1998 年 10 月生效的《欧盟隐私保护指令》对网上贸易涉及的敏感性资料及个人数据给予法律保护，对违规行为追究责任，国内目前尚缺乏相关的保护隐私方面的法律。

8. 其他问题

我国计算机应用起步较晚，应用水平偏低；信用问题也是我国电子商务发展的障碍；高效的金融服务及电子化问题；跨部门、跨地区的协调问题；企业信息化永平和管理水平低的问题等。

## ◈引导性案例

### 无限的能力

美国一本名为《无限的能力》的书中有这样一个例子：有人在 1953 年对美国耶鲁大学应届毕业生进行了一份“你毕业后的目标是什么”的问卷调查，统计结果是：有 3% 的学生有明确的目标，97% 的学生基本上没有明确的目标。20 年后，有人去追踪所有参加了问卷的学生现状，结果令人吃惊，3% 的人拥有的财富总和比 97% 的财富总和还多得多。20 年前仅是目标的有和无，20 年后却是财富的多与寡，差别之大，令人咂舌。

无独有偶。美国哈佛大学也有一项关于目标对人生影响的跟踪调查。其调查对象为一群智力、学历、环境等条件大体相同的年轻人，结果显示，3% 的人有清晰且长期的目标，25 年中从未改变过目标，并总是朝一个方向不懈地努力，他们在 25 年后几乎都成为社会各界的顶尖成功人士，其中不乏创业者、行业领袖和社会精英。10% 的人有清晰的短期目标，这些人大都生活在社会的中、上层。他们的共同特点是不断完成预定的短期目标，生活状态步步上升。25 年后他们成为各行各业不可或缺的专门人才。60% 的人目标模糊，他们能安稳地生活与工作，但却没有什么特别的成就。剩下的 27% 是那些 25 年来没有目标的人群，他们几乎都生活在社会的底层。常常失业，靠社会救济，生活很不如意，并且常常抱怨他人，抱怨社会，抱怨世界。

大学生从填写大学报考志愿那一刻起，便已经做出了人生的一个重大选择——选择职业发展方向。当然，选择了专业并不意味着职业发展方向永恒不变。专业的选择只是为我们未来的发展提供了一种思路，人的一生中充满了变数。作为电子商务专业的学生，从进入大学那一刻起，就应该了解电子商务职业的发展前景，明确自己的职业发展目标，了解电子商务专业的就业方向和岗位，充分挖掘自己的潜能，不断提升自己的综合竞争能力。

思考：

1. 我国电子商务的发展对人才有哪些需求？
2. 电子商务人才应具备哪些特征和基本素质？
3. 电子商务专业学生的就业岗位和就业机会有哪些？
4. 电子商务从业人员现状如何？
5. 电子商务职业的发展前景如何？

# 子任务5 明确电子商务专业的就业方向与岗位

21世纪，人类真正迈入了电子时代。随着企业国际贸易、国际商务活动的增多，电子计算机技术在商务领域的重要性与便捷性已被更多的人所认识，很多商务和商业活动的开展越来越多地依赖于计算机网络技术。电子商务逐渐成为社会生活的主要方式，也成为数字化社会的基础。我们有理由相信，在未来几年内我国电子商务人才供求缺口将不断加剧，电子商务人才将跨入“金领”的行列，这一职业的从业前景也是非常好的，必将成为电子时代的一个朝阳职业。

随着电子商务这一新兴职业的崛起，人力资源和社会保障部于2003年制定了“电子商务师从业人员”国家职业标准，将电子商务师列为国家的正式职业序列，并为职业教育培训提供了科学、规范的依据。

职业定义：利用计算机技术、网络技术等现代信息技术从事商务活动的专业人员。

职业内容：电子商务师是通过专业的网络商务平台，帮助商家与顾客或商家与商家之间完成商务买卖活动的从业人员。

职业等级：①电子商务员（国家职业资格四级）；②助理电子商务师（国家职业资格三级）；③电子商务师（国家职业资格二级）；④高级电子商务师（国家职业资格一级）。

## 一、电子商务人才的需求

当今社会已步入信息时代，人才成为经济发展的重要因素，随着网络经济时代的到来和电子商务的迅猛发展，社会对电子商务人才也提出了新的需求。所谓的电子商务人才是指既掌握现代信息技术又通晓现代商贸理论与实务，能通过电子方式来进行商贸活动的一种复合型人才。就目前情况来看，我国电子商务的发展对人才提出了以下几个层面的需求。

1. 企业电子商务应用人才

企业开发电子商务，除了具备软、硬件的条件外，更重要的是对知识复合型人才的需求。具体包括：企业电子商务管理人员，负责本单位电子商务系统的管理运作，需要掌握电子商务知识、商贸知识、电子商务法规、电子商务案例分析与电子商务项目管理的知识等；电子商务实际操作人员，负责本单位电子商务活动的实际操作，需要掌握电子商务的基础知识、商贸基础知识、电子商务相关技术、电子商务技能和操作标准等。

2. 电子商务项目开发人才

在电子商务法规、市场、应用环境创建与完善的同时，电子商务的项目开发就成为一个单位搞好电子商务的关键之一。社会所需的电子商务项目开发人才又可分为以下几类：电子商务分析人员，需掌握相关的电子商务信息技术、管理技术及项目系统分析领域的商务知识；电子商务项目设计人员，要求掌握电子商务信息技术、网络技术、相关软、硬件知识等；电子商务项目具体实施人员，要求掌握电子商务开发软件技术、网络编程技术等。

3. 电子商务管理人才

电子商务管理人才主要是指政府行政部门的对电子商务行业进行管理的人才。他们应掌握电子商务的基本的法律、法规，国家的有关方针、政策，网络管理、CA(Certification Authority，电子商务认证中心)认证管理及相关应用领域的管理知识等。

4. 电子商务的教学科研人才

电子商务的教学科研人才主要是指在大中专院校、相关科研机构及相应部门和企业中从事电子商务教学及科研工作的人才。他们的知识应是信息网络技术和商务理论的融合，能够将理论知识和实践技能很好地结合，能够对电子商务的某些问题和领域进行前瞻性的研究并提出建设性的意见和指导。

## 二、电子商务人才的特征和基本素质

1. 电子商务的人才的特征

(1)电子商务人才的实务性特征　电子商务是从网络和商务实践中发展起来的，而且还在不断的应用和发展之中，现有的电子商务理论还很难对日新月异的电子商务活动进行卓有成效的指导。电子商务人才培养要突出实务性特征，要使电子商务人才能够迅速了解、适应和进入电子商务实务环境，能够熟练操作和运作电子商务活动，具有从实务中学习和进步的能力。

(2)电子商务人才的复合型特征　电子商务人才是一种复合型人才，无论其侧重哪一方面，都应该拥有足够的技术和商务两方面的知识，既要懂得电子商务技术手段，能将商务需求转化为电子商务应用，又要熟知一些电子商务环境下的商务运作方式和模式；如供应链管理、虚拟企业、客户关系管理方式，以及网上商店、网上采购、网上银行、网上交易市场等电子商务模式。

当然，电子商务的复合型知识，绝不意味着一堆现有技术和商务知识的随意组合，而应该是一个有机整体，应该具有一定的前瞻性。电子商务人才要在电子商务这种现代商务模式的基础上将其整合起来，认识到自己所掌握的知识绝不只是应用或修补的工具，而是一种新的现代商务活动方式。因此，他们应当理解电子商务环境下的商务组织、管理和业务方式及其特点，理解电子商务绝不仅是商务手段和方式的更替，而是整个商务运作体系的变革，应该具有完整的电子商务观。

(3)电子商务人才的多元化特征　由于电子商务的变革几乎涉及人类经济生活的所有方面、所有层次，而每一个方面、每一个层次都有自身的特殊性，所以要求电子商务人才具有不同的知识和能力结构，或者说需要不同的电子商务人才。因此，不能将电子商务人才简单地归纳为一个方面或一个层次；相反，必须充分认识到电子商务人才在各方面和层次上的多元化特征。例如，会有侧重技术的电子商务人才和侧重商务的电子商务人才；会有分别侧重支付、物流和信息流的电子商务人才;会有专门从事网络营销的电子商务人才;会有专门从事电子商务管理的人才;会有从事电子商务战略分析的人才;会有从事证券电子商务的人才;会有专门从事网上银行的人才等。

2. 电子商务人才的基本素质

电子商务工作是集计算机网络技术、应用技能和经济贸易知识于一体的综合性很强的岗位,只有复合型的人才才能胜任这一岗位。因此,电子商务人才必须具备广博的知识和较强的综合素质。

(1)电子商务人才必备的知识和技能　熟练掌握与电子商务有关的应用技术。例如:计算机和网络的应用技术、保密和安装技术、电子支付技术、企业信息系统管理技术、数据库技术、网站的开发和管理技术。

熟悉和了解与行业相关的经济、法律和技术知识。例如:熟悉整体经济和行业发展的大趋势、经济政策的走向、相关的技术发展趋势、有关的法律法规。

熟悉和掌握企业经营管理和贸易方面的知识。例如:熟悉企业经济活动的整体运行规律,特别是企业的采购和销售业务;能有效地开展市场营销和各种促销活动;熟练掌握贸易洽谈的具体程序和相关单证;能熟练进行贸易洽谈;掌握金融支付工具以及财务核算方面的技能。

(2)不同类型的电子商务人才应具备的能力　不同类型的电子商务人才,对其基本素质的要求各有侧重。

技术支持层人才,应重点掌握与电子商务有关的技术,例如:网络通信建设、系统管理、主页制作、程序开发等。

应用操作层人才,应重点掌握与电子商务有关的具体操作应用技能。例如:掌握信息使用技术,能结合贸易理论与实务并通过电子商务方式进行商务活动,为企业和社会提供电子商务服务。

管理层人才,电子商务的管理人员分为初、中、高级三类。管理层人才应懂得电子商务在企业经营生产和管理中的作用;知道如何利用电子商务来改善企业经营战略,提高企业的经营管理效率,降低成本;利用电子商务来构建企业的价值链,增强企业竞争力,取得更好的经济效益。

此外,经济全球化趋势使电子商务已经突破地域和国界的限制,网络上的信息绝大多数以英语作为通用语言。因此,电子商务人才还必须具备一定的英语能力。

## 三、电子商务专业学生的就业岗位和就业机会

1. 电子商务专业学生的就业岗位

根据对智联招聘(www.zhaopin.com)、前程无忧(www.51job.com)、电子商务人才网(www.echr.com.cn)等几个网站中电子商务岗位需求信息的汇总和整理,可以得出目前电子商务专业学生的就业岗位主要有以下方面:

(1)网站运营经理/主管　一般要求:熟悉网络营销常用方法,具有电子商务全程运营管理的经验;能够制订网站短、中、长期发展计划,并执行与监督;负责整体网站及频道的运营、市场推广、广告与增值产品的经营与销售;负责网站运营团队的建设和管理,实现网站的战略目标、流量提升与赢利。

(2)网站策划/编辑　一般要求:熟悉网站策划、实施、运营、宣传等业务流程;熟悉电子商

务运营与操作流程，能够洞悉电子商务的发展方向；对企业上网有比较深的理解，熟悉企业网站的功能要求；有较强的中文功底和文字处理能力，具有一定的网站栏目策划、运营管理知识；具有较强的选题、策划、采编能力、归纳能力；熟悉电脑操作，掌握基本网络知识。

(3)网站推广 一般要求：负责网站内容、网站网页设计、网站企划、网站营销企划、网站社群相关服务、内容规划及经营、会员维护及管理工作；文笔好，能够独立完成市场宣传策划及文案的撰写；能够熟练运用各种宣传媒介进行宣传推广工作。

(4)网站开发人员 一般要求：负责网站 Web 页面的开发与后台的技术支持，能够满足运作层对技术层的需要；精通 ASP/PHP/CGI 3 种开发工具的一种，能够独立开发后台；精通 SQL Server、Access，能够独立完成数据库的开发，有 1 年开发经验；能读懂常用 JSP 的代码，并且能够编写基本的 JSP 程序；精通 HTML 语言，完全能手写 HTML 代码；熟练掌握 ASP、Java、JavaScript、SQL Server 等技术；熟练掌握 Windows 2000/2003、Linux/Unix 其中一种操作系统；熟练掌握 Oracle 数据库管理系统；熟悉网站的管理、设计规划、前台制作、后台程序制作与数据库管理流程与技术。

(5)网站设计 一般要求：能熟练应用 Flash，Dreamweaver，Photoshop，CSS＋DIV，XML＋XSL(不包括程序)等编辑网页；精通平面设计，熟悉 FrontPage，Dreamweaver，Flash 等网页制作工具，能够承担大型商业网站制作；熟悉 Photoshop，CorelDraw 等图形设计、制作软件，熟悉 HTML，ASP 语言；具备一定的视觉传达设计功底，擅长广告创意、设计在网络广告、传统媒体广告上的应用；对网站建设、VI 的设计及应用有一定的经验，具有沟通、合作精神，有创造力；熟悉 JavaScript，能够了解 JSP 或 Servlet 或 PHP，独立完成动态网页；掌握 HTML，JavaScript，了解网站程序实现原理，有与程序员配合的经验。

(6)网络营销员 一般要求：熟悉网络、网络营销和办公软件；负责公司产品在网络上的推广；对网络营销感兴趣，并能很好地掌握电子商务及网络发展的各种理念。

(7)外贸电子商务等岗位 一般要求：熟悉外贸业务流程并能利用电子商务开展外贸业务。

2. 电子商务专业学生就业机会

(1)电子商务服务企业 这类企业可提供的就业机会包括硬件(研发、生产、销售、集成)、软件(研发、销售、实施)、咨询等。随着电子商务应用普及，相关的硬件、软件开发和销售对专业人员的需求是确定的，不过这种需求可能是显性的，也可能是隐性的。显性情况下，用人单位会公开招聘懂得电子商务的专业人才；隐形情况下，用人单位人力资源部面对市场客户的电子商务需求，并不一定知道具有电子商务专业背景的人才是否正好适用，而只能让具有计算机等相关学科背景的人勉强应付，或要求其补充学习电子商务知识。咨询行业由于其“与生俱来”的专业广度和深度，需求一般都比较明确，比如：新竞争力网络营销顾问咨询公司的招聘。

(2)电子商务企业 对这样的企业来说，无论是纯粹专业的电子商务企业还是和其他主业结合开辟的全新的运营模式(例如西单商场)，对电子商务专业人才的需求是最对口的。

(3)传统企业 对于传统企业来讲，电子商务意味着新增的运营工具(比如企业网站，现在恐怕很难找到没有网站的公司)。运行新增运营工具的人，无非是从使用老运营工具的员工中培养或招聘专业人才。当然，培养原来的老员工的工作恐怕还是得内行的专业人士来进行。

(4)传统行业 对传统行业来讲，电子商务就是新的业务手段。无论贸易、物流、加工行业还是农业等都会使用到电子商务。把传统行业专门提出来讲，目的就在于，如果有志于某一行业，就应该深入了解这个行业的发展状况、发展趋势、新技术、新产品。从专业的角度判断这个行业的电子商务发展水平和发展潜力。当然，要能独立做出这些判断必须专业知识和实践能力达到一定的高度才行。

## 四、电子商务从业人员现状

随着经济市场的繁荣，越来越多的企业正积极应用电子商务建立自己的电子商务平台，但目前我国电子商务人才十分短缺。根据岗位职责和综合能力的差异，电子商务职业岗位的月薪在3 000～8 000元，而随着电子商务业的日益兴盛，这一职业的薪酬水平还有大幅上升的空间。在巨大的市场需求下，电子商务成为职场颇为抢手的职业，也让具备此资格的从业者有足够的理由待价而沽。但是我国目前电子商务专业毕业生的就业率仅为20%，远低于全国普通高校毕业生70%就业率的水平。造成我国电子商务专业毕业生就业率低的原因有很多，主要有以下几点：

1. 人才培养不到位，培养方向模糊

造成这种局面的根本原因在于高校在电子商务人才的教育和培养方面还存在欠缺。一方面大量电子商务专业的学生找不到工作，另一方面大量企业特别是中小企业找不到合适的电子商务人才，这中间存在着严重的错位。许多学校不能清晰地界定其培养的电子商务人才将来的就业方向。他们提出的培养目标宽泛，以“万能”为应用目标，这并不符合中国企业目前对电子商务人才的专业、实用的需求。培养出的电子商务学生搞技术比不过学计算机、学软件的学生，搞商务比不过学管理、学营销的学生。

电子商务人才是复合型人才，而现在很多高校培养电子商务专业的学生往往只是从管理类、营销类、计算机类里面选几门课程，然后在选几门电子商务概论之类的课程，这样培养出来的学生必然存在很大的问题。只有定位清晰、目标明确，才有可能创新传统的人才培养模式；也只有针对电子商务岗位的特点和要求，才能培养出适应能力强、特色鲜明、技能突出，与企业电子商务应用“零距离”的专业人才。

2. 供需双方的理解出现偏差

尽管毕业生在简历中都标明了电子商务专业，但招聘企业很少在招聘岗位上明确写出“电子商务专业”这样的职位。实际上，对很多企业来说，包括信息调查、市场策划、市场营销、国际贸易、网络计算机技术、财务、行政等在内的工作岗位都需要电子商务专业人才，只不过这些企业没有在岗位描述中列出“电子商务”四个字罢了。由于毕业生不了解电子商务在各行各业的应用现状及发展前景，当他们没有发现“电子商务”四个字时，便放弃了投递简历，即使投递了，也是作为专业不对口的无奈之选。

3. 实践环节与企业需求脱节

目前，许多高校仅仅设立了一个简单的电子商务实验室，学生无法亲身体验和实践操作，理论和实践难以结合，培养的学生只会动口，不会动手，难以适应企业的需要，造成企业无法找到合适的电子商务人才。因此：一是要充分利用互联网上的免费资源以及企业的一些针对教学的开放平台，建立学生与企业的沟通渠道，尽可能使学生较早地接触到真实的电子商务活动，形成企业、学校、学生的长期合作、相互支持的资源环境。二是要在教学中引进企业人员，通过一线实战经验的传授，缩短学生毕业后适应工作岗位的时间。完善以上两点才可以使求职者缩减与企业要求的距离，才不会与企业需求脱节。

## 五、电子商务职业的发展前景

互联网上的电子商务目前已经被公认为现代商业的发展方向，这是一个发展潜力巨大的市场，具有诱人的发展前景。中国在1996年出现了第一笔网上交易，2012年中国电子商务市场规模达7.85万亿元，预计未来3～5年内，中国电子商务市场仍将维持持续稳定的增长态势，同比增速稳中有升。据中国电子商务研究中心统计，目前国内电子商务从业人员超过200万人。

电子商务企业虽然发展迅速，但仍处于粗放竞争阶段，这也导致富有经验或者能快速上手的电子商务人才稀缺和抢手，各电商企业对人才的竞争逐渐自然化是必然的趋势。因此电子商务从业人员将具有广阔的职业前景。

### ◈分组讨论

1. 请登录阿里巴巴、当当网、淘宝网、海尔商城、中国制造网等典型的电子商务网站，分组讨论这些网站的功能和运行模式都有哪些不同。

2. 电子商务发展中面临的问题及发展趋势。

### ◈业务技能训练

1. 请参观走访当地知名电子商务企业，撰写参观感受。

2. 走访城市和农村，对城市和农村的电子商务发展情况做一比较，找出农村电子商务发展与城市的差距，提出发展农村电子商务的个人设想。

信息的收集与整理一直被各国所重视，它涉及社会生活的各个领域，在军事与商务中的作用更为明显，信息搜索的准备全面程度将直接关系到一场战争或者商业竞争的成败。

在外部竞争日益激烈的现代信息社会，对于从事商务活动的企业来说，利用网络收集Internet中无穷无尽且日益更新的信息资源，无疑要比利用传统信息渠道获取信息的企业处于更有利的竞争地位。然而，要利用好这个巨大的网络信息资源，却又不是一件容易的事情。几乎是无穷无尽的网络信息资源，使得很多人经常处于“要找的信息找不到，不要的信息到处跳”的状况。所以，要改变这种状况，必须掌握网络商务信息的收集和整理的方式与途径。

# 任务二　网络商务信息收集与整理

## 任务解析

网络商务信息的收集与整理的一般流程为：首先，确定信息收集的内容，明确需要解决的问题；其次，确定信息收集的方式与途径。目前利用互联网进行信息收集的方式主要有网上直接调查和网上间接调查这两种方式。网上直接调查方式主要包括网上问卷调查法和专题讨论法；网上间接调查方式主要是利用搜索引擎、网上商业资源站点以及网上数据库等途径来进行。根据不同信息收集的目标，综合选择不同的收集方式与途径，最后再将收集到的信息进行分类整理，具体如图2-1所示。

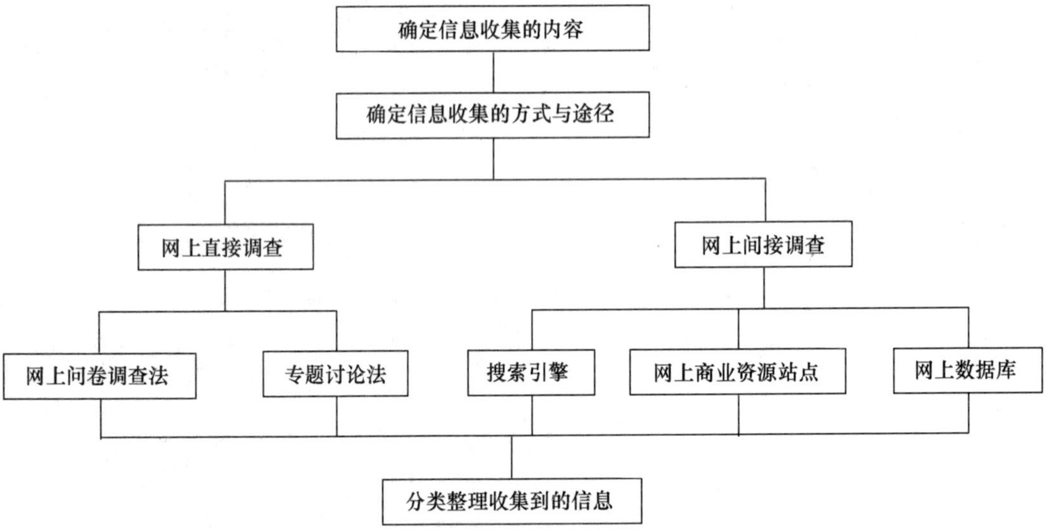


**图2-1　网络商务信息收集与整理的一般流程**

## 分项任务

子任务1. 利用网上直接调查方式收集信息

子任务2. 利用网上间接调查方式收集信息

子任务3. 信息的分类整理

## ◆能力目标

通过完成本任务，你应该能够：

1. 利用网上直接调查方式收集信息；
2. 利用网上间接调查方式收集信息；
3. 分类整理信息。

## ◆核心能力

借助网上调查问卷开展信息收集，综合利用各种搜索引擎、网上商业资源站点以及网上数据库等途径和方法进行网络商务信息收集、分类整理信息。

## ◆引导性案例

### 鲜食玉米网络市场调研报告

在国内，随着人们生活水平的不断提高，膳食结构也悄然发生了改变，对粗粮的摄食不断增加，更多的鲜食玉米摆到了老百姓的餐桌上。经过市场调研，北京A公司自从积极参与到鲜食玉米这一朝阳产业以来，主要从事鲜食玉米的生产、加工及销售，经过多年发展，目前已开发出普通玉米、糯玉米、甜玉米等多个品种，年生产鲜食玉米2500万穗，销售到国内10余个省市，产品还出口到韩国、美国、日本、加拿大等国家。

但近年来，国内鲜食玉米市场的竞争越来越激烈，A公司决策层计划除了通过品种创新来提高鲜食玉米的产量和品质外，还计划在网上销售鲜食玉米，拓展销售渠道，以做大做强鲜食玉米产业，提高市场竞争力和占有率。

为稳妥起见，公司决策层首先利用互联网全面收集了关于鲜食玉米网络市场环境的相关信息，分析撰写了鲜食玉米网络市场环境调查报告。在此基础上，A公司成功地开展了鲜食玉米电子商务，扩大了鲜食玉米的销售半径，拓展了海内外市场，提高了核心竞争力。

思考：

1. A公司应该收集关于鲜食玉米网络市场环境的哪些信息？
2. A公司进行信息收集的方式和途径有哪些？
3. A公司如何将信息进行分类整理？

在进行网络商务信息收集前，A公司应该首先确定信息收集的内容，主要包括了解鲜食玉米市场行业动态和政策信息，掌握国内主要的鲜食玉米行业/专业网站，了解网上鲜食玉米的主要竞争对手，掌握潜在的目标客户信息等。明确了信息收集的目的和内容后，就可以利用互联网开展商务信息收集了。

# 子任务1　利用网上直接调查方式收集信息

通过网上直接调查所获得的第一手资料能准确地反映出市场的变化情况，信息较为真实，并且能根据自己的需要设计要求，增强了信息的针对性。但是网上直接调查耗费的时间比较多，且投入很大。网上直接调查用得最多的是网上问卷调查法和专题讨论法。

## 一、借助网上调查问卷开展信息收集

网上问卷调查法是将设计好的问卷发布在网上，被调查对象通过互联网完成问卷调查。

如果企业拥有自己的网站，就可以直接将调查问卷发布在自己的网站上开展问卷调查，如：中国互联网络信息中心 CNNIC 每半年进行一次“中国互联网络发展状况调查”，如图 2-2 所示。

图 2-2　中国互联网调查社区首页

再如：海尔社区网上问卷调查系统，如图 2-3 所示。

如果企业暂时还没有建立自己的网站就可以考虑利用以下几种方法进行网上问卷调查，这里重点介绍一下自助调查平台，其他简略。

### (一)利用自助调查平台开展网上调查

相关网站有中国自助网络调查互动平台——态度 8 调查网(http://www.taidu8.com/index.htm)，国内专业的在线表单应用服务提供商——问道网(http://www.askform.cn)等。其中，企业在问道网上不仅可以永久免费使用问卷调查整个流程的所有功能，免费享受功能升级和新增应用，永久保留所有数据，而且还可以进行复杂题型和逻辑设置，以多种方式回收、分析和统计数据，轻松实现问卷调查全流程。

下面就以问道网为例，介绍如何借助网上调查问卷开展北京 A 公司鲜食玉米新品种相关信息收集。

1. 登录

登录问道网首页(http://www.askform.cn)，如图 2-4 所示。

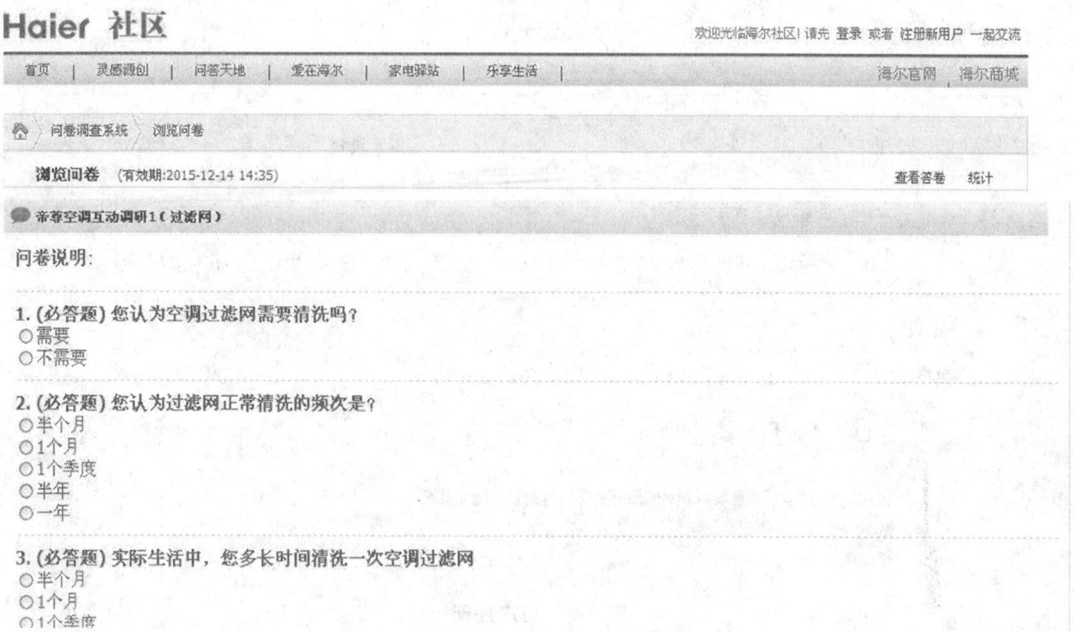


图 2-3　海尔社区网上问卷调查系统

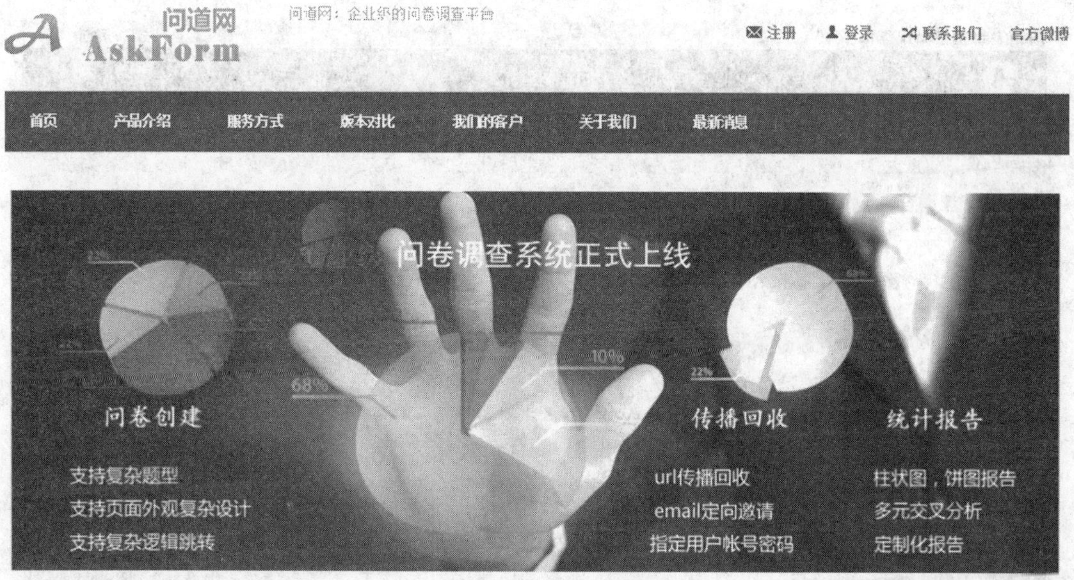


图 2-4　问道网首页

2. 注册会员

如果还未成为该网站的会员，请先进行会员注册。点击进入注册页面，根据提示正确填写相关信息。

第一，点击问道网首页右上角的免费注册，进入注册页面。

第二，根据用户注册页面的要求填写相关信息，如图 2-5 所示。

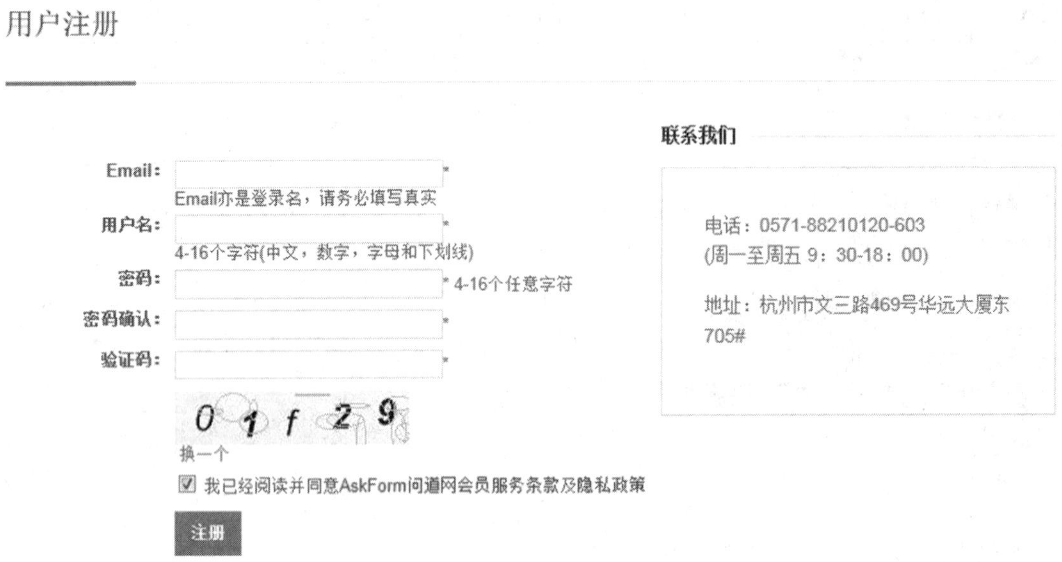


图 2-5　用户注册

第三，填写好信息以后，点击注册，成功注册后，页面将自动跳转到我的问卷管理页面，如图 2-6 所示。

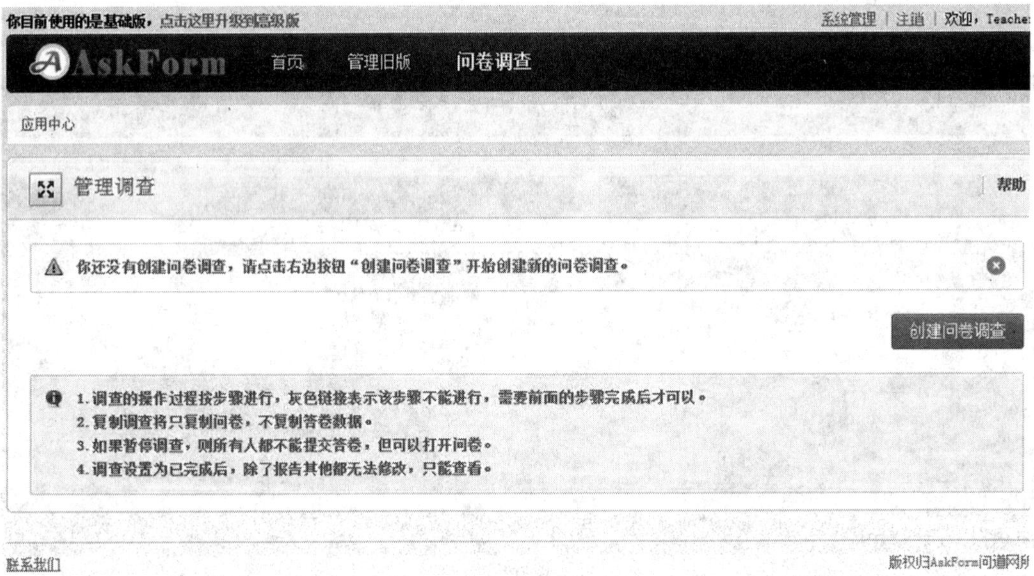


图 2-6　问卷管理

3. 创建问卷

创建问卷的方法主要有两种，从空白创建和从模板创建。

下面以开展北京 A 公司关于鲜食玉米网络市场环境调查为例，具体介绍如何利用空白创建方法。调查问卷样卷，如图 2-7 所示。

点击右侧“创建问卷调查”后，出现如图 2-8 所示界面。

调查问卷

您好！我们是北京A公司调查项目课题组，感谢您在百忙之中填写我们的调查问卷。本课题组拟针对鲜食玉米网络市场环境进行调研。为更好完成本次调研，给公司提出有实际价值和意义的政策建议，请您如实填写问卷内容。同时，为保护您的隐私和个人权益不受侵害，本次调研采取匿名填写方式。感谢您的支持与配合！

北京A公司调查项目课题组
2013年3月

1.您的性别（ ）　A男　B女
2.您的年龄（ ）　A18周岁以下　B19-30周岁　C31-60周岁　D61周岁以上
3.您经常在网上购买鲜食玉米吗（ ）　A经常　B偶尔　C从来没有
4.您经常购买的鲜食玉米的品牌是________
如果您有过在网上购买鲜食玉米的经历，请您完成以下问题：
5.您所购买的鲜食玉米的网站的网址是__________
6.您是通过下列哪些渠道找到该网址的？
A通过百度、谷歌等搜索引擎搜索宝贝　B登录淘宝网等电子商务网站搜索宝贝
C直接登录农业类网站查找　D朋友推荐　E其他
7.您对在网上购买鲜食玉米的经历满意吗？
8.请您对网上销售鲜食玉米的产品和服务提出宝贵意见和建议。

**图 2-7　调查问卷样卷**

**图 2-8　新建页面**

(1)从空白创建　按步骤，按提示，一步步创建完成问卷。

第一，在图2-8默认的空白创建中输入问卷调查名称，我们以鲜食玉米调查问卷为例，输好后，点击“确定”，进入创建问卷页面，如图2-9所示。

第二，点击编辑问卷，进入编辑界面，如图2-10所示。

按照创建问卷提示的步骤填写相关内容：

第一步，编辑问卷资料。根据提示填写问卷标题、问卷说明、问卷提交后提示信息、自主选择分类。

下面以鲜食玉米为例，进行介绍。

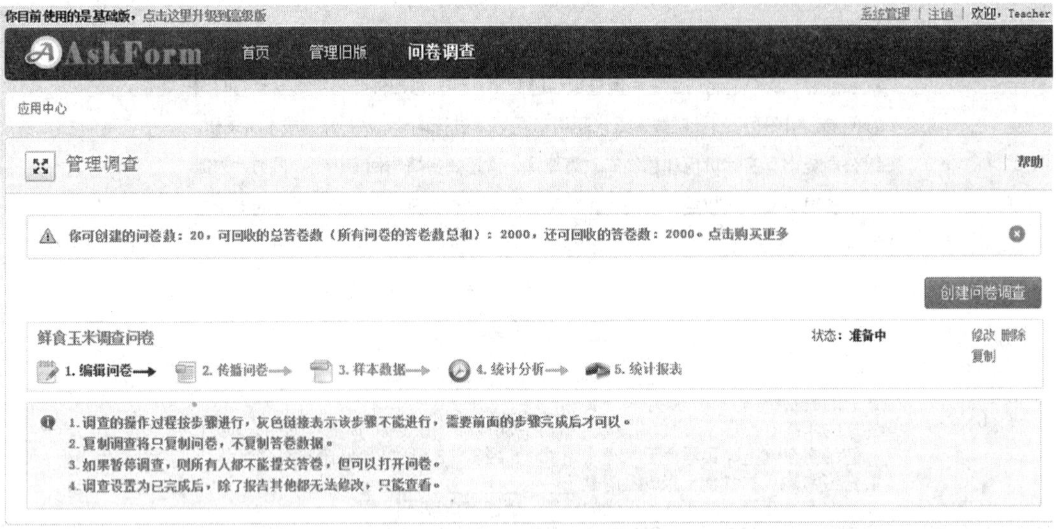


图 2-9　调查问卷编辑流程

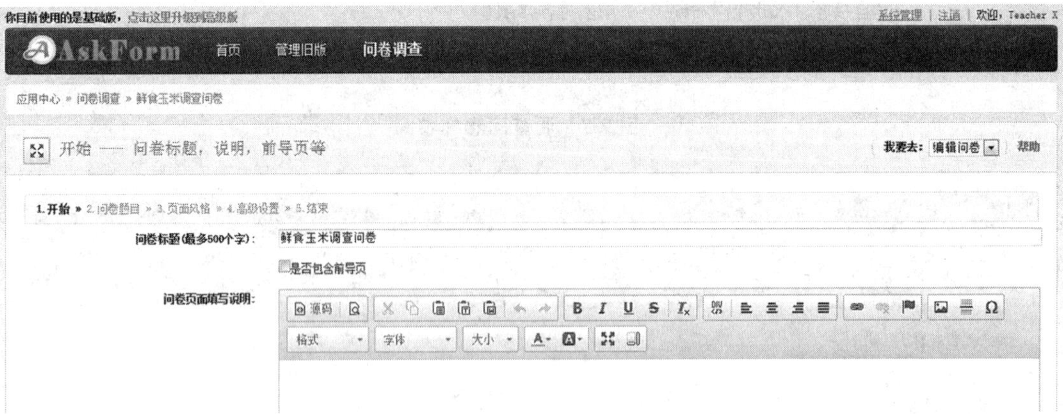


图 2-10　编辑界面

问卷标题框中，输入“鲜食玉米调查问卷”。

问卷说明框中，根据需要，说明调查的对象、目的、意义等，如图 2-11 所示。

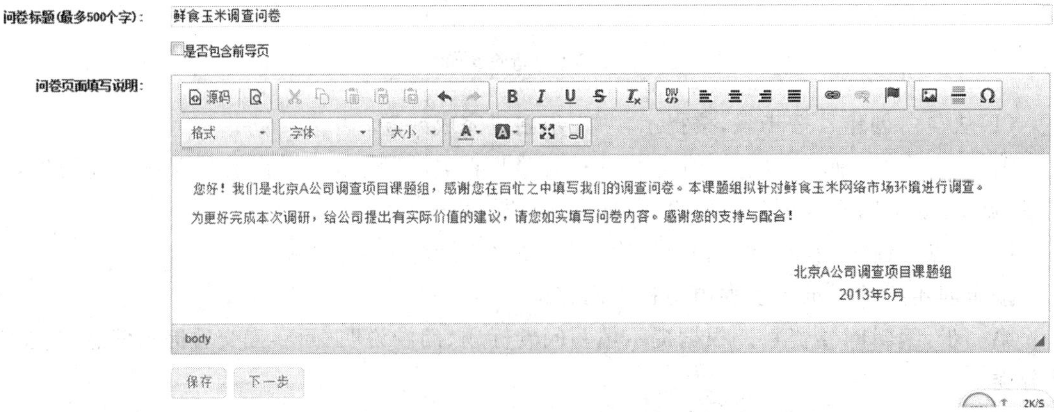


图 2-11　问卷页面填写

使用者可以根据自己的喜好在工具栏中调整字体的大小、颜色等。

编辑完成后，点击“下一步”，进入如图 2-12 所示页面。

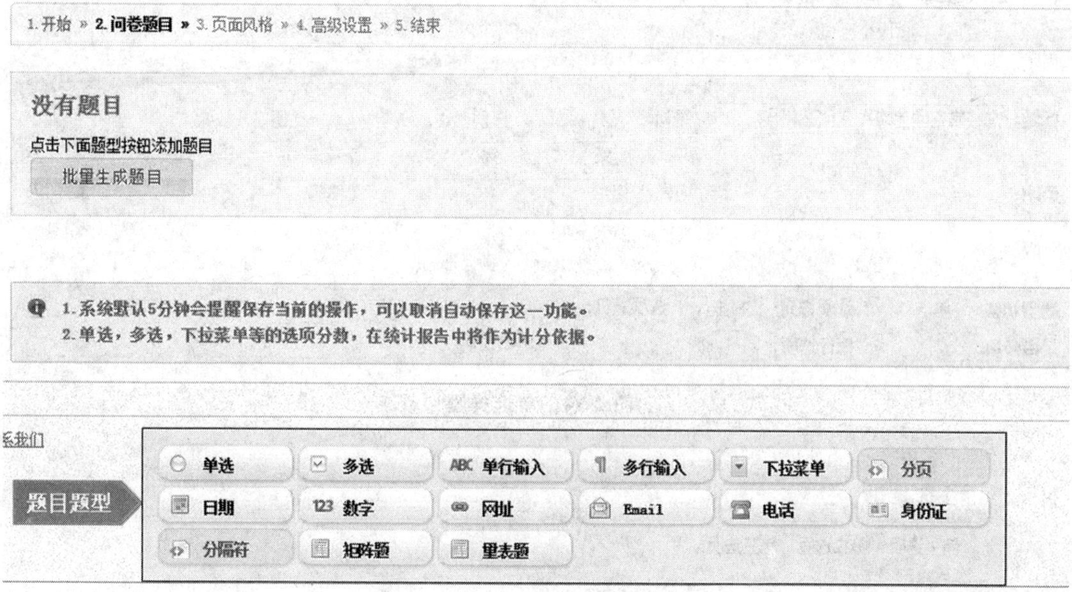


图 2-12　问卷题目

第二步，设计问卷。表单工具栏中，有单选、多选等选项。下面对这些选项进行介绍：

点击“单选”，出现如图 2-13 所示页面。

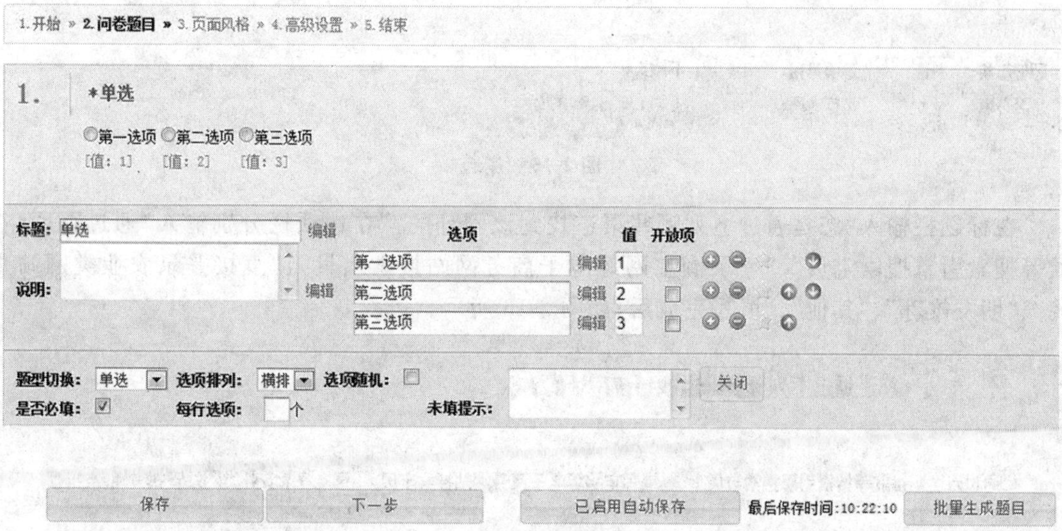


图 2-13　单选

在标题栏中，输入“您经常在网上购买鲜食玉米吗？”分别在第一选项、第二选项、第三选项中输入“经常”、“偶尔”、“从来没有”。使用者可以在右侧增加选项或调整先后顺序等。填写完成后，如图 2-14 所示。

单击“多选”，出现如图 2-15 所示页面。

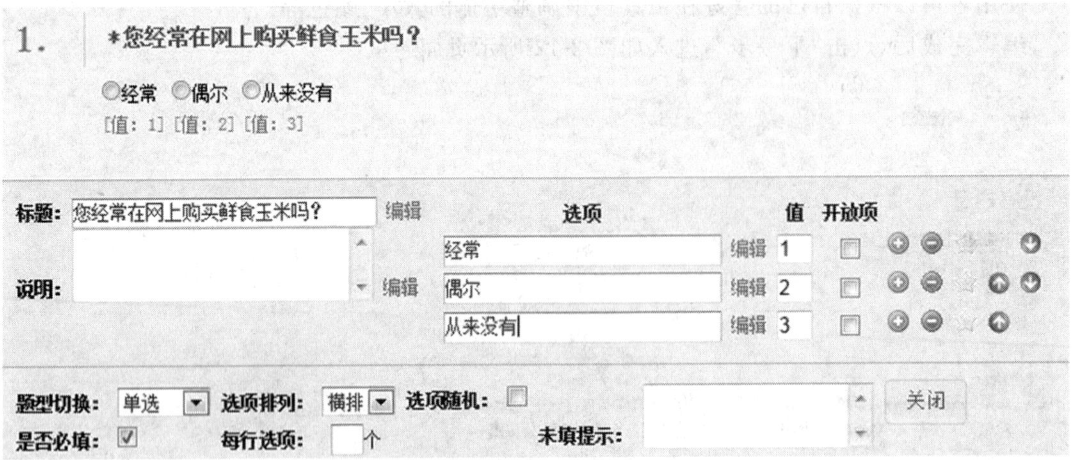


图 2-14 单选样题

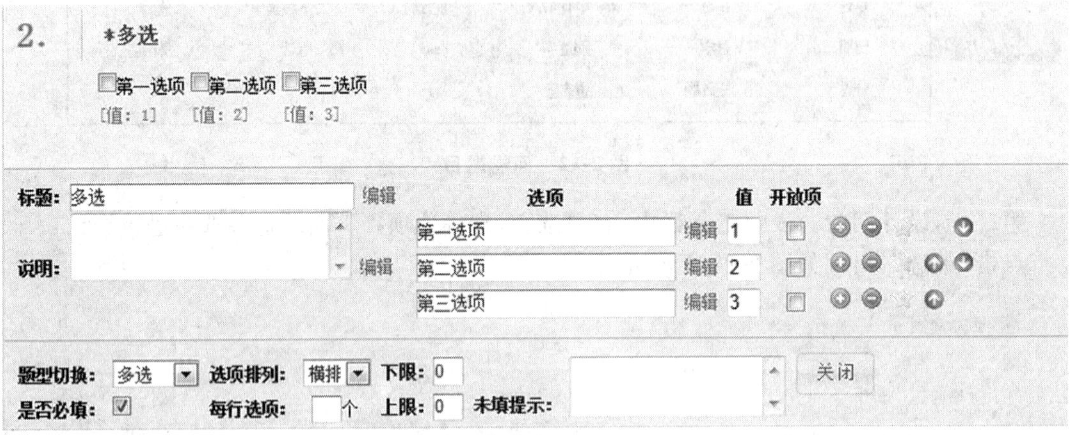


图 2-15 多选

在标题栏输入“您是通过下列哪些渠道找到该网址的?”在选项栏分别输入“通过百度、谷歌等搜索引擎搜索宝贝”、“登录淘宝网等电子商务网站搜索宝贝”、“直接登录农业类网站查找”、“朋友推荐”、“其他”。填写完成后，如图 2-16 所示。

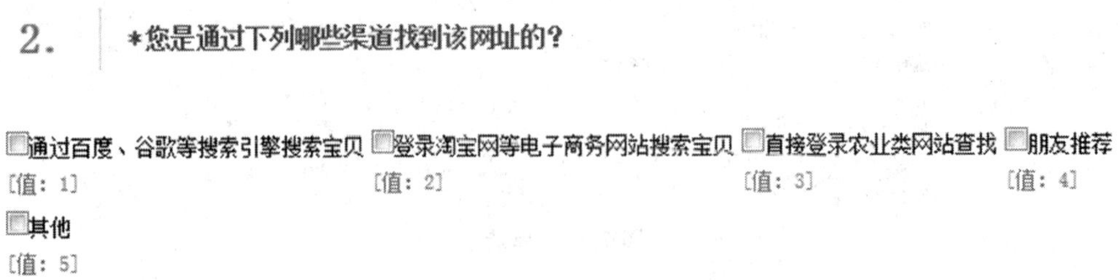


图 2-16 多选样题

单击“单行输入”，出现如图 2-17 所示页面。

在标题栏输入“您经常购买的鲜食玉米的品牌是”，点击“保存”，如图 2-18 所示。

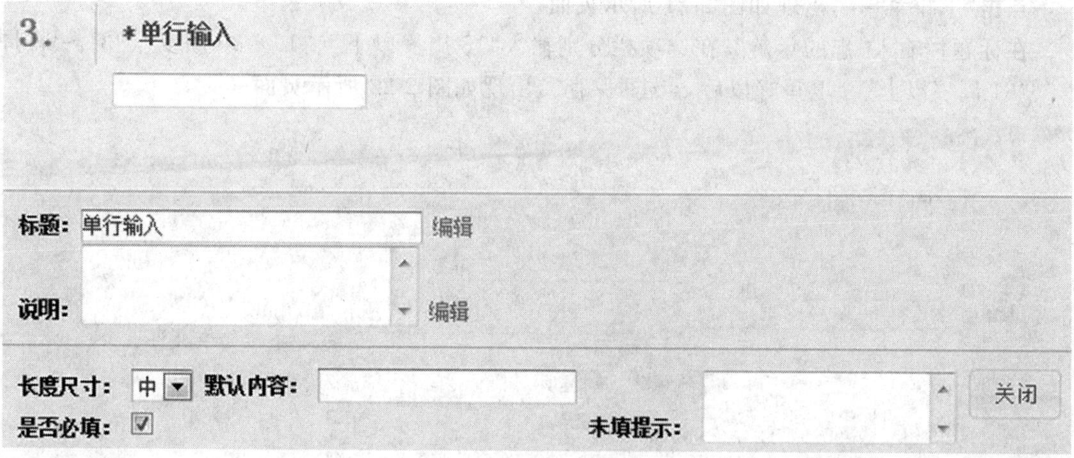


图 2-17　单行输入

图 2-18　单行输入样题

点击“多行输入”，出现如图 2-19 所示页面。

在标题栏输入“请您对网上销售鲜食玉米的产品和服务提出宝贵意见和建议”。点击“保存”，如图 2-20 所示。

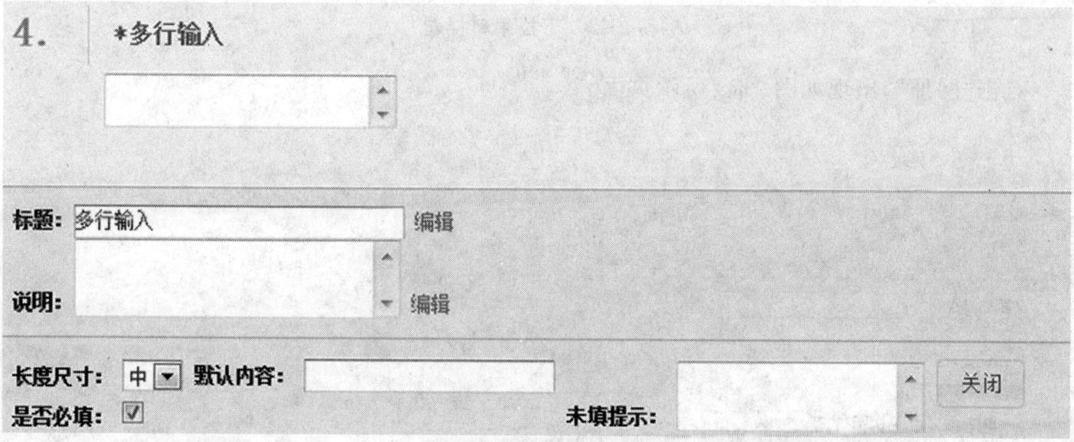


图 2-19　多行输入

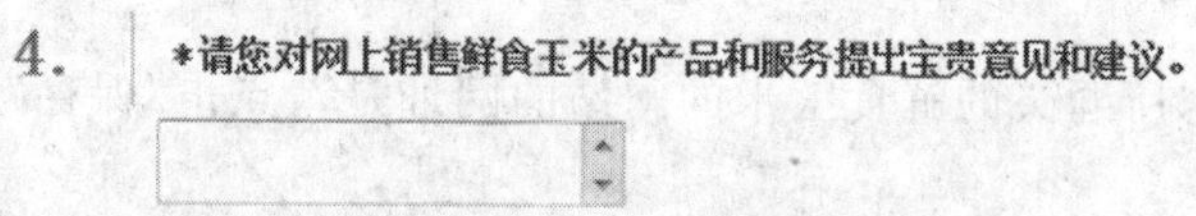


图 2-20　多行输入样题

点击“下拉菜单”,出现如图 2-21 所示页面。

在标题栏输入“您的年龄”,在选项栏分别输入“18 周岁以下”、“19～30 周岁”、“31～60 周岁”、“61 周岁以上”。填写好以后,点击“保存”,出现如图 2-22 所示页面。

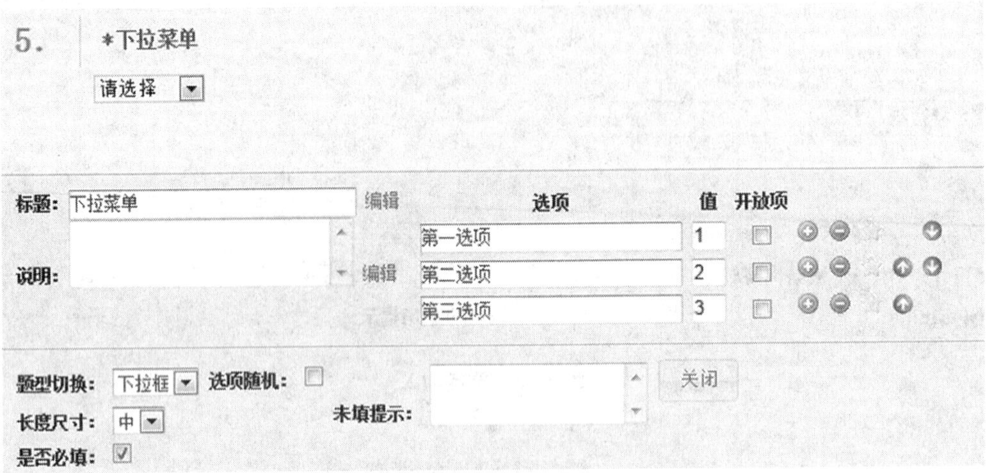


图 2-21 下拉菜单

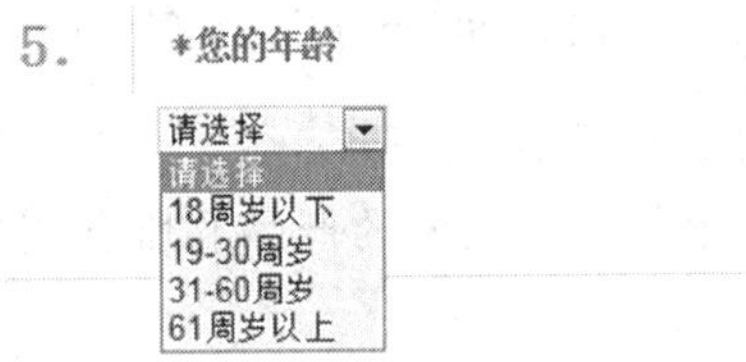


图 2-22 下拉菜单样题

点击“网址”,出现如图 2-23 所示页面。

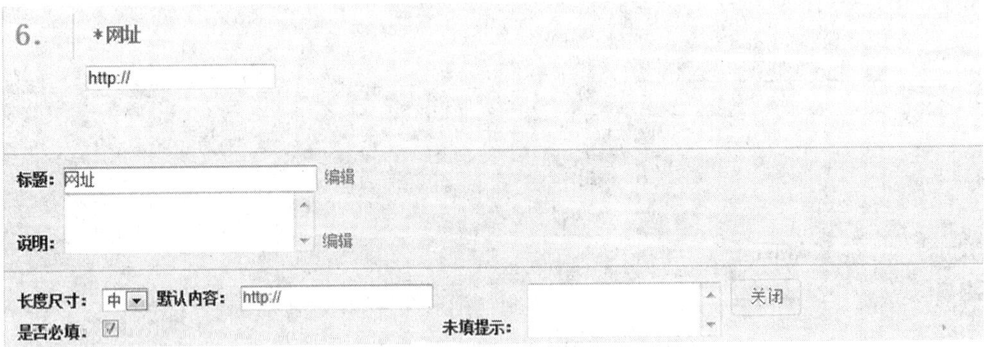


图 2-23 网址

在标题栏输入“您所购买的鲜食玉米的网站的网址是”,点击“保存”,出现如图 2-24 所示页面。

点击“量表题”,出现如图 2-25 所示页面。

在标题栏输入“您对在网上购买鲜食玉米的经历满意吗?”,点击“保存”,出现如图 2-26 所示页面。

图 2-24　网址样题

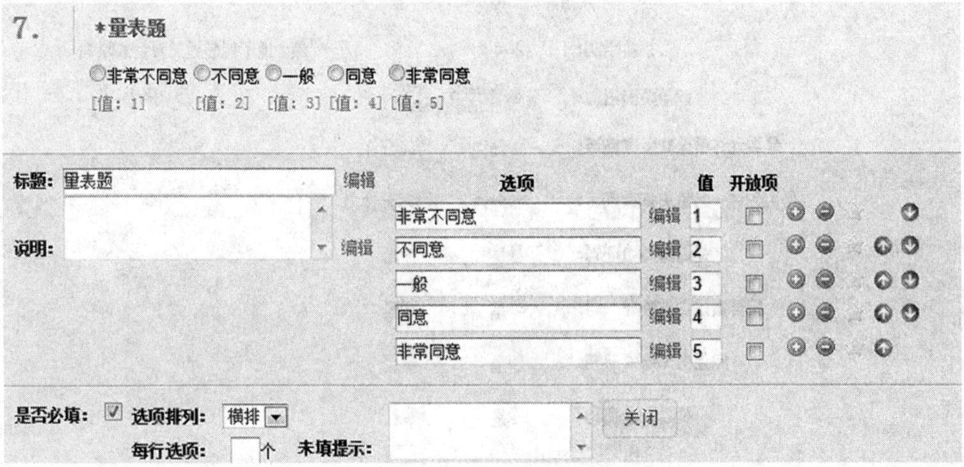


图 2-25　量表题

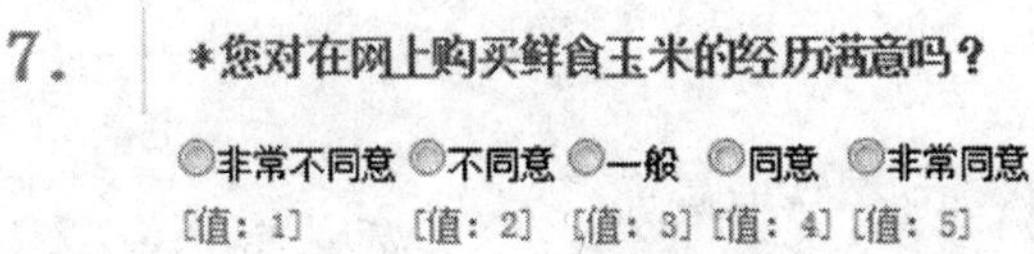


图 2-26　量表样题

第三步，页面风格。填写完所有的题目后，点击“下一步”，进入如图 2-27 所示页面。

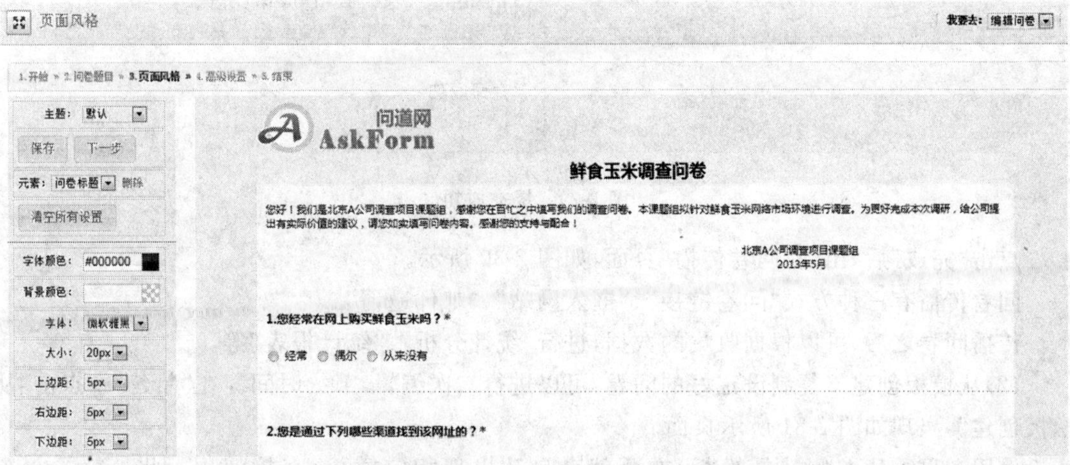


图 2-27　页面风格

第四步，高级设置，如图 2-28 所示。

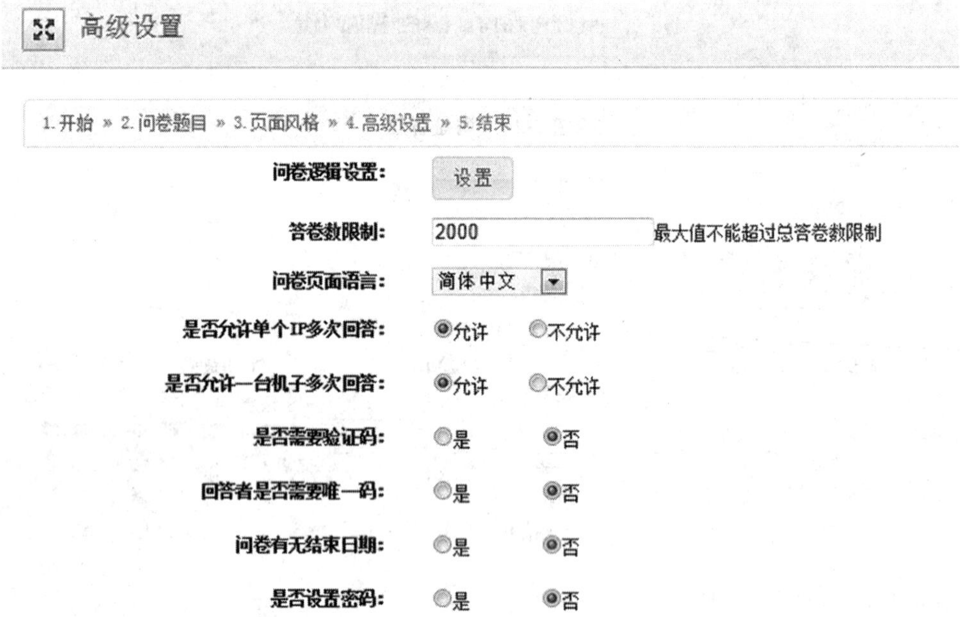


**图 2-28　高级设置**

第五步,完成。高级设置好以后,点击“下一步”,即出现“提交成功!”页面,完成本次问卷的设计,如图 2-29 所示。

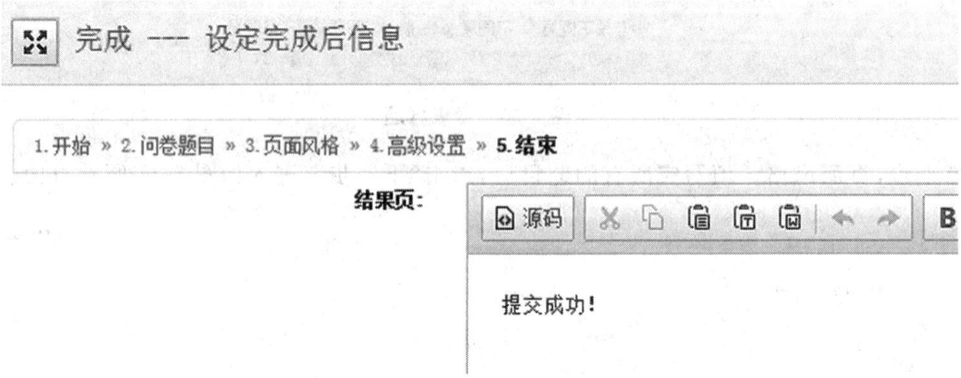


**图 2-29　提交成功**

点击“完成”后,出现“问卷传播”页面,如图 2-30 所示。

问卷传播有三种方式“问卷链接”、“嵌入网站”、“邮件邀请”。

传播问卷之后,可以根据收集的数据,进行“统计分析”、“统计报表"等。

(2)从模板创建　复制设定好的问卷,可以进行二次编辑,节约时间。在“新建”中点击“从模板创建”,出现如图 2-31 所示页面。

使用者只需从左侧选择模板,右侧就会自动出现相应模板,直接使用。此处就不再赘述了。

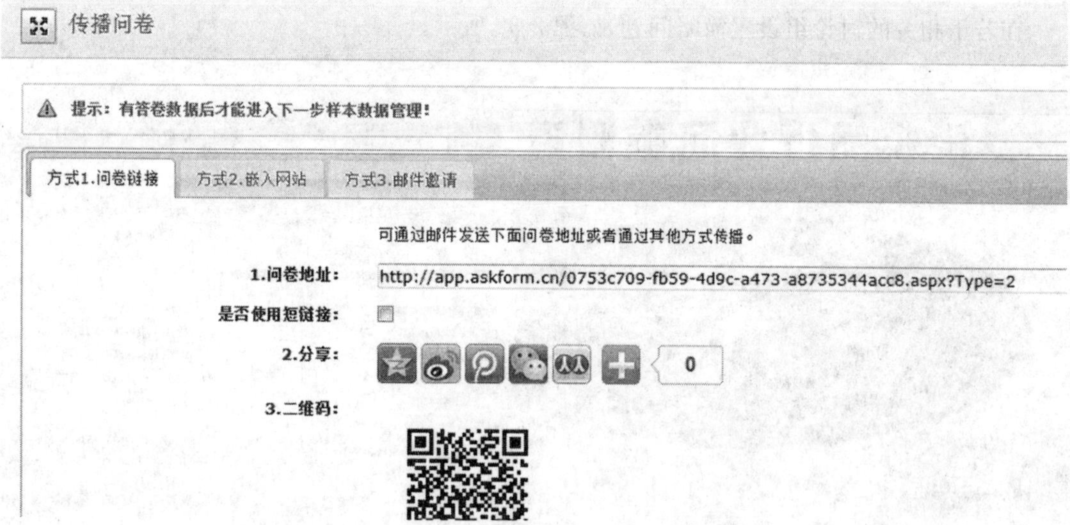


图 2-30　传播问卷

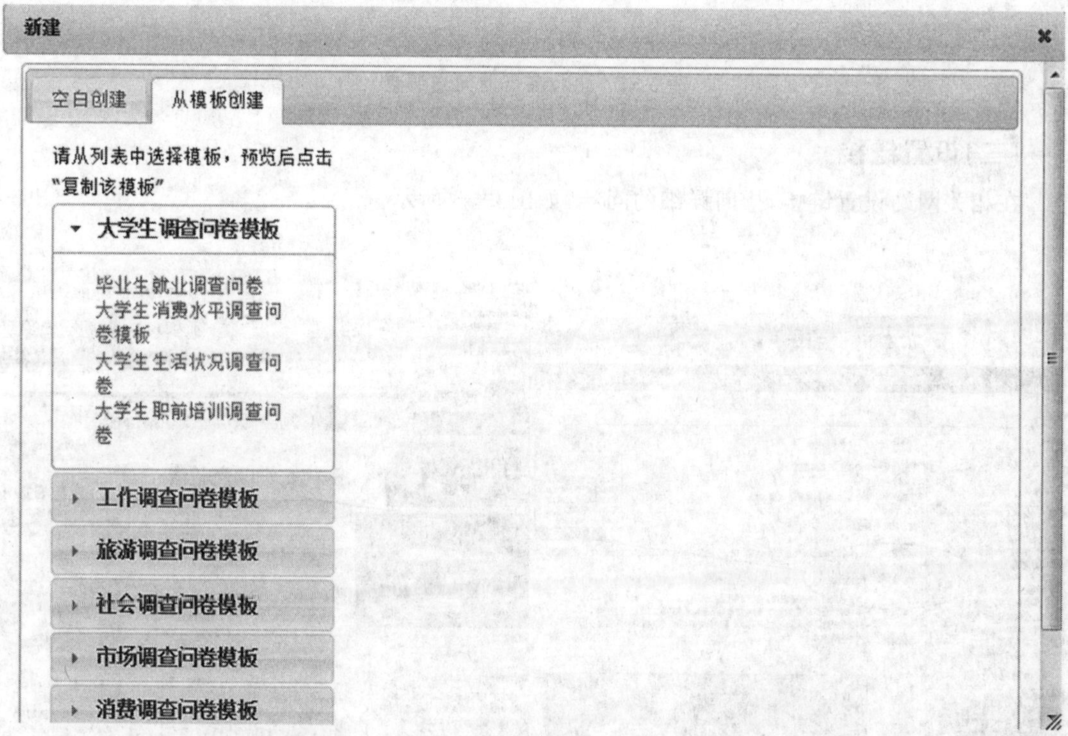


图 2-31　从模板创建

## (二)设置简略问卷

在若干相关的讨论组设置简略问卷,如图 2-32 所示。

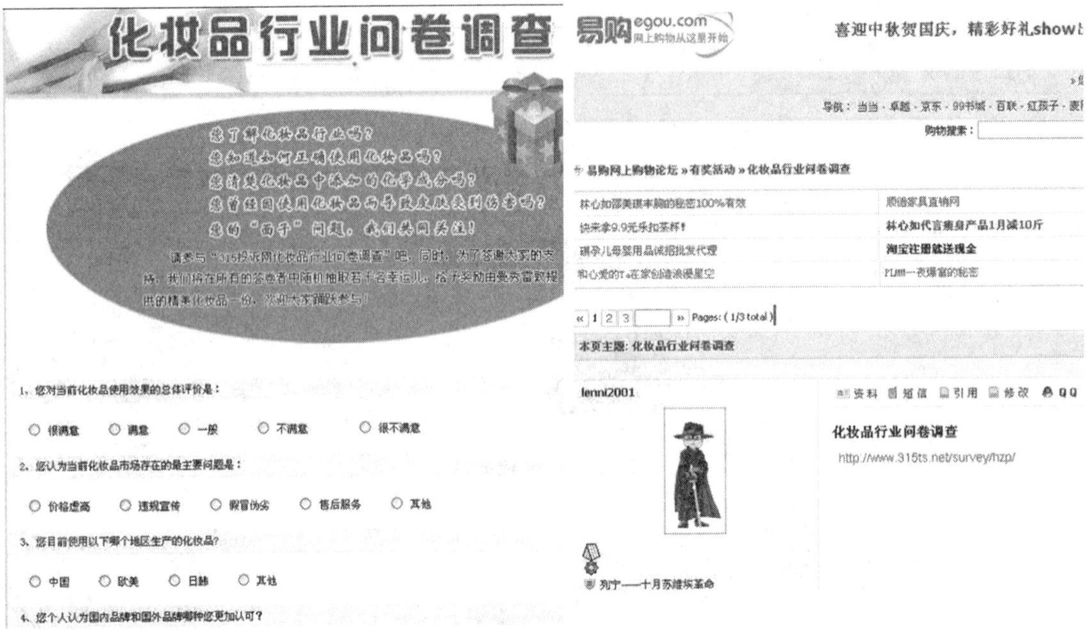


图 2-32　化妆品行业问卷调查

## (三)设置链接

在相关网站设置链接,指向详细的问卷,如图 2-33 所示。

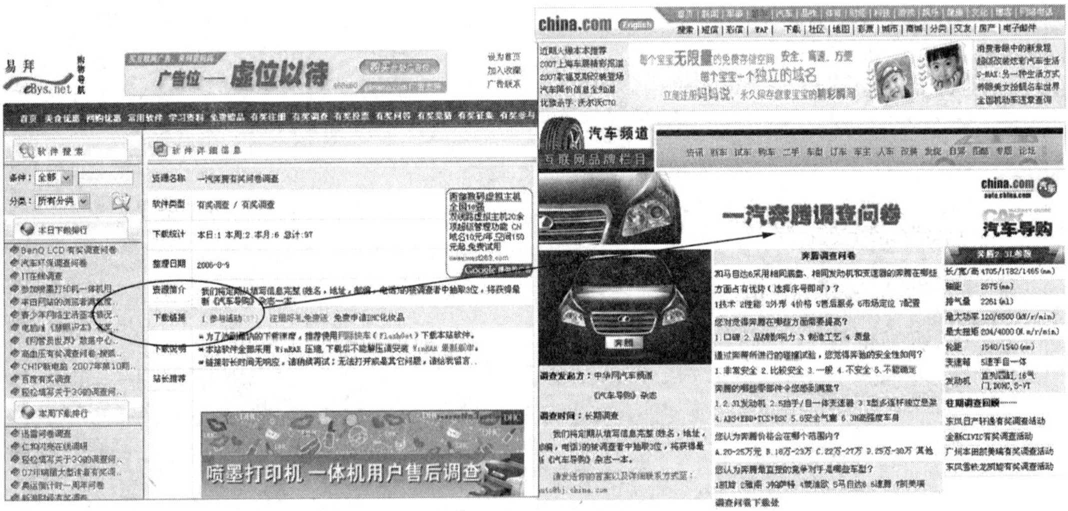


图 2-33　网站链接

### (四)委托调查公司

委托专业的调查公司,如新泰调查(http://www.searchina.net.cn),如图 2-34 所示。

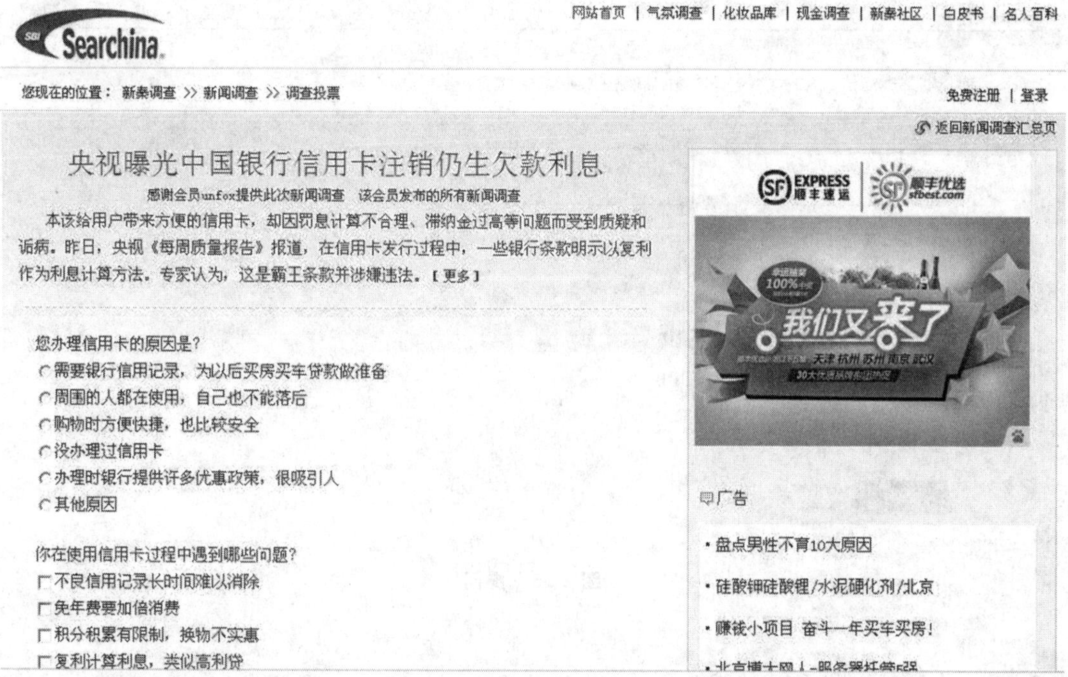
网站首页 | 气氛调查 | 化妆品库 | 现金调查 | 新泰社区 | 白皮书 | 名人百科
Searchina
您现在的位置: 新泰调查 >> 新闻调查 >> 调查投票
免费注册 | 登录
返回新闻调查汇总页
央视曝光中国银行信用卡注销仍生欠款利息
感谢会员unfox提供此次新闻调查 该会员发布的所有新闻调查
本该给用户带来方便的信用卡,却因罚息计算不合理、滞纳金过高等问题而受到质疑和诟病。昨日,央视《每周质量报告》报道,在信用卡发行过程中,一些银行条款明示以复利作为利息计算方法。专家认为,这是霸王条款并涉嫌违法。【更多】
您办理信用卡的原因是?
需要银行信用记录,为以后买房买车贷款做准备
周围的人都在使用,自己也不能落后
购物时方便快捷,也比较安全
没办理过信用卡
办理时银行提供许多优惠政策,很吸引人
其他原因
你在使用信用卡过程中遇到哪些问题?
不良信用记录长时间难以消除
免年费要加倍消费
积分积累有限制,换物不实惠
复利计算利息,类似高利贷
EXPRESS 顺丰速运
顺丰优选 sfbest.com
我们又来了
天津 杭州 苏州 南京 武汉
广告
盘点男性不育10大原因
硅酸钾硅酸锂/水泥硬化剂/北京
赚钱小项目 奋斗一年买车买房!

图 2-34 新泰调查

## 二、利用专题讨论法开展信息收集

专题讨论法可以借助网络新闻组、邮件列表讨论组和公告板系统的形式进行,可以有针对性地讨论,以便深入调查获取有关资料。新闻组和公告栏传递的是用户自发的感受和体会,他们传达的信息是最接近市场和最客观的,缺点是信息不够规范,需专业人员进行筛选整理。

下面以全球最有影响力的天涯论坛(http://bbs.tianya.cn)为例,介绍具体方法。

1. 登录

登录天涯论坛(新会员需先注册)。

2. 发提问帖

点击"问答",选择"我要提问"并发帖,如图 2-35 所示。

点击"提问"后,如图 2-36 所示。

3. 收集整理

定期查看并收集整理相应的回答,必要时进行进一步提问。

### ◈知识链接

1. 网络商务信息收集是指在网络上对商务信息的寻找和调取工作。这是一种有目的、有步骤地从各个网络站点查找和获取信息的行为。一个完整的企业网络商务信息收集系统包括先进的网络检索设备、科学的信息收集方法和业务精通的网络信息检索员。

图 2-35 提问

图 2-36 所提问题

2. 网络商务信息收集的基本要求是：及时、准确、适度和经济。

# 子任务 2 利用网上间接调查方式收集信息

通过检索取得的信息资料称为第二手资料，这种收集信息的方法也称为网上间接调查。相对于网上直接调查方式，通过搜索获得的信息广泛，目前企业用得较多的是这种方法，但由于在 Internet 上检索信息存在网络信息多而分散、网络信息检索工具能力有限、网络信息鱼目混珠等困难，如果不采用正确的检索方法和途径，那么检索到的信息容易有悖于网络商务信息检索的及时、准确、适度、经济等原则。

如前所述，A 公司在进行网络商务信息收集前，应该首先确定信息收集的内容，主要包括了解鲜食玉米市场行业动态和政策信息，掌握国内主要的鲜食玉米行业/专业网站，了解网上鲜食玉米的主要竞争对手，掌握潜在的目标客户信息等。

下面就以 A 公司需要信息收集的四部分内容为例，具体介绍如何综合利用各种搜索引擎、网上商业资源站点以及网上数据库等途径和方法进行网络商务信息的有效收集。

## 一、了解鲜食玉米市场行业动态和政策信息

### (一)尝试使用整句话搜索

以百度(http://www.baidu.com/)为例，在检索框中输入“鲜食玉米市场行业动态和政策信息”，搜索结果如图 2-37 所示。

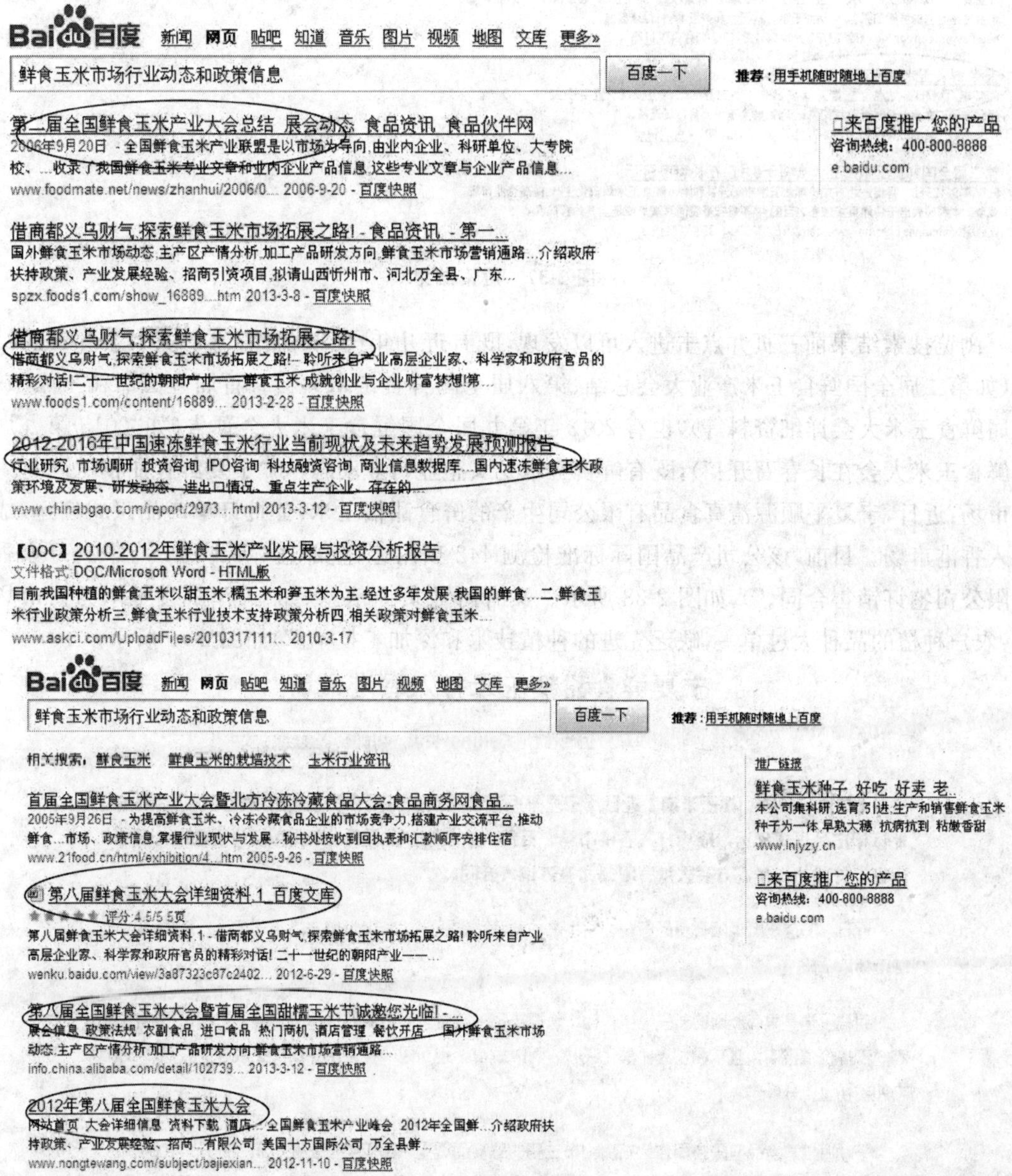

Bai du 百度
新闻 网页 贴吧 知道 音乐 图片 视频 地图 文库 更多»
鲜食玉米市场行业动态和政策信息
百度一下
推荐：用手机随时随地上百度
第二届全国鲜食玉米产业大会总结 展会动态 食品资讯 食品伙伴网
2006年9月20日 - 全国鲜食玉米产业联盟是以市场为导向,由业内企业、科研单位、大专院校、...收录了我国鲜食玉米专业文章和业内企业产品信息,这些专业文章与企业产品信息...
www.foodmate.net/news/zhanhui/2006/0... 2006-9-20 - 百度快照
借商都义乌财气,探索鲜食玉米市场拓展之路! - 食品资讯 - 第一...
国外鲜食玉米市场动态,主产区产情分析,加工产品研发方向,鲜食玉米市场营销通路...介绍政府扶持政策、产业发展经验、招商引资项目,拟请山西忻州市、河北万全县、广东...
spzx.foods1.com/show_16889....htm 2013-3-8 - 百度快照
借商都义乌财气,探索鲜食玉米市场拓展之路!
借商都义乌财气,探索鲜食玉米市场拓展之路!-- 聆听来自产业高层企业家、科学家和政府官员的精彩对话!二十一世纪的朝阳产业——鲜食玉米,成就创业与企业财富梦想!第...
www.foods1.com/content/16889... 2013-2-28 - 百度快照
2012-2016年中国速冻鲜食玉米行业当前现状及未来趋势发展预测报告
行业研究 市场调研 投资咨询 IPO咨询 科技融资咨询 商业信息数据库...国内速冻鲜食玉米政策环境及发展、研发动态、进出口情况、重点生产企业、存在的...
www.chinabgao.com/report/2973...html 2013-3-12 - 百度快照
【DOC】2010-2012年鲜食玉米产业发展与投资分析报告
文件格式:DOC/Microsoft Word - HTML版
目前我国种植的鲜食玉米以甜玉米,糯玉米和笋玉米为主,经过多年发展,我国的鲜食...二,鲜食玉米行业政策分析三,鲜食玉米行业技术支持政策分析四,相关政策对鲜食玉米...
www.askci.com/UploadFiles/2010317111... 2010-3-17
来百度推广您的产品
咨询热线：400-800-8888
e.baidu.com
Bai du 百度
新闻 网页 贴吧 知道 音乐 图片 视频 地图 文库 更多»
鲜食玉米市场行业动态和政策信息
百度一下
推荐：用手机随时随地上百度
相关搜索：鲜食玉米 鲜食玉米的栽培技术 玉米行业资讯
首届全国鲜食玉米产业大会暨北方冷冻冷藏食品大会-食品商务网食品...
2005年9月26日 - 为提高鲜食玉米、冷冻冷藏食品企业的市场竞争力,搭建产业交流平台,推动鲜食...市场、政策信息,掌握行业现状与发展...秘书处按收到回执表和汇款顺序安排住宿
www.21food.cn/html/exhibition/4...htm 2005-9-26 - 百度快照
第八届鲜食玉米大会详细资料 1_百度文库
评分:4.5/5 5页
第八届鲜食玉米大会详细资料 1 - 借商都义乌财气,探索鲜食玉米市场拓展之路! 聆听来自产业高层企业家、科学家和政府官员的精彩对话! 二十一世纪的朝阳产业——...
wenku.baidu.com/view/3a87323c87c2402... 2012-6-29 - 百度快照
第八届全国鲜食玉米大会暨首届全国甜糯玉米节诚邀您光临! - ...
展会信息 政策法规 农副食品 进口食品 热门商机 酒店管理 餐饮开店 ...国外鲜食玉米市场动态,主产区产情分析,加工产品研发方向,鲜食玉米市场营销通路...
info.china.alibaba.com/detail/102739... 2013-3-12 - 百度快照
2012年第八届全国鲜食玉米大会
网站首页 大会详细信息 资料下载 酒店... 全国鲜食玉米产业峰会 2012年全国鲜...介绍政府扶持政策、产业发展经验、招商...有限公司 美国十方国际公司 万全县鲜...
www.nongtewang.com/subject/bajiexian... 2012-11-10 - 百度快照
推广链接
鲜食玉米种子 好吃 好卖 老..
本公司集科研,选育,引进,生产和销售鲜食玉米种子为一体 早熟大穗 抗病抗到 粘嫩香甜
www.lnjyzy.cn
来百度推广您的产品
咨询热线：400-800-8888
e.baidu.com

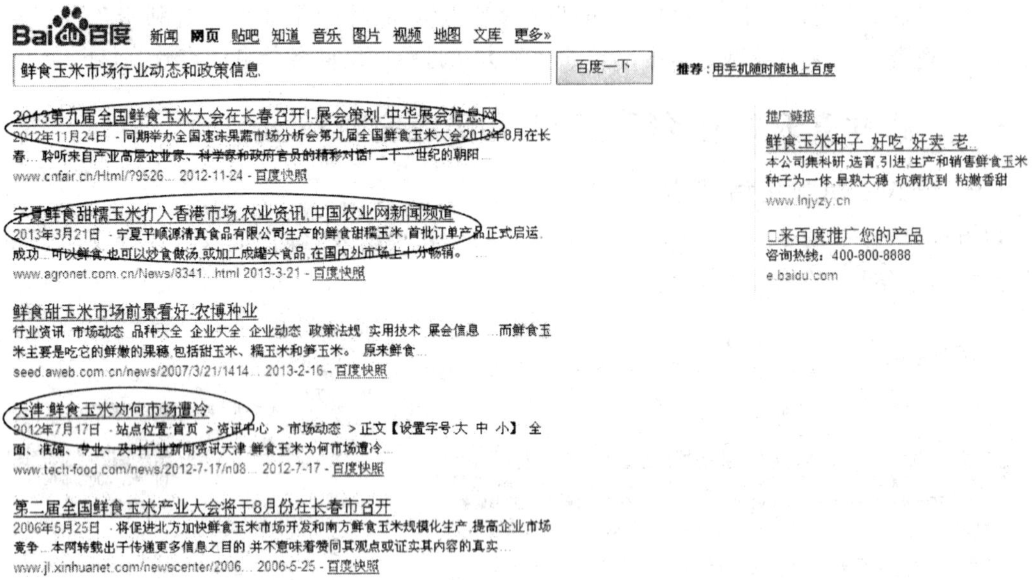
Baidu百度 新闻 网页 贴吧 知道 音乐 图片 视频 地图 文库 更多»
鲜食玉米市场行业动态和政策信息
百度一下
推荐：用手机随时随地上百度
2013第九届全国鲜食玉米大会在长春召开!-展会策划-中华展会信息网
2012年11月24日 - 同期举办全国速冻果蔬市场分析会第九届全国鲜食玉米大会2013年8月在长春... 聆听来自产业高层企业家、科学家和政府官员的精彩对话! 二十一世纪的朝阳...
www.cnfair.cn/Html/?9526... 2012-11-24 - 百度快照
宁夏鲜食甜糯玉米打入香港市场,农业资讯,中国农业网新闻频道
2013年3月21日 - 宁夏平顺源清真食品有限公司生产的鲜食甜糯玉米,首批订单产品正式启运,成功... 可以鲜食,也可以炒食做汤,或加工成罐头食品,在国内外市场上十分畅销。...
www.agronet.com.cn/News/8341...html 2013-3-21 - 百度快照
鲜食甜玉米市场前景看好-农博种业
行业资讯 市场动态 品种大全 企业大全 企业动态 政策法规 实用技术 展会信息 ...而鲜食玉米主要是吃它的鲜嫩的果穗,包括甜玉米、糯玉米和笋玉米。 原来鲜食...
seed.aweb.com.cn/news/2007/3/21/1414... 2013-2-16 - 百度快照
天津:鲜食玉米为何市场遭冷
2012年7月17日 - 站点位置:首页 > 资讯中心 > 市场动态 > 正文【设置字号:大 中 小】 全面、准确、专业、及时行业新闻资讯天津:鲜食玉米为何市场遭冷...
www.tech-food.com/news/2012-7-17/n08... 2012-7-17 - 百度快照
第二届全国鲜食玉米产业大会将于8月份在长春市召开
2006年5月25日 - 将促进北方加快鲜食玉米市场开发和南方鲜食玉米规模化生产,提高企业市场竞争... 本网转载出于传递更多信息之目的,并不意味着赞同其观点或证实其内容的真实...
www.jl.xinhuanet.com/newscenter/2006... 2006-5-25 - 百度快照
推广链接
鲜食玉米种子 好吃 好卖 老...
本公司集科研,选育,引进,生产和销售鲜食玉米种子为一体,早熟大穗 抗病抗到 粘嫩香甜
www.lnjyzy.cn
□来百度推广您的产品
咨询热线：400-800-8888
e.baidu.com

**图 2-37 搜索结果**

浏览搜索结果前三页并点击进入可以发现，既有近几年全国鲜食玉米产业大会会议总结资料（如第二届全国鲜食玉米产业大会总结、第八届全国鲜食玉米大会暨首届全国甜糯玉米节、第八届鲜食玉米大会详细资料等），也有 2013 年第九届全国鲜食玉米大会预告（如“2013 第九届全国鲜食玉米大会在长春召开！”），既有鲜食玉米龙头企业行业动态（如“宁夏鲜食甜糯玉米打入香港市场：近日，宁夏平顺源清真食品有限公司生产的鲜食甜糯玉米，首批订单产品正式启运，成功打入香港市场。目前，该公司产品国际标准检测 442 项内容，全部达标，并成功与华润万家香港有限公司签订销售合同。”），如图 2-38 所示。又有行业负面信息（如“天津鲜食玉米为何市场遭冷：农户种植的品种太过单一，缺乏先进的种植技术和深加工技术。”）如图 2-39 所示。

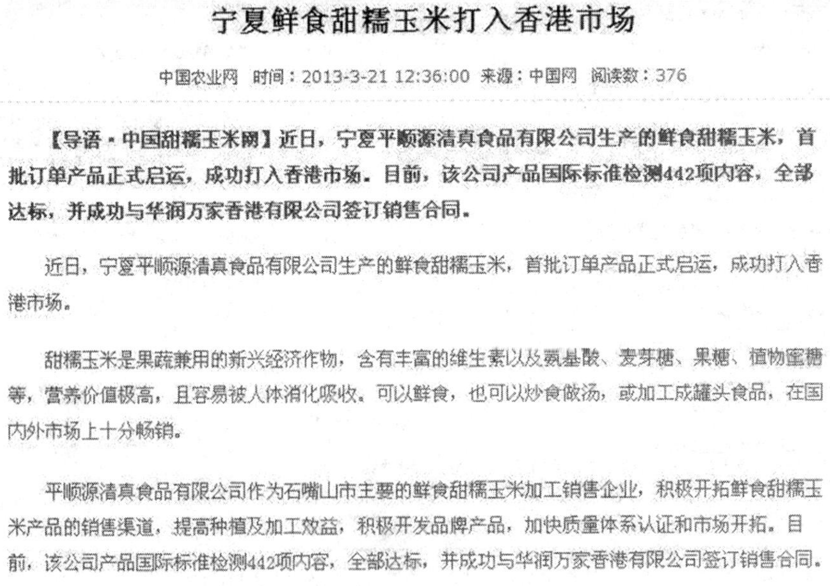
宁夏鲜食甜糯玉米打入香港市场

中国农业网 时间：2013-3-21 12:36:00 来源：中国网 阅读数：376

**【导语 · 中国甜糯玉米网】近日，宁夏平顺源清真食品有限公司生产的鲜食甜糯玉米，首批订单产品正式启运，成功打入香港市场。目前，该公司产品国际标准检测442项内容，全部达标，并成功与华润万家香港有限公司签订销售合同。**

近日，宁夏平顺源清真食品有限公司生产的鲜食甜糯玉米，首批订单产品正式启运，成功打入香港市场。

甜糯玉米是果蔬兼用的新兴经济作物，含有丰富的维生素以及氨基酸、麦芽糖、果糖、植物蜜糖等，营养价值极高，且容易被人体消化吸收。可以鲜食，也可以炒食做汤，或加工成罐头食品，在国内外市场上十分畅销。

平顺源清真食品有限公司作为石嘴山市主要的鲜食甜糯玉米加工销售企业，积极开拓鲜食甜糯玉米产品的销售渠道，提高种植及加工效益，积极开发品牌产品，加快质量体系认证和市场开拓。目前，该公司产品国际标准检测442项内容，全部达标，并成功与华润万家香港有限公司签订销售合同。

**图 2-38 宁夏鲜食甜糯玉米打入香港市场**

## 天津：鲜食玉米为何市场遭冷

http://www.tech-food.com 2012-7-17 10:33:32 中国食品科技网

超市售价0.7元一穗，今年鲜食玉米价格走低，这本该让很多市民踊跃购买。但连日来记者在一些大型超市看到，很多市民却对这些鲜食玉米不买账。一位老奶奶一边用手掐着一穗坚硬的玉米粒，一边抱怨说："这样的老玉米再便宜也不会买的，实在是啃不动啊。"还有一位市民抱怨说："那些不老的鲜食玉米口感也不怎么样，不好吃。"店员抱怨道，越不好卖，这些玉米就会变得更老、更没人买，最后只有当垃圾清除掉。

市农科院专家介绍，鲜食玉米含有多种氨基酸、维生素、微量矿物质元素、脂肪酸等营养成分，其食用价值远远高于完全成熟后收获的玉米干籽粒和加工制品，是一种较理想的营养平衡食品，被营养学家称为"黄金谷物"。近年来，国内鲜食玉米种植面积不断扩大，武清区陈咀镇鲜食玉米种植面积就达到3万亩，产量达到7500万穗。令人遗憾的是，随着国内种植面积的不断加大，加上农户种植的品种太过单一，先进的种植技术又跟不上，造成一些地区种植的鲜食玉米市场竞争力锐减，售价持续走低。天津环坤冷库是一座集冷冻、冷藏和气调于一体的大型现代化综合式冷库，前几年一直以冷藏鲜食玉米为主，如今改为冷藏饮料，原因就是冷藏鲜食玉米不再赚钱。冷库负责人告诉记者，现在国内种植的鲜食玉米一般包括京科糯、彩糯、紫花糯、黄甜等有限的几个大类，时间一长，种质就开始退化，市民便不爱吃了。市民不爱吃，售价就低而且还不好卖。另外，由于缺乏引进国内外更新更好的品种，造成农民种植效益滑坡。例如，农户种植一亩鲜食玉米可以产3000穗计算，产地售价为每穗0.6元，销售毛收入仅为1800元。去除种植成本，每亩净收入也就在1000元上下，为此，一些农户明年不想再种。

记者注意到，市场鲜食玉米售价低，还有一个原因就是其深加工技术缺乏。目前绝大部分鲜食玉米都直接供应市场，冷藏的少，进行玉米粒深加工的更少。这样就造成鲜食玉米集中大量上市，局部还造成供大于求的局面，使其价格走低。市农业局有关专家指出，像鲜食玉米这样市民喜爱的农产品要想赢得市场，首先要不断提高品质，提高内在质量和口感；二是大力发展冷藏和深加工，避免集中上市互相压价。

图 2-39 天津:鲜食玉米为何市场遭冷

既有 2010—2012 年鲜食玉米产业发展与投资分析报告，又有 2012—2016 年中国速冻鲜食玉米行业当前现状及未来趋势发展预测报告，如图 2-40、图 2-41 所示。

2010-2012 年鲜食玉米产业发展与投资分析报告

**2010-2012 年鲜食玉米产业发展与投资分析报告**

**【关 键 字】** 玉米 鲜食玉米行业调研 发展现状 企业竞争 投资咨询报告

**【出版日期】** 2010 年 3 月

**【报告格式】** PDF 电子版或纸介版

**【交付方式】** Email 发送或 EMS 快递

**【中文价格】** 印刷版 7500 元 电子版 8000 元 印刷版+电子版 8500 元

**【报告编码】** HT

**【订购电话】** 0755-25407713 25407295 25407296 25407397 25193391

**中商情报网** http://www.askci.com

图 2-40 鲜食玉米产业发展与投资分析报告

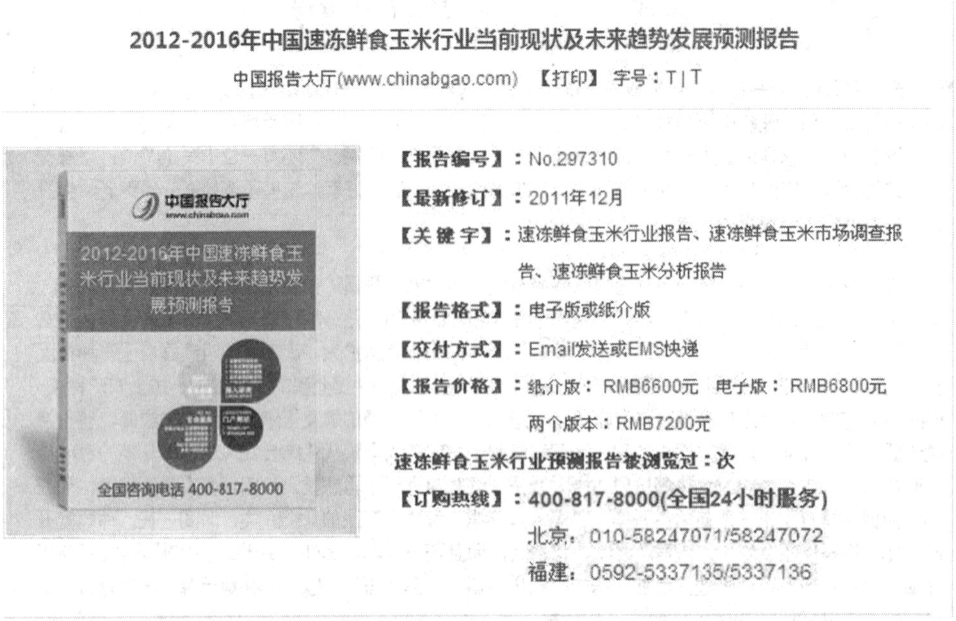


**图 2-41　2012—2016 年中国速冻鲜食玉米行业当前现状及未来趋势发展预测报告**

### (二)使用关键字组合和高级搜索功能

在百度、谷歌等综合搜索引擎中“尝试使用整句话搜索”能获得较满意的搜索资讯，但是在中国知网、当当网、阿里巴巴等网上商业资源站点以及网上数据库使用“鲜食玉米市场行业动态和政策信息”整句话搜索，搜索结果界面基本上都会显示没有符合条件的页面。所以建议除了综合搜索引擎外，建议使用关键字组合方法，同时为提高搜索结果的价值度和时效性，还可以搭配高级搜索功能，如：发表时间由近及远按降序排列，销售由多到少按降序排列等。

例如：通过中国知网(http://www.cnki.net)了解最新发表论文或期刊信息，以获取鲜食玉米市场行业动态和政策信息，可以在中国知网搜索框中输入“鲜食玉米 政策”、“鲜食玉米 动态”、“鲜食玉米 行业报告”等关键词组合，并按照发表时间由近及远降序排列，就可以获取相关信息，如图 2-42 所示。

再例如：通过当当网(http://www.dangdang.com)了解最新出版或热销的关于鲜食玉米方面的相关书籍，以获取鲜食玉米市场行业动态和政策信息，可以在当当网搜索框中输入“鲜食玉米”，并按照书籍销量排名，或者查看书籍出版日期，获取相关信息，如图 2-43 所示。

因为企业是创新的主体，所以还可以通过阿里巴巴网站搜索“鲜食玉米”等关键词，通过鲜食玉米最新产品信息，间接获取鲜食玉米的市场行业动态。例如：可以在阿里巴巴网站搜索框中输入“鲜食玉米”，同时销量由多到少按降序排序，可以获得目前国内销量较好的鲜食玉米品种具体信息，对北京 A 公司鲜食玉米发展起到借鉴作用，如图 2-44 所示。

## 二、访问国内主要的鲜食玉米行业/专业网站

### (一)搜索鲜食玉米类行业或专业网站

以谷歌香港(http://www.google.com.hk)为例，在搜索框中输入“鲜食玉米 网”，搜索结

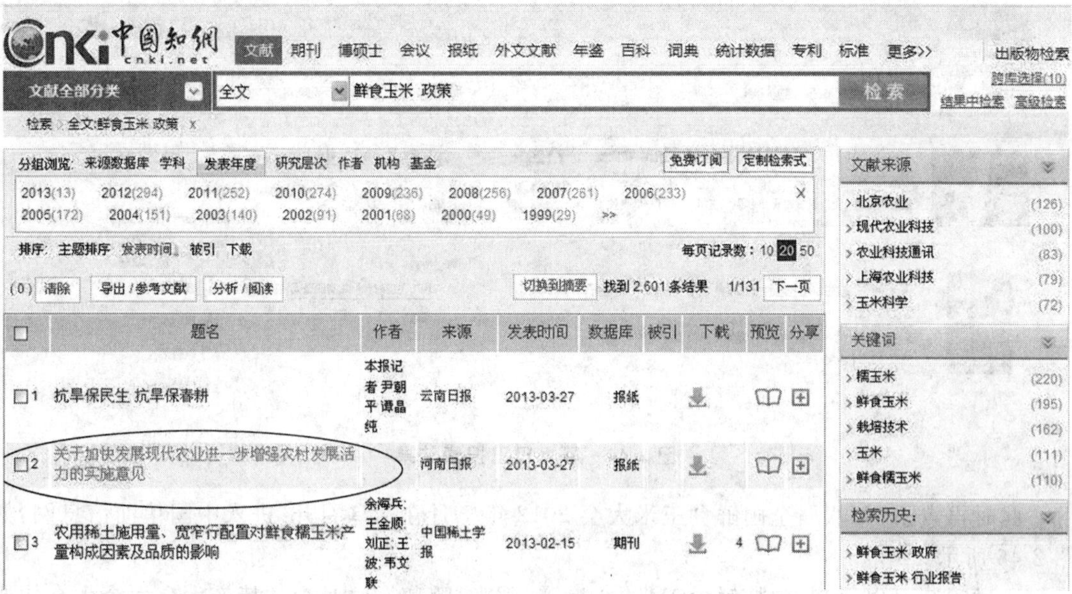


**图 2-42　中国知网搜索结果**

**图 2-43　当当网搜索结果**

果，如图 2-45 所示。

分别点击搜索结果，可以发现虽然完全符合搜索条件的有“鲜食玉米信息网”、“桥林鲜食玉米网”，但是这两个网站信息已经很久没有更新，没有什么参考价值，“阿里巴巴鲜食玉米交易市场”虽然包括鲜食玉米部分信息，但还包括其他产品信息，故参考价值不大。

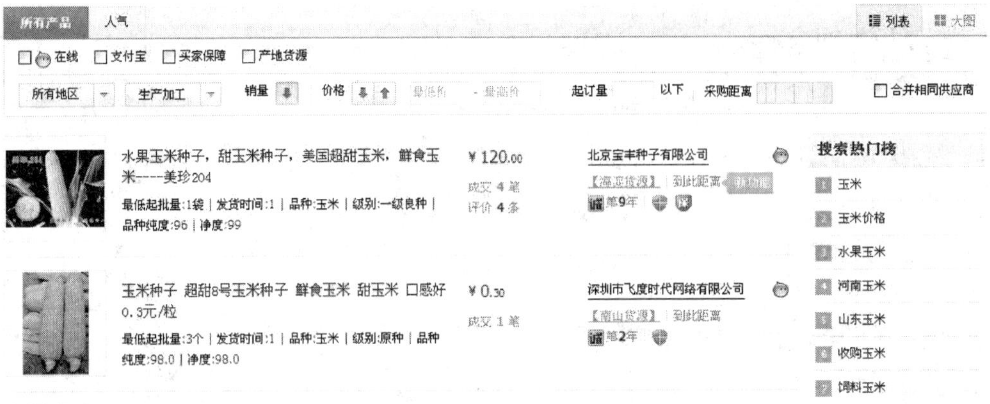


**图 2-44　阿里巴巴搜索结果**

此时再点击“第八届全国鲜食玉米大会 2012 年 7 月在义乌召开”进入中国粮油信息网，如图 2-46 所示。

通过阅读可以得知，包括鲜食玉米、杂粮、粳稻米、鸭鹅、辣椒、森林特产大会六个大会构成了全国系列农特产品大会，大会信息登录在“农特网”，点击进入“农特网”，并进入“鲜食玉米”频道，找到了一个比较专业的鲜食玉米行业网站，如图 2-47 所示。

### (二)访问主要的行业站点

以农特网(http://www.nongtewang.org/corn)为例，不仅可以通过“最新产业资讯”、“热门产业资讯”、“专业文章”等栏目了解鲜食玉米行业的最新动态、政策信息等资讯，还可以通过“企业推介”、“相关产品推介”、“供应信息”、“求购信息”、“行情价格”等栏目了解鲜食玉米相关贸易信息。

另外，还通过“企业会员”等方式找到其他一些重要的企业及行业网站。

## 三、搜集竞争对手详细资料

### (一)利用搜索引擎定位竞争对手站点

对企业而言，本地区竞争对手应当成为优先调研的对象，因此，可在使用“北京 鲜食玉米 企业”关键词组合，而且将关键词定位在仅网页的标题中，这里建议使用百度等综合搜索引擎的高级搜索功能，如图 2-48 所示。

点击“百度一下”，搜索结果如图 2-49 所示。

可以看出，北京从事鲜食玉米行业的公司主要有北京宝丰公司、北京金农科种子科技有限公司、北京凤鸣雅世科技发展有限公司等，在百度中输入公司名称的全称，即可进入公司站点了解企业相关信息。

### (二)通过行业网站找到竞争对手站点

如上所述，可通过农特网的“企业会员”栏目，发现北京市从事鲜食玉米行业的公司以及全国从事鲜食玉米行业的公司，分别点击即可进入公司站点了解企业相关信息。

### (三)通过鲜食玉米新闻资讯或其他线索查找竞争对手站点

如上所述，可通过“宁夏鲜食甜糯玉米打入香港市场：近日，宁夏平顺源清真食品有限公司

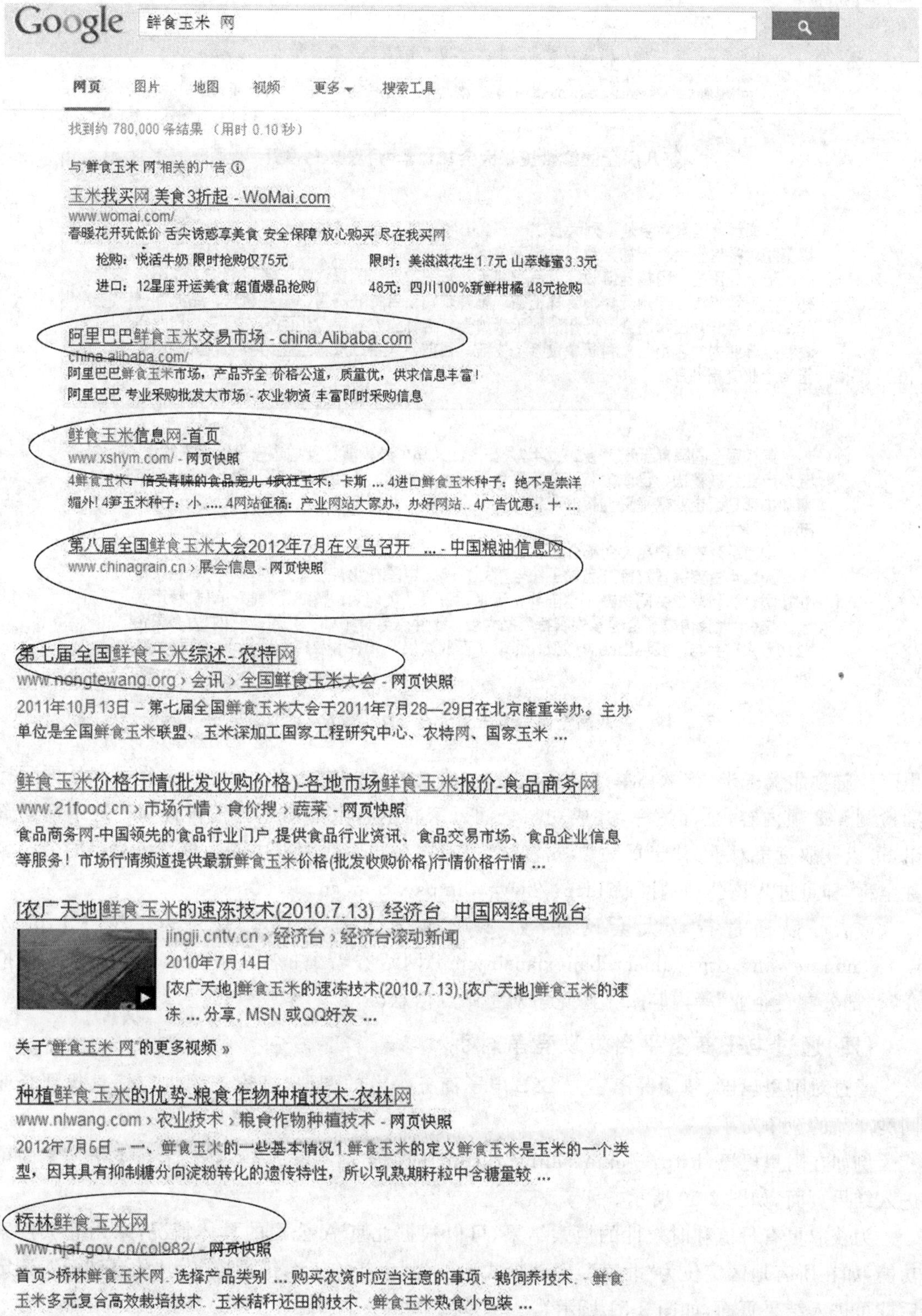
Google
鲜食玉米 网
网页
图片
地图
视频
更多
搜索工具
找到约 780,000 条结果 （用时 0.10 秒）
与 鲜食玉米 网 相关的广告
玉米我买网 美食3折起 - WoMai.com
www.womai.com/
春暖花开玩低价 舌尖诱惑享美食 安全保障 放心购买 尽在我买网
抢购：悦活牛奶 限时抢购仅75元
限时：美滋滋花生1.7元 山萃蜂蜜3.3元
进口：12星座开运美食 超值爆品抢购
48元：四川100%新鲜柑橘 48元抢购
阿里巴巴鲜食玉米交易市场 - china.Alibaba.com
china.alibaba.com/
阿里巴巴鲜食玉米市场，产品齐全 价格公道，质量优，供求信息丰富！
阿里巴巴 专业采购批发大市场 - 农业物资 丰富即时采购信息
鲜食玉米信息网-首页
www.xshym.com/ - 网页快照
4鲜食玉米：倍受青睐的食品宠儿 4疯狂玉米：卡斯 ... 4进口鲜食玉米种子：绝不是崇洋媚外! 4笋玉米种子：小 .... 4网站征稿：产业网站大家办，办好网站.. 4广告优惠：十 ...
第八届全国鲜食玉米大会2012年7月在义乌召开 ... - 中国粮油信息网
www.chinagrain.cn › 展会信息 - 网页快照
第七届全国鲜食玉米综述 - 农特网
www.nongtewang.org › 会讯 › 全国鲜食玉米大会 - 网页快照
2011年10月13日 – 第七届全国鲜食玉米大会于2011年7月28—29日在北京隆重举办。主办单位是全国鲜食玉米联盟、玉米深加工国家工程研究中心、农特网、国家玉米 ...
鲜食玉米价格行情(批发收购价格)-各地市场鲜食玉米报价-食品商务网
www.21food.cn › 市场行情 › 食价搜 › 蔬菜 - 网页快照
食品商务网-中国领先的食品行业门户,提供食品行业资讯、食品交易市场、食品企业信息等服务！市场行情频道提供最新鲜食玉米价格(批发收购价格)行情价格行情 ...
[农广天地]鲜食玉米的速冻技术(2010.7.13) 经济台 中国网络电视台
jingji.cntv.cn › 经济台 › 经济台滚动新闻
2010年7月14日
[农广天地]鲜食玉米的速冻技术(2010.7.13).[农广天地]鲜食玉米的速冻 ... 分享, MSN 或QQ好友 ...
关于"鲜食玉米 网"的更多视频 »
种植鲜食玉米的优势-粮食作物种植技术-农林网
www.nlwang.com › 农业技术 › 粮食作物种植技术 - 网页快照
2012年7月6日 – 一、鲜食玉米的一些基本情况1.鲜食玉米的定义鲜食玉米是玉米的一个类型，因其具有抑制糖分向淀粉转化的遗传特性，所以乳熟期籽粒中含糖量较 ...
桥林鲜食玉米网
www.njaf.gov.cn/col982/ - 网页快照
首页>桥林鲜食玉米网. 选择产品类别 ... 购买农资时应当注意的事项. 鹅饲养技术. · 鲜食玉米多元复合高效栽培技术. 玉米秸秆还田的技术. 鲜食玉米熟食小包装 ...

图 2-45　谷歌搜索结果

第八届全国鲜食玉米大会2012年7月在义乌召开

中国粮油信息网 2011-12-17 09:58:36 来源:吉林省农特产品加工协会 【大 中 小】

**第八届全国鲜食玉米大会2012年7月在义乌召开**

全国鲜食玉米大会是系列大会之一，2005年创办，已连续举办七届，唐山鼎晨、中绿集团、福建超大、吉林天景、甘肃黄羊河、河北德力、美国十方、北京农科院玉米中心、瑞士先正达、阿根廷博收、北京农科玉、登海种业、国民淀粉、通用磨坊、东阳各邦、固安绿华浓、广州天烨、吉林汇宇、温岭雁鸣、吉林陆路雪、长春新兴、诸城鼎元、万全县鲜食玉米协会、忻州甜糯玉米协会、吉林省农科院、山西省农科院、广西省农科院等业内知名企业、科研单位参会交流。目前，大会已成为全国影响力较大的鲜食玉米专业交流平台。

第八届全国鲜食玉米大会2012年7月在浙江义乌举办，浙江及周边省份近年来鲜食玉米产业发展较快，已成为我国速冻鲜食玉米主要销区，大会在浙江召开将为华北、东南和中部地区企业搭建更直接的产销对接平台，届时业内专家、企业家齐聚义乌，共商产业发展大计。

**全国系列农特产品大会简介**

2002年由吉林省农特产品加工协会策划发起，中国农业科技东北创新中心等18家专业社团、科研单位共同主办了全国鲜食玉米、杂粮、粳稻米、鸭鹅、辣椒、森林特产大会，这6个大会构成了全国系列农特产品大会，十年来累计举办了40届，业内1万多家企业10万人次参与，显现出品牌效应，推动了产业发展。（各大会信息请登录"农特网"查询）。

图 2-46 第八届全国鲜食玉米大会 2012 年 7 月在义乌召开

生产的鲜食甜糯玉米，首批订单产品正式启运，成功打入香港市场。目前，该公司产品国际标准检测 442 项内容，全部达标，并成功与华润万家香港有限公司签订销售合同。"这条新闻资讯，可以获取竞争对手为"宁夏平顺源清真食品有限公司"，在百度中输入该竞争对手的公司名称全称，即可进入该公司的网站 http://www.nxpsy.com.cn。

或者可以通过行业大会网站，如 2012 年第八届全国鲜食玉米大会（http://www.nongtewang.org/subject/bajiexianshiyumi）网站查看"知名企业推介"、"优势品种推介"、"部分参会企业"等内容来了解竞争对手站点信息。

### （四）通过电子商务平台发现竞争对手

通过对阿里巴巴、慧聪等第三方 B2B 电子商务平台的调研，搜索产品供应信息找到企业同类产品的竞争对手。

例如在阿里巴巴（http://china.alibaba.com）的搜索框中输入"鲜食玉米"，点击搜索即可进入结果页面，如图 2-50 所示。

为获取更有价值和时效性的搜索结果，可以根据北京 A 公司的具体情况，采用高级搜索功能，如在所有地区定位为"北京"，经营模式定位为"生产加工"，销量排名为"从高到低"，选定后即可进入结果页面，如图 2-51 所示。

可以发现，北京从事鲜食玉米生产加工的企业主要有"北京宝丰种子有限公司"、"北京富世泽农业科技有限公司"等公司，点击即可进入公司网站。

用户名：
密码：
登陆
注册
加入收藏 | 设为首页 | 会员中心 | RSS
农特网
www.nongtewang.com
2013年第九届全国鲜食玉米大会
2013年8月18-19日　中国·长春
首页
粳稻米
杂粮
高产玉米
鲜食玉米
辣椒
鸭鹅
特产
会讯
参会报名
留言板
您当前的位置：首页 > 鲜食玉米
第九届
鲜食玉米大会
试种品种征集
进行中……
网上申报
最新产业资讯
2013年3月27日福建地区鲜食玉米行情价格
2013年3月27日浙江地区鲜食玉米价格行情
2013年3月27日江苏地区鲜食玉米价格行情
2013年3月27日湖南地区鲜食玉米价格行情
2013年3月27日湖北地区鲜食玉米价格行情
第九届全国鲜食玉米大会
热门产业资讯
阳信县成立鲜食玉米合作社
鲜食玉米、甜糯玉米施肥技术
鲜食玉米的保鲜加工技术
鲜食玉米发展中存在的问题
鲜食玉米种植关键技术
鲜食玉米、甜糯玉米栽培技术
鲜食玉米栽培技术要点
鲜食玉米正在悄然发展
鲜食玉米产业发展对策
企业推介
吉林市玖通农业开发有限公司
盐城市玉标粮油机械厂
黑龙江金都米业有限公司
石家庄聚力特机械有限公司
河南皓佳农业开发有限公司
绿园区泰瑞包装
鲜食玉米介绍
鲜食玉米是指具有特殊风味和品质的幼嫩玉米，也称水果玉米。和普通玉米相比它具有甜、糯、嫩、香等特点。
供应信息　更多>>
出售大量京科糯2000，京科糯　03-27
诚招糯玉米或特种玉米订单　03-13
出售华珍甜玉米粒糖度10左　01-11
出售大量的糯玉米干籽粒　09-25
急售大量糯玉米干籽粒　09-12
河南省出售甜玉米和糯玉米　08-25
金明蔬菜种植合作社长期供　06-25
急售京科糯2000（白色）　06-11
销售玉米种子　04-15
出售大量甜玉米　02-07
出售大量的糯玉米　02-05
白糯玉米干粒出售　02-03
求购信息　更多>>
预购1000公斤京甜糯2000　03-27
求购粘玉米、甜玉米等　11-23
求购糯玉米粉或脱收粘玉米　11-07
求购速冻玉米棒　05-05
求购河北糯玉米干粒　01-16
求购糯玉米棒　01-16
2012年糯玉米种子　01-16
求购大量收购糯玉米　01-16
求购大量收购糯干粒，速冻成　01-16
求购本公司现正收购糯鲜穗　01-16
求购糯玉米鲜穗　01-16
求购水果玉米鲜穗　01-16
相关产品推介　更多>>
万全县鲜食玉米协会于2006年5月登记注册，现由19家加工企业(其中农业产业化市级以上重点龙头企业13家)和近2万种植农户会员…
[详细]
万全县鲜食
北京市农林科学院玉米研究中心成立于1997年，是经北京市政府批准成立的专门从事玉米研究及开发的科研机构，集全院玉米科研人…
[详细]
农科院玉米
吉林市汇宇食品有限责任公司位于吉林市船营区吉兴路45号。是以生
超大现代食品有限公司
FUZHOU CHAODA MODERN FOODS CO., LTD.
中绿食品集团有限公司
产业资讯　更多>>
紫黑糯玉米在印尼成功培育
春玉米抗旱播种技术
玉米弱势运行，4月玉米价格有望企稳回升
玉米弱势运行，南北港口贸易处于亏损状态
玉米弱势运行，东北玉米销售积极收购谨慎
专业文章　更多>>
水果玉米及其栽培技术
甜玉米 糯玉米采收技术
甜糯玉米栽培技术关键
早春地膜栽培彩糯玉米效益好
无公害糯玉米高产栽培技术
行情价格
2013年3月27日福建地区鲜食玉
2013年3月27日浙江地区鲜食玉
2013年3月27日江苏地区鲜食玉
2013年3月27日湖南地区鲜食玉
2013年3月27日湖北地区鲜食玉
企业推介
合肥美亚光电技术股份有限公司
国家杂粮工程技术研究中心
贵阳南明老干妈风味食品有限责任
河北雄县旭日纸塑包装有限公司
浙江齐鲤机械有限公司
漳州市佳龙电子有限公司
湖南郴州粮油机械有限公司
企业会员
唐山鼎晨食品有限公司
山西省农业科学院玉米研究所
广州市天烨商贸有限公司
雄县旭日纸塑包装有限公司
浙江省东阳市各邦农业科技发展有限公司
超大现代食品有限公司
每日每天（北京）农业发展有限公司
长白山天池生态食品股份有限公司
怀安县宏瑞农副产品有限公司
黑龙江北大荒垦一食品有限公司
大庆市天利食品加工有限公司
商丘市祥源食品有限公司
海南绿川种苗有限公司
江苏十方工程设备有限公司
湖北省绿亿园农产品有限公司
河北德力食品有限公司
吉林市汇宇食品机械有限责任公司
万全县鲜食玉米加工行业协会
昌图县曙光农作物种植专业合作社
文安县绿珠有机食品有限公司
哈尔滨市顺达农副产品加工有限公司
福建省农丰农业开发有限公司
诸城市凯源食品机械有限责任公司
吉林省康裕食品有限责任公司
北京农科玉育种开发有限责任公司
吉林省保民种业有限公司
固安绿华侬生物保鲜有限公司
定襄县山田园食品加工有限公司
北京市农林科学院玉米研究中心
通化博正食品有限公司
沈阳中科三农机械制造有限公司
开原川顺食品加工有限公司
鹤岗市长胜甜粘玉米专业合作社
河北鹏达食品有限公司
乾安县善海糯玉米农业合作社
山西省太谷县绿宝种业有限公司
长春新兴机械装备有限责任公司
上虞市五叶食品机械有限公司
甘肃黄羊河集团食品有限公司
天津市景坡园艺科技有限公司
中绿食品集团有限公司
上海威迈种苗有限公司
内蒙古浩峰农业有限责任公司
民权县科农食品贸易有限公司
广东现代耕耘种业有限公司
诸城市鼎元包装彩印有限公司
南通弘春农业机械有限公司
哈尔滨金牛种业有限

图 2-47　农特网

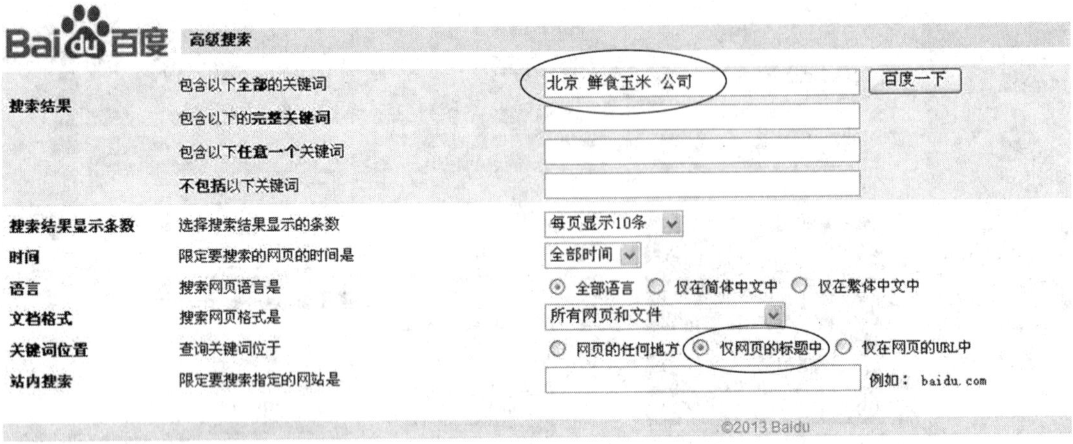


图 2-48　百度高级搜索

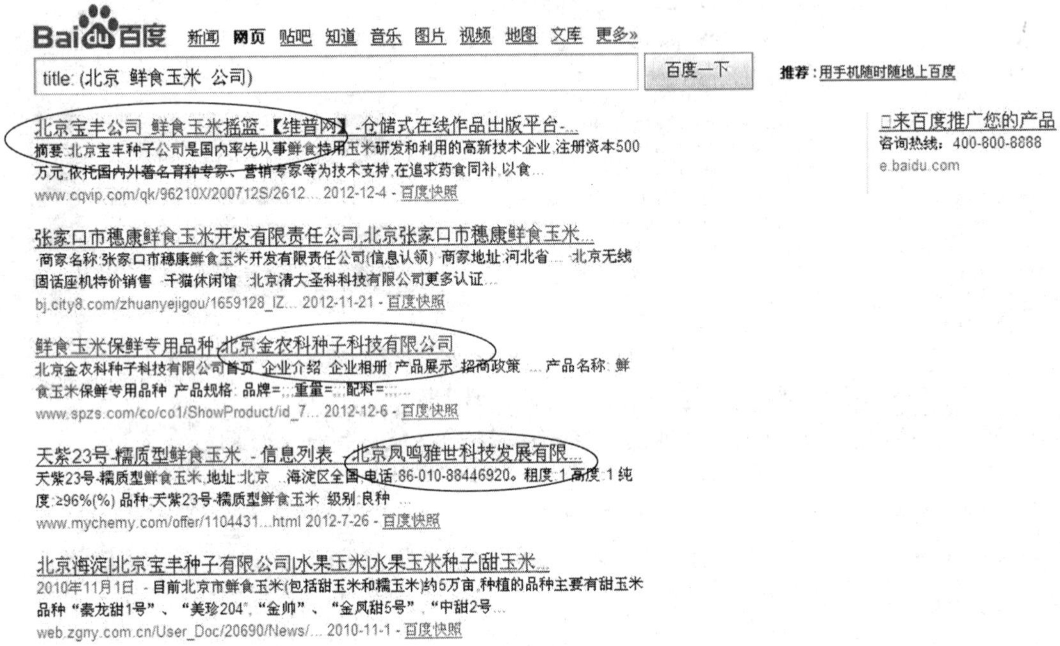


图 2-49　百度高级搜索结果

## 四、搜集潜在客户详细资料

### （一）在 B2B 电子商务平台上寻找鲜食玉米买家

以阿里巴巴（http://china.alibaba.com）为例，选择“求购”后在搜索框中输入“鲜食玉米”，点击“搜索”，系统显示“抱歉，没有找到符合鲜食玉米的信息。”此时，可以考虑扩大关键词范围，如去掉“鲜食”，即关键词由“鲜食玉米”改为“玉米”，再重新点击“搜索”，搜索结果如图 2-52、图 2-53 所示。

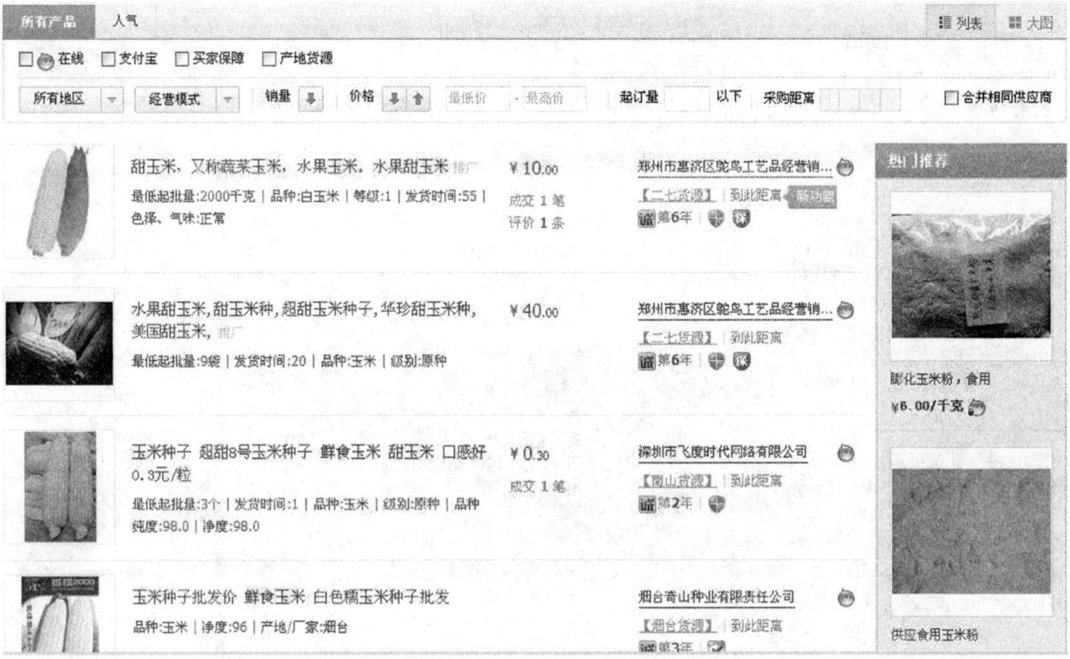


图 2-50　阿里巴巴搜索结果

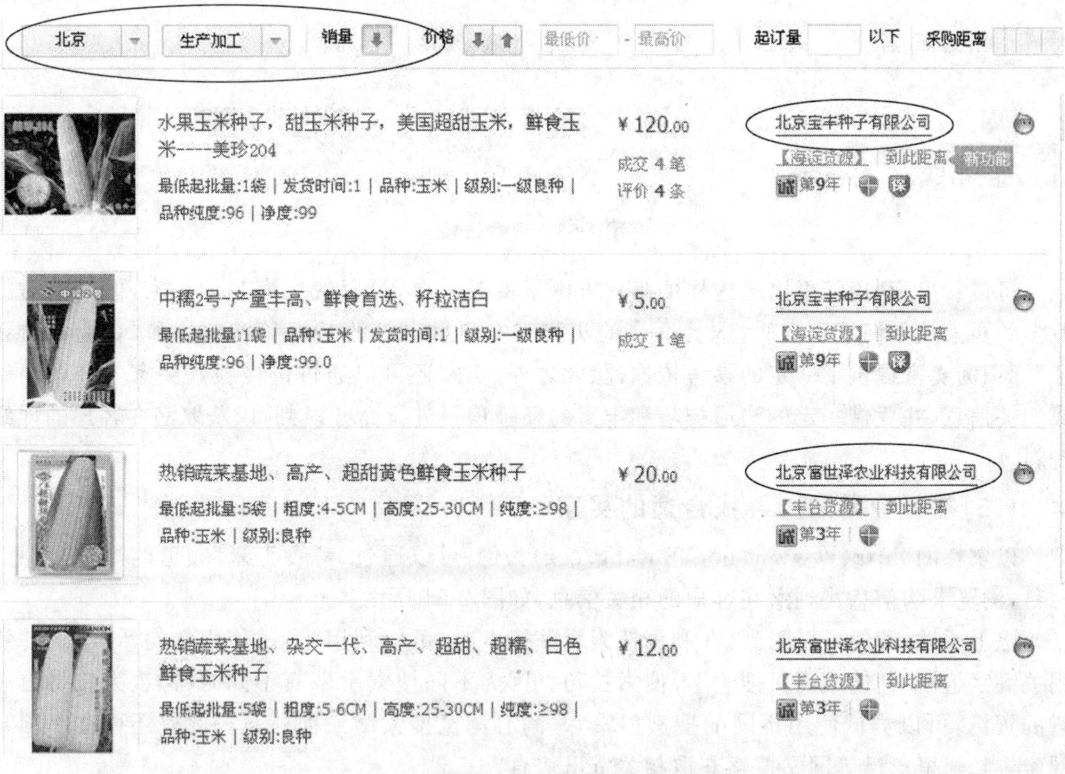


图 2-51　高级搜索结果

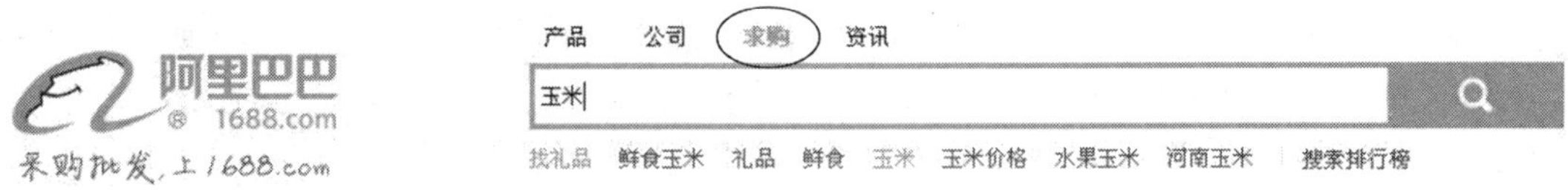


图 2-52　求购搜索页面

图 2-53　搜索结果

可以看出，利用阿里巴巴这样的第三方电子商务平台，可以找到海量的买家，但是面对如此多的买家该如何鉴别真假，选择适合的买家呢？阿里巴巴的“诚信通会员”和“企业身份认证”标识为卖家提供了一定的参考依据，除此之外，卖家还可以通过链接找到买家的公司网站或相关信息，并凭借一定的沟通技巧和丰富的经验积累进行商务谈判，以获取潜在客户的详细资料。

### (二)在行业网站上寻找合适的买家

以农特网(http：// www. nongtewang. org)为例，可以通过“鲜食玉米”频道的“求购信息”栏目，浏览求购信息找到潜在客户的相关信息，如图 2-54 所示。

综上所述，我们可以看到，在利用搜索引擎搜索时，可以利用“尝试使用整句话搜索”、“使用关键字组合”、“使用高级搜索”等搜索技巧。因为不同搜索引擎有不同的特点，为获得更满意的资讯，可以尝试使用不同的搜索引擎，并耐心浏览搜索结果前三页。此外还可在中国知网、当当、阿里巴巴等网站搜索获取相关资讯信息。

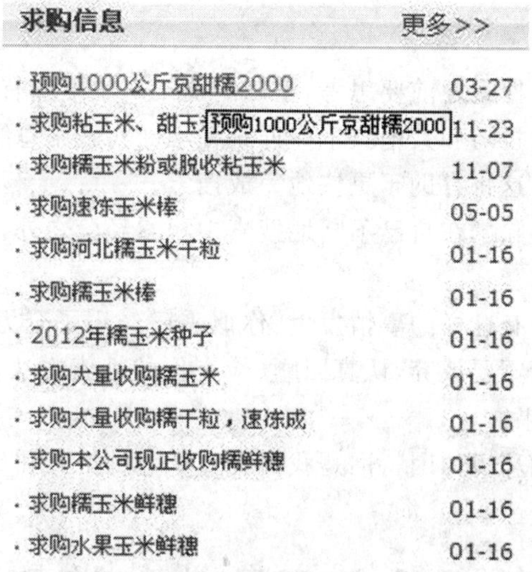


**图 2-54　求购信息**

◆知识链接

## 一、搜索关键词

关键词就是您输入搜索框中的文字，也就是您命令搜索引擎寻找的东西。您可以命令搜索引擎寻找任何内容，所以关键词的内容可以是：人名、网站、新闻、小说、软件、游戏、星座、工作、购物、论文等。关键词可以是任何中文、英文、数字，或中文英文数字的混合体。

(1)输入准确的关键词　搜索引擎严谨认真，要求"一字不差"。因此，如果对搜索结果不满意，建议首先检查关键词有无错误，并可换用不同的关键词。

(2)输入多个关键词搜索　输入多个关键词搜索，可以获得更精确更丰富的搜索结果。因此，当你要查的关键词较为冗长时，建议将它拆成几个关键词来搜索，词与词之间用空格隔开。

## 二、搜索技巧

(1)关键词提炼　学会从复杂搜索意图中提炼出最具代表性和指示性的关键词对提高信息查询效率至关重要，这方面的技巧(或者说是经验)是所有搜索技巧之母。

(2)细化搜索条件　搜索条件越具体，搜索引擎返回的结果就越精确，有时多输入一两个关键词效果就完全不同，这是搜索的基本技巧之一。

(3)用好逻辑命令　逻辑命令通常是指表示"与"、"或"、"非"等逻辑关系的符号，如"And"、"Or"、"Not"或"＋"、"|"、"－"等(不同的搜索引擎使用的逻辑命令稍有不同)。用好它们可使我们日常搜索应用达到事半功倍的效果。

(4)用什么样的搜索引擎搜索　搜索引擎分几种，工作方式也不同，因为有了信息覆盖范围方面的差异。因此，平时搜索仅集中于某一家搜索引擎是不明智的，因为再好的搜索引擎也有局限性，合理的方式应该是根据具体要求选择不同的搜索引擎。

(5)强制搜索　通过添加英文双引号来搜索短语词，这一方法在查找名言警句、专有名词时显得格外有用。

## 三、搜索经验

(1)正确的提问　开始搜索之前要思考,正确的提问产生准确有用的结果。

(2)实践中总结　搜索技巧和其他技术一样是在不断实践中总结出来的。通过实践,可以形成一套有效的搜索习惯,这将有助于更快地完成搜索。

(3)向搜索高手求教　除了在自己不断地搜索中积累经验之外,像搜索高手学习绝对是快速提高搜索水平的捷径。

(4)不要放弃　经常会有这样的事情发生:你似乎已经用了全力来搜索,但依然没有找到需要的答案。这个时候,请不要放弃,认真回顾、检查你的搜索方法,也许只是一个小差错,纠正过来就会找到有用的结果。

(5)终生学习的工具和环境　因特网是我们终生学习的工具和环境。

# 子任务3　信息的分类整理

通常我们收集到的和储存的信息往往是零零散散的,不能反映系统的全貌,甚至其中可能还有一些是过时的甚至无用的信息。通过信息的合理分类、组合、整理,就可以使片面的信息转变为较为系统的信息,一般分为以下几个步骤:

1. 明确信息来源

当发现所收集的信息有问题时,有必要再回到信息源进行重新收集,同时也方便日后在此网址中收集信息,因此收集的信息来源应尽可能明确。但在实际工作中,下载信息时,由于各种原因而没有将网址准确记录下来,这时首先应查看前后下载的文件中是否有同时下载或域名接近的文件,然后用这些接近的文件域名作为原文件的信息来源。如果没有域名接近的文件,应尽量回忆下载站点,以便以后有机会还可以再次查询。对于收集的重要信息,一定要有准确的信息来源;没有下载信息来源的,一定要重新检索。

2. 浏览信息,添加文件名

从因特网上下载的文件,由于时间的限制,一般都沿用原网站提供的文件名,这些文件名很多是由数字或字母构成的,使用起来很不方便。因此,从网上下载文件后应即时为文件重新命名。命名应遵循一定的命名原则,可以根据自己的习惯或统一的规定,用标题名、内容简介、来源、作者等进行命名,以方便今后的分类管理和提取使用。

3. 分类

常用分类的办法,可以采用专题分类,也可以借鉴分类搜索引擎的分类方式建立自己的检索系统。前一种方法比较简单,先建立一级文件夹,再在每个文件夹中设立二级文件夹,以此类推就能将信息放在合适的位置,并能随时随地地取用信息。

4. 初步筛选

在浏览和分类过程中,对大量的信息应进行初步的筛选。确定完全没有用的信息应当及时删去。不过应当注意,有些信息单独看起来是没有用的,但是综合许多单独信息,就可能发现其价值。比如:市场销售趋势必定在数据的长期积累和一定程度的整理后才能表现出来。对于收集到的相互矛盾的信息,先不要急于取舍,将信息进行分类整理后,等待进一步分析后再做处理，如图 2-55 所示。

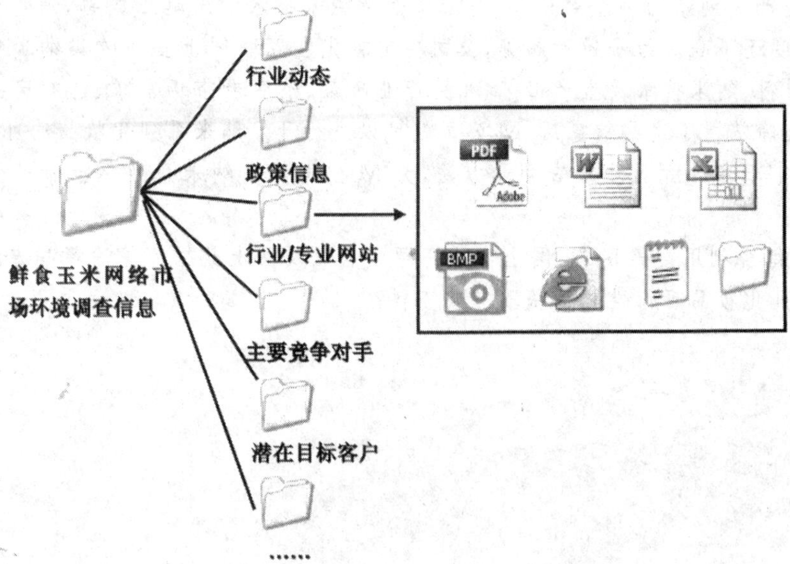


图 2-55　鲜食玉米网络市场环境调查信息

信息的整理是为信息的加工处理做准备的，企业必须将各种收集整理后的有关信息进行比较分析，形成能为企业有用的信息产品。信息加工处理的方式主要有人工处理和机器处理两种。人工处理是指由人脑，包括专家和专家集团进行信息处理，这种方法能准确识别信息，并能在处理过程中充分利用人的智慧，增强信息的使用价值；而机器处理是指计算机的信息处理，处理的速度是人工处理所不能比的。由于这两种方式各有优劣，通常是综合两者的优点，形成一个合理的人、机结合的“人-机”信息处理系统。

为了更有效地管理所有经过加工处理好的信息，将其储存到信息数据库是一种较好的方法。可以根据信息提取频率和数量，建立一套适合需要的信息数据库。信息数据库中的有用信息量越多，对企业的经营决策的作用也就越大，越有帮助。但也并不是数据库越大越好，信息数据库越大，库中会出现大量的从未使用过的死信息，这些信息占用了大量的存储空间，整理这些信息的日常工作就比较烦琐。因此，选择数据库，要根据实际的使用情况选择适合的信息数据库，才能充分发挥信息数据库的作用。另外，要根据企业的最新的发展和变化对信息数据库进行重新加工、整理，甚至是再造。

## ◆分组讨论

1. 如何综合利用信息收集的方式与途径来满足网络商务信息检索的及时、准确、适度、经济四个原则？

2. 当利用百度搜索某关键词时，如果搜索结果中没有想要的信息，是否就可以认为从此在互联网上找不到想要的信息了，从而放弃继续搜索？

## ◆业务技能训练

M 公司是一家生产并经营美容化妆产品的企业，随着市场竞争日益激烈，原有系列产品逐渐缺乏竞争力。为积极适应市场变化，M 公司决策层开始思变并通过市场调查，发现欧莱雅、宝洁、雅诗兰黛、迪奥、资生堂等行业巨头开发了纳米系列化妆品。M公司决策层经过讨论，认为这是产品创新的一个突破口，然而，由于纳米技术尚未真正成熟，消费者对其实际功能的认可程度还不高。为了稳妥起见，公司决定首先在互联网上全面收集纳米化妆品的相关信息，如原材料、纳米技术及生产工艺、相关产业政策、消费者市场需求、已有产品及竞争者状况等，及时准确掌握了这些信息后，M公司就可以进行开发纳米系列化妆品的可行性分析了。

1. 请你设计并利用网上调查问卷方法，为M公司开发纳米系列化妆品可行性分析获取第一手资料？

2. 请你综合利用搜索引擎、网上商业资源站点以及网上数据库等途径和方法，为M公司开发纳米系列化妆品可行性分析获取有效资料？

B2B 电子商务模式是企业与企业之间通过互联网进行产品、服务及信息交换的新型商务模式。B2B 电子商务平台一般以信息发布和撮合为主，主要是在商家之间建立贸易的桥梁。

通过 B2B 交易方式，买卖双方能够在网上完成整个业务流程，从建立最初印象，到货比三家，再到讨价还价、签单和交货，最后到客户服务，B2B 电子商务可使企业之间的交易减少许多事务性的工作流程和管理费用，达到降低企业经营成本的目的。

# 任务三　B2B 电子商务模式

## ◆任务解析

要想全面掌握 B2B 电子商务的交易过程，需要分别熟悉买家和卖家的基本交易流程。

## ◆分项任务

子任务 1. B2B 电子商务平台交易——以买家为例

子任务 2. B2B 电子商务平台交易——以卖家为例

## ◆能力目标

通过完成本任务，你应该能够：

1. 作为买家，在 B2B 电子商务平台完成交易；
2. 作为卖家，在 B2B 电子商务平台完成交易。

## ◆核心能力

作为买家在 B2B 电子商务平台进行交易、作为卖家在 B2B 电子商务平台进行交易。

## ◆引导性案例

### 借助 B2B 电子商务平台拓展销售渠道，降低生产成本

某服装有限公司创建已有 25 年，主要是生产职业套装，在此行业中也有些名气，由于区位优势和产业集群效应，经营效益一直不错。但是由于订单数量不稳定，以前公司主要是靠客户自己上门或者销售业务员在有限的范围内寻找客户来获取订单；也有的是在交易会上签订的订单。所以订货量波动较大。因为本地生产集中，竞争性大，季节性对服装的需求影响比较强等多方面的原因造成无法预测下期生产量，无法做好前期生产准备，对企业的发展造成了障碍。所以该服装有限公司考虑到要借助 B2B 电子商务平台提升企业的核心竞争力，一方面通过 B2B 电子商务平台争取全国各地甚至全球范围内的订单，增加销量；另一方面通过 B2B 电子商务平台在全国甚至全球范围内进行原材料采购，降低生产成本。

思考：

1. 该服装有限公司作为买家，如何借助 B2B 电子商务平台采购原材料？
2. 该服装有限公司作为卖家，如何借助 B2B 电子商务平台发布信息，寻找买家？

◆阅读案例

**阿里巴巴——全球领先的B2B电子商务网上贸易平台**

成立于1999年6月的阿里巴巴公司(www.alibaba.com)是全球电子商务的领导者,是中国最大的电子商务公司,而是全球著名的B2B电子商务服务公司。它专注于为来自中国和全世界的中小企业买家和卖家提供可信赖的贸易平台,其国际贸易网站地址为www.alibaba.com,主要针对全球进出口贸易,中文网站地址为www.alibaba.com.cn,针对国内贸易买家和卖家。

# 子任务1 B2B电子商务平台交易——以买家为例

以国内影响最大的B2B电子商务平台——阿里巴巴中国网站为例,掌握买家操作的基本流程。

## 一、账号注册

第一步,打开阿里巴巴首页(http://china.alibaba.com),如图3-1所示。

**图3-1 阿里巴巴首页**

第二步,点击左侧的"免费注册",进入注册界面,如图3-2所示。

第三步,完成注册,如图3-3所示。

## 二、购买产品(绑定支付宝操作请详见卖家操作流程)

方法一:搜索供应信息寻找卖家

第一步,输入需要购买的货品名称,点击"搜索"按钮,如图3-4所示。

图 3-2　会员注册

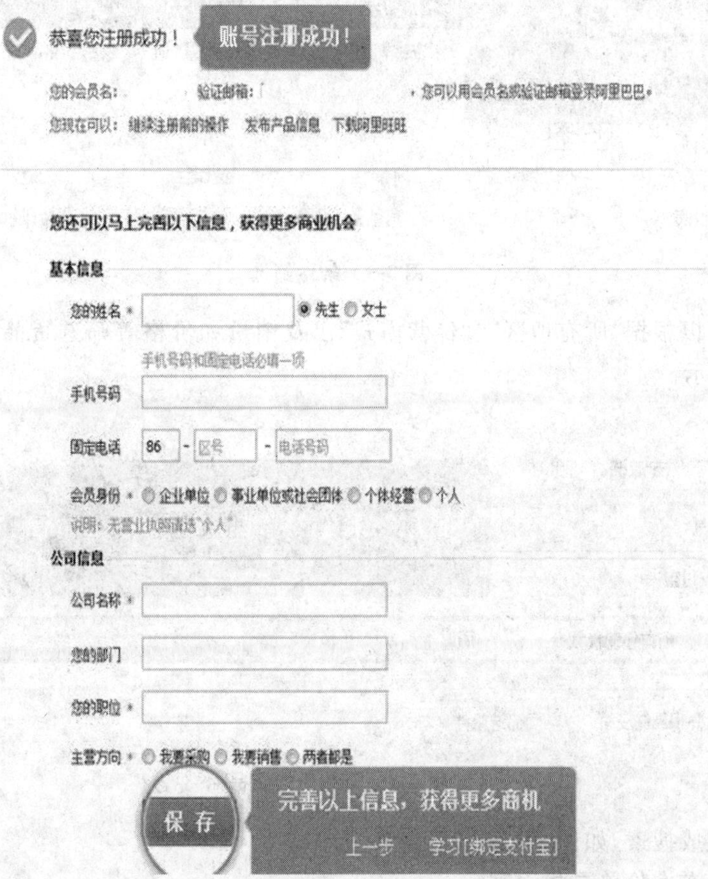


图 3-3　完成注册

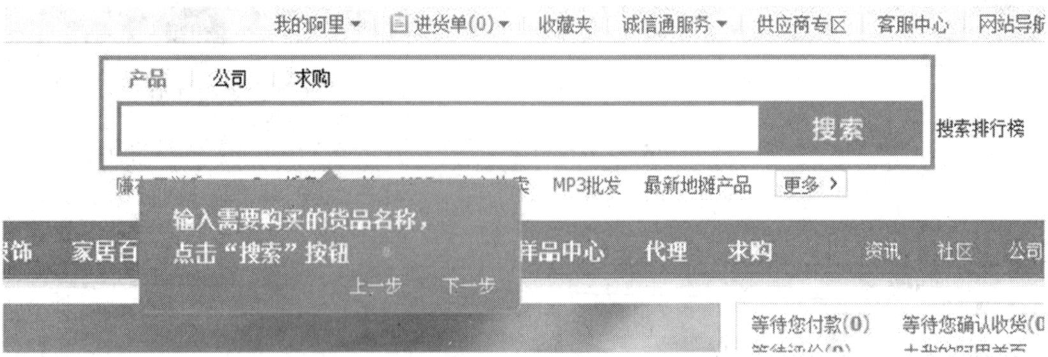


图 3-4　搜索

第二步，可以根据已有的搜索条件筛选，不同的货品筛选条件不同，如图 3-5 所示。

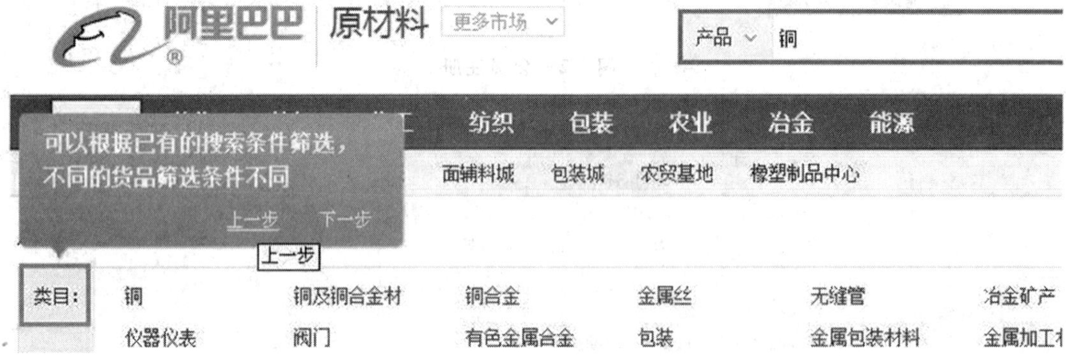


图 3-5　条件筛选

第三步，可以根据“所有地区”、“经营模式”以及销量和价格等筛选货品，点击筛选后的货品，如图 3-6 所示。

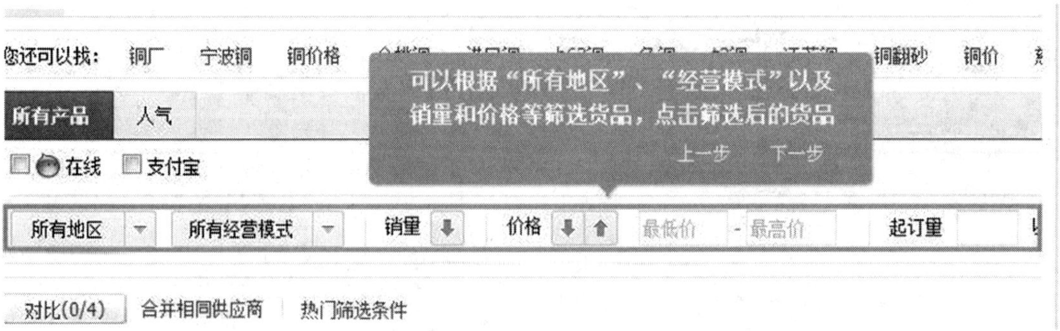


图 3-6　筛选后的货品

第四步，完成搜索，如图 3-7 所示。

方法二：发布询价单寻找卖家

第一步，进入“我的阿里-采购”，点击“马上发布询价单”，如图 3-8 所示。

图 3-7　完成搜索

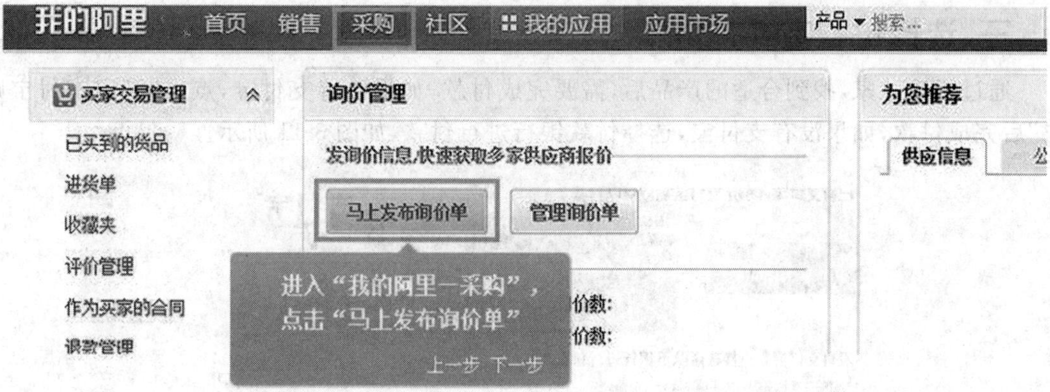


图 3-8　发布询价单

第二步，填写完整报价信息，阅读相应条款后，点击“已阅读以下规则，我要提交”，如图3-9所示。

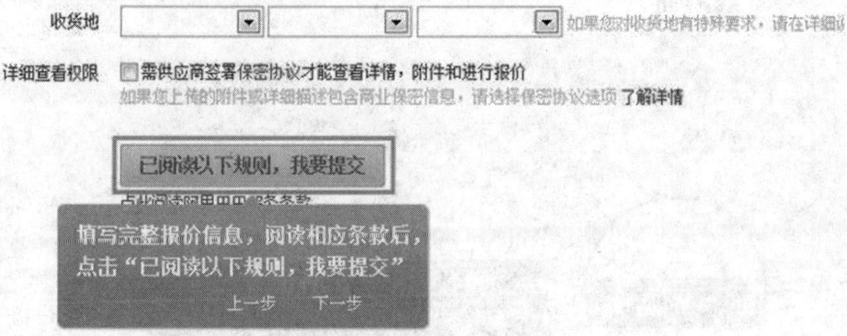


图 3-9　填写完整报价信息

第三步，完成发布询价单，如图 3-10 所示。

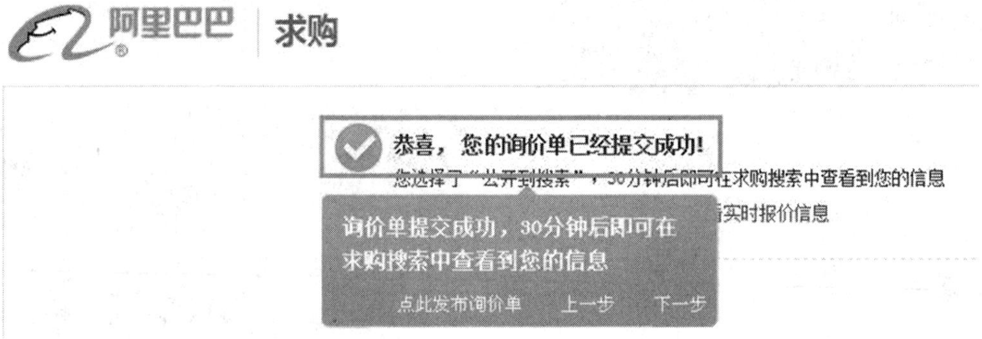


图 3-10 询价单提交成功

## 三、选择付款方式并付款

通过货比三家，找到合适的产品后，需要完成付款，如果已有支付宝，点击“绑定支付宝账户”后完成付款，如果没有支付宝，选择付款银行进行付款，如图 3-11 所示。

图 3-11 选择付款方式

## 四、确认收货

第一步，点击“已买到货品”，确认收货，如图 3-12 所示。

图 3-12　点击“已买到货品”

第二步，检查产品质量无误后，进行“确认收货”，如图 3-13 所示。

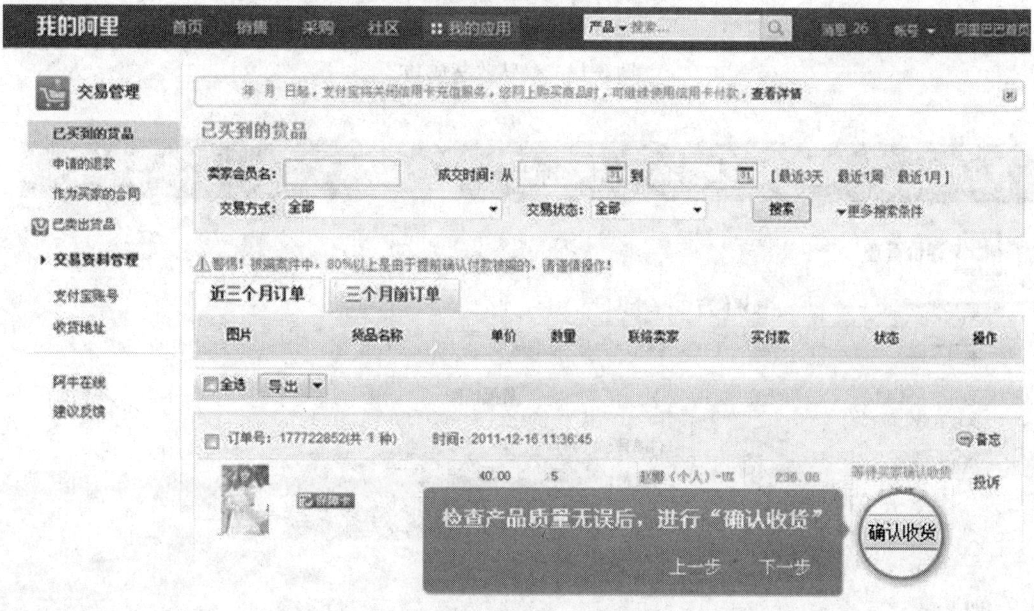


图 3-13　检查产品质量

第三步，完成确认收货，如图 3-14 所示。

## 五、评价

对本次交易进行评价，并留下评论，如图 3-15 所示。

填写好评价后，点击“确认提交”，完成评价，如图 3-16 所示。

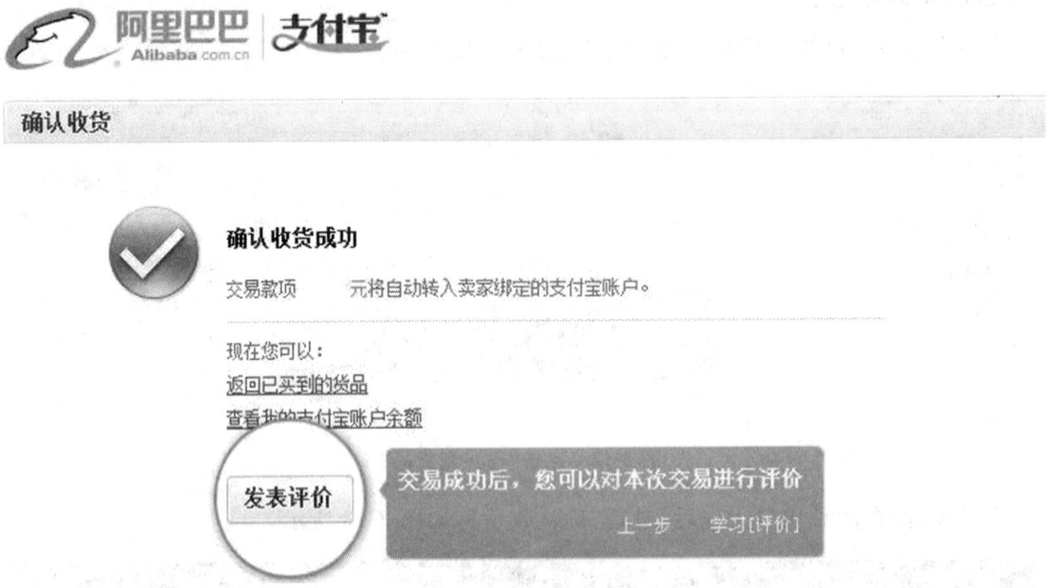


图 3-14 确认收货成功

图 3-15 填写评价

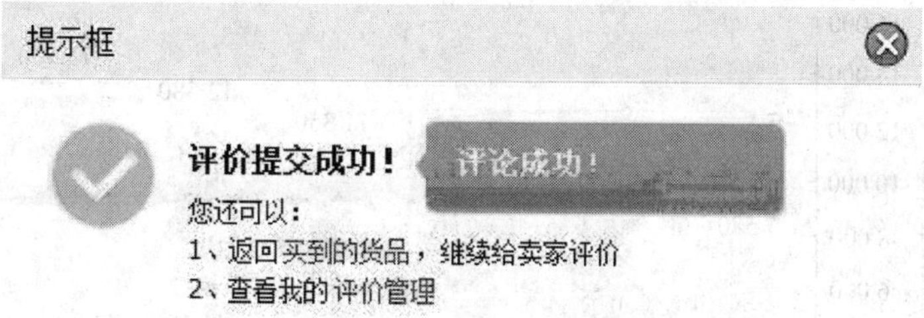


图 3-16 评论成功

◈知识链接

## 一、我国 B2B 电子商务的发展现状

截至 2012 年年底，中国电子商务市场交易规模达 7.85 万亿元，同比增长 30.83%。其中，B2B 电子商务交易额达 6.25 万亿元，同比增长 27%。

1. 市场规模

据中国电子商务研究中心数据显示，2012 年中国 B2B 电子商务市场规模达 6.25 万亿元，同比增长 27%，相比 2011 年下滑两个百分点，如图 3-17 所示。

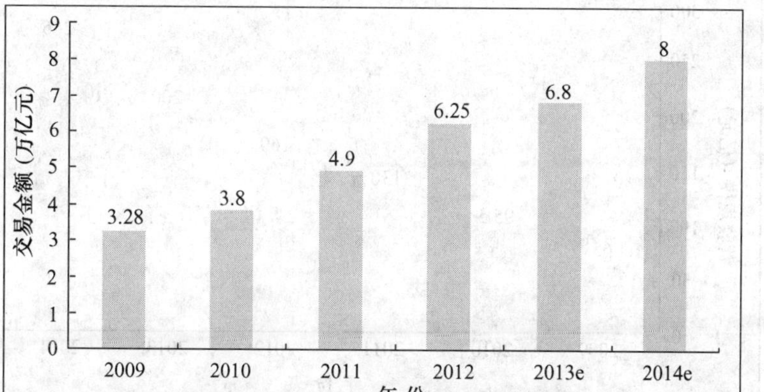


图 3-17 2009—2014 年中国 B2B 市场交易规模

对此，中国电子商务研究中心高级分析师张周平认为，B2B 市场增长放缓主要原因是受世界经济放缓、国内经济逐渐减速的宏观经济环境影响，导致企业库存压力加大、采购意愿下降，给我国中小企业 B2B 电子商务发展带来极大挑战。

2. 企业规模

据中国电子商务研究中心监测数据显示，截至 2012 年 12 月，我国 B2B 电子商务服务企业达 11 350 家，同比增长 8%，相比 2011 年下降 6 个百分点，如图 3-18 所示。

对此，中国电子商务研究中心高级分析师张周平认为，受经济不景气、人力成本急剧上升等因素的影响，B2B 服务企业也备受影响，裁员、转型、倒闭现象不时出现，老牌 B2B 网站“万

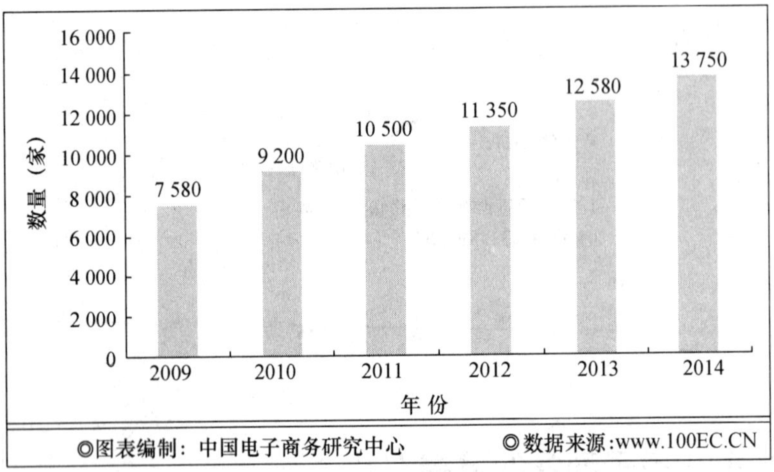


**图 3-18　2009—2014 年中国 B2B 电子商务企业规模**

国商业网”宣布倒闭；深圳商机网宣布转型电子商务解决方案商；环球资源裁员等。

3. 市场营收

据中国电子商务研究中心监测数据显示，2012 年中国 B2B 电子商务服务商的营收规模约为 160 亿元，同比增长 23%，如图 3-19 所示。

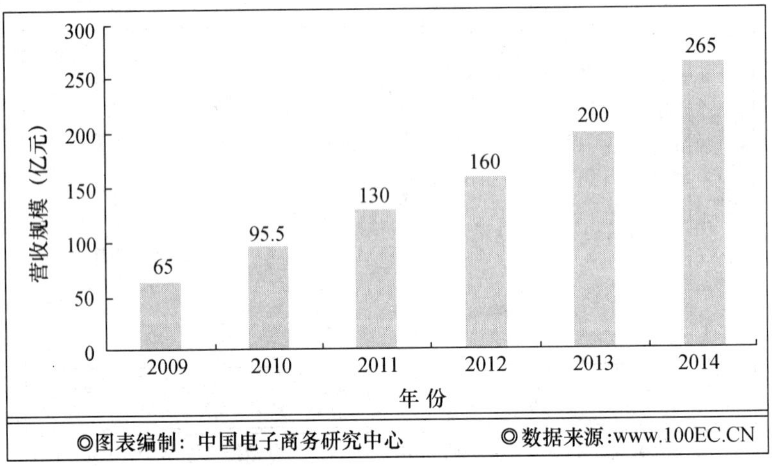


**图 3-19　2009—2014 年中国 B2B 电子商务营收规模**

中国电子商务研究中心认为，2012 年 B2B 电子商务服务商的营收规模与去年相比增速放缓，其原因除了受到宏观经济环境影响外，B2B 电子商务在经过 10 余年的发展后，原有平台业务模式遭遇瓶颈。

在营收上，目前几大上市公司中公布财报的主要有：环球资源、上海钢联、焦点科技、慧聪网、网盛生意宝，这些公司的主要营收数据为：

①环球资源：2012 年公司的净营业收入为 23 170 万美元，按“国际财务报告准则”计算的净收入为 3 220 万美元，未按“国际财务报告准则”计算的净收入为 3 710 万美元。

②上海钢联：2012 年实现营业总收入 9.54 亿元人民币，比上年同期增长 172.66%；营业利润为 3 661.28 万元人民币，比较上年同期下降 7.35%；利润总额为 4 563.67 万元人民币，

比上年同期下降 2.78%；归属于上市公司股东的净利润为 3 526.11 万元人民币，比上年同期下降 8.75%。

③焦点科技：2012 年公司营业收入 4.49 亿元人民币同比增长 5.37%；归属于上市公司股东的净利润 1.25 亿元人民币，同比减少 23.01%。

④慧聪网：2012 年，公司营业收入 5.49 亿元人民币，同比增长 25.14%；毛利润 4.80 亿元人民币，同比增长 29.27%；净利润 6 672 万元人民币，2011 同比增长 62%。

⑤网盛生意宝：2012 年，公司实现营业收入 1.6 亿元人民币，同比增长 11.13%。实现净利润 3 617.98 万元人民币，同比增长 11.87%。

4. 市场份额

据中国电子商务研究中心监测数据显示，2012 年 B2B 电子商务服务商营收(包括线下服务收入)份额中，阿里巴巴继续排名首位，市场份额为 45%，而环球资源(深圳环球资源网络服务有限公司)、我的钢铁网(上海钢联电子商务股份有限公司)、慧聪网(北京慧聪国际资讯有限公司)、中国制造网(焦点科技股份有限公司)、环球市场集团、网盛生意宝(浙江网盛生意宝股份有限公司)分别位列 2～7 位，分别占比 8.90%、5.90%、3.40%、2.80%、1.90%、1.00%。如图 3-20 所示。(因统计的几大服务商中还有环球市场公司 2012 年财报未发布，未发布的该份额排名按照各公司之前财报数据预测以及业绩预告作参考依据)

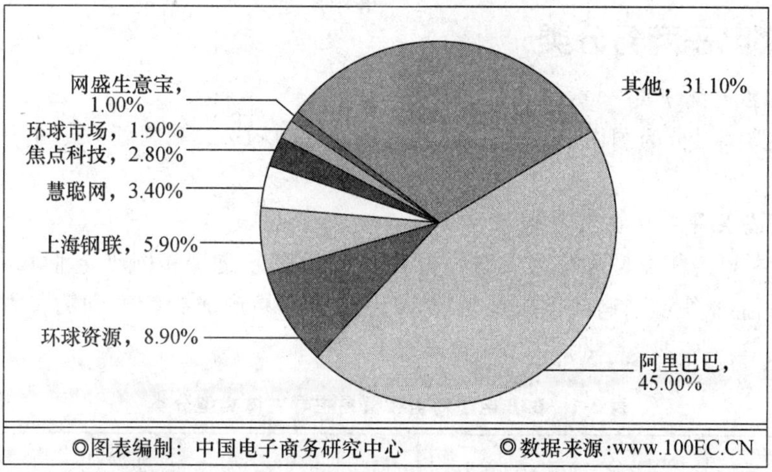


**图 3-20　2012 年中国 B2B 服务商市场份额占比图**

对此，中国电子商务研究中心高级分析师张周平认为，为了突破自身发展瓶颈以及更好地满足用户的需求，B2B 服务商都迫切希望通过改革凸显竞争优势。主要表现有：阿里巴巴 B2B 退市对平台服务模式进行升级；网盛生意宝开拓 B2B 支付、担保业务；慧聪网联手民生银行布局互联网金融等。

5. 用户规模

据中国电子商务研究中心监测数据显示，截至 2012 年 12 月，国内使用第三方电子商务平台的中小企业用户规模(包括同一企业在不同平台上注册但不包括在同一平台上重复注册)已经突破 1 700 万，如图 3-21 所示。

2012 年，为了帮助企业渡过难关，促进经济发展，各地政府纷纷出台扶持政策大力推动中

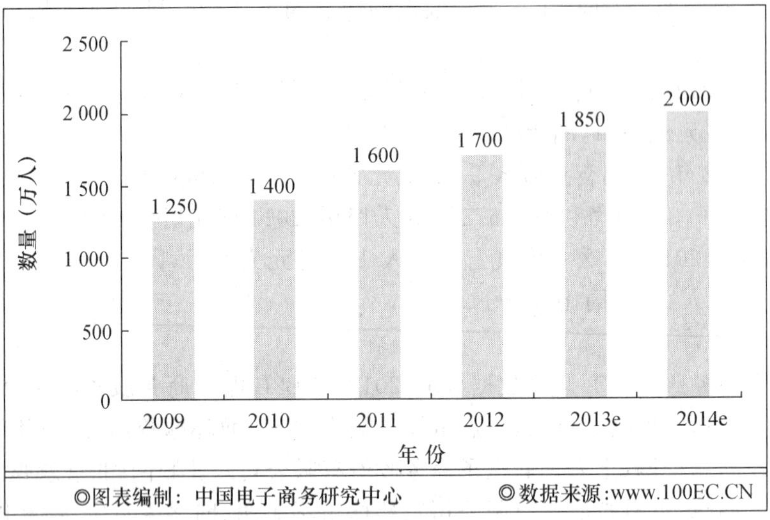


**图 3-21　2009—2014 年使用第三方电子商务平台中小企业用户规模**

小企业开展网上贸易。广东省启动了以“促消费、扩内需、调结构、稳增长”为目标的“广货网上行”活动，上海推出电子商务“双推工程”，河南省推出中小企业成长“翔计划”等。

## 二、B2B 电子商务分类

1. 根据贸易类型分类

根据贸易类型可分为国内 B2B 电子商务交易（内贸型 B2B）和国际 B2B 电子商务交易（外贸型 B2B）。

2. 根据贸易主导主体类型分类

根据贸易主导主体类型可分为大型企业 B2B 电子商务交易和中小企业 B2B 电子商务交易，其中大中型企业往往采购或供应规模较大，因此更容易形成销售方和购买方的控制力量，如表 3-1 所示。

**表 3-1　B2B 电子商务按贸易主导主体类型分类**

| 分　　类 | 商业模式 |
|---|---|
| 销售方控制（大中型企业） | 只提供信息的卖主平台 |
| | 可通过网络订货的卖主平台 |
| 购买方控制（大中型企业） | 通过网络发布采购信息，反向拍卖 |
| | 采购代理人，易货交易 |
| | 采购信息搜集者，加入团体购买计划 |
| 中立的第三方控制（中小型企业） | 特定产业或产品的搜索工具 |
| | 信息超市（获取卖主和产品信息的通道） |
| | 企业广场（包括众多卖主的店面） |
| | 拍卖场 |

## 三、B2B 电子商务模式分析

B2B 电子商务主要进行的是企业对企业的采购与批发业务。无论过去 EDI 电子商务阶段，还是现在 Internet 电子商务时代，不管从参与企业的数量、涉及的金额，还是从交互信息规模上来看，B2B 都是电子商务的主体之一，是电子商务应用中最重要和最受企业重视的模式。

我国 B2B 电子商务经过了前期的探索阶段后，B2B 电子商务企业的运营模式以及用户的需求都出现了明显差异。目前市场上存在的 B2B 电子商务模式有以下两种分类方法。

1. 按照服务模式的不同划分

按照服务模式的不同分为信息服务类、交易服务类、资源整合类。

信息服务模式是我国 B2B 电子商务发展的起点，前期主要是解决企业信息不对称的问题，B2B 电子商务尤其对中小企业的意义重大，提供给中小企业一个多方位展现自己的平台，缩短了中小企业与大型企业在信息获取方面的差距，拓宽了中小企业的销售渠道，在信息服务方面，各家 B2B 电子商务企业逐渐延伸出自己的特色服务，如表 3-2 所示。

**表 3-2 中国信息服务类 B2B 电子商务代表企业总结**

| 企业名称 | 企业特点 | 客户类型 | 贸易类型 |
|---|---|---|---|
| 阿里巴巴 | 线上服务较发达，市场份额最大 | 中小企业 | 内外贸兼做 |
| 环球资源网 | 线下展会业务发达 | 高端会员 | 外贸 |
| 网盛生意宝 | 小门户＋联盟 | 中小企业 | 内外贸兼做 |
| 环球市场网 | 营销解决方案 | 优质供应商 | 外贸 |
| 慧聪网 | 线上线下结合，但是仍以线下为主 | 中小企业 | 内贸为主 |
| 66 网 | 企业官网链接 | 中小企业 | 内外贸兼做 |

交易服务模式不仅解决了信息不对称的问题，更重要的是，可以帮助客户实现在线交易，实现信息流、物流和资金流的三流合一。目前，在内外贸市场上，大宗产品和小额批发领域方面均出现了在线交易型的服务平台。

资源整合模式是 B2B 电子商务发展到成熟阶段的主流模式，此类平台可以为用户提供全方位的电子商务解决方案，实现贸易的每一个环节上的资源整合，核心的电子商务企业可以实现与银行、物流企业、海关等机构的对接，最终实现每一个环节上的电子商务化，这是 B2B 电子商务未来发展的一个趋势。

2. 按照涉及行业的不同划分

按照涉及行业的不同分为：综合类平台和垂直类平台。

综合类平台可以为用户提供多个行业的信息，用户规模数量庞大，但是所提供的服务的专业化程度不高。阿里巴巴、慧聪网、环球资源网等都属于综合类平台。综合类平台可以将买方和卖方集中到一个市场上进行信息交流、广告发布、拍卖竞标、交易、库存管理等。

垂直类平台面对的是一个特定的行业或特定的专业领域，如中国化工网、钢铁网等。用户选择垂直类电子商务网站有两个最主要的原因：一方面，垂直类平台的用户全部为该行业的企业，目标用户的集中度较高；另一方面，垂直类电子商务网站可以提供更加精细而专业的信息服务。

## 四、B2B 电子商务赢利模式分析

1. 会员费

企业通过第三方电子商务平台参与电子商务交易，首先必须注册为 B2B 电子商务网站的会员，而且每年需要缴纳一定的会员费，才能享受网站提供建立旺铺、网络推广、信息查阅等各种服务，目前会员费已经成为 B2B 电子商务网站最主要的收入来源。例如，阿里巴巴网站企业版诚信通会员费为每年 3 688 元。

2. 广告费

网络广告是门户网站的主要赢利来源，同时也是 B2B 电子商务网站的主要收入来源。阿里巴巴网站的广告有多种类型，不同类型的广告收费标准不同。如：中国化工网的广告也有弹出广告、漂浮广告、Banner 广告、文字广告等多种表现形式，用户可根据需要进行选择。

3. 搜索排名

企业为了促进产品销售，都希望在 B2B 电子商务网站的信息搜索中能排名靠前，而网站在确保信息的准确的基础上，将根据会员费用的不同对排名顺序进行相应的调整。阿里巴巴网站的竞价排名是诚信通会员专享的搜索排名服务。当买家在阿里巴巴网站上搜索供应信息时，竞价企业的信息排名靠前的，更有利于被买家在第一时间找到。

4. 增值服务

B2B 电子商务网站通过增值服务可扩大收入来源，如：提供企业建站服务、产品行情资讯服务、企业认证服务、在线支付结算服务、会展服务、培训服务等。2010 年核心服务商均加大了增值服务的投入力度，如网盛生意宝就推出了面向中小企业提供融资服务的产品——“贷款通”，缓解中小企业融资难的问题。随着 B2B 电子商务的发展，核心服务商将持续不断优化服务，增强用户的黏性。

5. 多元化发展与资源整合

随着综合性网站和行业网站的发展以及市场竞争的日趋激烈，一些网站为了提高企业的综合竞争优势，开始了多元化的发展道路，以开拓新的收入来源。例如：阿里巴巴集团由初始的 B2B 电子商务业务，到目前已经扩展到 C2C 电子商务业务、在线支付业务、信息搜索业务、企业软件开发业务等领域。B2B 电子商务网站赢利的根本在于模式的创新，只有对市场的特性深刻了解并在赢利模式上有所创新，才能在电子商务市场取得成功。

## 五、B2B 电子商务交易平台的选择

根据调查，企业用户选择 B2B 电子商务平台的依据首先是服务商的知名度，约占用户数的 40%；其次是营销效果和服务商信用，分别占用户总数的 26%和 19%。这一数据说明，企业用户对 B2B 电子商务网站的了解有限，大多数企业只能将服务商的知名度作为选择依据。

当考虑在众多的 B2B 电子商务平台中，优先选择哪几家作为企业开拓网络市场的切入点时，应从 B2B 平台的搜索引擎营销水平、站内信息指标、通过 Alexa 全球访问量排名分析、网下市场推广能力、价格、产品特色和配套服务方面进行试用考察，使用期间通过收到的询盘来初步判断买家的数量和质量。

# 子任务2 B2B电子商务平台交易——以卖家为例

同样以国内影响最大的B2B电子商务平台——阿里巴巴中国网站为例，掌握卖家操作的基本流程。

## 一、账号注册并完善公司信息

第一步，登录阿里巴巴首页，点击免费注册，如图3-22所示。

图3-22 阿里巴巴首页

第二步，填写注册信息，如图3-23所示。

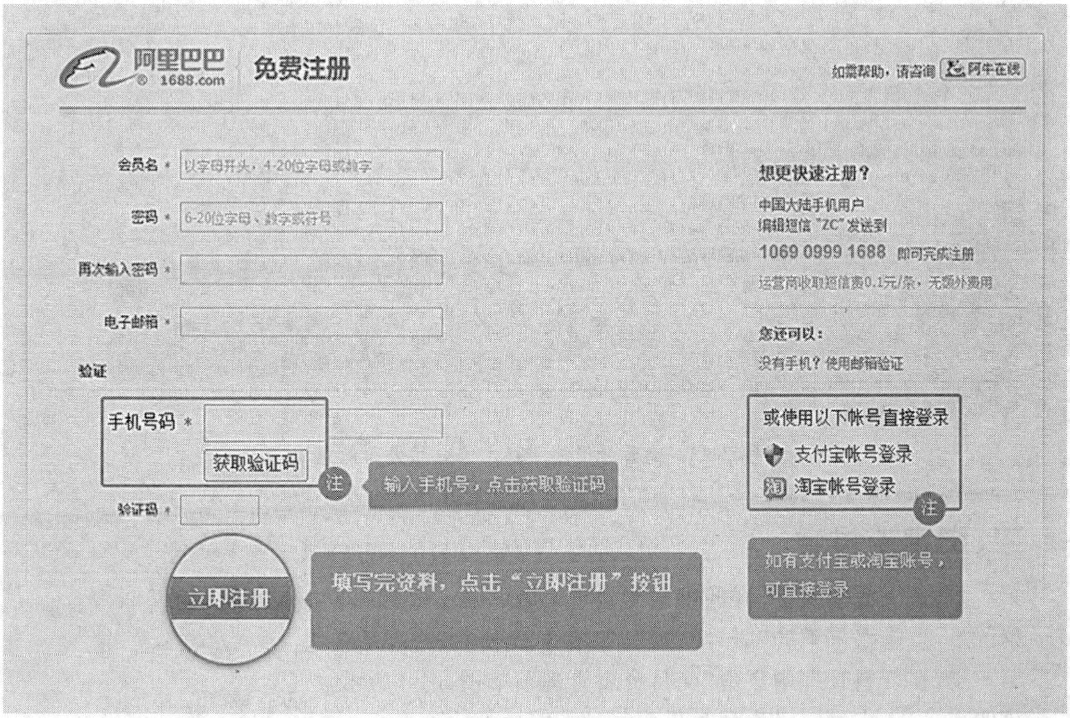


图3-23 会员注册

第三步，注册成功，如图 3-24 所示。

完善基本信息、公司信息，获得更多商机，如图 3-25 所示。

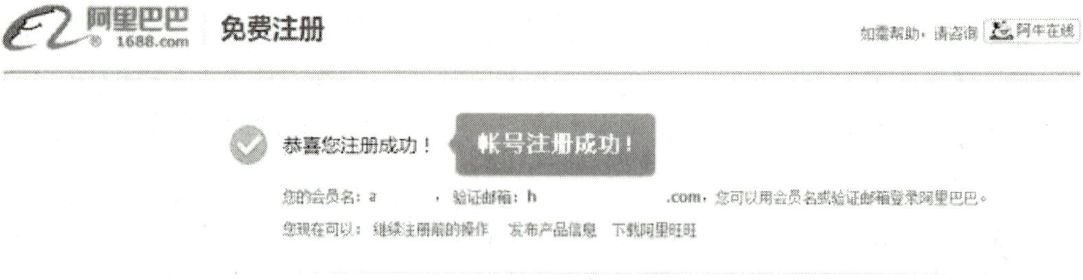


图 3-24　注册成功

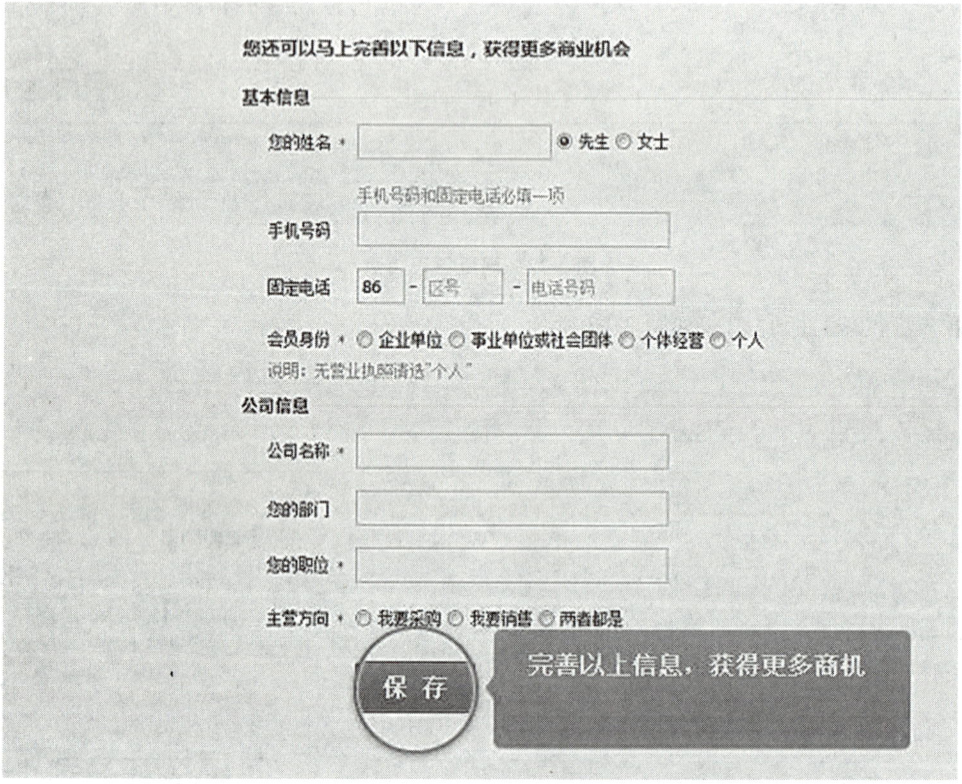


图 3-25　完善会员注册基本信息和公司信息

## 二、绑定支付宝

第一步，进入我的阿里，开始绑定支付宝，如图 3-26 所示。

第二步，点击账号下的"账号管理"，如图 3-27 所示。

第三步，在资料管理中点击"交易资料管理"，如图 3-28 所示。

第四步，进入支付宝账户分类界面，如图 3-29 所示。

接下来，分为没有支付宝账户和已有支付宝账户两种情况。

没有支付宝账户：

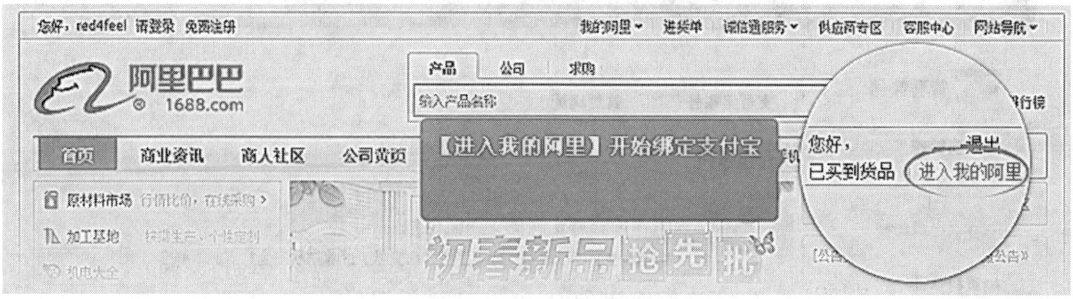


图 3-26　我的阿里页面

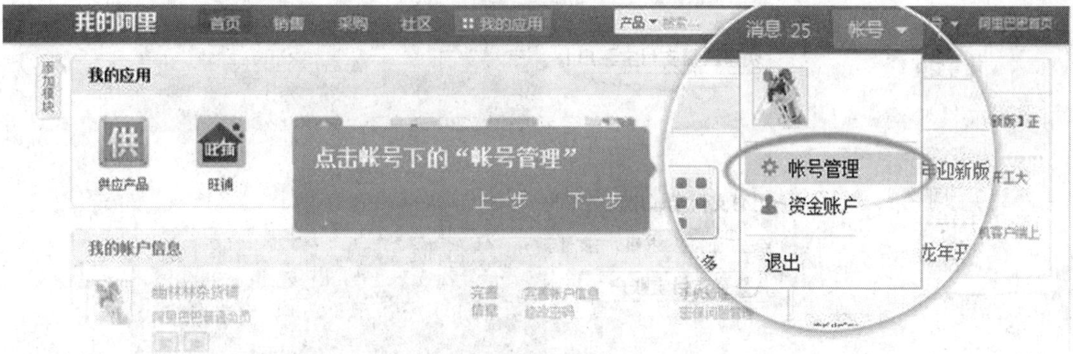


图 3-27　点击进入账号管理页面

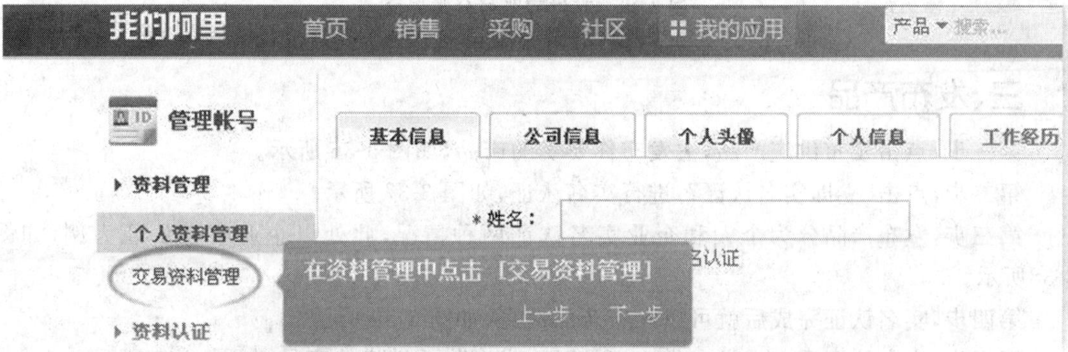


图 3-28　进入交易资料管理页面

第五步，确认支付宝绑定协议，如图 3-30 所示。

第六步，成功绑定支付宝账户后，点击“查看我的账户”，进行激活，如图 3-31 所示。

第七步，补全账户信息，激活支付宝账户，如图 3-32 所示。

有支付宝账户：

第五步，确认支付宝绑定协议，如图 3 33 所示。

第六步，输入我的支付宝账户名和登录密码，点击“登录”按钮，如图 3-34 所示。

第七步，绑定支付宝操作完成！如图 3-35 所示。

图 3-29　支付宝账号分类界面

## 三、发布产品

第一步，点击发布供应产品，去发布你要卖的产品，如图 3-36 所示。

第二步，点击"立即实名认证"，进行实名认证，如图 3-37 所示。

第三步，发布产品分为个人和企业实名认证两种情况，此处以企业实名认证为例，如图3-38所示。

第四步，实名认证完成后就可以发布产品信息，如图 3-39 所示。

第五步，实名认证后，去"发布供应产品"里，发布你要销售的产品，如图 3-40 所示。

第六步，根据公司供应的产品不同，选择不同的发布方式，如图 3-41 所示。

第七步，选择好行业后，填写产品详情，如图 3-42 所示。

第八步，填写产品详情，如图 3-43 所示。

第九步，发布成功，如图 3-44 所示。

## 四、卖家发货

第一步，点击"已卖出货品"，查看卖出的货品，如图 3-45 所示。

第二步，点击"发货"，给买家发货，如图 3-46 所示。

第三步，填写发货信息，如图 3-47 所示。

第四步，完成发货，如图 3-48 所示。

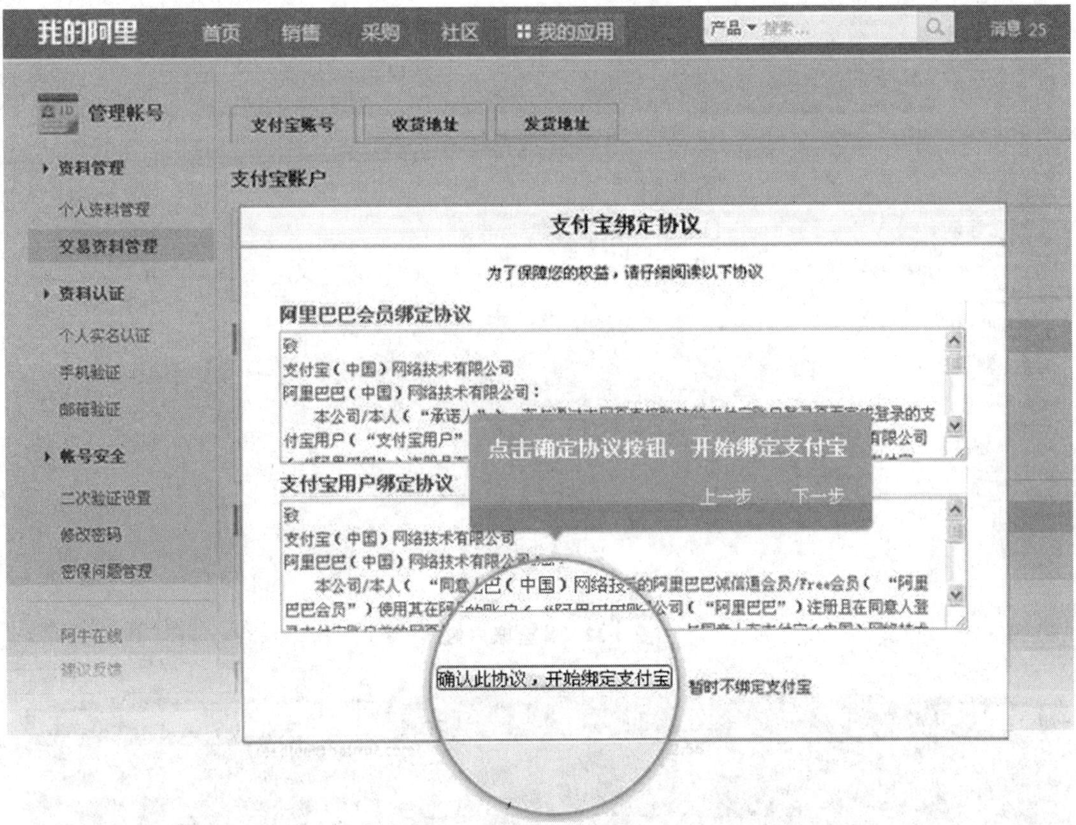


图 3-30　确认支付宝绑定协议

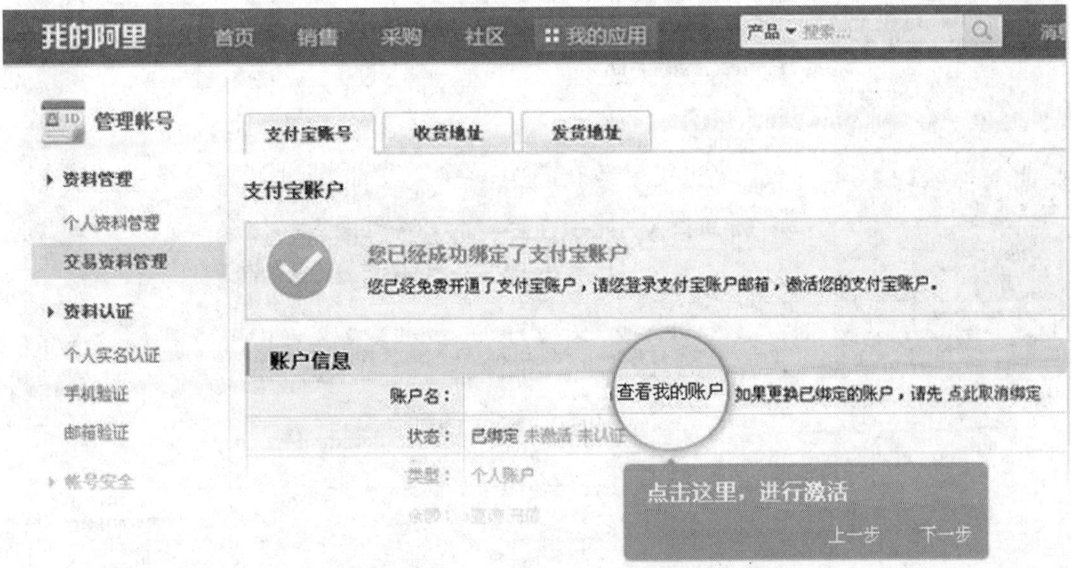


图 3-31　进入查看我的账户界面

图 3-32 补全账户信息

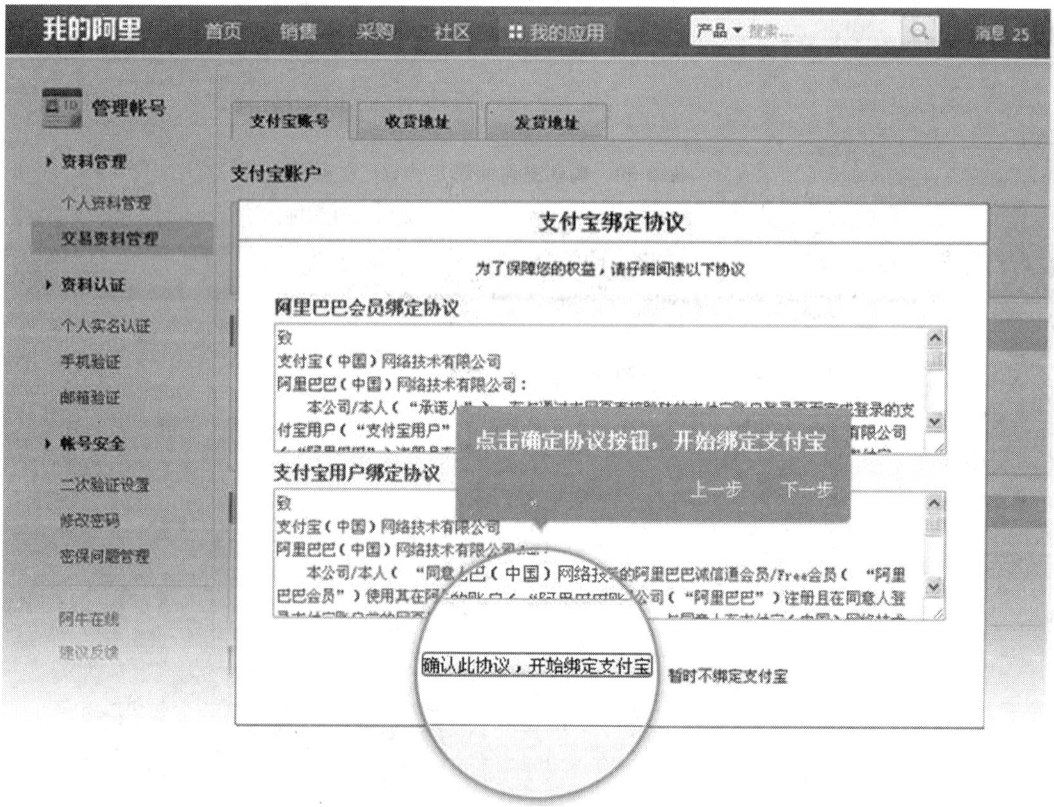


图 3-33 绑定支付宝

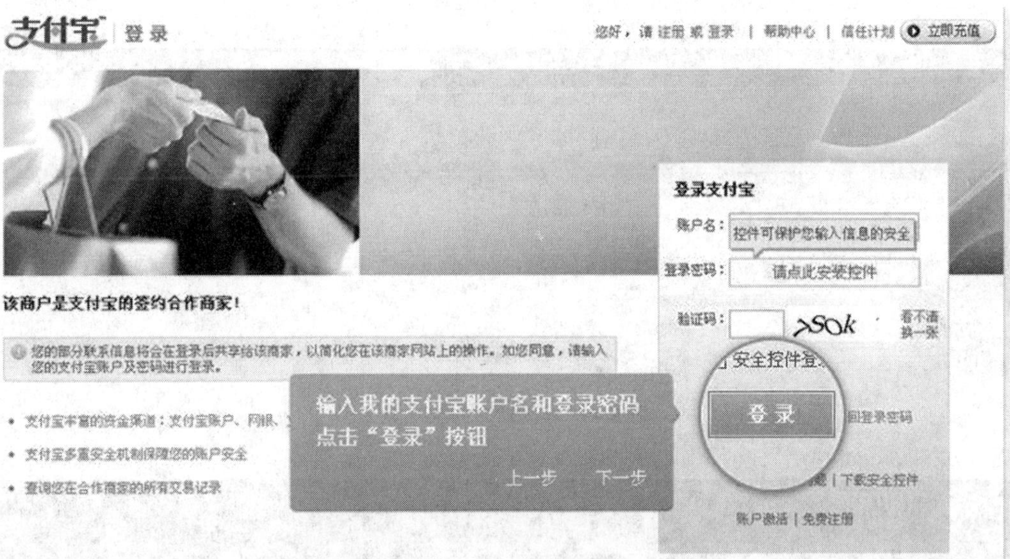


图 3-34　支付宝登录

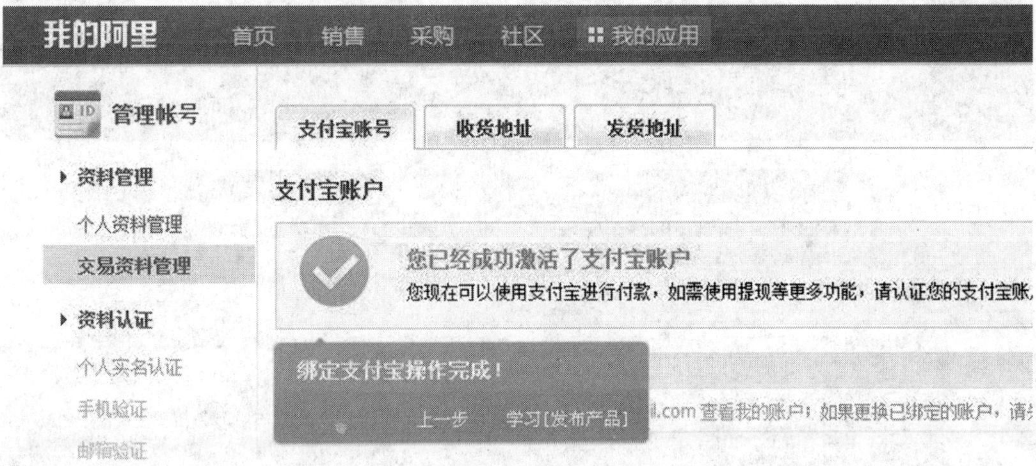


图 3-35　绑定支付宝操作完成

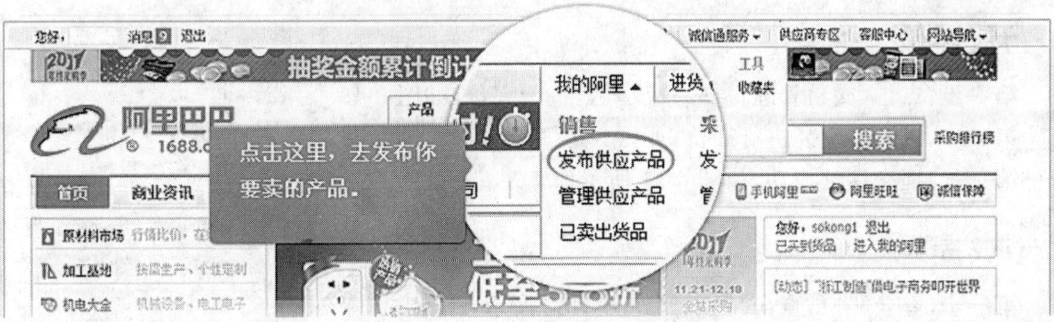


图 3-36　发布供应产品

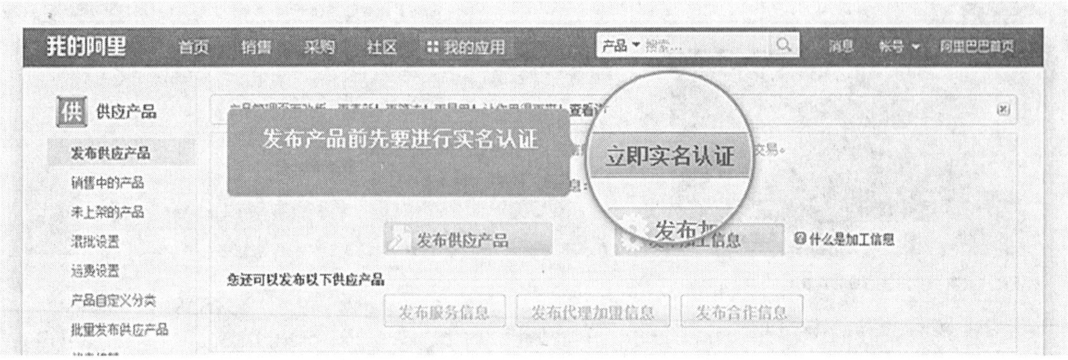


图 3-37 点击“立即实名认证”

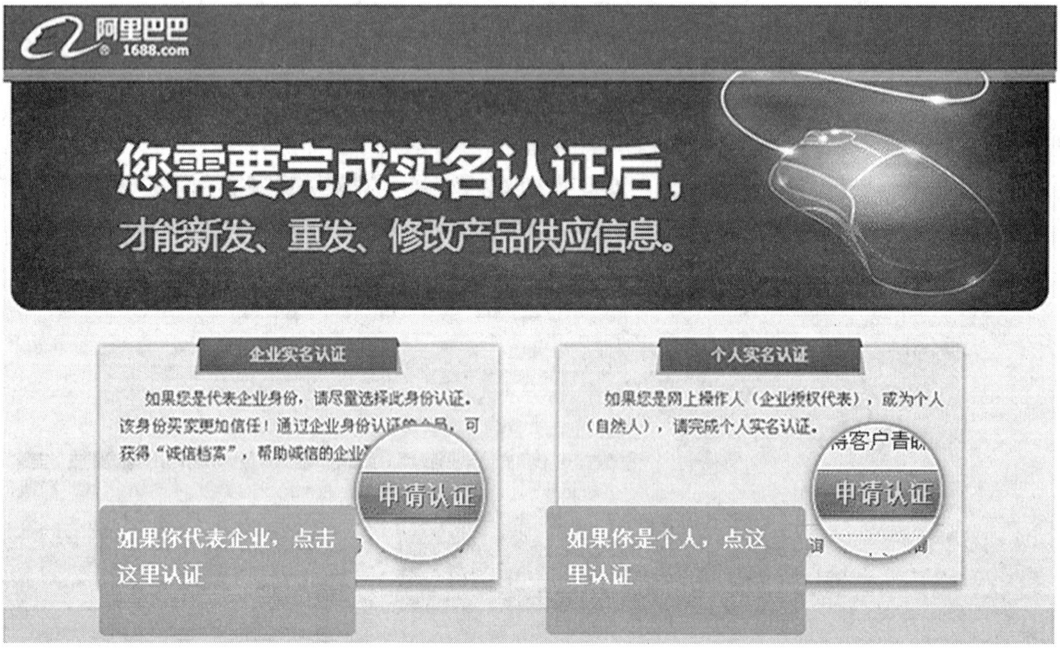


图 3-38 实名认证

## 五、评价

第一步，点击“交易管理”，交易成功后，进行评价，如图 3-49 所示。

第二步，对本次交易进行评价，如图 3-50 所示。

第三步，提交评价成功，如图 3-51 所示。

## 六、提现

第一步，登录账户，点击“提现”，如图 3-52 所示。

第二步，填写银行卡信息，点击“保存账户”，点击图 3-53 所示。

第三步，输入提现金额，点击“下一步”，如图 3-54 所示。

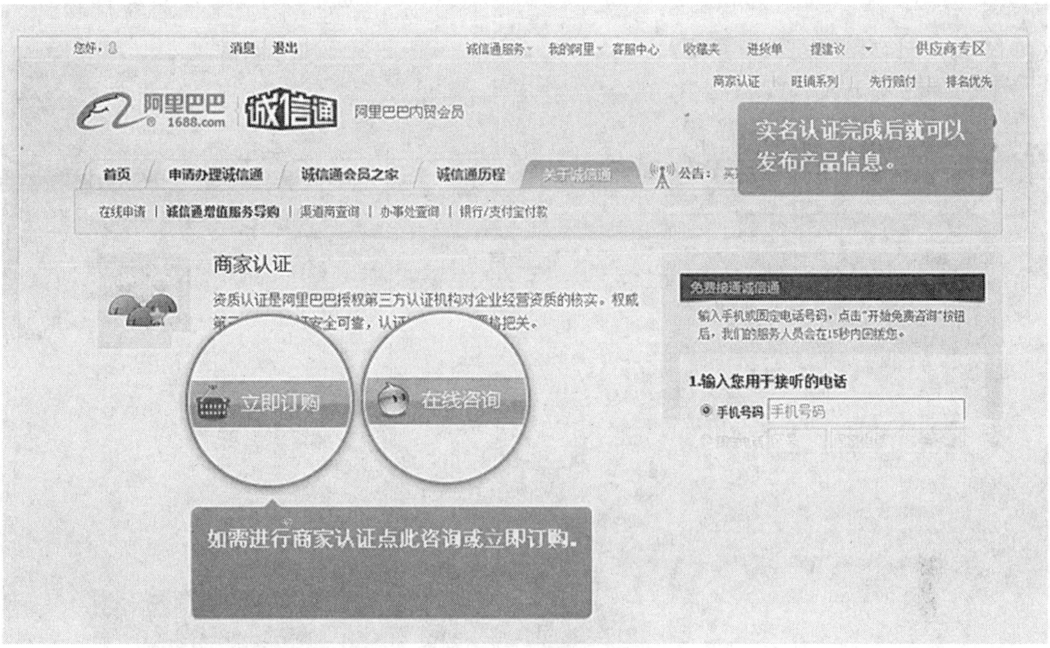


图 3-39 商家认证

图 3-40 发布供应产品

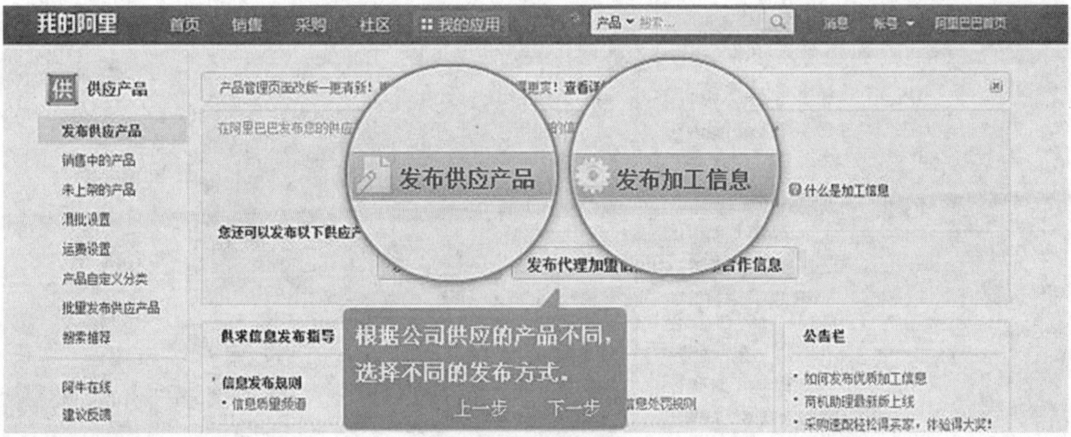


图 3-41 选择发布方式

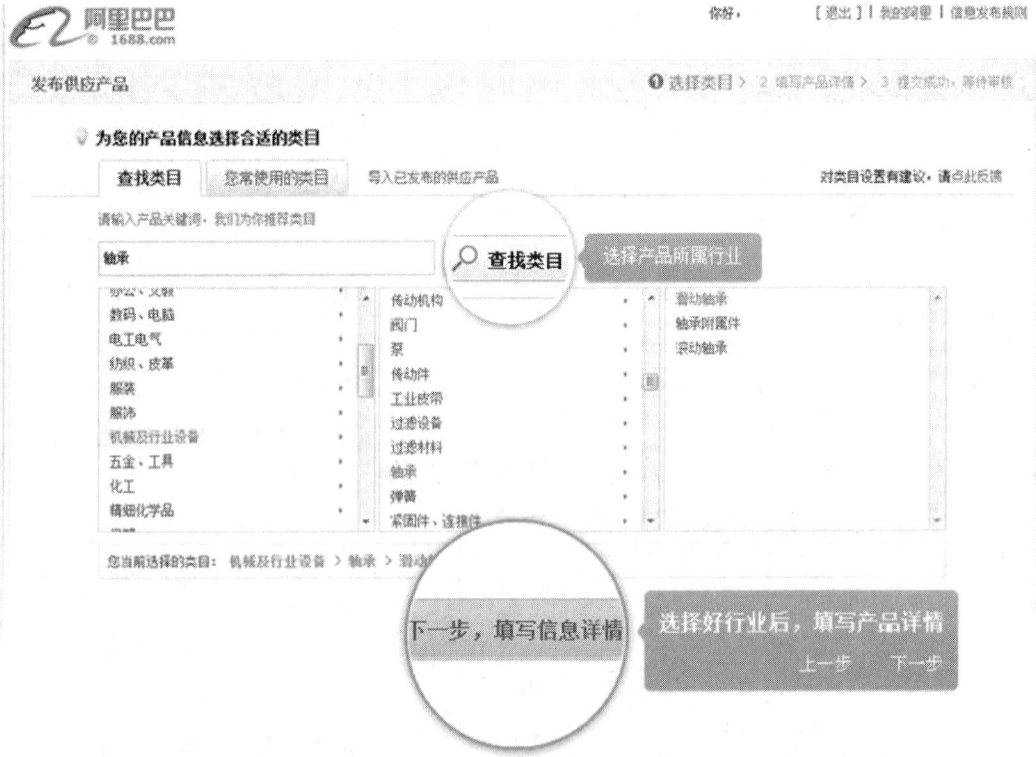


图 3-42　选择产品所属行业

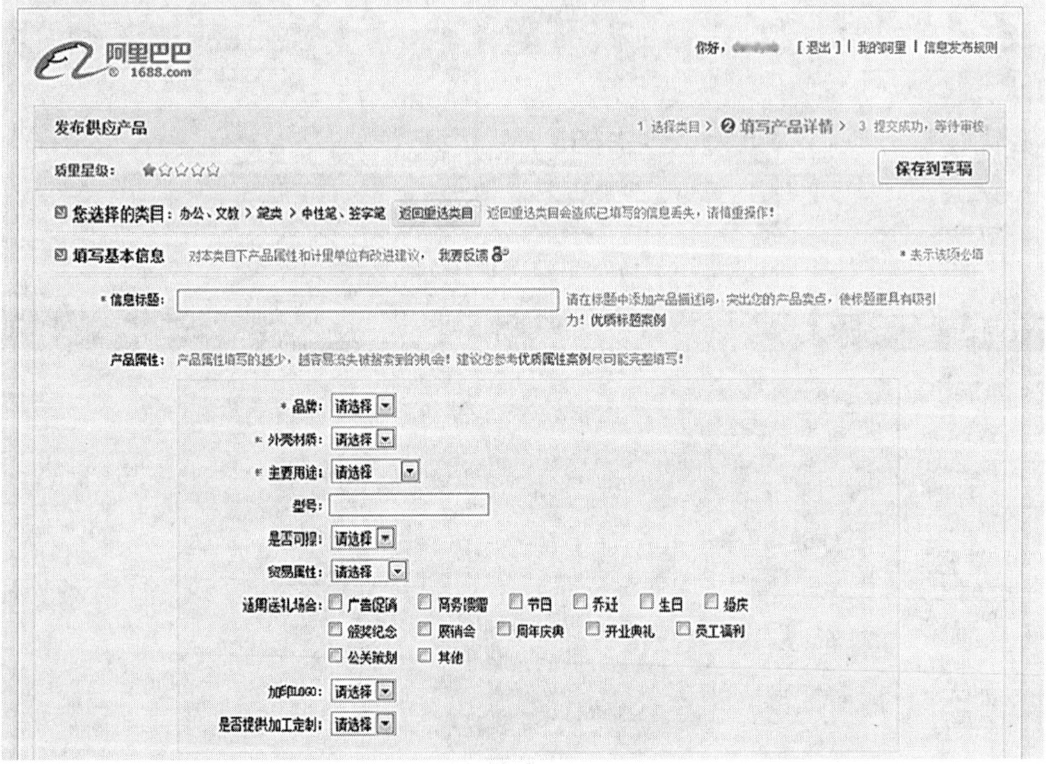


图 3-43　填写产品基本信息

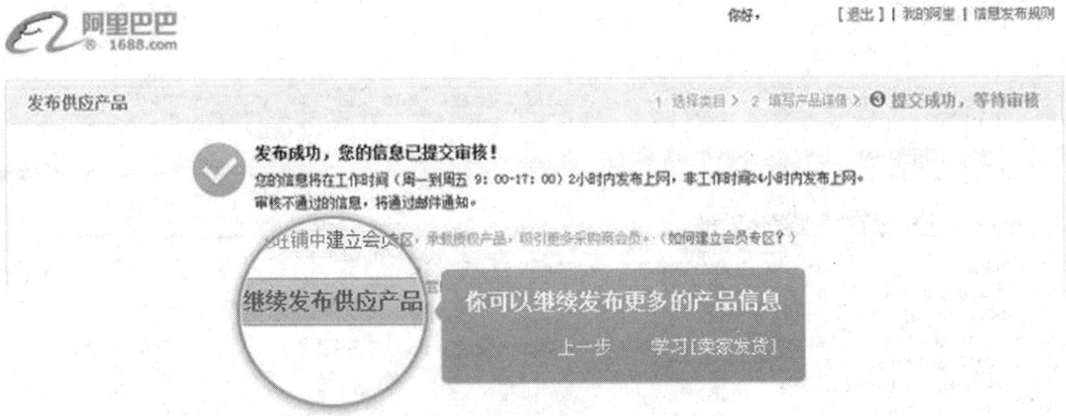


图 3-44　发布成功

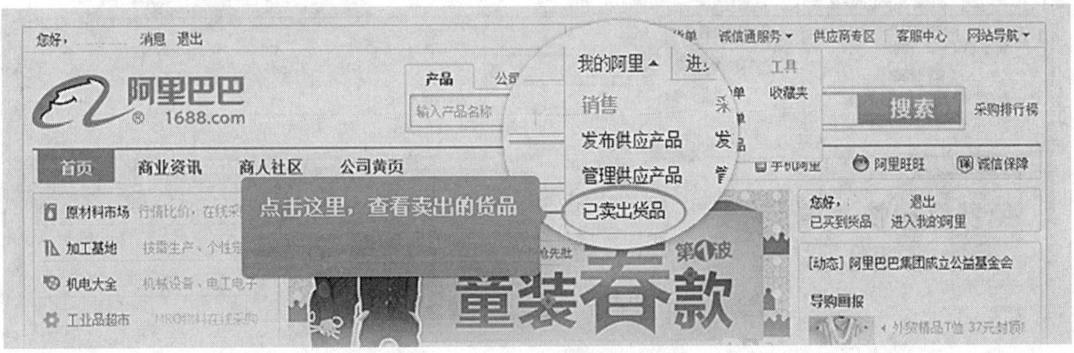


图 3-45　已卖出货品

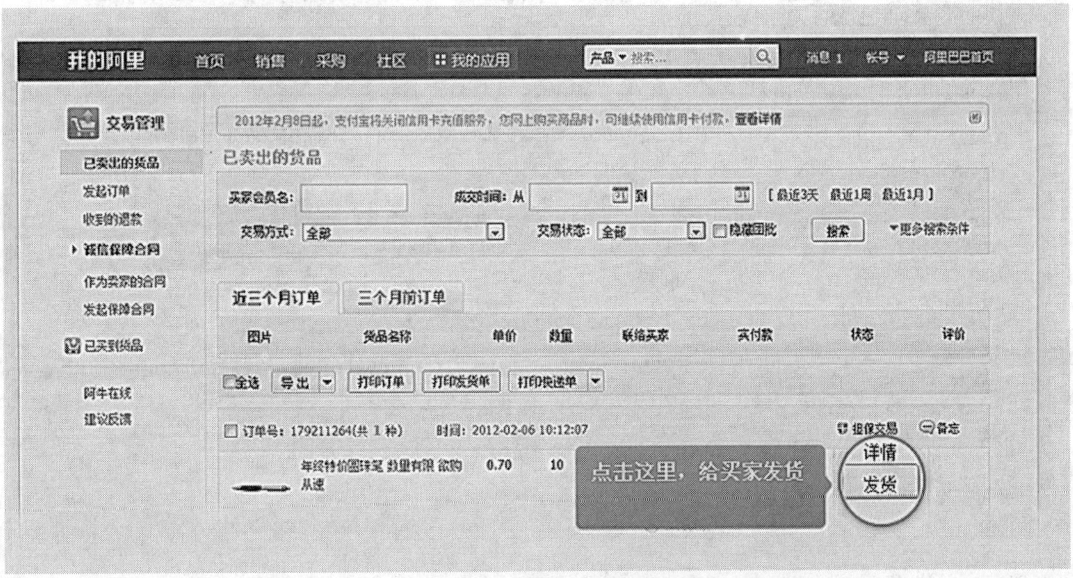


图 3-46　给买家发货

图 3-47 填写发货信息

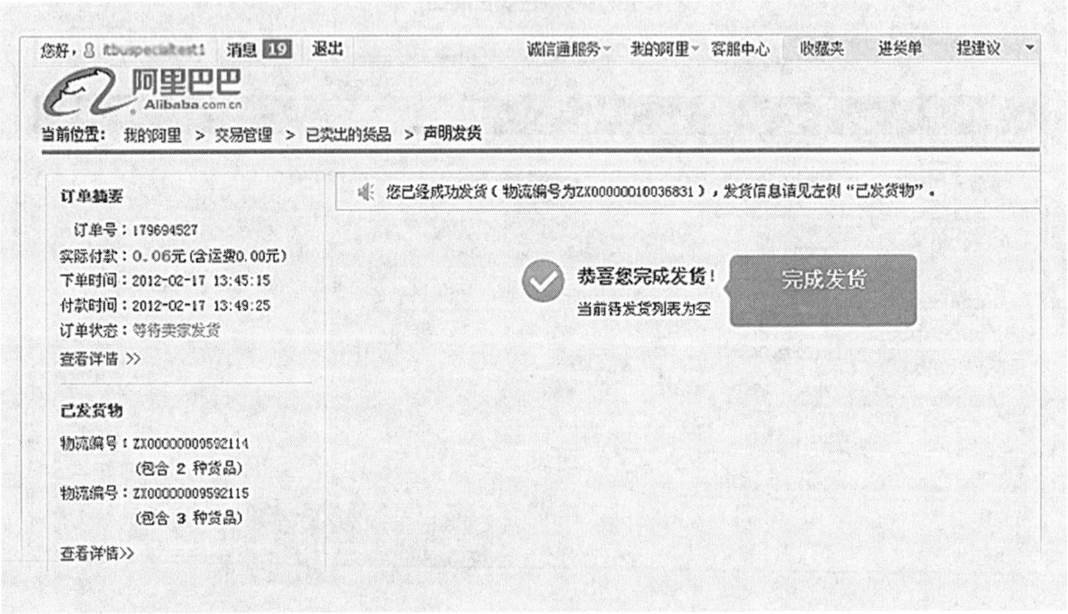


图 3-48 完成发货

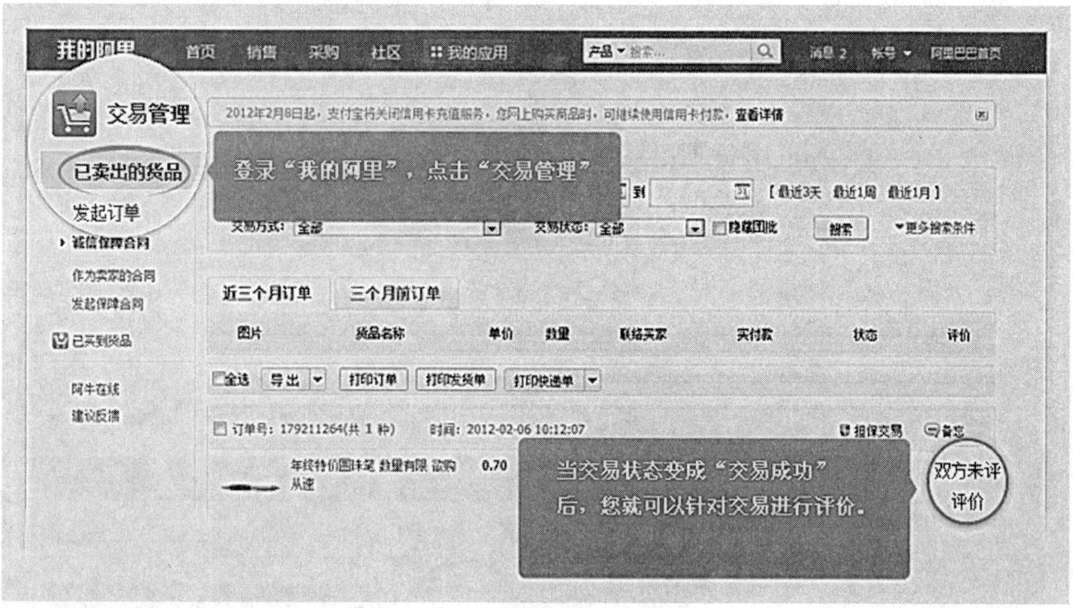


图 3-49　待评价

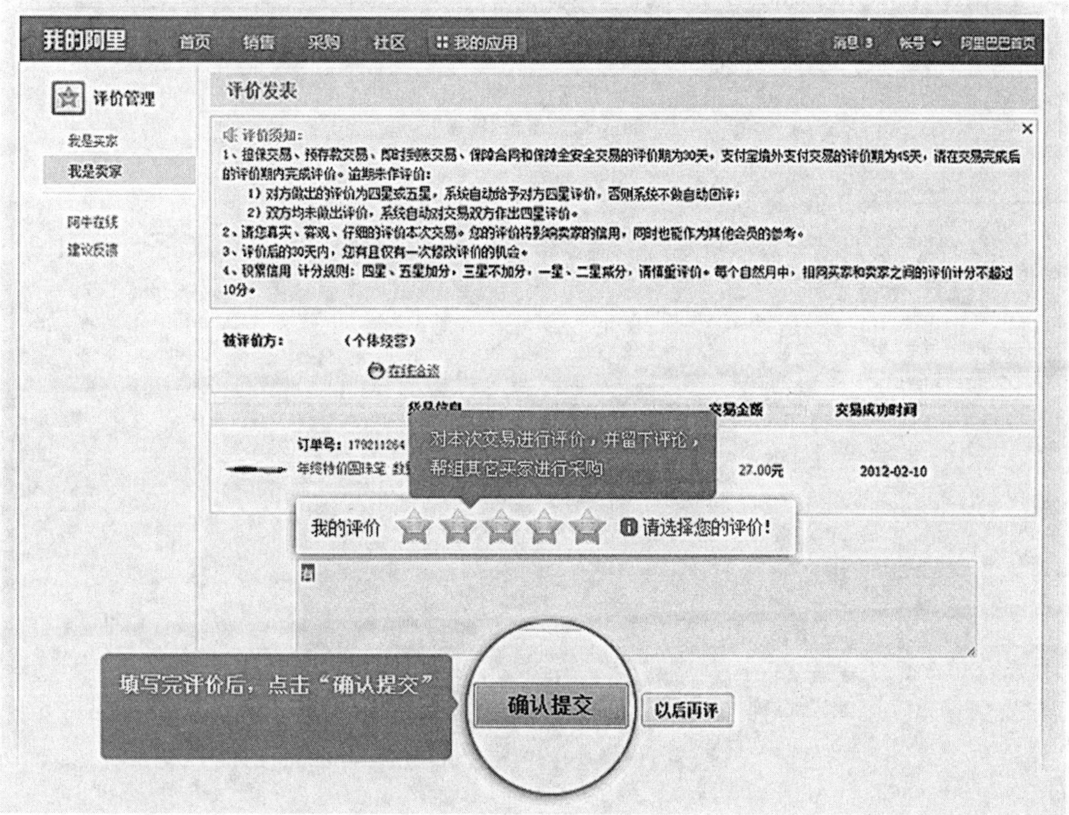


图 3-50　填写评价

图 3-51 评价成功

图 3-52 点击“提现”

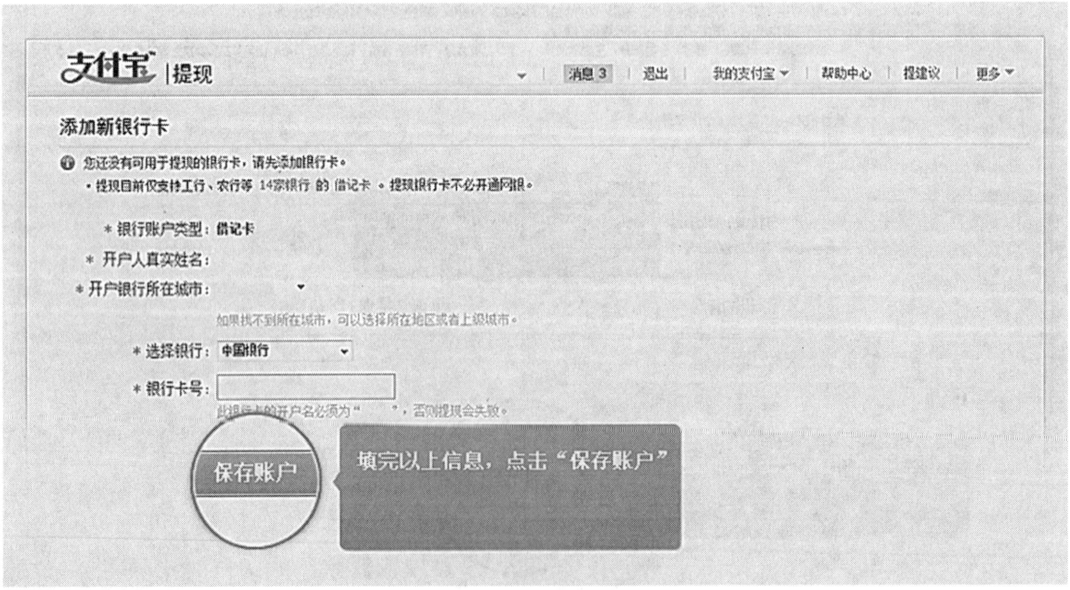


图 3-53 填写银行卡信息

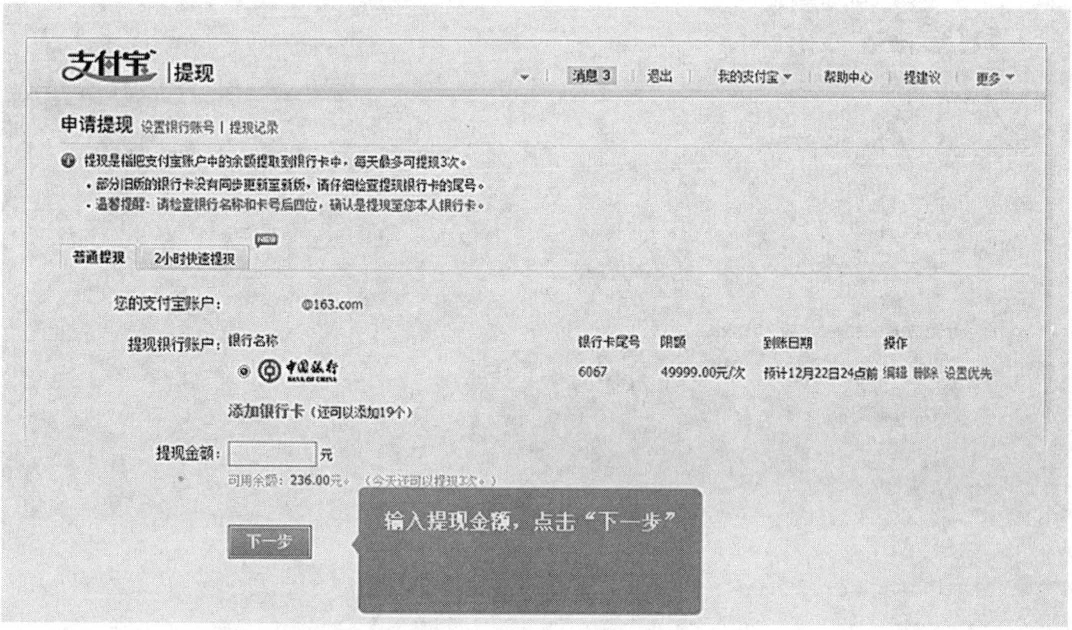


图 3-54 输入提现金额

第四步，提现确认，如图 3-55 所示。

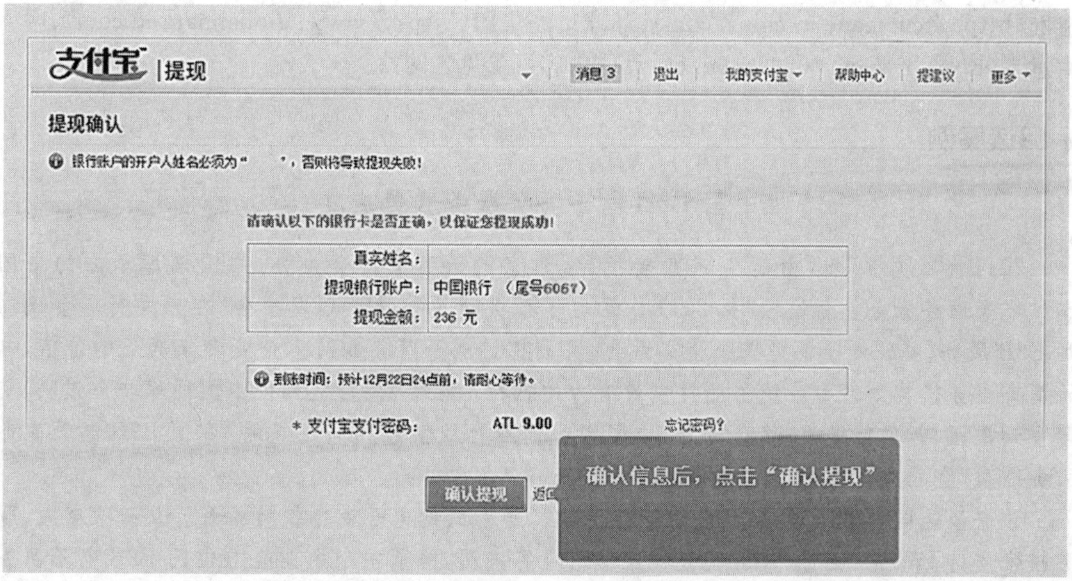


图 3-55 提现确认

第五步，提现申请提交成功，点击“保存设置”，如图 3-56 所示。

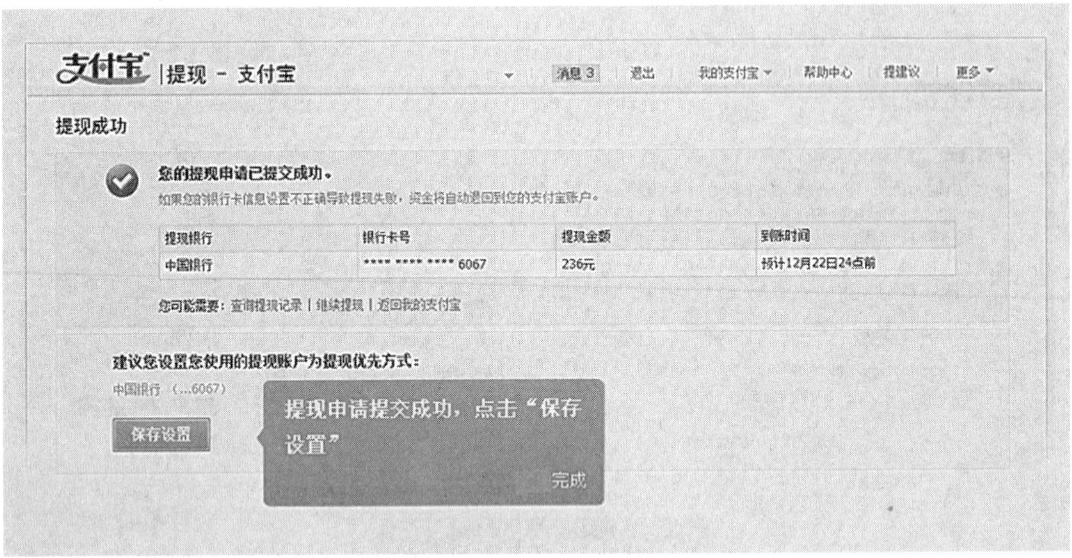


图 3-56　保存设置

## ◈知识链接

除阿里巴巴外，国内其他主要 B2B 网站主要有环球资源(http://www.globalsources.com)、我的钢铁网(http://www.mysteel.com)、慧聪网(http://www.hc360.com)、中国制造网(http://cn.made-in-china.com)、环球市场集团(http://www.globalmarket.com)、网盛生意宝(http://www.002095.cn)等，具体内容可参见各网站。

## ◈阅读案例

### 中国 B2B 电子商务服务联盟成立

2011 年 6 月 22 日，由商务部直接指导，北京电子商务协会主办，中国网库承办的中国 B2B 电子商务服务创新论坛“暨 2011 中国电子商务新锐扶持计划发布会”在京举行。会议立足 B2B 服务、关注电子商务整个生态系统，共同探讨电子商务如何为企业带来真正的价值，电子商务服务机构如何为传统企业提供最有力的扶持。在本次论坛上，由中国网库联合银联、艾瑞咨询集团、新华信集团、移众传媒、中国中小商业企业协会共同发起的“中国 B2B 电子商务服务联盟”宣告成立。

该联盟是国内首个聚焦细分领域的全方位、连动式的电子商务扶持体系。从政策实施、服务技术支持、第三方支付、市场调查和媒体研究等方面，给予中小企业全方位的 B2B 电子商务应用服务。联盟的成立填补了国内 B2B 电子商务细分领域专业扶持体系的空白。

“为中小企业提供真正的电子商务服务”是联盟成立的核心，不论细化到哪一个层面，哪一个行业，哪一个企业，这都是一个群体协作共同跨越的过程，也都有着不可推卸的责任。因此，联盟斥资 3 000 万元隆重启动 2011 中国电子商务新锐扶持计划，该计划自发起之日起将在全国陆续展开，扶持500家企业成为“行业细分，品类为王”实践的成功标杆。联盟成员在会上郑重承诺，所有入选本计划的企业将得到全方位的跟踪扶持，帮助企业同收益、共成长！

## ◈前沿聚焦

### 识代运筹：瞄准B2B大数据营销市场

李哲君在回国创业之前，在澳洲已经积累了近5年数据仓库和商务智能BI项目的工作经验。2010年，他与同伴在澳洲首先创立了一家名为NowledgeData的数据分析公司，至今仍在为澳洲的四大银行提供服务。

他认为国内从事非结构化数据分析的公司大体可分为两类：一类，靠技术驱动，能够做出非常多维度的数据分类和极炫的表格、报告，但未必对得上市场的胃口，难以将其商业价值变现；另一类，靠市场驱动，他们很清楚客户需要什么，但在技术上存在“短板”，因此要么承受着巨大的数据采集、清理、分析的成本，要么根本无法做到真正精确的分析结果。

因此，李哲君决定开拓第三条“中间路线”。2011年3月，他回国创建陕西识代运筹信息科技有限公司（以下简称：识代运筹），并于2012年年底获得经纬创投注资。他一方面组建技术团队，开发拥有自主知识产权的分布式数据采集系统、规则库，以搭建自有的数据仓库，并持续采集网络数据；另一方面，则要在业务层面，组建专注于垂直行业的分析师团队，对数据仓库中的“物品”进行二次组合，以满足客户的要求。

李哲君认为目前国内在大数据分析领域创业的小公司最大的困难，是数据的获取，因为“他们都掌握在大公司或政府手里”。而识代运筹的数据，则主要来自与这些大公司合作，获得官方的高权限接口，并与第三方公司，如舆情公司、市场公司的合作，以及运用自己的分布式采集工具进行抓取。

面对大数据这个新兴概念，李哲君认为，人们更应该问的，不仅是“它是什么”，还包括“它能被用来干什么”以及“怎么用”。而李哲君的答案，则是用最全的信息、最快的速度和最准确的结果，为品牌企业解答“谁在说”、“说什么”和“怎么样”三个问题，并最终将海量的口碑信息转化为可以驱动品牌策略和最终产生价值的知识。

之所以选择B2B，而非B2C市场，李哲君认为，相比大众用户而言，现阶段企业用户有着更强烈的需求和付费意愿。这对于初创企业来说，无疑是一个很有利的生存环境。目前，识代运筹的企业客户中，有品牌企业、广告公司以及公关公司等。

与传统市场调查公司所提供的市场调查报告不同，识代运筹有一个面向品牌管理者的社交网络管理平台——速识。换句话说，企业客户可以随时登录这个平台，并调取所需的数据信息。例如，近24小时与某品牌相关的高频词，分别由哪些用户提及，发布在哪个社交网络上，具体内容是什么，等等。

李哲君强调说，大数据分析的特色在于从大量表面看似毫无因果关系的数据中发现相关性。比如，他曾通过数据仓库中的分类信息发现，喜欢A明星的粉丝更偏爱甲品牌的手表，而喜欢B明星的粉丝则更偏爱乙品牌的手表。

“谁也说不出这之间为什么存在相关性，但其实客户只要知道这其中的确存在着相关性，就可以采取相应的措施，做出更精准的营销及其他商业决策。”李哲君说。

（来源：《南方都市报》）

## 分组讨论

1. 随着电子商务的不断深入，越来越多的传统企业将涉足电子商务，那么，传统企业应该如何开展自己的电子商务呢？

2. 请简述选择B2B电子商务交易平台应考虑的因素。

## 业务技能训练

北京A公司主要从事鲜食玉米的生产、加工及销售，经过多年发展，目前已开发出普通玉米、糯玉米、甜玉米等多个品种，年生产鲜食玉米2 500万穗，销售到国内10余个省市，产品还出口韩国、美国、日本、加拿大等国家。

但近年来，国内鲜食玉米市场的竞争越来越激烈，A公司决策层计划除了通过品种创新来提高鲜食玉米的产量和品质外，还计划借助B2B电子商务平台拓展销售渠道，进行原材料、加工设备等采购，降低生产成本，全面提高市场竞争力。

1. 请你帮助该公司选择一个B2B电子商务平台，在此平台上注册并寻找供应信息，通过对供应商规模、实力、信用、产品规格、技术参数、产品报价等综合判断后选择一款合适的玉米深加工设备。

2. 请你帮助该公司选择一个B2B电子商务平台，在此平台上注册并进行公司及产品信息发布、寻找买家并在网上进行生意谈判，促成网上交易。

B2C 电子商务模式即企业对消费者通过电子化、信息化的手段，尤其是互联网技术，把本企业或其他企业提供的产品和服务，直接传递给消费者的新型商务模式。这种模式基本上等同于电子化的零售，它随着互联网的出现而迅速发展起来。目前，各类企业在互联网上纷纷建立网上虚拟商场，从事网上零售业务。

B2C 模式的电子商务虽然在目前占电子商务交易总额比重不大，但却最容易被普通老百姓直接体验和感受。很多人正是通过体验网上购物，才开始了解电子商务，走进电子商务，享受电子商务带来的实惠与便捷，感受电子商务对我们生活的改变。

# 任务四 B2C 电子商务模式

## ◆任务解析

B2C 电子商务模式的交易过程一般分为前台消费者购物过程及后台网上商城订单处理过程。由于后台订单处理过程涉及企业内部的信息管理系统，内容比较复杂，感兴趣的读者可以查阅相关参考资料。因为购买不同的商品有不同的优势行业 B2C 网上商城资源，每个 B2C 网上商城提供各有特色的用户体验和价格优惠，所以本任务重点学习 B2C 网上商城网上购物的流程和方法，学习选择行业优势 B2C 网上商城，选购质优价廉的商品。

## ◆分项任务

子任务 1. B2C 商城网上购物

子任务 2. B2C 商城网购对比分析

## ◆能力目标

通过完成本任务，你应该能够：

1. 在 B2C 网上商城购物；
2. 在 B2C 网上商城上选购质优价廉的商品。

## ◆核心能力

能够在 B2C 网上商城实现购物；选购质优价廉的商品。

## ◆引导性案例

### 网上购物，节省时间和资金

小张是北京某公司的一名白领，因为工作繁忙，尤其是小宝宝的出生，他和妻子几乎没有时间去商城购物。网上商城的兴起为他们解决了很大的问题。网上商城相当于网上的商业大厦，因为其规模大、信誉好、商品齐全、配送及售后完善，深受广大用户的欢迎。

小张一家的生活用品类商品在“1 号店”购买，母婴用品在“红孩子”购买，电子数码类商品在“京东商城”购买，图书在“亚马逊中国”及“当当网”购买，服装在“凡客诚品”购买。网上商城节省了小张一家很多的时间，并且因为是网络直销，还节省了很多资金。

思考：

1. 如何在 B2C 网上商城上购买商品？

2. 如何在 B2C 网上商城上选购质优价廉的商品？

## ◆阅读案例

### Amazon——B2C 电子商务鼻祖

总部位于美国西雅图的亚马逊(www.Amazon.com)网上书店创立于 1995 年 7 月，它是全球电子商务的代表，也是全球商品品种最多的网上零售商，为世界财富 500 强，在亚马逊网站上读者可以买到近 150 万种英文图书、音乐和影视光盘等。

1994 年，Web(网页)吸引了全球网虫的目光，时任 Banker Trust 公司最年轻的副总裁杰夫·贝佐斯(Jeffrey Bezos)发现网络使用人数每月以 2 300%的速度在增长，认为在线商场发展前景广阔。于是，他用两个月的时间研究了网络销售业的潜力与远景之后，决定创立网络零售业。通过对图书、音乐制品、杂志、PC 和软件等 20 种适合虚拟商场销售的商品的分析，他选择了在网上销售图书——网上书店(Cadabra.com)。选择图书的原因有三个：一是因为美国每年出版的图书有将近 130 万种。二是美国图书市场还没有形成垄断，即使是老牌连锁店 Barnes & Noble 的市场占有率也只有 12%，而且每年图书行业的营业额能够达到 250 亿美元，全球的书籍更是多达 300 多万种，图书零售有 820 亿美元的市场。三是读书是很多人的爱好，在国外，有 80%的人认为读书是他们的业余爱好之一。2004 年 8 月 19 日 20:40，它以7 500 万美元收购中国著名的 B2C 公司——卓越网站(www.joyo.com 和 www.joyo.com.cn)。2007 年公司推出了电子无线阅读器 Kindle，支持即时无线下载，并同四大唱片公司联手推出了音乐下载业务，同时亚马逊还为第三方中小企业推出了"Fulfillment by Amazon（亚马逊的履行)"服务，帮助中小企业安排库存和送货。

# 子任务 1　B2C 商城网上购物

B2C 企业通过互联网为消费者提供了一个新型的购物环境——网上商城，消费者通过网络在网上购物，节省了客户和企业的时间和空间，大大提高了交易效率。

下面就以当当网(http://www.dangdang.com)为例，介绍网上购物流程，如图 4-1 所示。

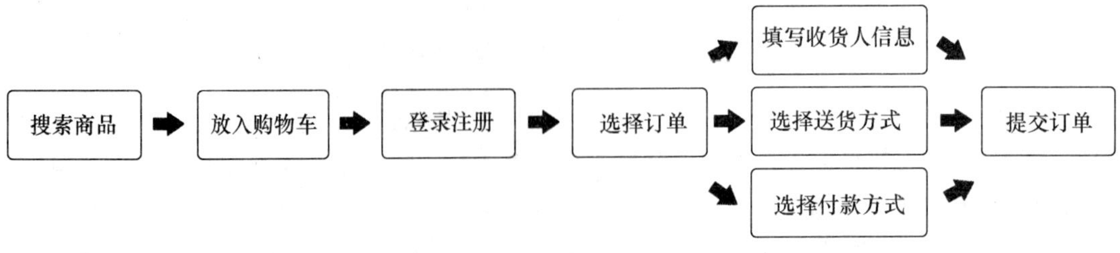


图 4-1　当当网上购物流程

购物具体步骤如下：

## 一、打开网页

打开当当网首页，如图 4-2 所示。

**图 4-2 当当网首页**

## 二、搜索商品

搜索商品的方法主要有 3 种。

第一种，在当当网首页的搜索框输入关键字搜索信息，如图 4-3 所示。

**图 4-3 输入关键字**

第二种，通过分类导航查找商品，如图 4-4 所示。

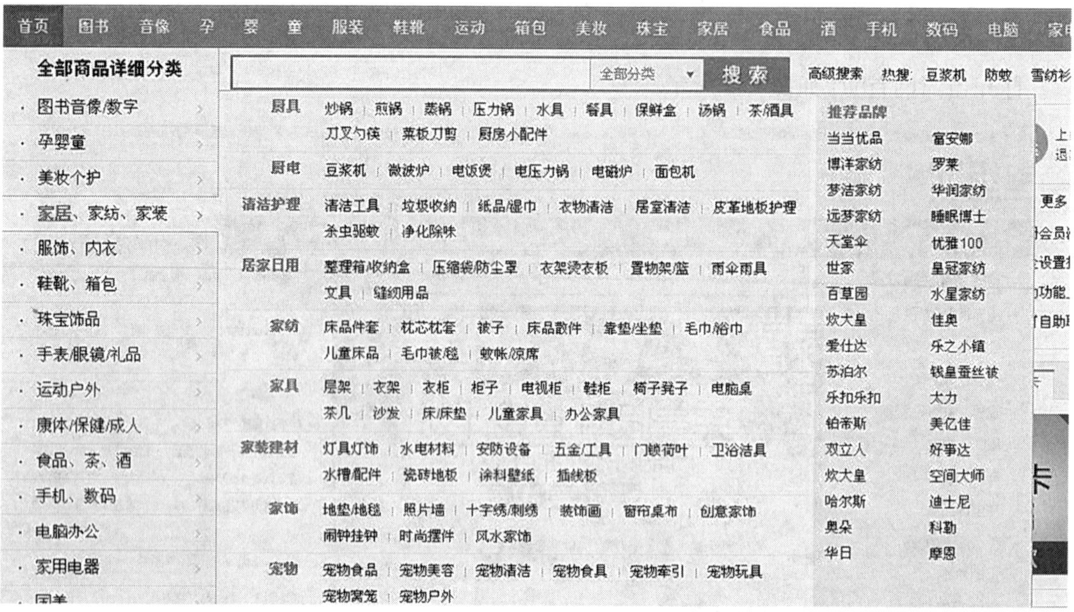


图 4-4　分类查找

第三种，通过高级搜索查找商品，如图 4-5 所示。

图 4-5　高级搜索

## 三、放入购物车

在搜索页或单品页面点击“购买”，商品会添加到购物车中；还可以继续挑选商品放入购物车，一起结算，如图 4-6 所示。

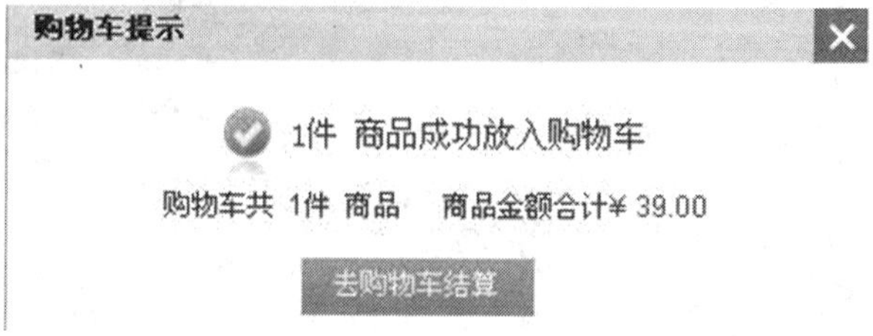


图 4-6　购物车提示

①订购数量。在购物车中，系统默认每件商品的订购数量为 1 件，如果想购买多件商品，可修改购买数量。

②商品处理。在购物车中，可以将商品移至收藏，或是选择删除，或可以进行清空购物车的操作，重新挑选。

③商品信息。在购物车中，可以直接查看到商品的优惠折和参加促销活动的商品名称、促销主题，或查看当当自营运费说明。

结算页面如图 4-7 所示。

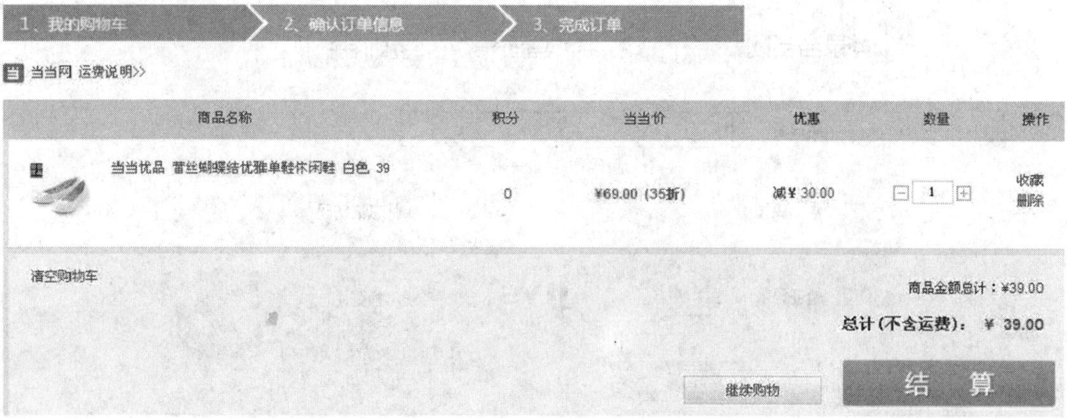


图 4-7　结算

④其他购物车页面下方的商品依次为：收藏的商品、购买以上商品的顾客还买过的商品、重点品推荐，若有需要的商品，点击“放入购物车”即可，如图 4-8 所示。

图 4-8　我的收藏

## 四、登录注册

1. 已完成注册的登录

若已完成注册：请在“登录”页面输入 E-mail 地址或昵称、手机号、注册密码、验证码进行登录，如图 4-9 所示。

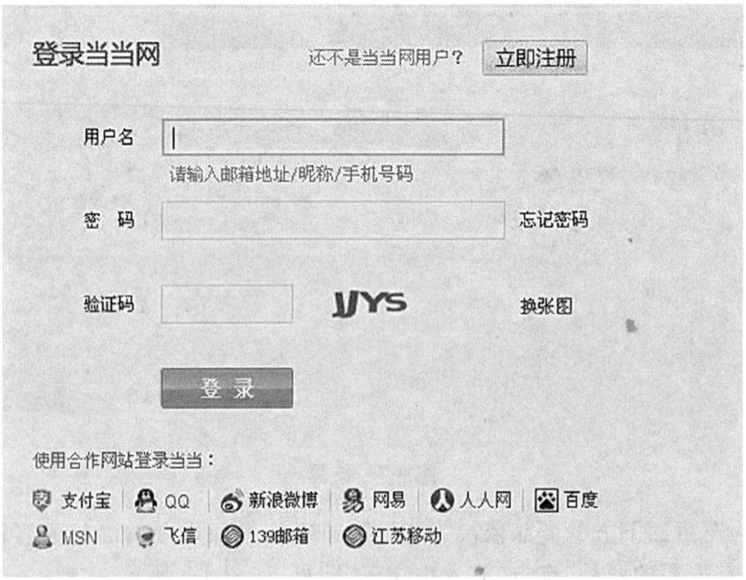


图 4-9 登录

2. 未注册的登录

如还未注册：请先在“新用户注册”页面，按照提示完成注册，如图 4-10 所示。再按照已完成注册的登录方式进行登录。

图 4-10 注册新用户

## 五、选择订单

1. 当当网和商家的商品订单处理

当当网和商家的商品需要分别提交订单订购，如图 4-11 所示。

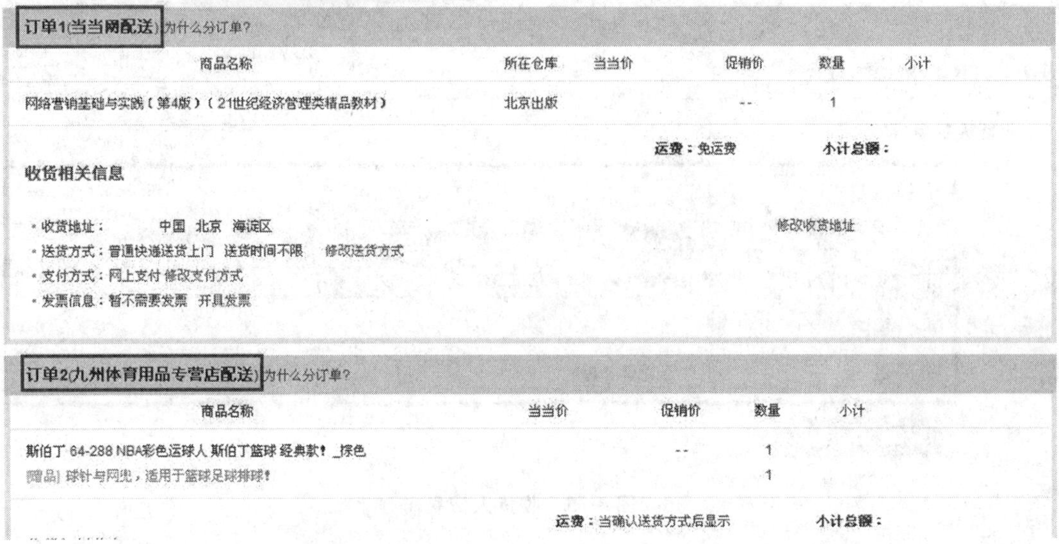


**图 4-11　选择订单**

2. 不同商家的商品订单处理

不同商家的商品需要分别提交订单订购，如图 4-12 所示。

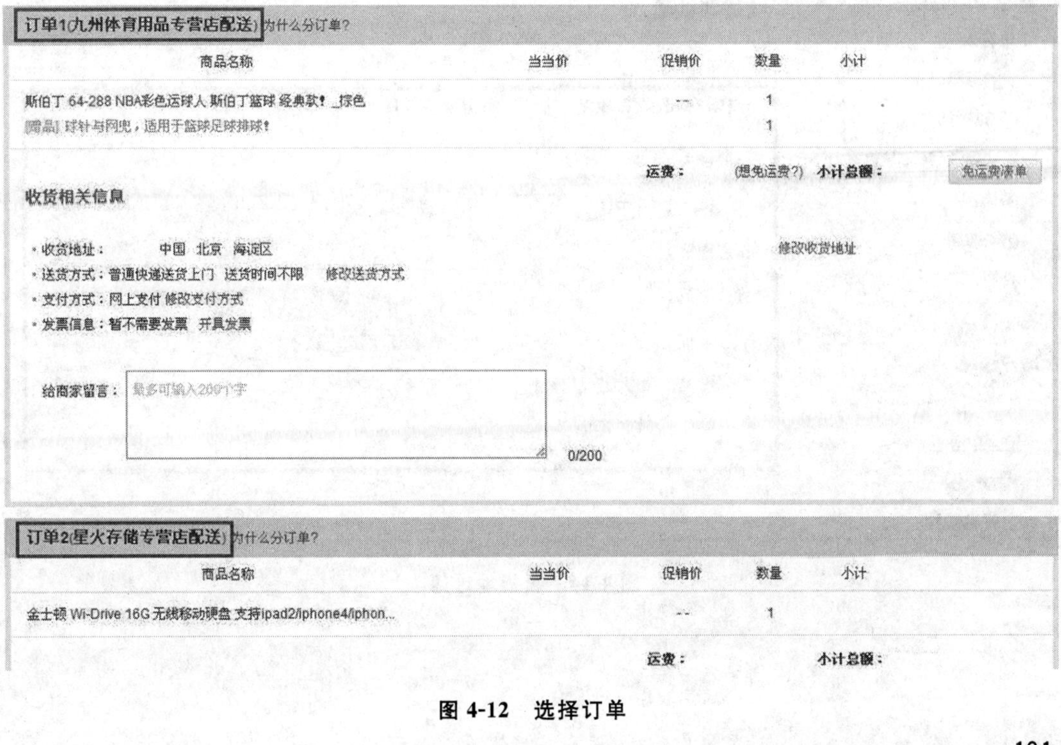


**图 4-12　选择订单**

## 六、填写收货人信息

填写正确的收货人姓名、收货人联系方式、详细的收货地址和邮编，否则将会影响订单的处理或配送，如图 4-13 所示。

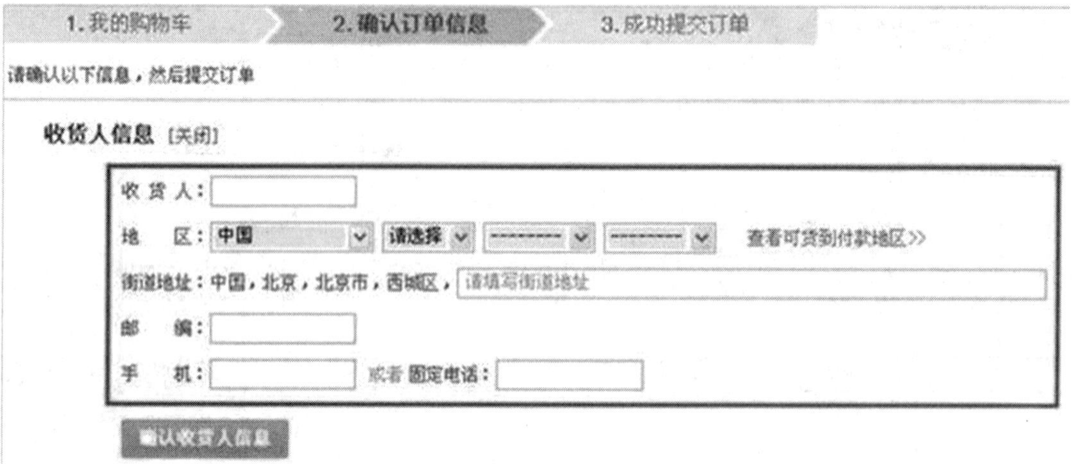


图 4-13　收货人信息

或者进入“我的当当——收货地址簿”编辑常用收货地址，保存成功后，再订购时，可以直接选择使用，如图 4-14 所示。

图 4-14　收货地址簿

## 七、选择收货方式

当当网提供以下几种收货方式,如图 4-15 所示。

①普通快递送货上门;

②加急快递送货上门;

③普通邮递;

④邮政特快专递(EMS)。

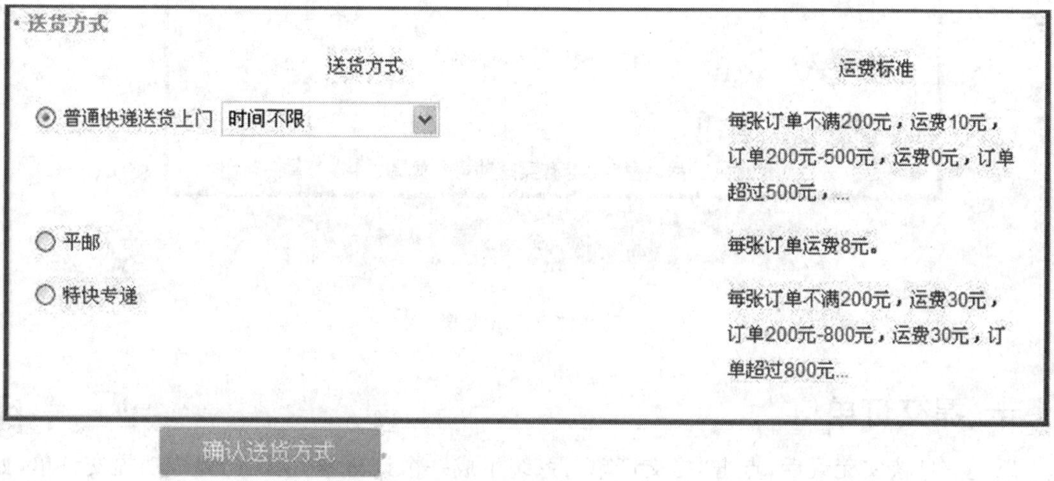


图 4-15　选择收货方式

## 八、选择付款方式

当当网提供多种支付方式,订购过程中可以选择,如图 4-16 所示。

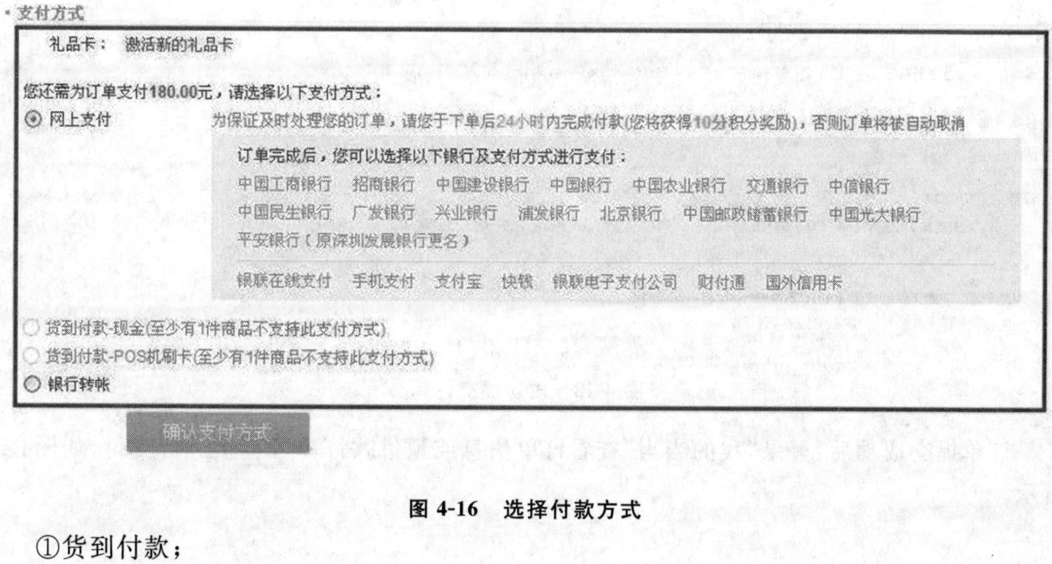


图 4-16　选择付款方式

①货到付款;

②网上支付(不含国外信用卡);

③银行转账；

④支票支付。

## 九、索取发票

点击“索取发票”，填写正确的发票抬头、选择正确的发票内容，发票选择成功后，将与订单货物一起送达，如图 4-17 所示。

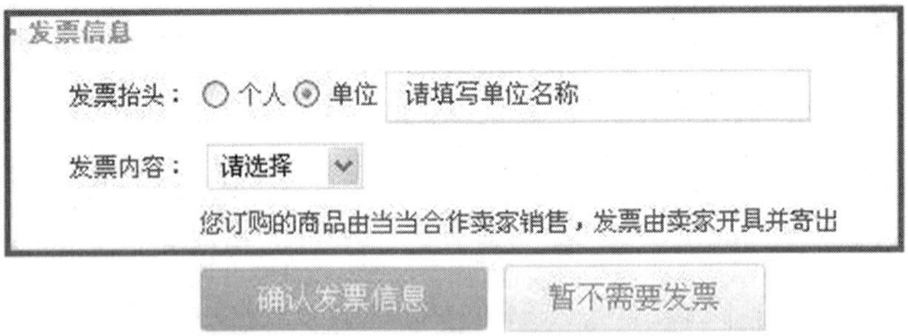
发票信息
发票抬头：
个人
单位
请填写单位名称
发票内容：
请选择
您订购的商品由当当合作卖家销售，发票由卖家开具并寄出
确认发票信息
暂不需要发票

图 4-17　索取发票

## 十、提交订单

以上信息核实无误后，点击“提交订单”，系统生成一个订单号，说明已经成功提交订单，如图 4-18 所示。

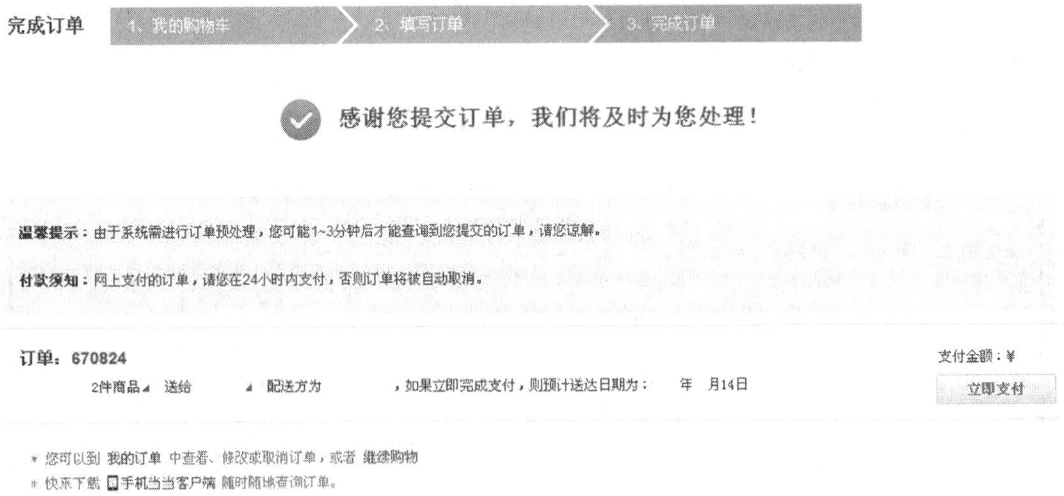
完成订单
1、我的购物车
2、填写订单
3、完成订单
感谢您提交订单，我们将及时为您处理！
温馨提示：由于系统需进行订单预处理，您可能1~3分钟后才能查询到您提交的订单，请您谅解。
付款须知：网上支付的订单，请您在24小时内支付，否则订单将被自动取消。
订单：670824
支付金额：¥
2件商品 送给 配送方为 ，如果立即完成支付，则预计送达日期为： 年 月14日
立即支付
您可以到 我的订单 中查看、修改或取消订单，或者 继续购物
快来下载 手机当当客户端 随时随地查询订单。

图 4-18　成功提交订单

订单提交成功后，登录“我的当当”查看订单信息或预付款订单可直接进行支付，如图4-19 所示。

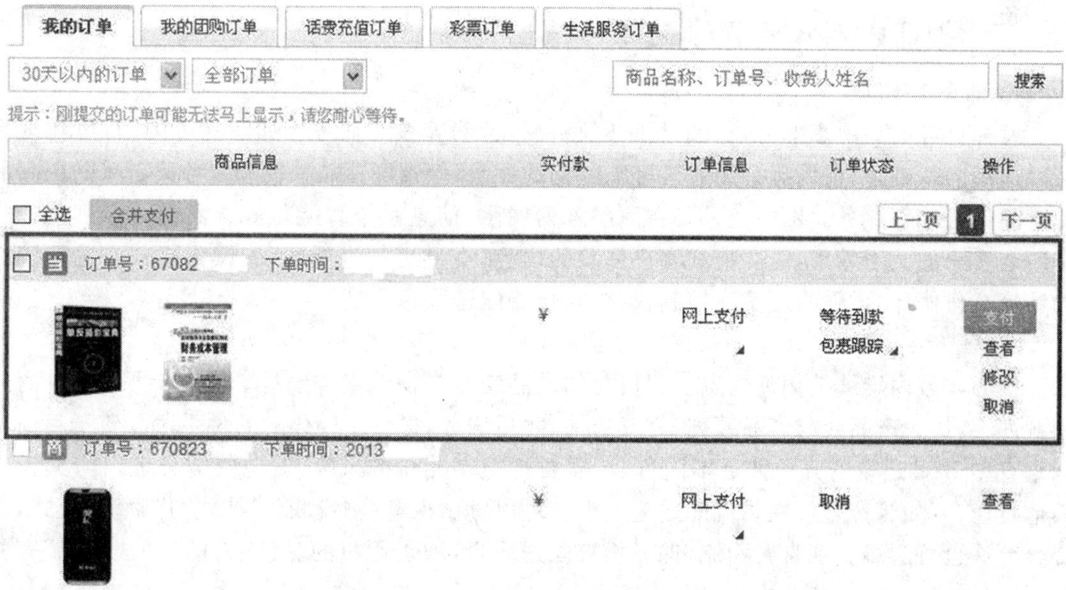


**图 4-19　我的订单**

## ◈知识链接

### 一、我国 B2C 电子商务的发展现状

B2C 模式是我国最早产生的电子商务模式，以 8848 网上商城正式运营为标志。目前 B2C 电子商务以完备的双向信息沟通、灵活的交易手段、快捷的物流配送、低成本高效益的运作方式在各行各业展现了其极大的生命力。

根据艾瑞咨询数据显示，2012 年中国网购市场中 B2C 交易规模达 3 869.9 亿元，占整体网络购物市场交易规模的 29.7%，较 2011 年的 25.3%增长了 4.4 个百分点；从增速来看，2012 年中国网络购物 B2C 市场增长 95.1%，高于 C2C 市场 56.4%的增速。

艾瑞咨询分析，B2C 将继续成为中国网络购物市场发展的主要推动力。中国网络购物市场经过了 10 余年的培育，网购用户的消费观念正在发生改变，他们网购时对商品的质量有了更大的追求。和 C2C 相比，B2C 在信誉和质量保障方面更能得到网购用户信任。而天猫商城、京东商城、苏宁易购等 B2C 购物网站也融合了 C2C 的优势，通过大力吸引优质网站或商家入驻，在确保商品质量的同时，也使商品的丰富性得到极大提升，更好地满足了消费者的需求。

2012 年 B2C 市场格局方面，天猫商城以 56.7%的市场份额位居第一。而在以自主销售为主的 B2C 市场中，京东商城以 49.0%的份额一路领先，优势明显；苏宁易购的发展速度加快，并辅以外部并购整合，市场份额达到 13.6%，位居自主销售为主 B2C 市场第二；其他重要参与者还包括亚马逊中国、当当网、易迅网、国美在线等，它们同属 B2C 领域的第二集团。

艾瑞咨询认为，未来中国 B2C 市场"两超多强"的竞争格局将随时间变化而不断演进，天猫商城和京东商城是中国 B2C 领域平台和自营的两个典型代表，其领先地位短期内难以被撼动，而其他 B2C 依托技术、流量或供应链优势将在市场中获得或保持自己的一席之地。

## 二、我国 B2C 电子商务主要分类

1. 综合型 B2C

发挥自身的品牌影响力，积极寻找新的利润点，培养核心业务。如亚马逊中国，可在现有品牌信用的基础上，借助母公司亚马逊国际化的背景，探索国际品牌代购业务或者采购国际品牌产品销售等新业务。网站建设要在商品陈列展示、信息系统智能化等方面进一步细化。对于新老客户的关系管理，需要精细客户体验的内容，提供更加直观的、人性化服务。选择较好的物流合作伙伴，增强物流实际控制权，提高物流配送服务质量。

2. 垂直型 B2C

核心领域内继续挖掘新亮点。积极与知名品牌生产商沟通与合作，化解与线下渠道商的利益冲突，扩大产品线与产品系列，完善售前、售后服务，提供多样化的支付手段。鉴于目前个别垂直型 B2C 运营商开始涉足不同行业，需要规避多元化的风险，避免资金分散。与其投入其他行业，不如将资金放在物流配送建设上。可以尝试探索“物流联盟”或“协作物流”模式，若资金允许也可逐步实现自营物流，保证物流配送质量，增强用户的黏性，将网站的“三流”完善后再寻找其他行业的商业机会。

3. 传统生产企业网络直销型 B2C

首先要从战略管理层面明确这种模式未来的定位、发展与目标。协调企业原有的线下渠道与网络平台的利益，实行差异化的销售，如网上销售所有产品系列，而传统渠道销售的产品则体现地区特色；实行差异化的价格，线下与线上的商品定价根据时间段不同设置高低。线上产品也可通过线下渠道完善售后服务。在产品设计方面，要着重考虑消费者的需求感觉。大力吸收和挖掘网络营销精英，培养电子商务运作团队，建立和完善电子商务平台。

4. 第三方交易平台型 B2C 网站

B2C 受到的制约因素较多，但中小企业在人力、物力、财力有限的情况下，这不失为一种拓宽网上销售渠道的好方法。关键是中小企业要选择具有较高知名度、点击率和流量的第三方平台；其次要聘请懂得网络营销、熟悉网络应用、了解实体店运作的网店管理人员；再次是要以长远发展的眼光看待网络渠道，增加产品的类别，充分利用实体店的资源、既有的仓储系统、供应链体系以及物流配送体系发展网店。

5. 传统零售商网络销售型 B2C

传统零售商自建网站销售，将丰富的零售经验与电子商务有机地结合起来，有效地整合传统零售业务的供应链及物流体系，通过业务外包解决经营电子商务网站所需的技术问题。

6. 纯网商

纯网商指只通过网上销售产品，没有线下实体店的商家。纯网商的销售模式主要有自产自销和购销两种。

## 三、B2C 电子商务的赢利模式

通常我国 B2C 网站所实现的营业收入大多数是企业在参与价值链过程中自身创造的，其主要来源有：

1. 产品销售营业收入模式

以产品交易作为收入主要来源是多数 B2C 网站采用的模式。这种 B2C 网站又可细分为

两种:销售平台式网站和自主销售式网站。

①销售平台式网站。网站并不直接销售产品,而是为了商家提供 B2C 的平台服务,通过收取虚拟店铺出租费、交易手续费、加盟费等来实现赢利。淘宝 B2C 购物平台——天猫商城就是其典型代表。淘宝提供天猫商城这一 B2C 平台,收取加入天猫商城商家一定费用,并根据提供服务级别的不同收取不同的服务费和保证金。

②自主销售式网站。与销售平台式不同,自主销售式需要网站直接销售产品。与销售平台相比运营成本较高,需要自行开拓产品供应渠道,并构建一个完整的仓储和物流配送体系或者发展第三方物流加盟商,将物流服务外包。

2. 网络广告收益模式

网络广告收益模式是互联网经济中比较普遍的模式,B2C 网站通过免费向顾客提供产品或服务吸引足够的注意力,从而吸引广告主投入广告,通过广告赢利。相对于传统媒体来说,广告主在网络上投放广告具有独特的优势:一方面,网络广告投放的效率较高,一般是按照广告点击的次数收费。另一方面,B2C 网站可以充分利用网站自身提供的产品或服务不同来分类消费群体,对广告主的吸引力也很大。

3. 收费会员制收益模式

B2C 网站对会员提供便捷的在线加盟注册程序、实时的用户购买行为跟踪记录、准确的在线销售统计资料查询及完善的信息保障证等。收费会员主题是网站的主题会员,会员数量在一定程度上决定了网站通过会员最终获得的收益。网站收益量大小主要取决于自身推广努力。比如:网络可以适时地举办一些优惠活动并给予收费会员更优惠的会员价,与免费会员形成差异,以吸引更多的长期顾客。

4. 网站的间接收益模式

除了能够将自身创造的价值变为现实的利润,企业还可以通过价值链的其他环节实现赢利。

①网上支付收益模式。当 B2C 网上支付拥有足够的用户,就可以开始考虑通过其他来获取收入的问题。以淘宝为例,有近 90%的淘宝用户通过支付,带给淘宝巨大的利润空间。淘宝不仅可以通过支付宝收取一定的交易服务费用,而且可以充分利用用户存款和支付时间差产生的巨额资金进行其他投资赢利。

②网站物流收益模式。目前我国 B2C 电子商务的交易规模已经达到数百亿元,由此产生的物流市场也很大。将物流纳为自身的服务,网站的服务,网站不仅能够占有物流的利润,还使得用户创造的价值得到增值。不过,物流行业与互联网信息服务有很大的差异,B2C 网站将物流纳为自身服务的成本非常高,需要建立配送系统,而这需要有强大的资金做后盾,而大多数网站根本很难做到。

## 子任务 2　B2C 商城网购对比分析

购买不同的商品有不同的优势行业 B2C 网上商城资源,每个 B2C 网上商城提供各有特色的用户体验和价格优惠,所以除了学习基本的购物流程和方法外,还要进行 B2C 商城网购对比分析,结合用户自己的实际情况,选购质优价廉的商品。下面以购买 DIY 电脑配件为例,分别登录京东商城、天猫商城以及新蛋中国，享受不同的用户体验和价格优惠。

## 一、京东商城

登录京东商城首页，查看全部商品分类—电脑、办公—电脑配件，可以看到除了提供电脑配件今日推荐、新品到货、特价商品、限时抢购、优惠套装推荐、好评佳品排行榜、消费者的最近浏览记录外，京东商城还为消费者提供了装机大师和 DIY 大师论坛。

点击进入装机大师—自主装机，进入了装机配置单，如图 4-20 所示。

**图 4-20 装机配置单**

可以看到，装机配置单界面友好，人性化设置，如同亲临中关村，电脑销售人员为消费者推荐电脑配件时手中拿的单子一样。不过不同的是，在这里用户可以根据京东商城系统已有的数据信息资源自行挑选各种品牌、系列、价格的电脑配件，同时还可根据销量由高到低、价格由低到高、好评数等信息综合判断并自主决策符合要求的电脑配件。

京东商城还根据消费者购买电脑玩游戏、办公、设计、影音等不同用途，提供大师推荐服务，为消费者提供自主装机参考，如图 4-21、图 4-22 所示。

同时，京东商城还提供了电脑 DIY 社区、京东硬件大讲堂、优秀配件晒单区等特色服务，充分利用 Web2.0 互动特点，如图 4-23、图 4-24、图 4-25 所示。

但是自助装机平台不能自动识别主板与 CPU 的兼容性，对 DIY 新手来说容易搭配出错误的配置单。尽管京东商城近期推出了在线客服，但是一方面在线客服不容易找到，另一方面目前所提供的咨询范围有限，如图 4-26、图 4-27 所示。

## 二、天猫商城

登录天猫商城首页，查看全部商品分类—手机数码—电脑硬件—DIY 装机，进入了与淘宝网相似的商品界面。虽然没有装机配置单，但在这里购买电子产品可以用阿里旺旺聊天软件与商家进行交谈并咨询产品信息，比如：您想要组装 DIY 电脑主机，通过旺旺交谈，店家可

图 4-21　游戏季

图 4-22　办公型

图 4-23　电脑 DIY 社区

图 4-24　京东硬件大讲堂

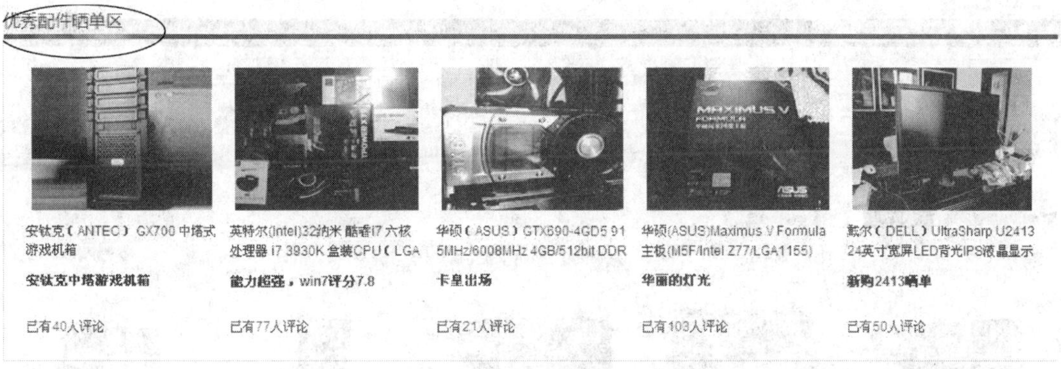


图 4-25　优秀配件晒单区

图 4-26　在线客服

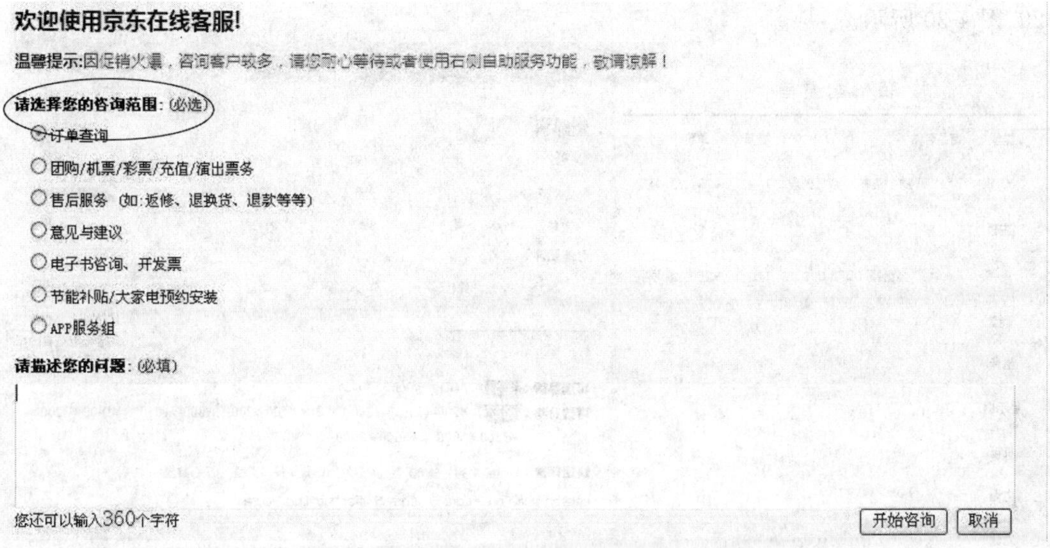


图 4-27　填写在线客服信息

以即时免费地帮您推荐装机配置等服务，十分人性化，如图 4-28 所示。

## 三、新蛋中国

登录新蛋中国首页，查看全部商品分类—电脑硬件、外设—主机硬件—DIY 自助装机，与京东商城一样提供装机配置单功能界面，除此之外还增加了商品比较、到货通知(为注册用户

图 4-28　推荐商品

提供“到货通知”服务，可以通过查询电子邮件掌握缺货商品的到货情况）等特色服务，如图 4-29、图 4-30 所示。

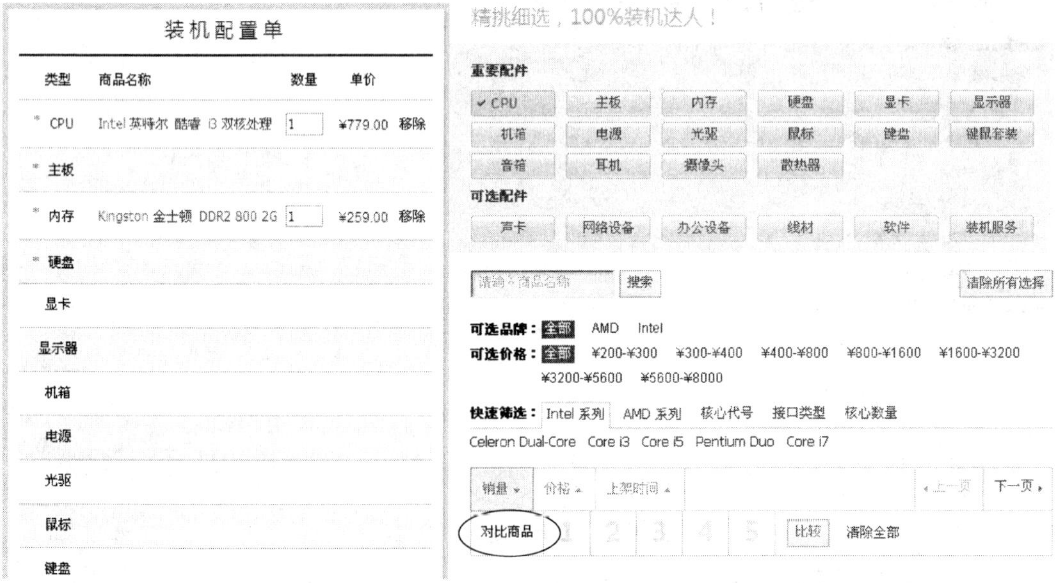


图 4-29　装机配置单

消费者可以根据自身实际情况，从感官、交互、浏览、情感、信任、价格、地域等方面综合比较分析各个 B2C 网上商城，选择质优价廉的商品，享受完美的网上商城购物之旅。

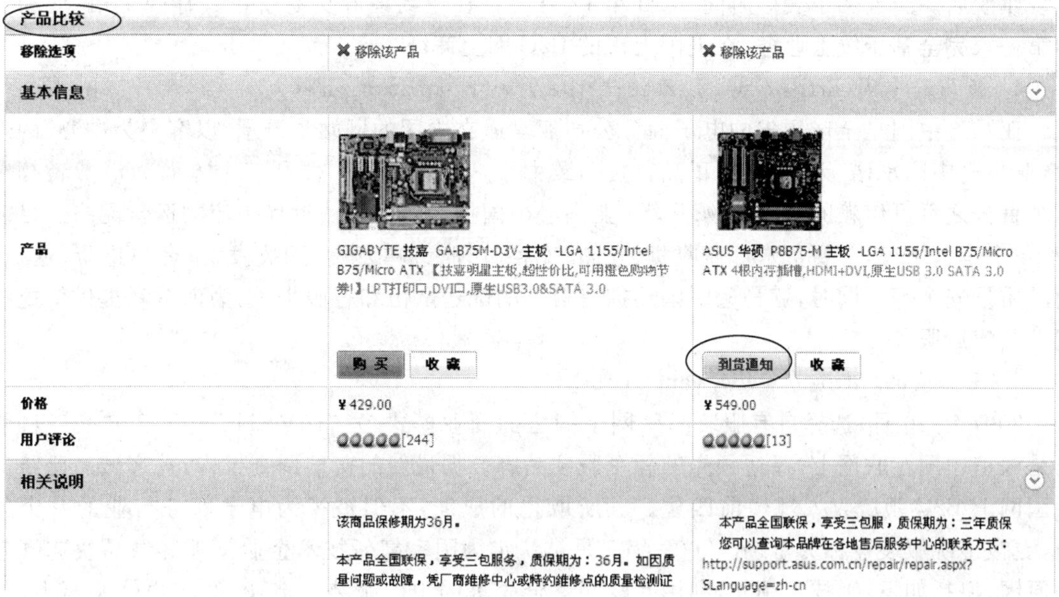


图 4-30　产品比较

◆知识链接

## 一、国内知名的 B2C 网上商城平台简介

1. 天猫商城(http://www.tmall.com)

天猫商城原名“淘宝商城”，是一个综合性购物网站。淘宝网全新打造的 B2C(Business to Consumer，商业零售)。其整合数千家品牌商、生产商，为商家和消费者之间提供一站式解决方案。提供 100%品质保证的商品，7 天无理由退货的售后服务，以及购物积分返现等优质服务。区别于淘宝网的是由商家企业作为卖家，所以有绝对的品质保证。2012 年 1 月 11 日上午，淘宝商城正式宣布更名为“天猫”商城。2012 年 3 月 29 日天猫商城发布全新 Logo 形象。

2. 京东商城(http://www.jd.com)

京东商城是中国 B2C 市场最大的 3C 网购专业平台，是中国电子商务领域最受消费者欢迎和最具有影响力的电子商务网站之一。自 2004 年年初正式涉足电子商务领域以来，京东商城一直保持高速成长，连续七年增长率均超过 200%。2010 年，京东商城跃升为中国首家规模超过百亿的网络零售企业。京东商城以“产品、价格、服务”为核心，致力于为消费者提供质优的商品、优惠的价格，同时领先行业推出“211 限时达”、“售后 100 分”、“全国上门取件”、“先行赔付”等多项专业服务，使广大用户成为忠诚的消费群体。京东商城积累了众多的稳定的购物会员，主要来自各个公司白领，机关公务员，在校学生以及其他网络购物爱好者。

3. 当当网(http://www.dangdang.com)

从 1999 年 11 月当当网(www.dangdang.com)正式开通至今，当当已从早期的网上卖书拓展到网上卖各品类百货。当当还在大力发展自有品牌当当优品。在业态从网上百货商场拓展到网上购物中心的同时，当当也在大力开放平台，目前当当网平台商店数量已超过 1.4 万家，2012 年 Q3 并新增 2 000 家入驻商家，同时当当还积极地走出去，在腾讯、天猫商城等平台开设旗舰店。当当网于美国时间2010年12月8日在纽约证券交易所正式挂牌上市，成为中国第一家完全基于线上业务、在美国上市的B2C网上商城。

4. 亚马逊中国(http://www.z.cn;http://www.amazon.cn)

亚马逊中国是全球领先的电子商务公司亚马逊在中国的网站。秉承"以客户为中心"的理念，亚马逊中国承诺"天天低价，正品行货"，致力于从低价、选品、便利三个方面为消费者打造一个百分之百可信赖的网上购物环境。亚马逊中国拥有业界公认世界一流的运营网络。目前有14个运营中心，主要负责厂商收货、仓储、库存管理、订单发货、调拨发货、客户退货、返厂、商品质量安全等。同时，亚马逊中国还拥有自己的配送队伍和客服中心，为消费者提供便捷的配送及售后服务。

5. 凡客诚品(http://www.vancl.com)

2007年10月，选择自有服装品牌网上销售的商业模式，发布(VANCL)凡客诚品。目前已是根植中国互联网上，遥遥领先的领军服装品牌。据最新的艾瑞调查报告，凡客诚品已跻身中国网上B2C领域收入规模前四位。其所取得的成绩，不但被视为电子商务行业的一个创新，更被传统服装业称为奇迹。2009年5月被认定为国家高新技术企业。凡客诚品快速崛起的原因，概括如下：①技术领先，利用互联网整合先进的中国服装制造业；②客户体验至上，以及高性价比的经营之道；③品牌文化顺应互联网时尚消费的潮流；④陈年及其团队多年合作默契，市场敏感度以及突出的执行力。

6. 易迅网(http://www.51buy.com)

易迅网由上海易迅电子商务发展有限公司于2006年创建，并通过强大的大规模集约采购优势、丰富的电子商务管理服务经验和最先进的互联网技术为用户提供最新最好的时尚精选商品。易迅网严格按照国家法规政策正规经营，经营的产品皆为正规渠道引进合法缴税的原装正品，并对每一件商品都提供100%实样的高清晰数码照片、详尽的技术性能指标和制造厂商的介绍。易迅网一直以来以"诚信"作为公司和每位员工的行为准则，以"超越客户期望"为目标，致力于为用户提供丰富的商品选择、便捷的购物方式和完善的售后服务，打造更好的E时代购物体验。

7. 新蛋中国(http://www.newegg.com.cn)

新蛋中国是依托著名的美国新蛋网而创立的新一代专业电子商务消费服务网站。秉承集团"让购物成为享受"的宗旨，致力于为用户提供丰富的商品、便捷的购物方式和完善的售后服务，打造世界一流网上购物体验。新蛋中国严格按照国家法规政策正规经营，经营的产品皆为正规渠道引进合法缴税的原装正品，有着完善的保修、退货与售后服务制度。为了让用户更准确全面地了解您所需要的商品，我们的每一件商品都提供100%实样的高清晰数码照片、详尽的技术性能指标和制造厂商的介绍。另外，新蛋中国还采用多种便捷的支付方式和安全快速的配送体系，通过先进的互联网技术进行订单的实时跟踪，并保证每一位客户资料的安全与保密。

8. 1号店(http://www.yihaodian.com)

2008年7月11日，"1号店"(www.yihaodian.com)正式上线，开创了中国电子商务行业"网上超市"的先河。"1号店"是在中国规模、品类均占行业领先地位的B2C电子商务企业，由上海益实多电子商务有限公司投资创办。自上线以来已拥有注册用户超过2 000万户，所售商品SKU(Stock keeping unit，库存量)已达90万种。1号店以"家"为核心，打造满足家庭所需的一站式购物平台。

9. 苏宁易购(http://www.suning.com)

苏宁易购,是苏宁电器旗下新一代B2C网上购物平台(www.suning.com),于2009年8月18日上线试运营。2010年1月25日,苏宁电器在南京总部宣布公司的B2C网购平台"苏宁易购"将于2月1日正式上线,并将自主采购、独立运营,苏宁电器也由此正式出手电子商务B2C领域。苏宁易购具有苏宁品牌优势、上千亿元的采购规模优势、遍及全国30多个省1 000个配送点,3 000多个售后服务网点的服务优势、持续创新优势等,现已覆盖传统家电、3C电器、日用百货等品类。2011年,苏宁易购将强化虚拟网络与实体店面的同步发展,不断提升网络市场份额。2012年9月26日,苏宁宣布将出资6 600万美元收购红孩子,承接"红孩子"及"缤购"两大品牌和公司资产、业务,全面升级苏宁易购母婴、化妆品运营。

10. 聚美(http://www.jumei.com)

聚美优品(前团美网),是第一家也是中国最大的化妆品限时特卖商城。聚美优品由陈欧、戴雨森和刘辉创立于2010年3月,致力于创造简单、有趣、值得信赖的化妆品购物体验。聚美优品首创"化妆品团购"模式:每天在网站推荐十几款热门化妆品,并以吸引人的折扣低价限量出售;同时承诺"百分之百正品",以及"拆封30天无条件退货"等服务。

11. 唯品会(http://www.vipshop.com)

唯品会隶属广州唯品会信息科技有限公司,是一家专门做特卖的网站,主打品牌正品、深度折扣、限时特卖。凭借"网上特卖场"的鲜明定位,短短四年时间会员超过2 800万人,并于2012年3月23日成功在美国纽约证券交易所(NYSE)上市。荣登德勤2012年高科技、高成长榜首,荣获"2012年度最佳电子商务企业"大奖。

唯品会与知名国内外品牌代理商及厂家合作,向中国消费者提供低价优质、受欢迎的品牌正品。到目前为止合作品牌已超过5 000个,每天100个品牌授权特卖,商品囊括时装、美鞋、护肤品、箱包、家纺、皮具、配饰、香水等。

12. 梦芭莎(http://www.moonbasa.com)

梦芭莎创立于2006年12月,总部设在广州,目前已在上海,北京设立分公司,员工逾2 000人。作为中国领先的内衣品牌直销服务公司,梦芭莎成功地将国际先进直销理念结合国内购物方式发展方向,为女性提供健康、自然、舒适、时尚的内衣产品和服务。目前已经成为中国最大的女性时尚网购平台。

## 二、B2C网上商城的主营业务类型

根据B2C网上商城主营业务类型举例如下:

①购物综合:亚马逊中国、当当网、天猫商城、麦考林。

②数码家电:京东商城、新蛋中国、易迅网、苏宁易购、国美在线。

③图书音像:当当图书、亚马逊图书、蔚蓝网。

④服装/鞋/箱包:凡客诚品、梦芭莎、玛萨玛索、走秀网、麦包包、乐淘、唯品会。

⑤化妆美容:聚美优品、NO5时尚广场、DHC、乐蜂、米奇。

⑥日用百货:红孩子、宝宝树、乐友、一号店、我买网、快乐购。

⑦鲜花礼品:中国鲜花礼品网、莎啦啦鲜花礼品网、礼仪久久。

⑧旅行票务:携程旅行网、艺龙旅行网、乐途旅行网。

⑨导购折扣：返利网、美丽说、蘑菇街、百度逛街。

更多请参考 hao123，谷歌 265，360 导航等网址导航寻找并查看适合自己的购物网站。

## ◈分组讨论

1. 传统企业需要发展 B2C 电子商务吗？如何开展？

2. 请谈谈你作为消费者，在一些 B2C 网上商城购物时的用户体验，并提出改进建议。

## ◈业务技能训练

张欣是某大学二年级的学生，今天打算参加国家英语四级考试，学习比较紧张，没有时间去书店选购，准备选择在网上购买。

1. 请你列举 3 家以上的国内知名的图书音像 B2C 网上商城。

2. 请你调查这些 B2C 网上商城的英语四级考试书籍的销售排名、价格排名等情况，并帮助张欣挑选质优价廉的 1～2 本英语四级考试书籍。

C2C电子商务模式即消费者与消费者之间的电子商务活动。从近几年的电子商务发展来看，B2C业务的增速远远高于C2C，随着B2C服务商的平台化和C2C主要服务商向B2C扩张，B2C模式和C2C模式的界限越来越模糊。一些研究机构已经开始不区分B2C和C2C模式，而是将二者统称为网络购物市场。

虽然C2C增长率降低，但从销量上来看，C2C的规模仍然远远高于B2C，淘宝C2C的地位仍然不容忽视，如图5-1、图5-2、图5-3所示。

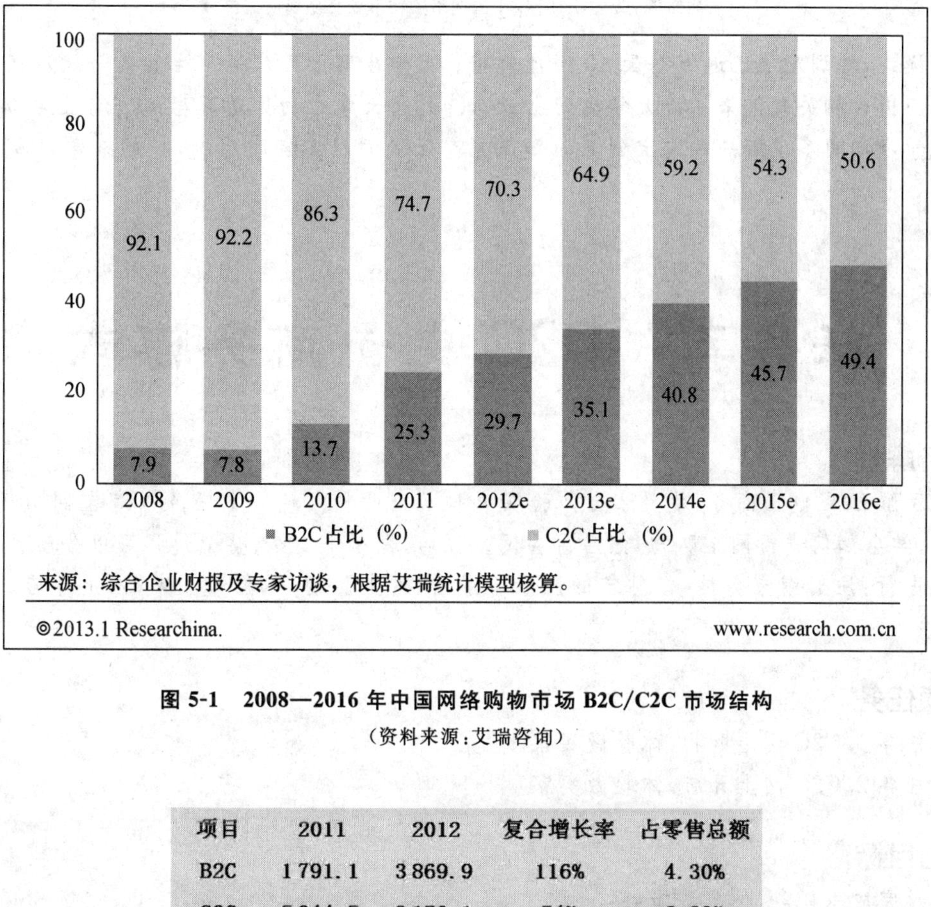


**图5-1　2008—2016年中国网络购物市场B2C/C2C市场结构**

（资料来源：艾瑞咨询）

| 项目 | 2011 | 2012 | 复合增长率 | 占零售总额 |
|---|---|---|---|---|
| B2C | 1 791.1 | 3 869.9 | 116% | 4.30% |
| C2C | 5 944.5 | 9 170.1 | 54% | 6.20% |
| 合计 | 7 735.6 | 13 040 | 68% | |

**图5-2　2011—2012年中国网购市场交易数据整体对比表**

（资料来源：艾瑞《2012年中国网络购物市场交易规模报告》）

同时，中国电子商务研究中心数据显示：截至2012年12月，电子商务平台中仅淘宝网一家即创造直接就业机会467.7万个，拉动间接就业约1 333万个。在这些直接就业人群中，一半以上年龄在20～32岁，其中大学生通过网络创业实现就业成为潮流。网上开店或者成为其创业的开端，或者为其积累实践经验，这一经验将有益他们未来的人生。

从2009年开始，淘宝网也加强了对学生卖家的倾斜政策等。淘宝网创办的网商培训学府——淘宝大学，在不断地探索与实践中逐步形成了在线培训、现场授课和培训认证三位一体

| 排名 | 企业名称 | 2011 | 2012 | 复合增长率 |
|---|---|---|---|---|
| 1 | 淘宝 | 5 374 | 8 253 | 54% |
| 2 | 腾讯 | 570.5 | 917.1 | 61% |
| 合计 | | 5 944.5 | 9 170.1 | |

**图 5-3　2011—2012 年中国 C2C 企业交易数据整体对比表**

（资料来源：艾瑞《2012 年中国网络购物市场交易规模报告》）

的教学模式，培训足迹已遍布全国 40 余座城市。大学生网上开店所产生的良好效应也促使了政府部门出台相关政策来支持大学生网上开店。作为大学生的你是否尝试过淘宝购物呢？是否想在学习期间多了解一些淘宝创业的知识呢？让我们以淘宝网为例，一起来学习本次任务内容。

# 任务五　C2C 电子商务模式

## ◈任务解析

要了解 C2C 电子商务，就要亲自体验买家和卖家两种角色。本任务以淘宝网为例，先成为买家，学会如何进行网上购物，然后再去网上开店，做一个卖家，整个过程可以分解为以下几个任务进行：注册淘宝会员，支付宝的注册与激活，网上购物，体验做买家；网上开店，体验做卖家。

## ◈分项任务

子任务 1. C2C 网上购物，体验做买家

子任务 2. C2C 网上开店，体验做卖家

## ◈能力目标

通过完成本任务，你应该能够：

1. 熟悉并掌握网上购物的流程与方法；
2. 熟悉并掌握网上开店的流程与方法。

## ◈核心能力

熟练掌握网上购物和开店的流程与方法。

## ◈引导性案例

### 政协委员吴晶：放水养鱼　给年轻人网络就业机会

近年来，互联网经济逐步成为国民经济的一个重要组成部分，伴随网络经济的日益升温，这个行业对人才的需求也日益旺盛，由此带来了一大批新型就业机会。

对此，全国政协委员吴晶提出，在年轻人就业面临一定压力的现实背景下，以网络就业促进社会就业，这对于解决社会就业、拉动内需和促进经济发展，都具有重大而深远的意义。扶持年轻人网络创业就业，必须坚持对网商“放水养鱼”，放开才能搞活。

2013年2月4日，人力资源和社会保障部首次向社会发布了“网络创业促进就业研究报告”。报告指出，我国网络创业就业已累计制造岗位超过1 000万个，有力地缓解了近几年的就业压力，并日益成为创业就业新的增长点。

中国电子商务研究中心的统计也验证了报告的准确性：截至2012年12月，电子商务平台中仅淘宝网一家即创造直接就业机会467.7万个，拉动间接就业约1 333万个。

人社部的研究报告指出，网络就业的特点之一是，年轻人是网络创业大军中的主力军。在创业者中，男性比例占76.6%；大中院校教育背景的年轻人占到总网络就业者人数的82.3%左右。特点之二是，网络就业人口主要集中在中东部地区和地级以上城市，分别占抽样总数的57.4%和85%，这也和当前整个电子商务的发展布局相似。

在吴晶看来，就业工作是一项重要的民生工程。而网络就业，不仅改变了人们的消费观念和消费行为，也为越来越多的劳动者提供了一个新的创业平台。

吴晶在提案中写道，网络创业对于刚刚踏上社会年轻人来说具有很多优势。比如，开网店门槛低，节约了大量成本。电子商务平台还为创业者提供进货渠道、技术维护、物流管理等服务。另外，有担保的电子支付系统能给网店老板带来健康的资金流，这一点对小本经营者尤为重要。

吴晶认为，网络就业的最大优势在于，极大地降低了大学生、下岗职工、残疾人、贫困农民等弱势群体的就业压力，给他们提供了一个相对公平、便捷的就业平台。据淘宝网统计，上述弱势群体占到了淘宝个人创业者的25%。浙江绍兴杨汛桥镇芝塘湖村村民陈晓良，19岁时中风偏瘫成了残疾人。2007年，在市残联的帮助下，陈晓良在淘宝网上开了一家“完美生活超市”，专卖保健品。5年过去了，他的网店营业额在去年突破了1 000万元。陈晓良说，开网店的利润虽然并不丰厚，但他实现了自食其力。

网络就业的问题既是一个民生问题，也是一个国家战略问题。吴晶表示，虽然现在网络就业拉动整个就业的趋势向好，但是仍存在很多现实问题有待解决。

吴晶在提案中提出，网络就业人群还尚未纳入国家就业体系之中，直接导致了网络就业人员缺乏各级政府的政策支持。这部分就业者同时也游离于社会保障体系之外，很难享受到各项由自主创业带来的政策优惠（贷款、创业补助、社保补贴、失业保险金等）。

她认为，像大学生、下岗职工、乡村农民等社会弱势群体从事网络就业的情况，对符合创业认定标准的网络创业者，应该由地方的民政、税务等部门，在税收优惠、创业资金补助上给予大力支持。

（案例来源：赛迪网．http://news.ccidnet.com/art/1032/20130306/4773811_1.html）

思考：

1．如何利用C2C电子商务平台在网上开店，实现创业？

2．如何在C2C电子商务平台上购买商品？

◆阅读案例

### eBay——C2C 电子商务先驱

1995 年 9 月，皮埃尔·奥米亚尔(Pierre Omidyar)创建的 eBay(www. eBay. com)是贸易社区的先驱，是世界上最大的网上交易平台和拍卖网站，为充满热情的个人和公司提供了一个强大的商品和服务交易平台，任何人都可以在这里出售商品和参加拍卖会，每天将上亿数量的买家和卖家聚集在一起，涉及几千个分类、几亿件的商品，使同城、国内、国际间的电子商务成为可能。eBay 的赢利模式是向用户收取各项费用，有交易服务费(包括商品登录费、成交手续费、底价设置费、预售设置费、额外交易费、安全支付费、在线店铺费等)、特色服务费(包括字体功能费、图片功能费、推荐功能费等)、增值服务费(包括信息发布费、辅助信息费等)，以及网络广告费等。2012 年 eBay 的营收为 140 亿美元，包括 eBay 网站和 PayPal 支付部门的销售，去年总额为 1 750 亿美元。eBay 预计：2015 年交易额达 3 000 亿美元，包括 eBay 和其支付业务 PayPal 获得的营收将达 215 亿～235 亿美元。公司还计划其活跃用户数量实现从 2012 年的 1. 12 亿个增长到 2015 年的 2 亿个。

我国著名的 C2C 网站有淘宝、拍拍、易趣等。

# 子任务 1　C2C 网上购物，体验做买家

淘宝网(http：// www. taobao. com)成立于 2003 年 5 月 10 日，由阿里巴巴集团投资 1 亿元人民币创办。目前，淘宝网是亚洲第一大网络零售商圈，其目标是致力于创造全球首选网络零售商圈。通过结合社区、“江湖”、“帮派”来增加网购人群的黏性，并且采用最新团购模式，让网购人群乐而不返。淘宝网业务跨越 C2C、B2C 两大部分。淘宝网的购物流程如图 5-4 所示。

图 5-4　淘宝网购物流程

购物具体步骤如下：

## 一、账户注册

第一步，登录淘宝网首页，点击“免费注册”，如图 5-5 所示。

第二步，填写注册信息，如图 5-6 所示。

第三步，验证账户信息，如图 5-7 所示。

第四步，验证手机号码，如图 5-8 所示。

第五步，注册成功，如图 5-9 所示。

图 5-5　淘宝网首页

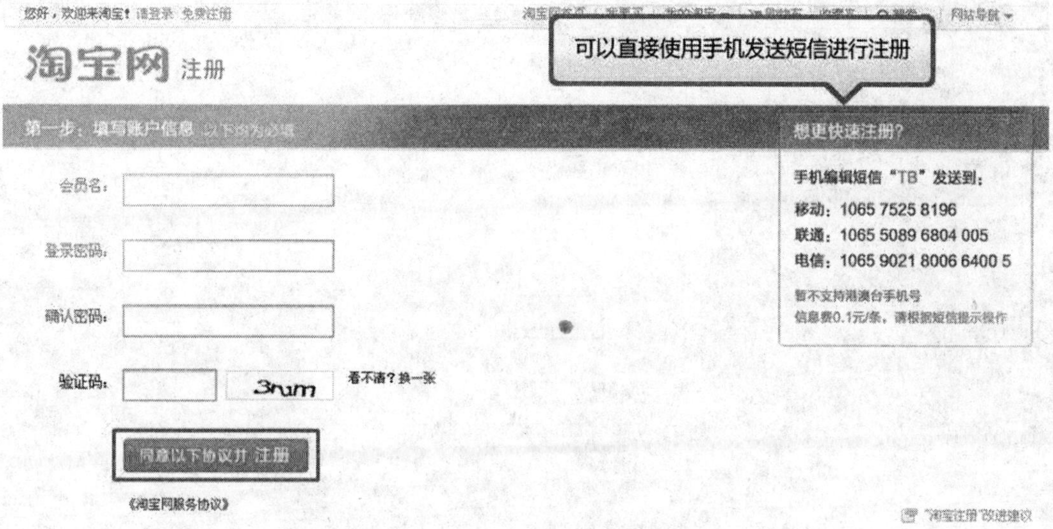


图 5-6　注册信息

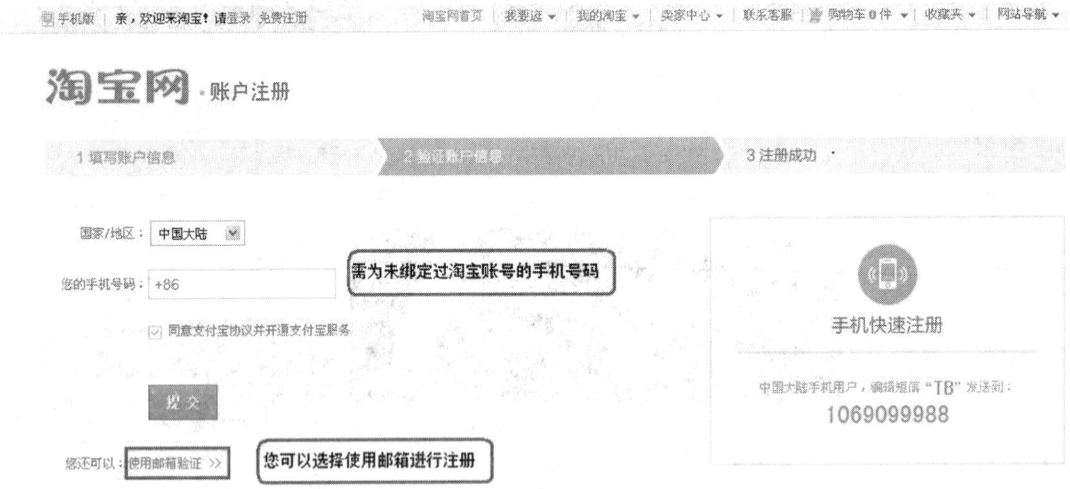


图 5-7　验证账户信息

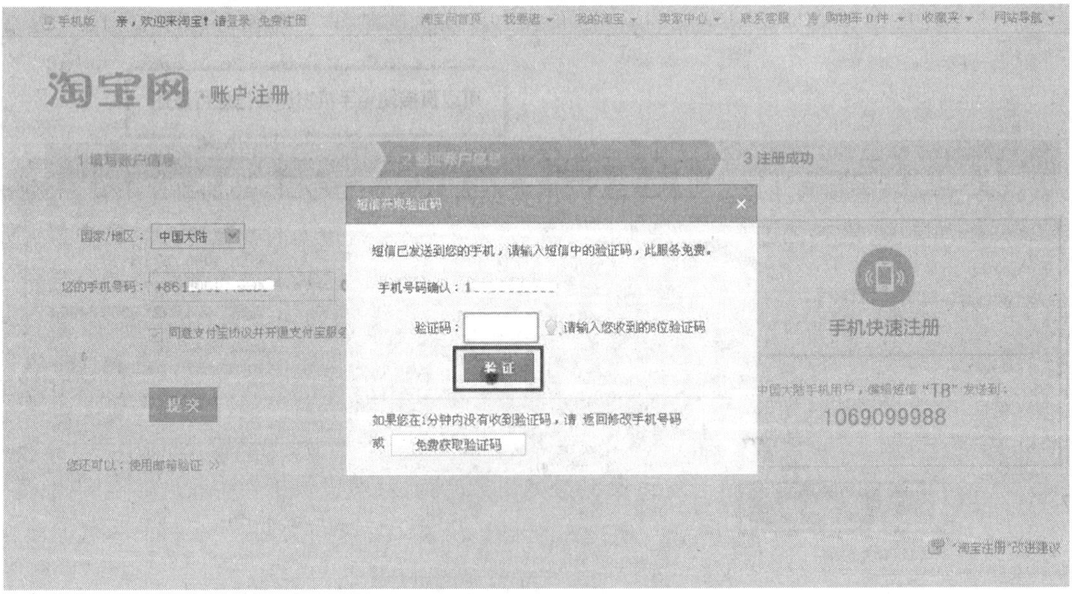


图 5-8　验证手机号码

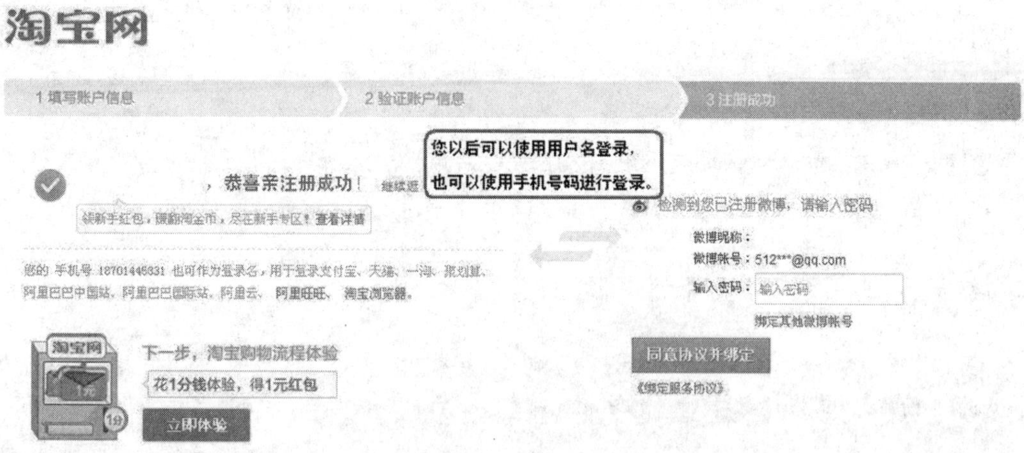


图 5-9　注册成功

## 二、支付宝账户激活

第一步，进入“账号管理”中的“支付宝账户管理”，点击“点此激活”，激活支付宝账户，如图 5-10 所示。

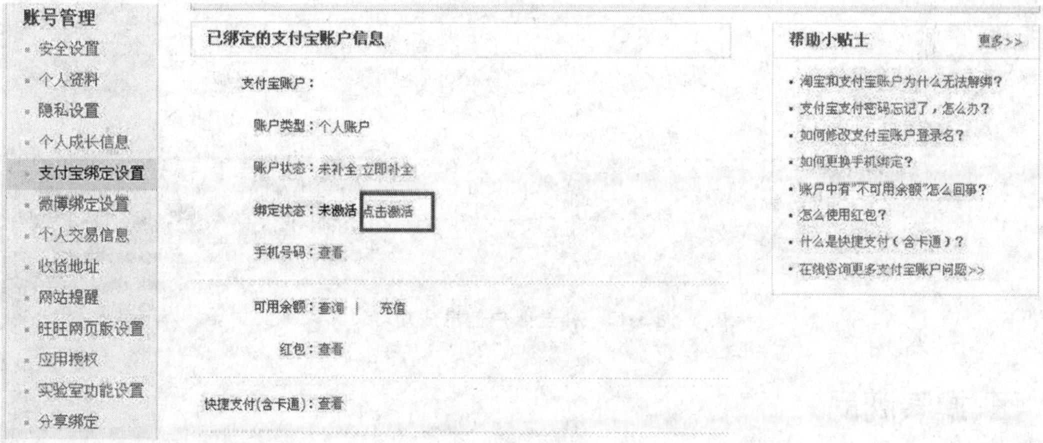


图 5-10　激活支付宝账户

第二步，补全账户信息，如图 5-11 所示。

第三步，补全账户信息成功，如图 5-12 所示。

为了给您提供更好的支付和金融服务，您需要填写真实的身份信息享受会员保障服务。
身份信息一经录入不可更改，隐私信息未经本人许可严格保密。
支付宝账户名 1
设置支付密码 交易付款或账户信息更改时需输入，与登录密码不一样，安全级别更高
支付密码
再输入一次
设置身份信息 请务必准确填写本人的身份信息，注册后不能更改，隐私信息未经本人许可严格保密
真实姓名
身份证号码
我同意支付宝服务协议
确 定
点击确定激活支付宝账户

图 5-11 补全账户信息

支付宝 |补全信息
使用遇到问题?
补全账户信息成功
您的支付宝账
息已补全。
现在去学习
如何搜索
我的支付宝

图 5-12 补全账户信息成功

## 三、搜索商品

第一步，在淘宝网首页的搜索框输入关键字进行搜索，如图 5-13 所示。

第二步，通过人气、商城频道，进一步进行筛选，如图 5-14 所示。

第三步，搜索完成后，进行购买，如图 5-15 所示。

图 5-13　淘宝网首页

图 5-14　筛选结果

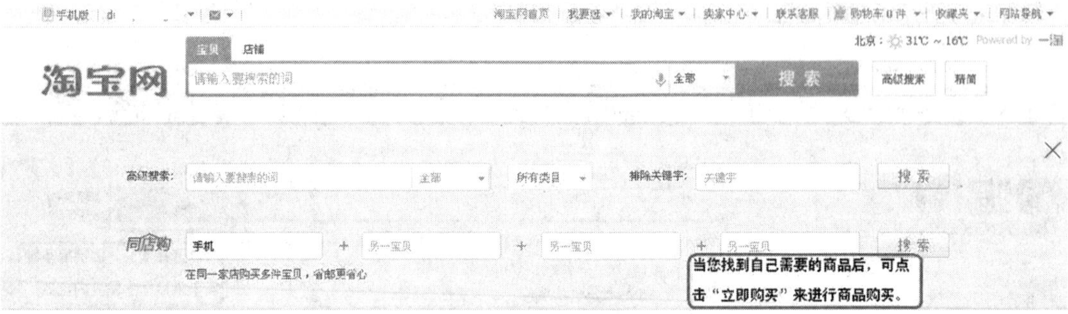


图 5-15　搜索宝贝

## 四、购买商品

购买商品有两种方式:立即购买或者加入购物车。

### (一)立即购买

第一步,当找到需要的商品后,点击“立即购买”,如图 5-16 所示。

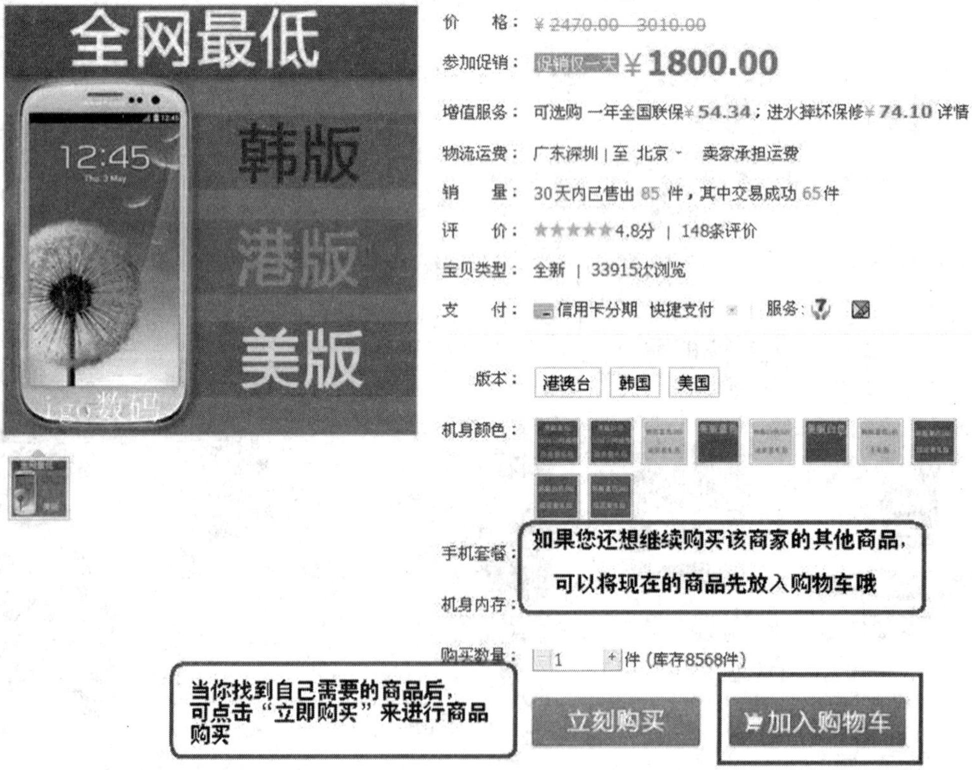


图 5-16　立即购买

第二步,填写相关的信息后,点击“确认无误,购买”,进行购买,如图 5-17 所示。

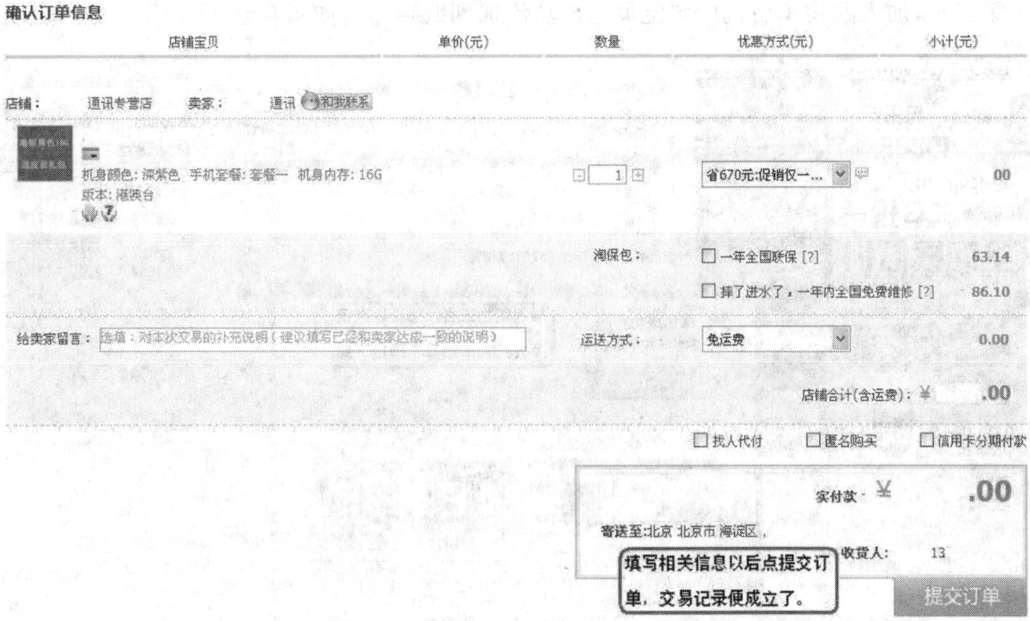


图 5-17　确认无误

## (二)加入购物车

第一步,如果还想继续购买其他商品,可以将现在的商品先放入购物车里,如图 5-18 所示。

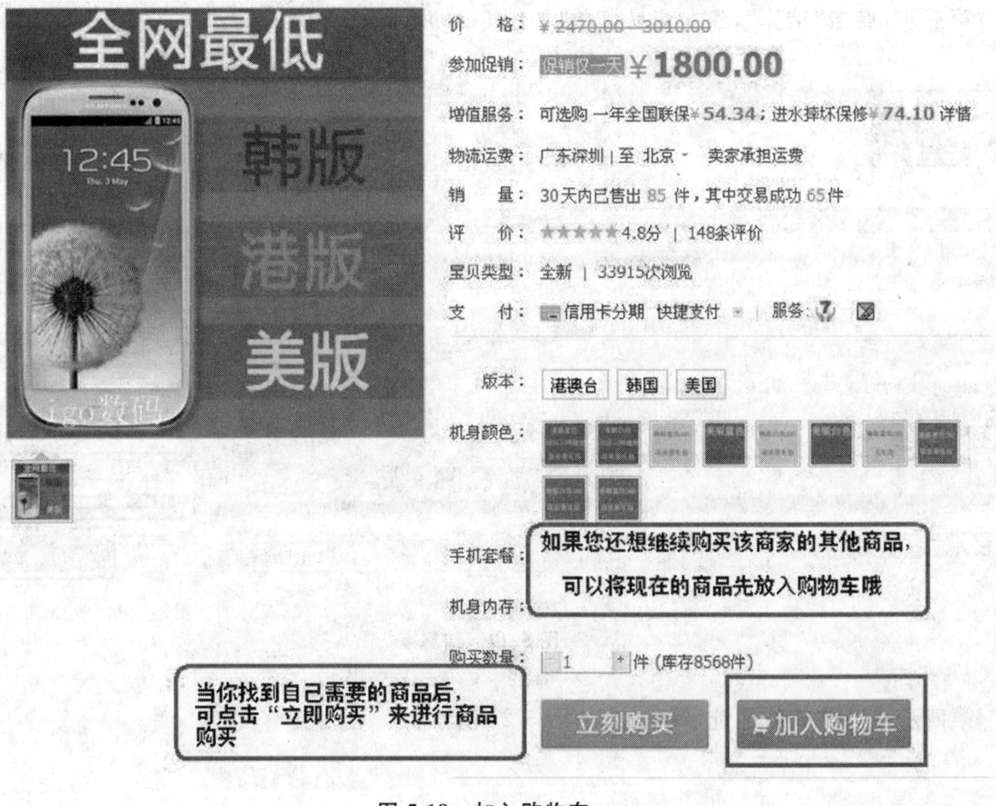


图 5-18　加入购物车

第二步，加入购物车后，显示“宝贝已成功添加到购物车”，如图 5-19 所示。

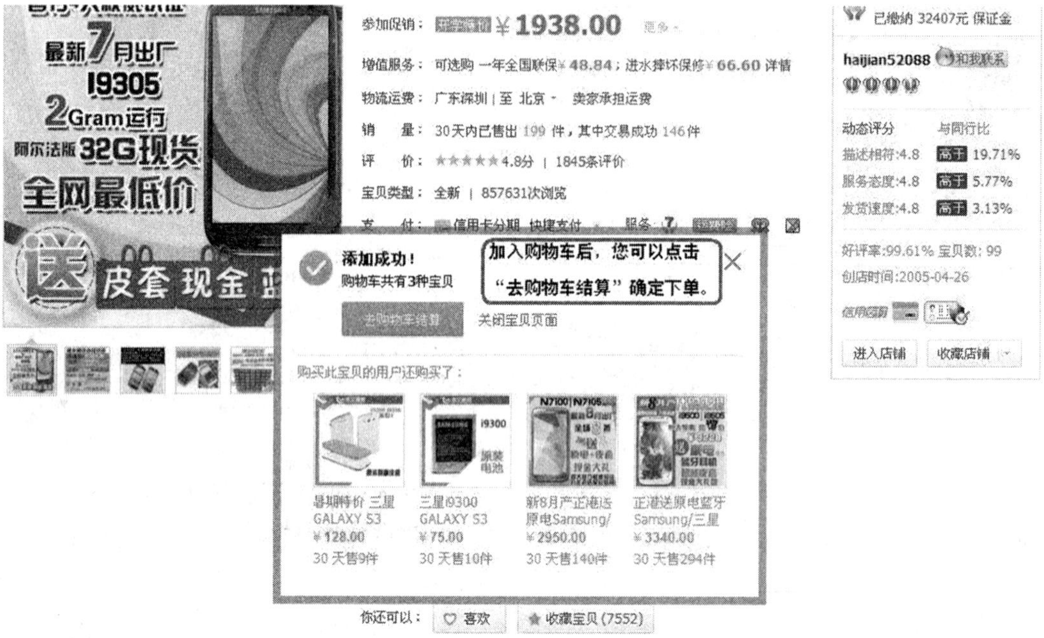


**图 5-19　宝贝已成功添加到购物车**

第三步，点击“结算”，建立交易订单，如图 5-20 所示。

**图 5-20　结算**

第四步，填写“收货地址”等信息，如图 5-21 所示。

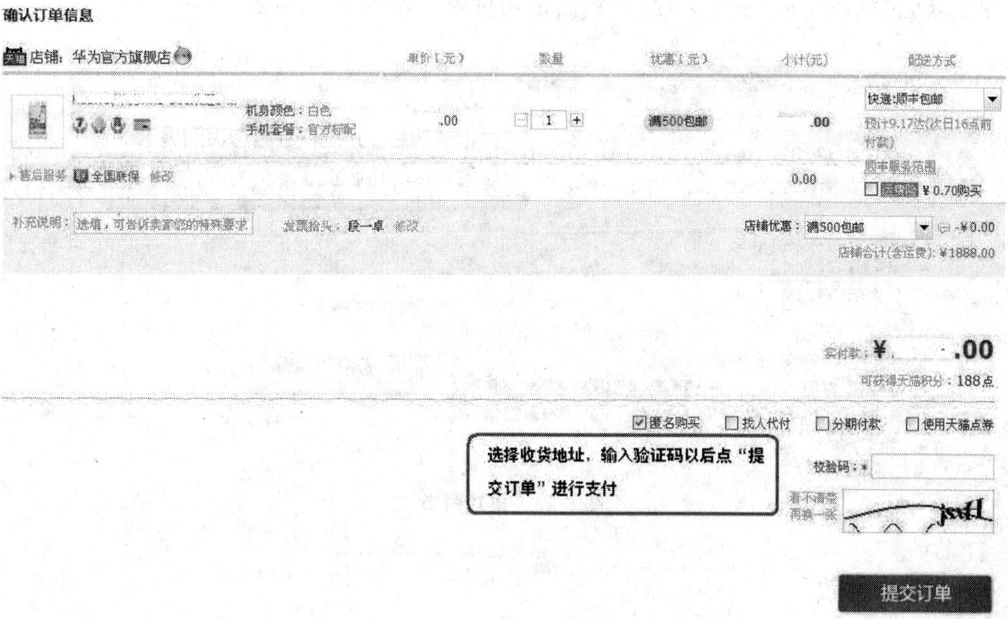


图 5-21　填写信息

## 五、付款

目前共有 4 种付款方式：快捷支付、网银付款、找人代付、货到付款。

### （一）快捷支付

第一步，填写付款信息，如图 5-22 所示。

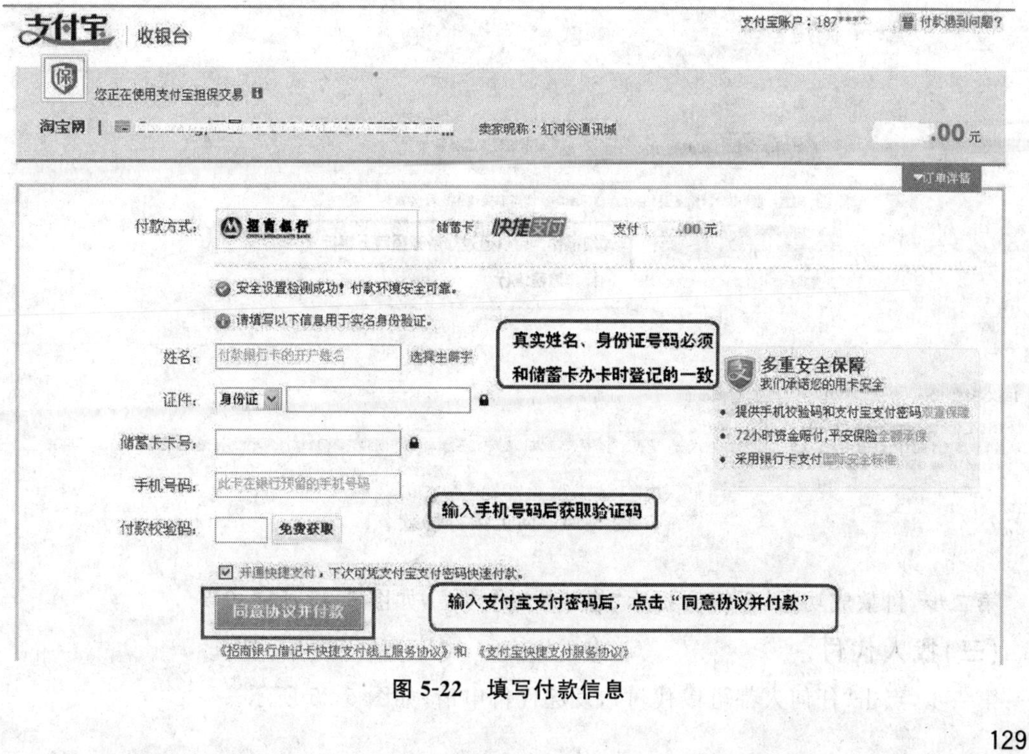


图 5-22　填写付款信息

第二步，付款成功后，系统会提示“您已成功付款”，如图 5-23 所示。

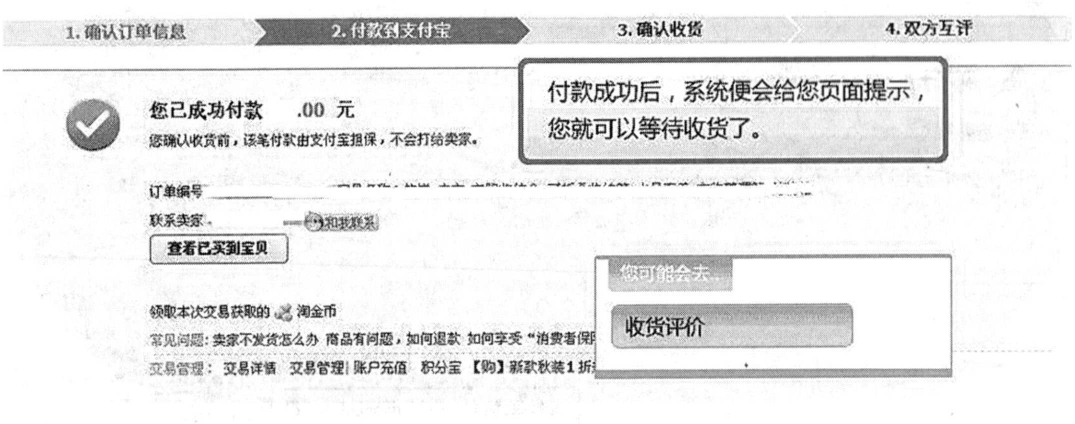


图 5-23　成功付款

## (二)网银付款

第一步，选择好付款方式后，登录到网上银行付款，如图 5-24 所示。

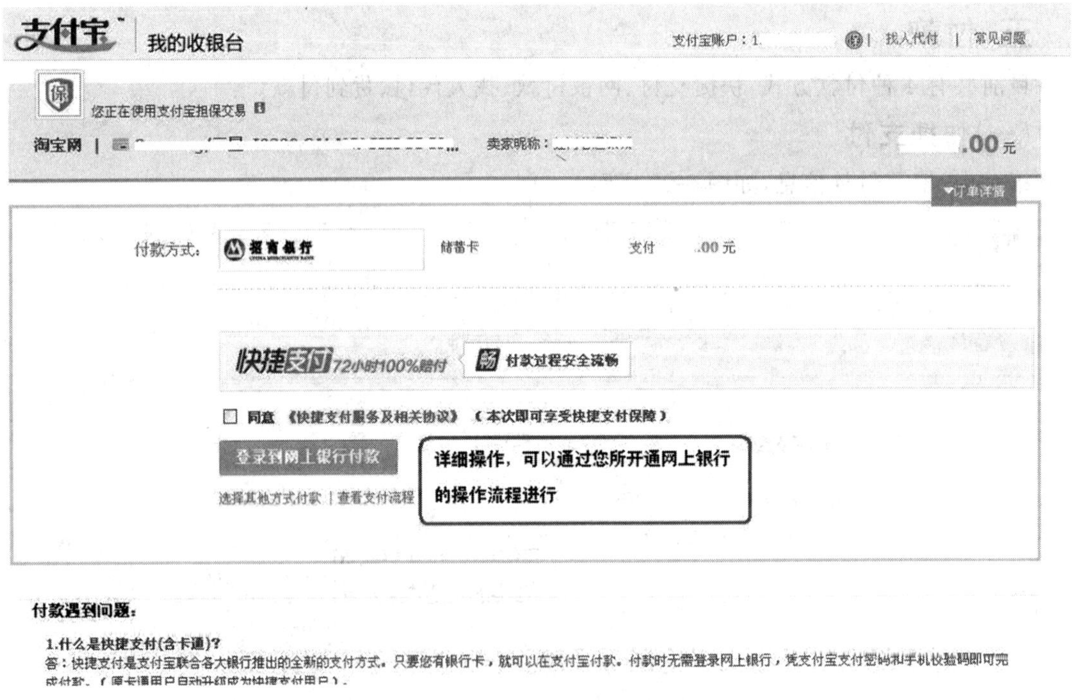


图 5-24　网上银行付款

第二步，付款成功后，系统会提示“您已成功付款”，如图 5-25 所示。

## (三)找人代付

第一步，点击“任何人都可以代付”，发起代付申请，如图 5-25 所示。

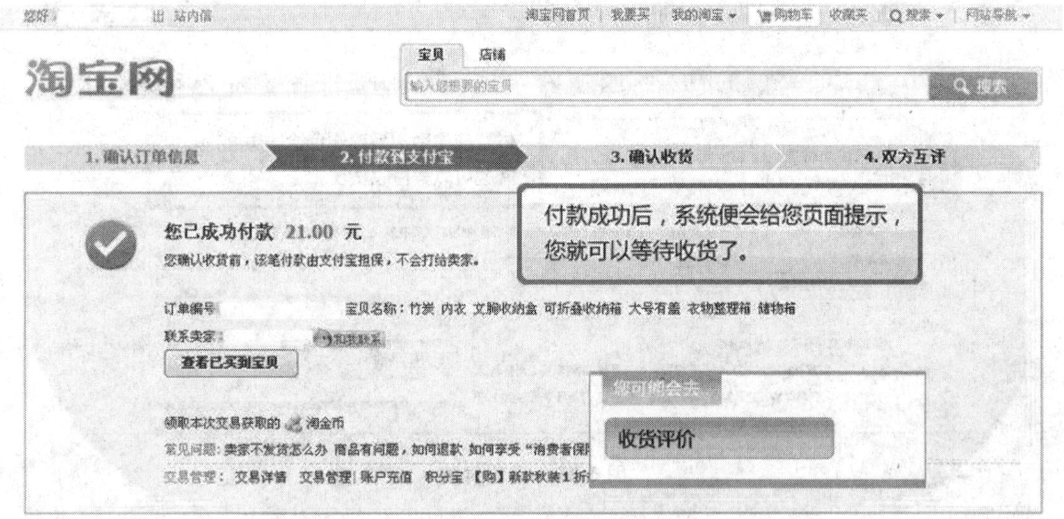


图 5-25　成功付款

图 5-26　选择代付方式

第二步，付款成功后，系统会提示“您已成功付款”，如图 5-27 所示。

## (四)货到付款

第一步，在“运送方式”下拉框中，选择“货到付款”，如图 5-28 所示。

第二步，付款成功后，系统会提示“您已成功付款”，如图 5-29 所示。

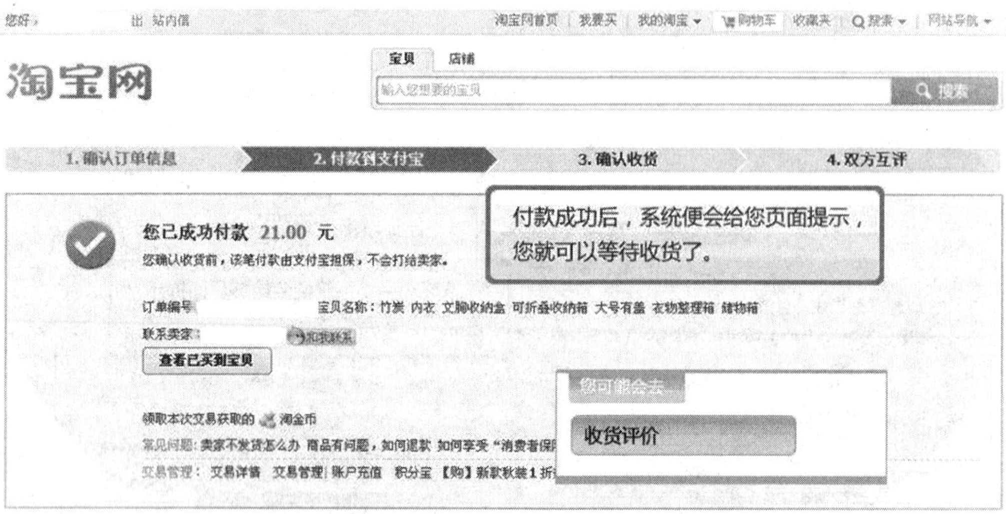


图 5-27　成功付款

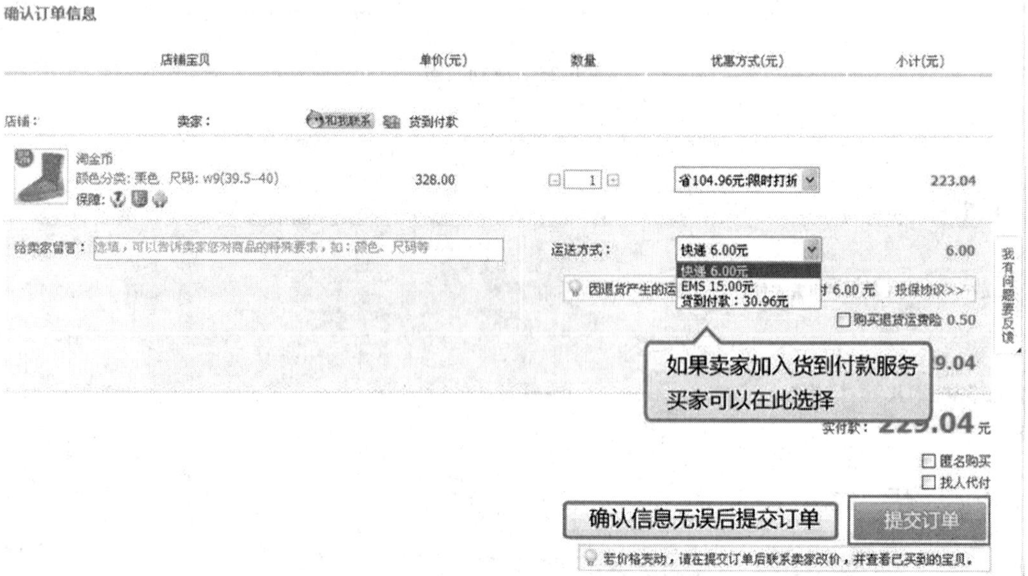


图 5-28　选择运送方式

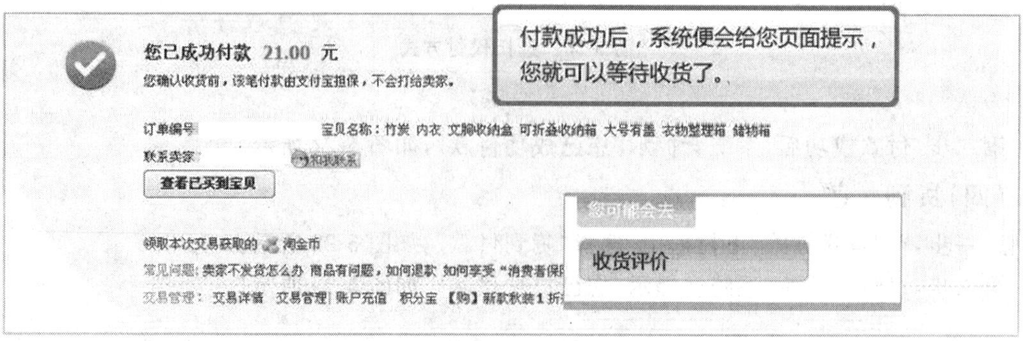


图 5-29　成功付款

## 六、收货及评价

第一步，登录"我的淘宝"，点击"已买到的宝贝"，如图 5-30 所示。

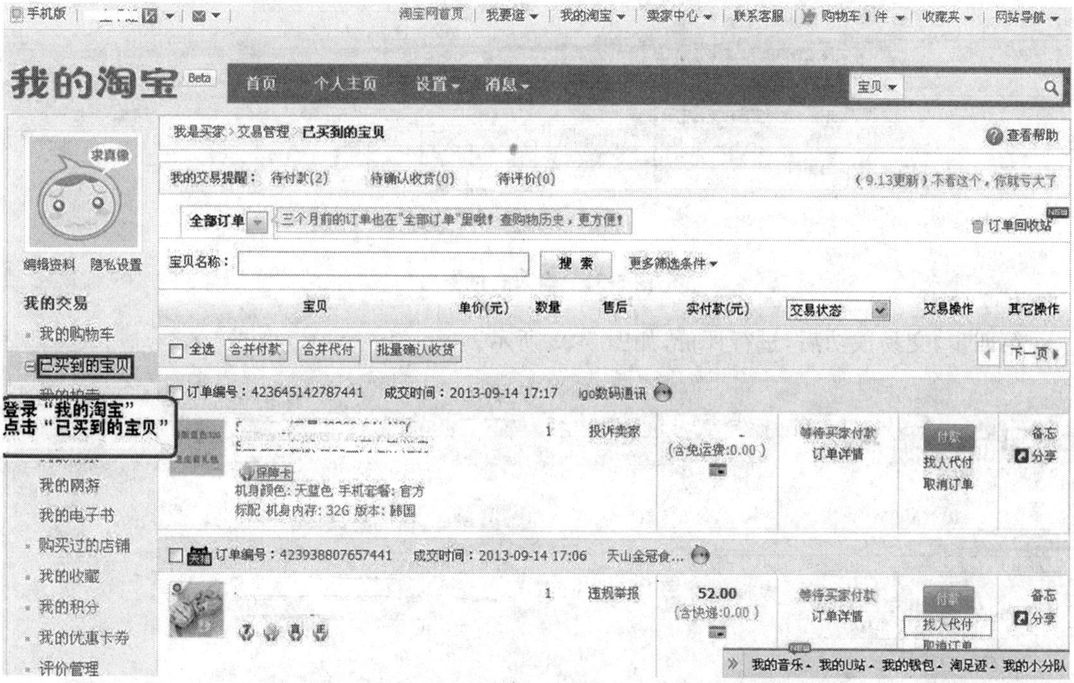


图 5-30 点击"已买到的宝贝"

第二步，商品收到确认没有问题后，点击"确认收货"，如图 5-31 所示。

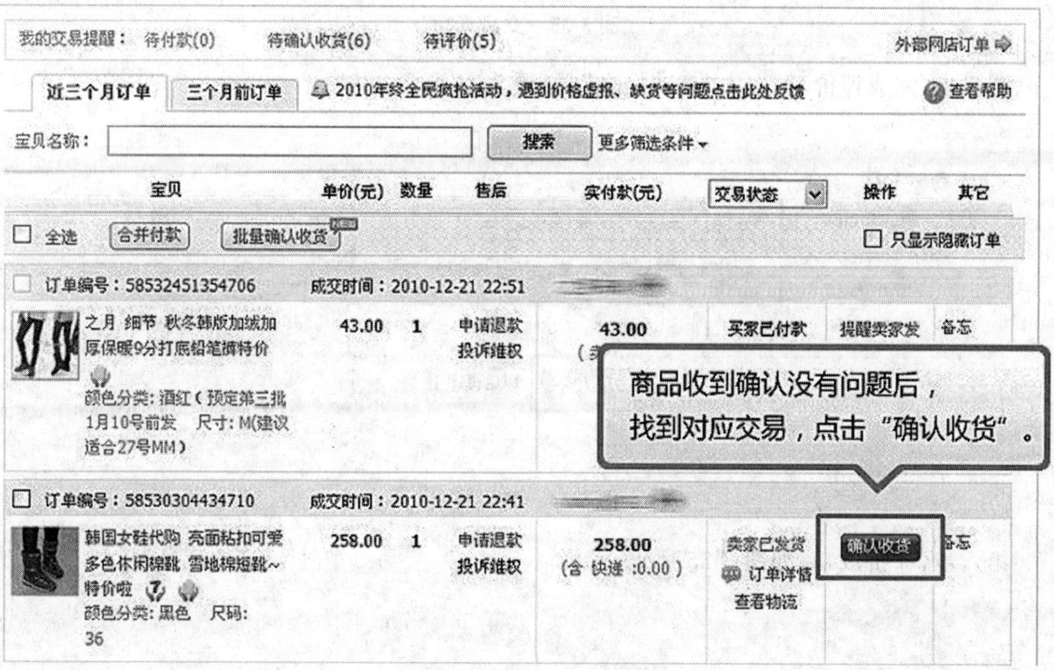


图 5-31 确认收货

第三步，输入支付密码，点击“确定”，如图 5-32 所示。

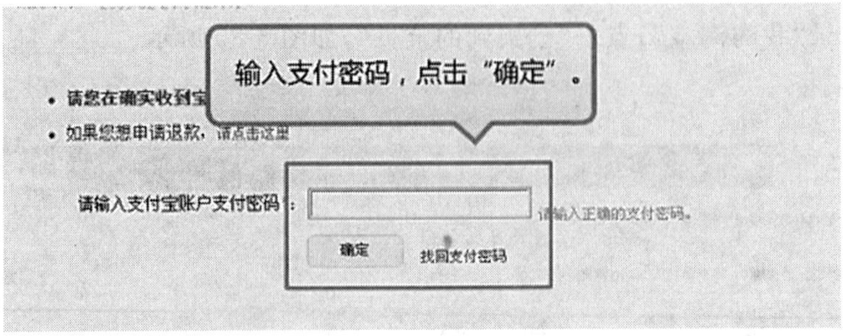


**图 5-32　输入支付密码**

第四步，交易成功后，进行评价，如图 5-33 所示。

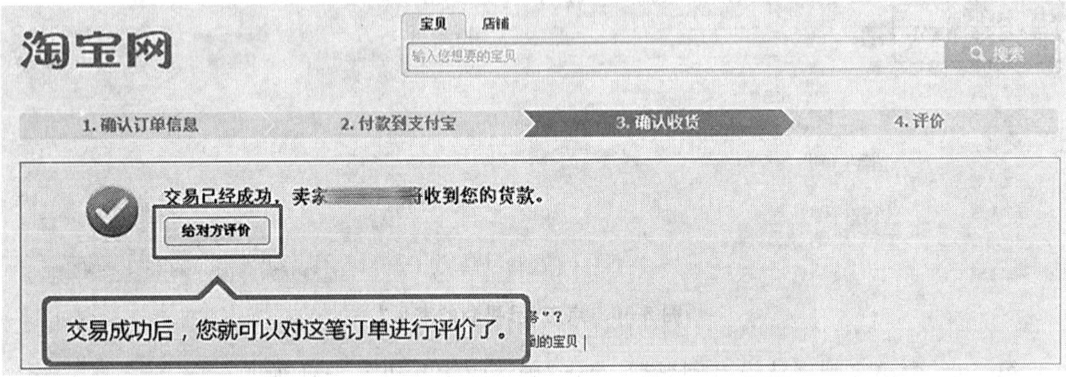


**图 5-33　交易成功**

第五步，完成评价后，点击“确认提交”，如图 5-34 所示。

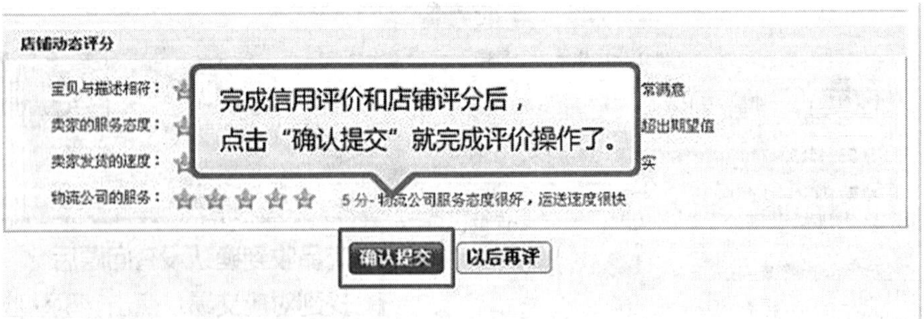


**图 5-34　确认提交**

第六步，评价成功，如图 5-35 所示。

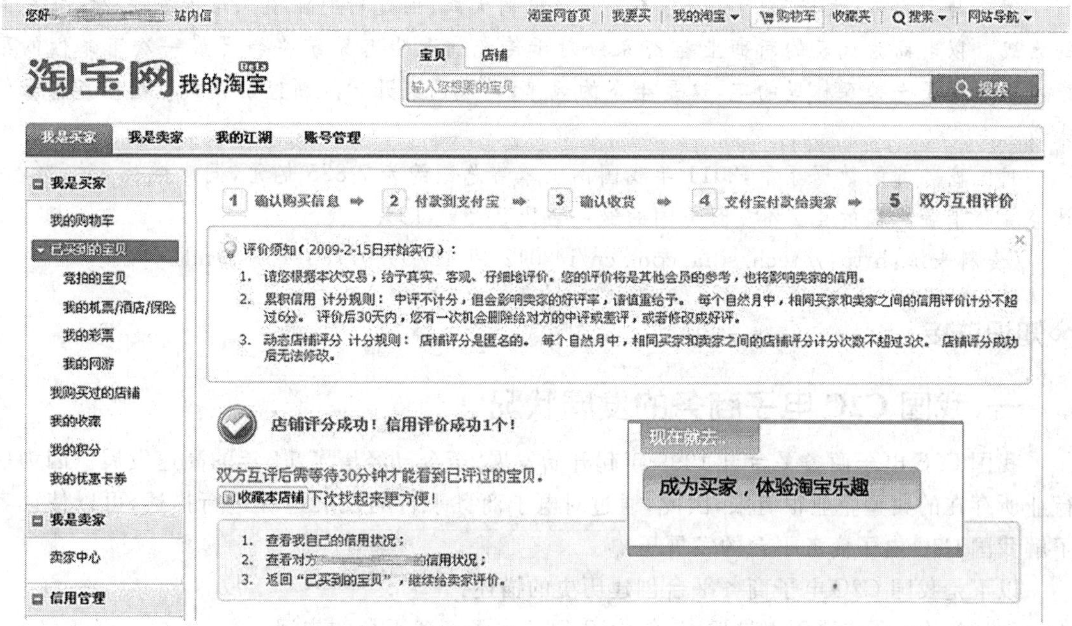
您好　站内信
淘宝网首页 | 我要买 | 我的淘宝 | 购物车 | 收藏夹 | 搜索 | 网站导航
淘宝网 我的淘宝
宝贝　店铺
输入您想要的宝贝
搜索
我是买家　我是卖家　我的江湖　账号管理
我是买家
我的购物车
已买到的宝贝
竞拍的宝贝
我的机票/酒店/保险
我的彩票
我的网游
我购买过的店铺
我的收藏
我的积分
我的优惠卡券
我是卖家
卖家中心
信用管理
1 确认购买信息　2 付款到支付宝　3 确认收货　4 支付宝付款给卖家　5 双方互相评价
评价须知（2009-2-15日开始实行）：
1. 请您根据本次交易，给予真实、客观、仔细地评价。您的评价将是其他会员的参考，也将影响卖家的信用。
2. 累积信用 计分规则：中评不计分，但会影响卖家的好评率，请慎重给予。每个自然月中，相同买家和卖家之间的信用评价计分不超过6分。评价后30天内，您有一次机会删除给对方的中评或差评，或者修改成好评。
3. 动态店铺评分 计分规则：店铺评分是匿名的。每个自然月中，相同买家和卖家之间的店铺评分计分次数不超过3次。店铺评分成功后无法修改。
店铺评分成功！信用评价成功1个！
双方互评后需等待30分钟才能看到已评过的宝贝。
收藏本店铺 下次找起来更方便！
现在就去...
成为买家，体验淘宝乐趣
1. 查看我自己的信用状况；
2. 查看对方 信用状况；
3. 返回"已买到的宝贝"，继续给卖家评价。

图 5-35　评价成功

## ◆阅读案例

### 天猫淘宝"双十一"交易额191亿元，同比增长260%

2012年11月12日凌晨消息，阿里巴巴集团刚刚宣布，其"双十一"促销的支付宝总销售额191亿元，同比增长260%，其中天猫为132亿元，淘宝为59亿元。

而去年，天猫与淘宝的"双十一"交易总额为53亿元，其中天猫33.6亿元，淘宝19.4亿元。天猫今年的业绩同比增速为292%，而淘宝为204%。"双十一"全天，支付宝交易笔数超1亿笔，最高峰时每分钟处理交易数达20.5万笔。

根据天猫方面的数据，今年参与"双十一"的商家数达到1万家，是去年的5倍。从参与商家和电商代运营商的反馈看，针对去年"双十一"普遍出现的缺货、发货延迟等问题，大部分卖家提前加倍安排了备货量、客服、仓储和物流人员。例如，酒类电商酒仙网今年的备货量就是去年的10倍。

10日凌晨0点后第一分钟，超过1 000万独立用户涌入天猫。10分钟后，支付宝成交额达2.5亿元。37分钟后，这一数字越过10亿元。一个小时内，支付宝完成付款笔数598万笔，同比去年增长254.7%。10日上午11点左右，天猫成交额突破79亿元，超过去年美国"网购星期一"的12.5亿美元。两个小时后，交易额突破100亿元，提前完成天猫官方的预计目标。

天猫"双十一"被阿里巴巴集团主席马云看作是未来的中国版感恩节。作为天猫2009年以来力推的促销品牌，"双十一"已然成为一种行业集体行为和商业现象。今年"双十一"，苏宁易购、京东商城、当当网和一号店平台均提前或者同时开始促销，以期待在这一波购物高峰中分得一杯羹。2周前入驻天猫的当当网旗舰店在"双十一"开始后的10分钟内就收获了100万元销售额。

但在马云看来，天猫“双十一”并不是一场电商大战，而是新商业模式与传统商业模式之间的大战。以电商为代表的新商业生态系统对于传统商业生态系统将会开展一次革命性的颠覆，“就像狮子吃掉森林里的羊，这是生态的规律，游戏已经开始。新经济模式已经有点狮子的味道”。

我国商务部的数据显示，2011 年我国网上零售总额约为 7 825 亿元，同比增长 53.7%，占社会零售消费总额的 4.2%。而美国的这一占比已超过 10%。

（资料来源：http://tech.sina.com.cn/i/2012-11-12/00207788375.shtml）

## ◆知识链接

### 一、我国 C2C 电子商务的发展状况

我国 C2C 电子商务平台自 1999 年起开始发展，至今已经历了 14 年的高速发展。因为该行业所存在的典型企业很有限，因此，通过对电子商务平台的发展进程进行描述，可以使读者了解我国 C2C 电子商务平台的发展历史。

以下是我国 C2C 电子商务平台创建历史的描述：

①1999 年：邵亦波创立易趣网，创中国 C2C 电子商务平台的先河。

②2003 年 5 月：阿里巴巴用 4.5 亿元成立 C2C 网站淘宝网。

③2003 年 7 月：eBay 斥资 1.5 亿美元全资收购易趣网。

④2004 年 4 月：一拍网正式上线，新浪占据其中 33% 的股权，原雅虎中国占有 67% 的股份。

⑤2005 年 9 月：腾讯推出拍拍网，2006 年 3 月 13 日运营。

⑥2005 年 10 月：国内老牌 B2C 电子商务网站当当网宣布一期投入不会少于 4 亿元人民币杀入 C2C 市场，而且还将根据项目进展状况追加投资。

⑦2007 年 10 月：搜索引擎公司百度宣布进军电子商务，筹建 C2C 平台，并予 2008 年年初推出。

⑧2008 年 6 月 18 日：百度网络交易平台正式在北京启动。

⑨2008 年 10 月：百度电子商务网站“有啊”正式上线，有望开创新的电子商务格局。

⑩2011 年 5 月：百度电子商务网站“有啊”退出 C2C 平台。

然而，在这 14 年的发展过程中，我国 C2C 电子商务的市场格局发生了几次重大的改变，淘宝网的介入，以及其免费的竞争策略和符合中国网民习惯的操作界面，对独霸中国 C2C 电子商务市场的易趣网造成强烈的冲击，而被 eBay 收购的易趣网却并没有把淘宝网当做真正的竞争对手认真对待，最后导致 eBay 2006 年黯然退出中国市场。eBay 的退出，无疑使中国 C2C 电子商务进入一个新的发展阶段。

2003 年除了淘宝网的强势介入外，当当网也意欲加入 C2C 电子商务市场，然而由于自身原因，当当网准备构建的 C2C 电子商务平台——当当宝在还没有出世便宣布退出。

我国最大的互联网公司——腾讯作为不同市场的跟进者，也在 2005 年进入 C2C 电子商务市场，腾讯网的特点在于拥有大量的黏性极高的用户，并且该企业一直模仿市场，除了即时通信领域外，其他领域都是市场的跟进者。但正是其庞大的客户数量，为其在市场中占据一席之地做了巨大的贡献。这也是现在除了淘宝网外，只有拍拍网能够立足的原因。

百度“有啊”在 2008 年 10 月进入 C2C 电子商务市场，但是并没有掀起任何风浪，其市场份额始终停留在 1%都不到的地步，最终导致 2011 年百度“有啊”不得不退出市场，并且宣布联合日本乐天进入了 B2C 市场。

现在中国基本成为了“楚汉之争”的局面，淘宝网和拍拍网基本占领了我国 C2C 电子商务市场，并且按照现在的趋势看来，我国 C2C 电子商务市场格局短时间内不会发生剧烈的变化。

## 二、C2C 电子商务的运作模式及流程

1. 拍卖平台运作模式

拍卖平台运作模式是 C2C 电子商务典型的运作方式，也就是在线拍卖。按照拍卖网站所卖商品的不同，可以把拍卖平台分为专业性拍卖平台和综合性的拍卖平台两种形式。一般的，拍卖平台运作模式竞拍过程如下：

①卖方将欲卖的商品的信息发布到拍卖网站上，确定起拍价格、截止日期等信息。

②拍卖平台认证用户的合法性和所填信息的真实性和准确性，如果一切都是正确的，则就将其显示在网站上。

③竞拍方选择拍卖物品，进入竞拍网页参与竞拍。

④填写竞拍的必须信息，如出价、是否选择代理、竞拍数量、竞拍的规格等，还有一些可选信息需要填写。

⑤系统认证用户的合法性和所填竞拍信息的准确性，如果一切都正确则显示成功。

⑥买卖双方成交，卖方交货，买方付款，交易完成。

2. 店铺平台运作模式

C2C 电子商务的另一比较典型的运作形式就是店铺运作。一般的，店铺平台模式运作过程如下：

①卖方在店铺平台网站上申请开店，并按要求提交真实的个人信息，网站平台进行审核，确认是否通过。

②店铺申请成功后，卖方将欲出售的商品信息发布到店铺平台上，确定商品价格、配送方式等信息，并由网站平台审核商品是否合法。

③买方进入卖方店铺选购商品，与卖方实时交流，并买下相关商品，买方付款到第三方平台。

④卖方按照要求发货，提交快递单号，供买方实时查询。

⑤快递配送，买方收到货物后，进行验货，并对商品进行评价。

⑥如商品无问题，买方将托管在第三方的货款付给卖方。如有问题，双方协商解决。

## 三、C2C 电子商务的赢利模式

1. 现有赢利模式

(1)平台交易费用　平台交易费用主要包括登录费、交易费、店铺费以及特色功能费。其中登录费包括商品登录费和底价设置费，是发布一件物品所需支付的费用。交易费包括商品成交费、交易服务费。店铺费即开设店铺需要缴纳的基本费用。特色功能费包括分类广告费、陈列改良费、图片服务费、卖家工具费、立即购买费等一系列可选费用。

(2)“首页黄金铺位”推荐费　根据Alexa网站统计分析，除了目的性较强的上网者外，约有70%的上网者只是观看一个网站的首页，所以网站首页的广告铺位和展位都具有很深的商业价值。对于C2C网站首页的“黄金铺位”，网站可以定价销售也可以进行拍卖，购买者或者中标者可以在规定时间内在铺位上展示自己的商品。然而，网站的首页位置毕竟是有限的，在C2C电子商务中的卖家用户特征看来，不可能通过巨额的费用来购买这个位置。由此看来，C2C电子商务平台只能以此种赢利模式作为网站收入的一个来源而已。

(3)搜索引擎竞价排名　基于C2C电子商务网站上品种繁多、款式纷杂的特点，随着网站的不断发展，搜索引擎的作用逐步凸显出来。而类似百度搜索的赢利模式，C2C电子商务平台也可以避过搜索引擎竞价排名的模式进行赢利。但同样基于C2C电子商务网站用户的特点，这种赢利模式不可能和百度的搜索竞价排名完全比拟，用户对于此种服务的态度依赖于用户自身的发展和壮大，对于一般卖家用户而言，搜索引擎竞价排名服务还和自己稍有距离。

(4)广告收入　C2C网站在网络中的地位就像大型超市在生活中的地位。它是网民经常光顾的地方，拥有超强的人气、频繁的点击率和数量庞大的会员。其中蕴藏的商机是所有企业都不想错过的，由此为网站带来的广告收入也应该是网站利润的一大来源。C2C网站超强的人气是其广告的最大优势，但是目前C2C电子商务平台广告背后都对应相应的店铺，很难将希望投放大额广告但又不属于C2C电子商务领域的公司融合进来。但随着用户使用习惯的成熟以及C2C电子商务网站在广告模式上的不断创新，在具有如此多的用户数量的基础上，广告收入将会成为未来C2C电子商务的重要来源。

(5)信用认证　信用认证在B2B电子商务领域取得赢利，成为B2B电子商务平台收入的重要组成部分。目前我国C2C电子商务平台都提供信用认证系统，但是并没有企业通过这种模式收费。主要是由于C2C电子商务平台的买卖双方小额交易的特点，很少有用户愿意通过付会员费的方式获得信用认证。因此，这一模式仍然依赖于C2C电子商务平台的发展，以及用户在此过程中的不断壮大和交易需求的扩大。

2. 潜在赢利模式

(1)移动电子商务　随着互联网技术的不断发展，移动互联网已经成为下一代互联网发展的方向。中国的网民也在不断地接受移动互联网，移动互联网上进行网络购物的用户也在不断增加。C2C电子商务平台与移动通信运营商合作，通过手机上网实现随时随地操作简便的商务活动，可采用按流量收费、包月收费等多种可选择的收费方式，利润双方协议拆分。

(2)物流　C2C电子商务网站的一个特点就是交易数量多，但交易成交额往往较小。我国C2C电子商务的交易规模已经达到数百亿元，由此而产生的物流规模也是相当巨大的。目前B2C电子商务平台将物流作为自己提供的服务之一，但在C2C电了商务市场，仍然依赖与目前第三方物流公司的物流支持。C2C电子商务平台可以考虑与物流企业之间实现战略合作，开发自己的特色物流服务，提高物流服务质量的同时，在物流中获取利润。如果C2C电子商务平台向第四方物流系统发展，并成功构建第四方物流系统，那么毫无疑问，物流将成为我国C2C电子商务赢利的重要支撑点。

(3)金融手段　目前我国C2C电子商务平台都拥有第三方支付平台，基于C2C电子商务平台的交易在第三方支付系统上滞留的大量的无法移动的资金流。这些资金流由于法律、法规的原因,是不能动的。第三方支付平台只具有保管的功能作用,而无法将其作为投资使用。但随着第三方支付的发展,其在金融系统中的作用也逐步明显,其发展状况甚至已经超越一些小银行。2011 年 5 月 26 日,支付宝获得了央行颁发的国内第一张《支付业务许可证》。对于 C2C 电子商务而言又进入了一个崭新的阶段,那么以此为基点的 C2C 电子商务平台的赢利则不再遥远。

(4)融合 B2C 电子商务　以淘宝网为例,2008 年 4 月 10 日,淘宝 B2C 商城——“淘宝商城”全面上线,淘宝网这样一个 C2C 电子商务平台以 B2C 电子商务平台的姿态向进驻商城的店铺收费,同时为他们提供更多服务,给予这里的买家更多保障。这代表了我国 C2C 电子商务发展的方向,从目前的行业发展状态可以看出,C2C 电子商务和 B2C 电子商务的界限逐渐模糊,而且 B2C 电子商务进入 C2C 电子商务平台后能够获得更多用户的关注,由此为企业带来更多的收入。同时,C2C 电子商务平台希望通过向 B2C 电子商务的卖家提供更多的服务而获得一定的收入。随着不断地发展,从 B2C 电子商务中获得的收入可能成为 C2C 电子商务平台发展过程中的重要赢利之点。

通过对上述 9 种赢利模式的分析,广告收入、物流系统、金融手段和融合 B2C 电子商务在我国 C2C 电子商务平台赢利模式的发展过程中将成为最重要的 4 个手段。随着我国 C2C 电子商务相关政策的不断发展和成熟以及 C2C 电子商务的不断发展,该行业将走出无法赢利的困境。

# 子任务 2　C2C 网上开店,体验做卖家

淘宝网的开店流程如图 5-36 所示。

图 5-36　开店流程

开店具体步骤如下:

## 一、账户注册

第一步,登录淘宝网首页,点击“免费注册”,如图 5-37 所示。

第二步,填写注册信息,如图 5-38 所示。

第三步,验证账户信息,如图 5-39 所示。

第四步,验证手机号码,如图 5-40 所示。

第五步,注册成功,如图 5-41 所示。

## 二、开店认证、考试及店铺设置

### (一)开店认证

第一步,点击淘宝网首页的“卖家中心”,如图 5-42 所示。

图 5-37 淘宝网首页

图 5-38 注册信息

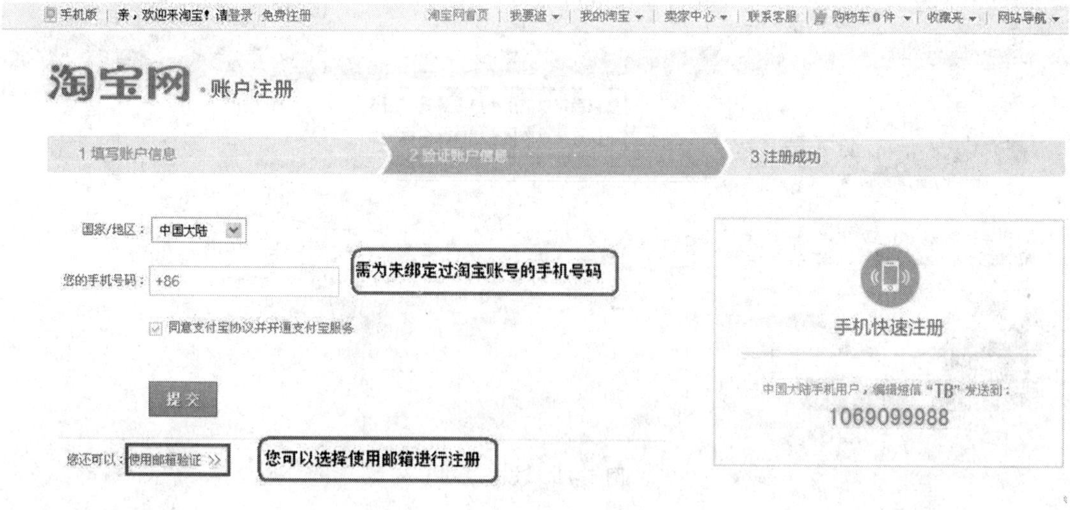


图 5-39　验证账户信息

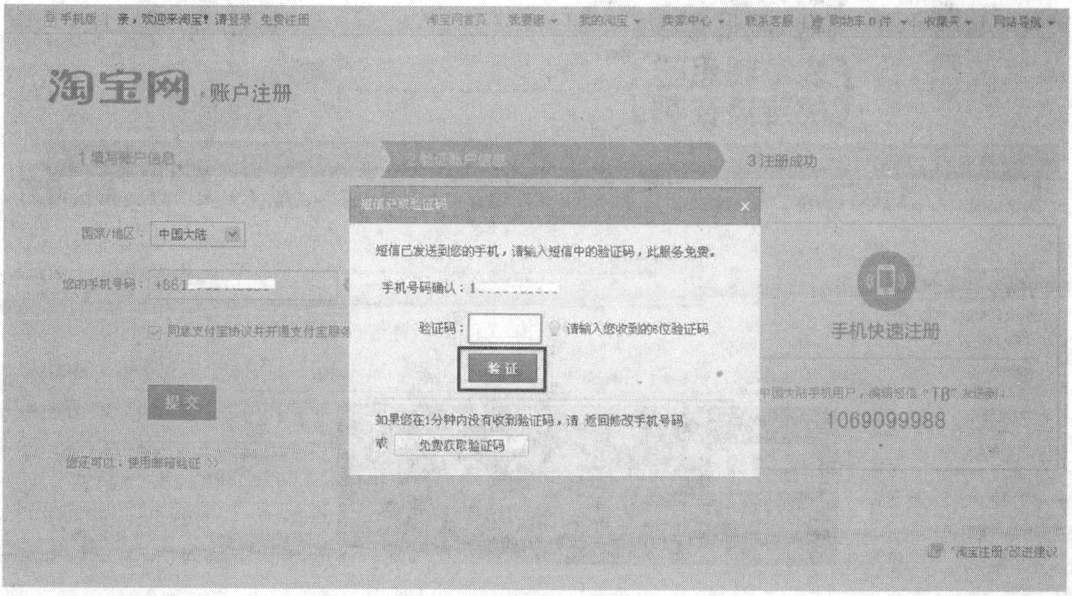


图 5-40　验证手机号码

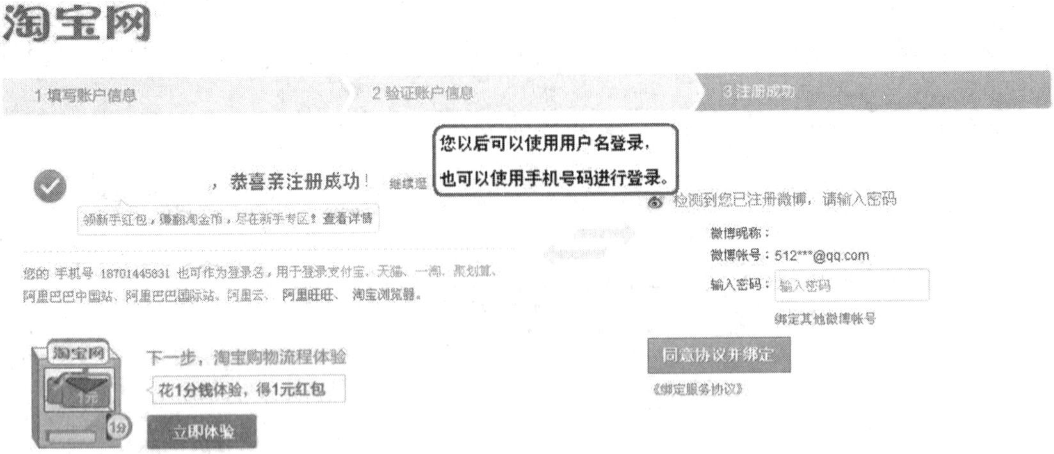


图 5-41　注册成功

图 5-42　淘宝网首页点击“卖家中心”

第二步，进入卖家中心后，点击“我要开店”，如图 5-43 所示。

第三步，完成开店任务，如图 5-44 所示。

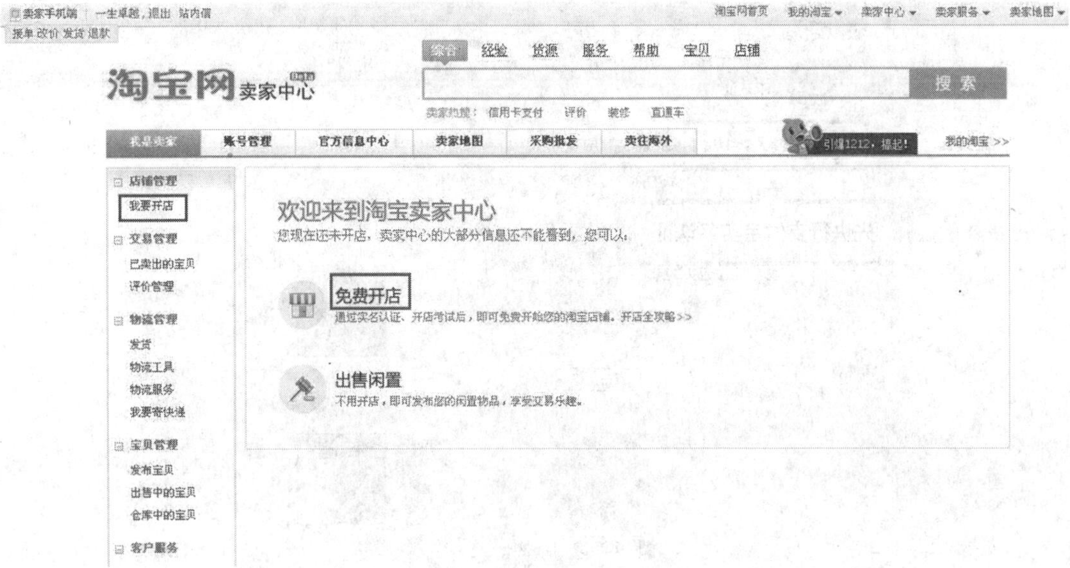
淘宝网卖家中心
欢迎来到淘宝卖家中心
您现在还未开店，卖家中心的大部分信息还不能看到，您可以：
免费开店
出售闲置
我要开店

图 5-43　卖家中心

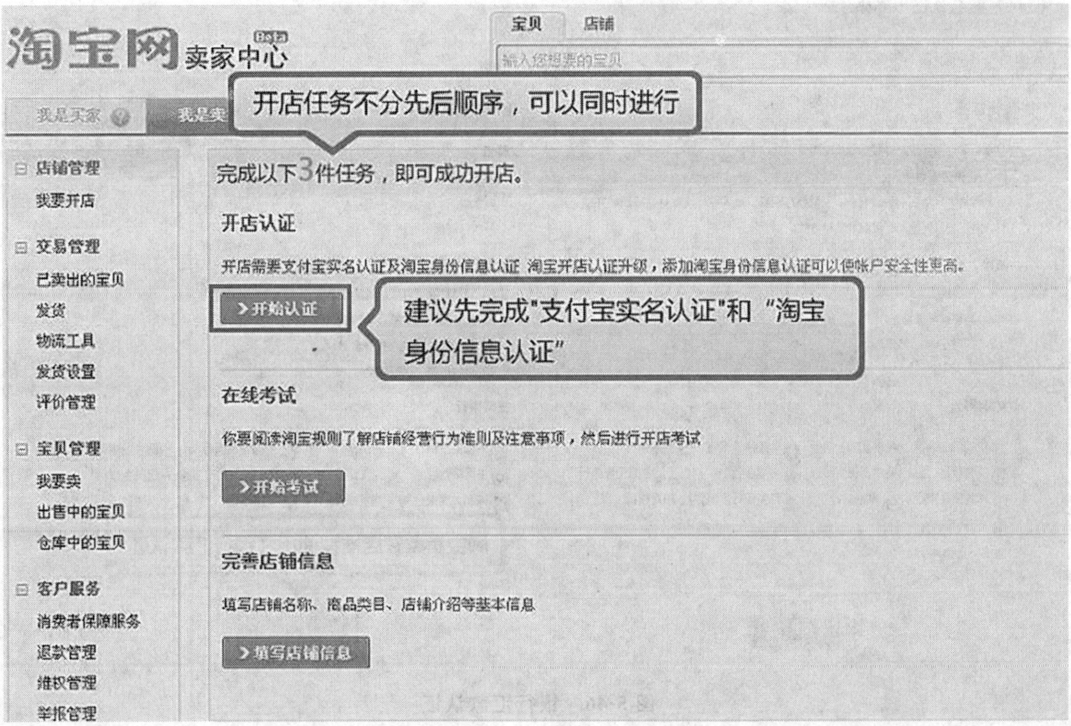
淘宝网卖家中心
开店任务不分先后顺序，可以同时进行
完成以下3件任务，即可成功开店。
开店认证
开店需要支付宝实名认证及淘宝身份信息认证 淘宝开店认证升级，添加淘宝身份信息认证可以使帐户安全性更高。
>开始认证
建议先完成"支付宝实名认证"和“淘宝身份信息认证”
在线考试
你要阅读淘宝规则了解店铺经营行为准则及注意事项，然后进行开店考试
>开始考试
完善店铺信息
填写店铺名称、商品类目、店铺介绍等基本信息
>填写店铺信息

图 5-44　完成开店任务

第四步，进行开店认证，如图 5-45 所示。

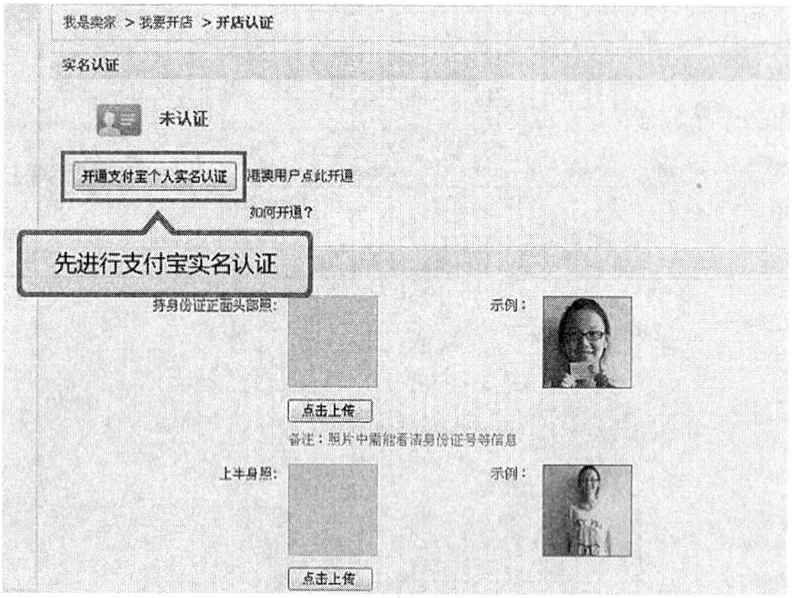


图 5-45　实名认证

第五步，淘宝卖家开店推荐使用“银行汇款认证”，如图 5-46 所示。

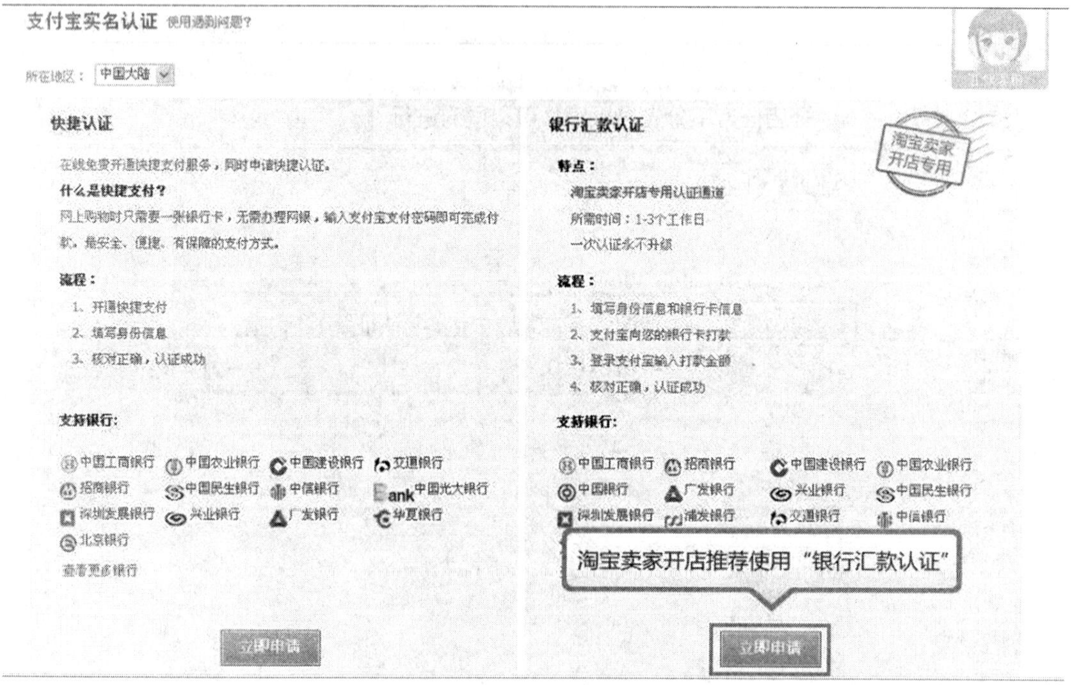


图 5-46　银行汇款认证

第六步，填写个人信息，进行实名认证，如图 5-47 所示。

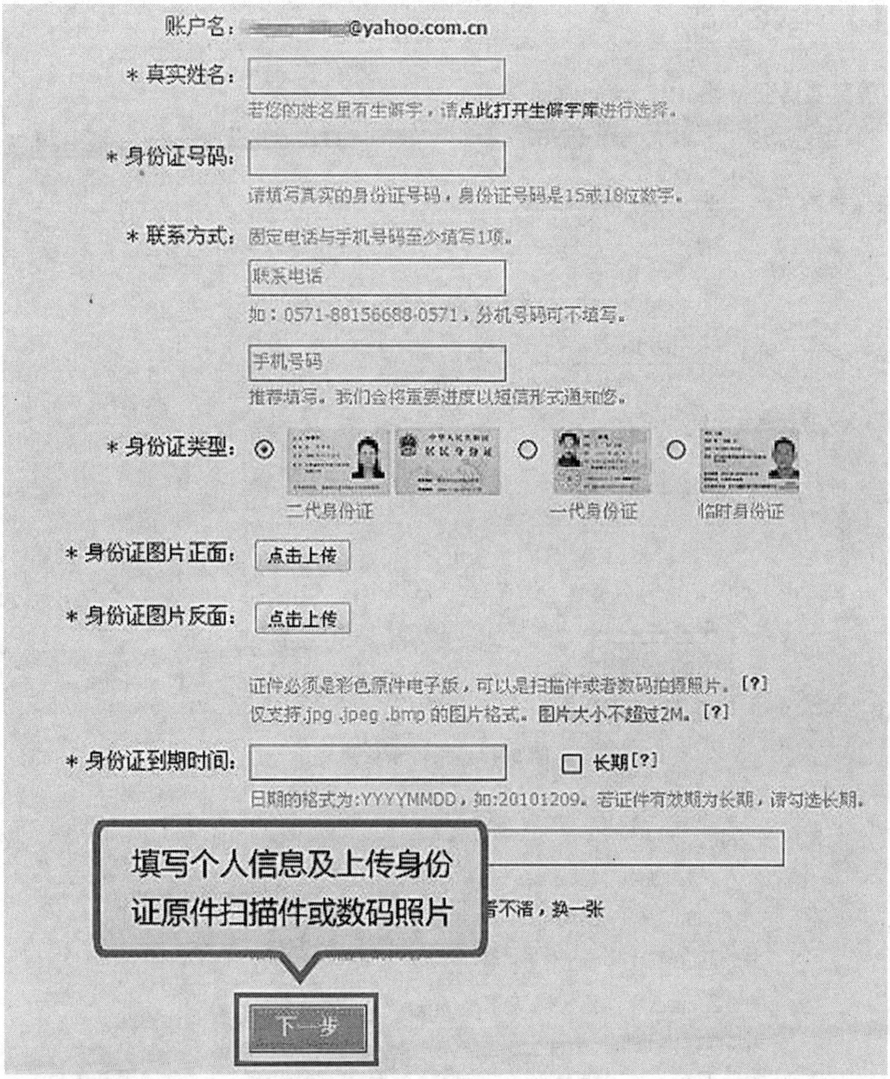


图 5-47 填写个人信息

第七步，填写银行卡信息，如图 5-48 所示。

第八步，确认信息，如图 5-49 所示。

第九步，认证提交成功，如图 5-50 所示。

第十步，通过审核后，认证页面会出现“输入打款金额”的按钮。如图 5-51 所示。

第十一步，确认打款金额，如图 5-52 所示。

第十二步，实名认证成功，如图 5-53 所示。

第十三步，点击“查看详情”，完成“淘宝身份信息认证”，如图 5-54 所示。

第十四步，上传照片，如图 5-55 所示。

第十五步，提交照片认证，如图 5-56 所示。

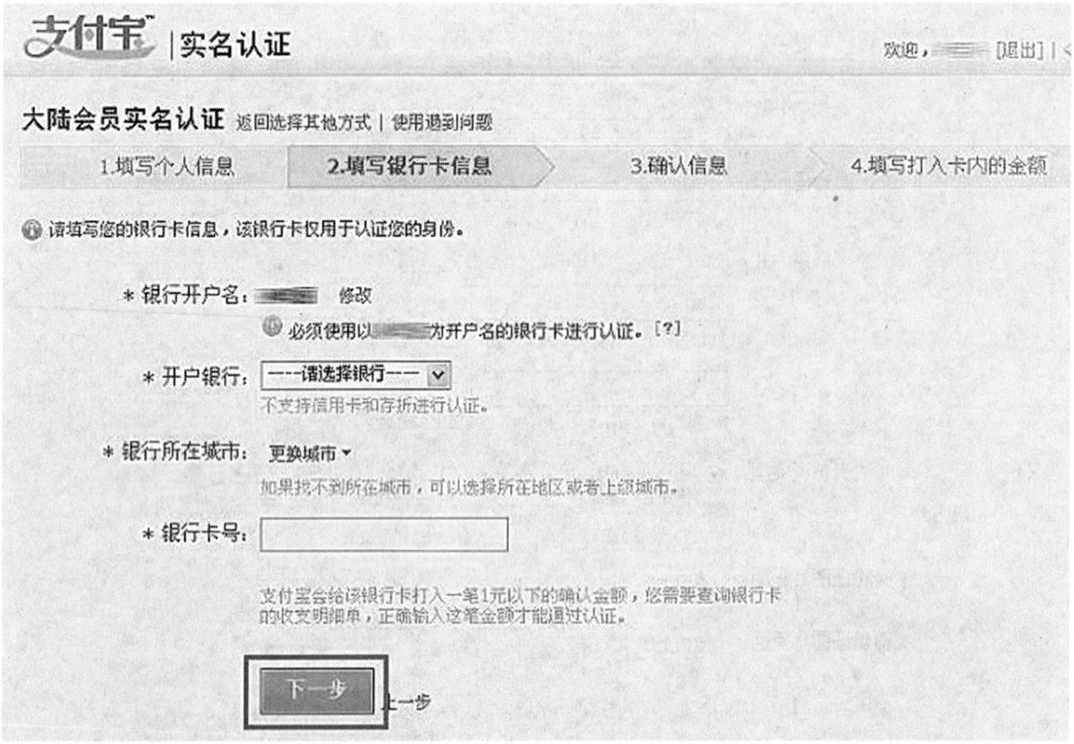


图 5-48 银行卡信息

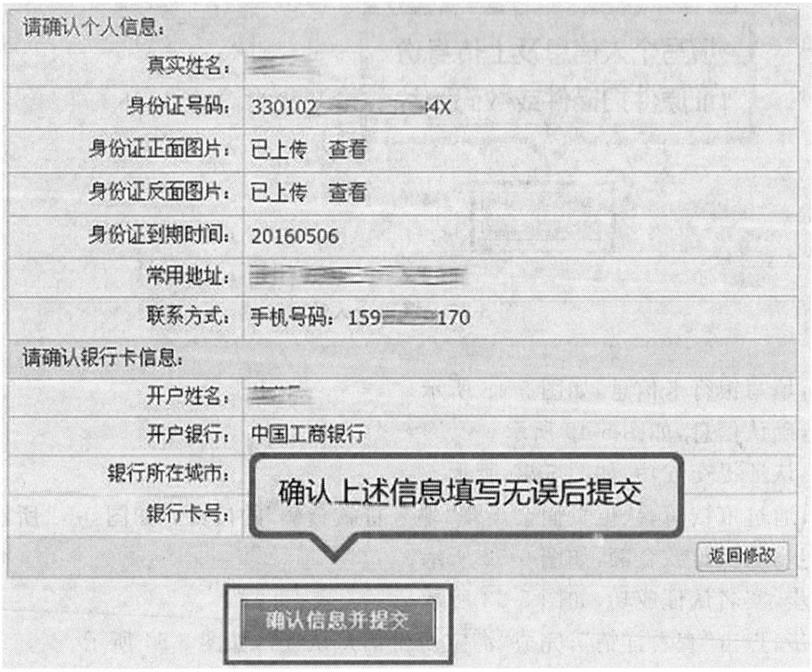


图 5-49 确认信息

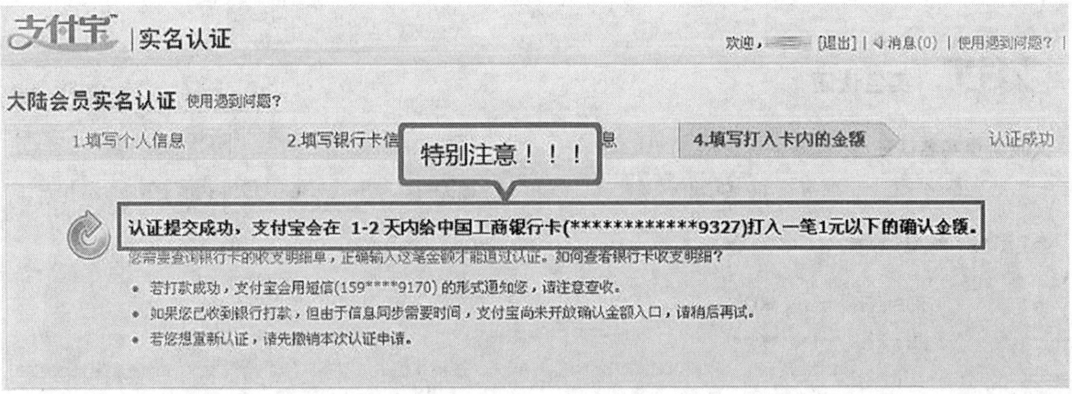
支付宝
实名认证
大陆会员实名认证 使用遇到问题?
1.填写个人信息
4.填写打入卡内的金额
认证成功
特别注意！！！
认证提交成功，支付宝会在 1-2 天内给中国工商银行卡(************9327)打入一笔1元以下的确认金额。
若打款成功，支付宝会用短信(159****9170) 的形式通知您，请注意查收。
如果您已收到银行打款，但由于信息同步需要时间，支付宝尚未开放确认金额入口，请稍后再试。
若您想重新认证，请先撤销本次认证申请。

图 5-50　认证提交成功

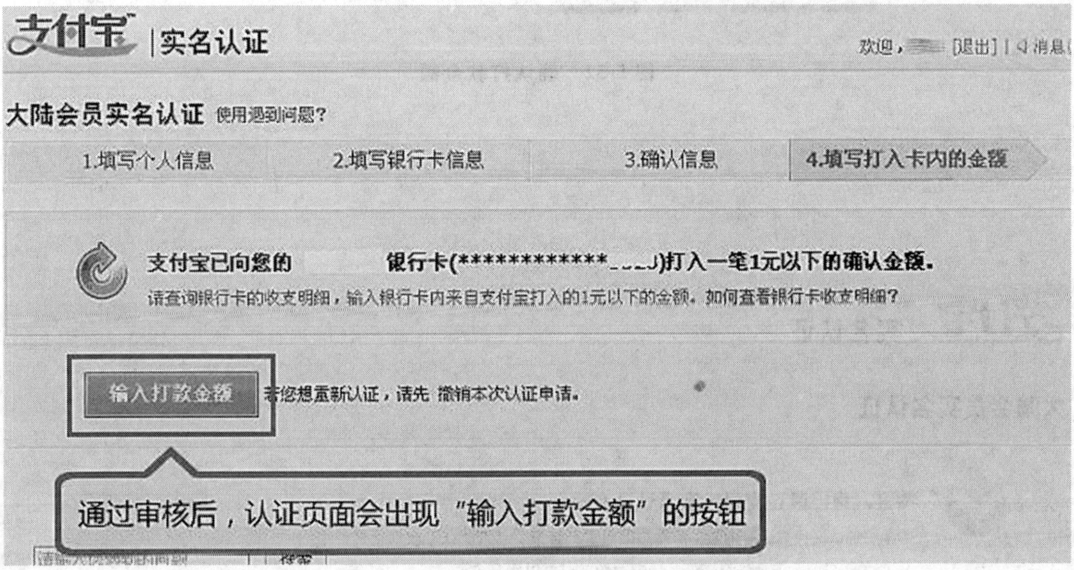
支付宝
实名认证
大陆会员实名认证 使用遇到问题?
1.填写个人信息
2.填写银行卡信息
3.确认信息
4.填写打入卡内的金额
请查询银行卡的收支明细，输入银行卡内来自支付宝打入的1元以下的金额。如何查看银行卡收支明细?
输入打款金额
若您想重新认证，请先 撤销本次认证申请。
通过审核后，认证页面会出现"输入打款金额"的按钮

图 5-51　输入打款金额

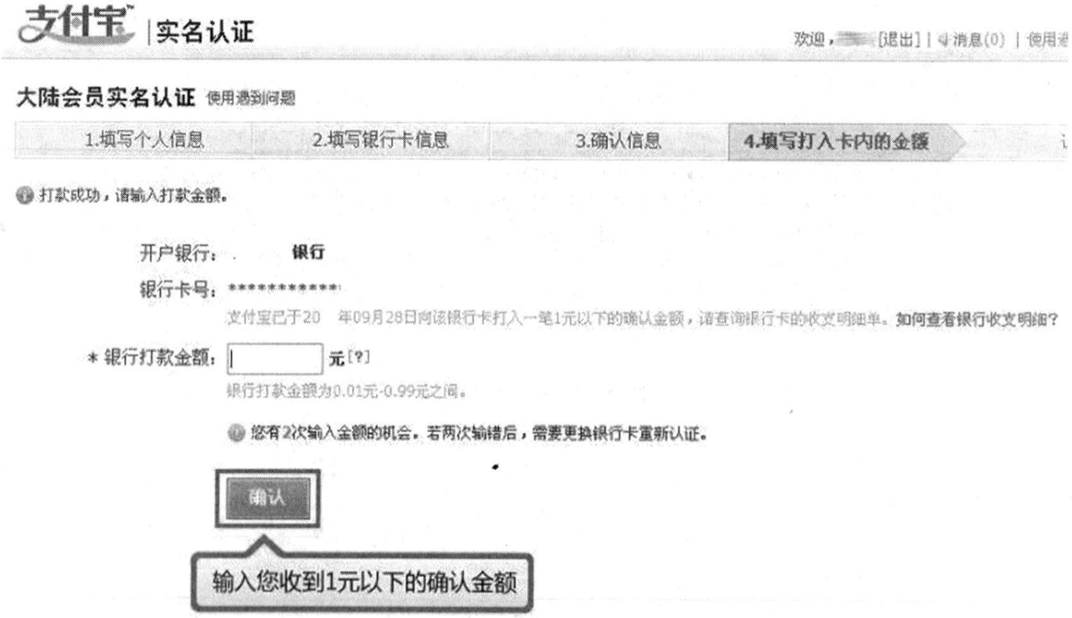
支付宝 实名认证
欢迎， [退出] | 消息(0) | 使用
大陆会员实名认证 使用遇到问题
1.填写个人信息
2.填写银行卡信息
3.确认信息
4.填写打入卡内的金额
打款成功，请输入打款金额。
开户银行： 银行
银行卡号： ************
支付宝已于20 年09月28日向该银行卡打入一笔1元以下的确认金额，请查询银行卡的收支明细单。如何查看银行收支明细？
* 银行打款金额： 元[?]
银行打款金额为0.01元-0.99元之间。
您有2次输入金额的机会。若两次输错后，需要更换银行卡重新认证。
确认
输入您收到1元以下的确认金额

图 5-52 确认打款金额

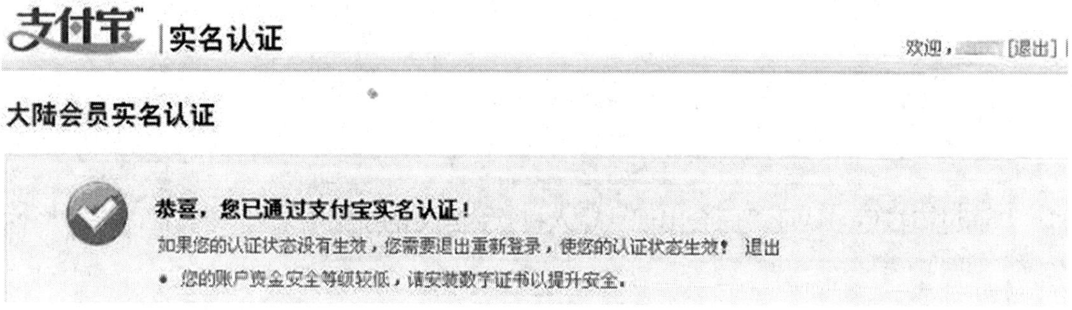
支付宝 实名认证
欢迎， [退出]
大陆会员实名认证
恭喜，您已通过支付宝实名认证！
如果您的认证状态没有生效，您需要退出重新登录，使您的认证状态生效！ 退出
您的账户资金安全等级较低，请安装数字证书以提升安全。

图 5-53 实名认证成功

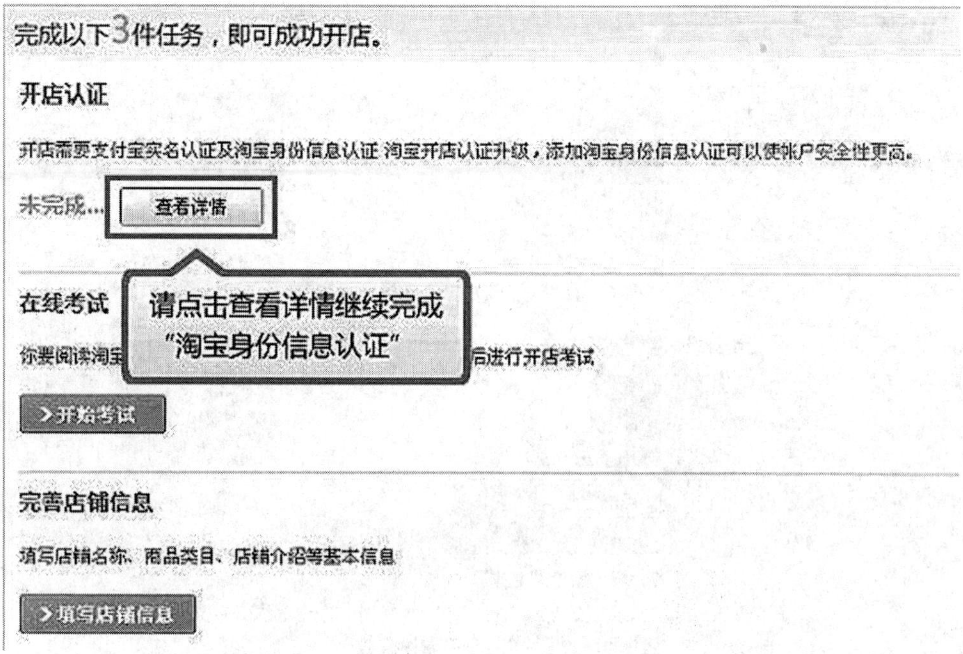
完成以下3件任务，即可成功开店。
开店认证
开店需要支付宝实名认证及淘宝身份信息认证 淘宝开店认证升级，添加淘宝身份信息认证可以使帐户安全性更高。
未完成...
查看详情
请点击查看详情继续完成
“淘宝身份信息认证”
在线考试
后进行开店考试
开始考试
完善店铺信息
填写店铺名称、商品类目、店铺介绍等基本信息
填写店铺信息

图 5-54　完成任务

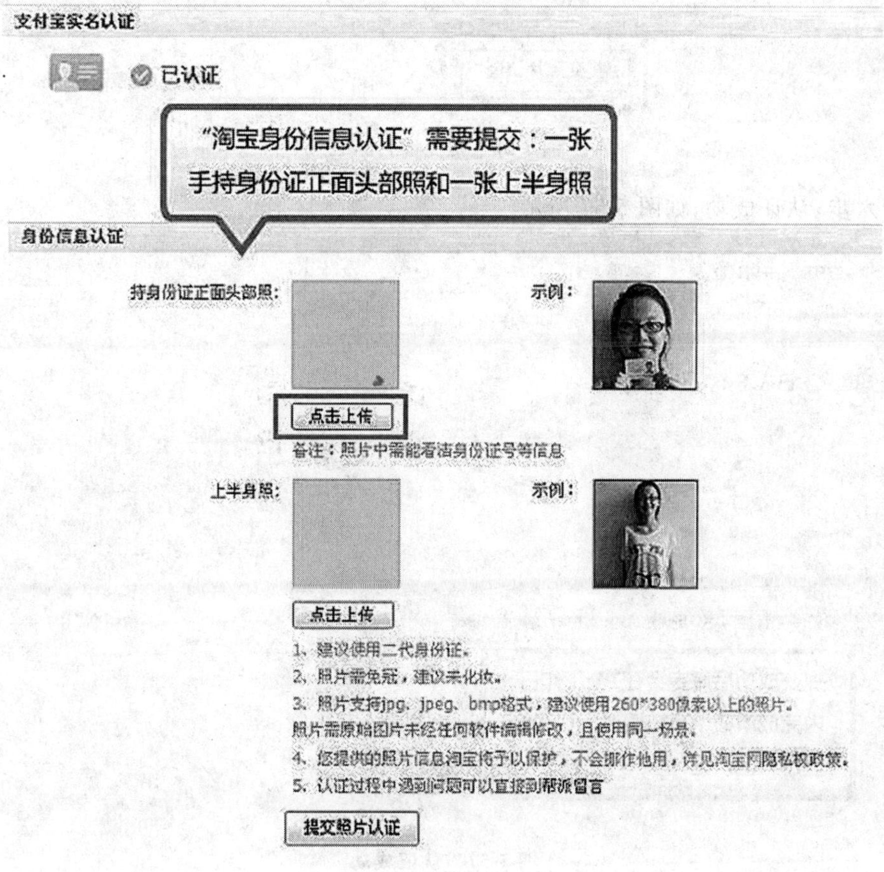
支付宝实名认证
已认证
“淘宝身份信息认证”需要提交：一张
手持身份证正面头部照和一张上半身照
身份信息认证
持身份证正面头部照：
示例：
点击上传
备注：照片中需能看清身份证号等信息
上半身照：
示例：
点击上传
1、建议使用二代身份证。
2、照片需免冠，建议未化妆。
3、照片支持jpg、jpeg、bmp格式，建议使用260*380像素以上的照片。
照片需原始图片未经任何软件编辑修改，且使用同一场景。
4、您提供的照片信息淘宝将予以保护，不会挪作他用，详见淘宝网隐私权政策。
5、认证过程中遇到问题可以直接到帮派留言
提交照片认证

图 5-55　上传照片

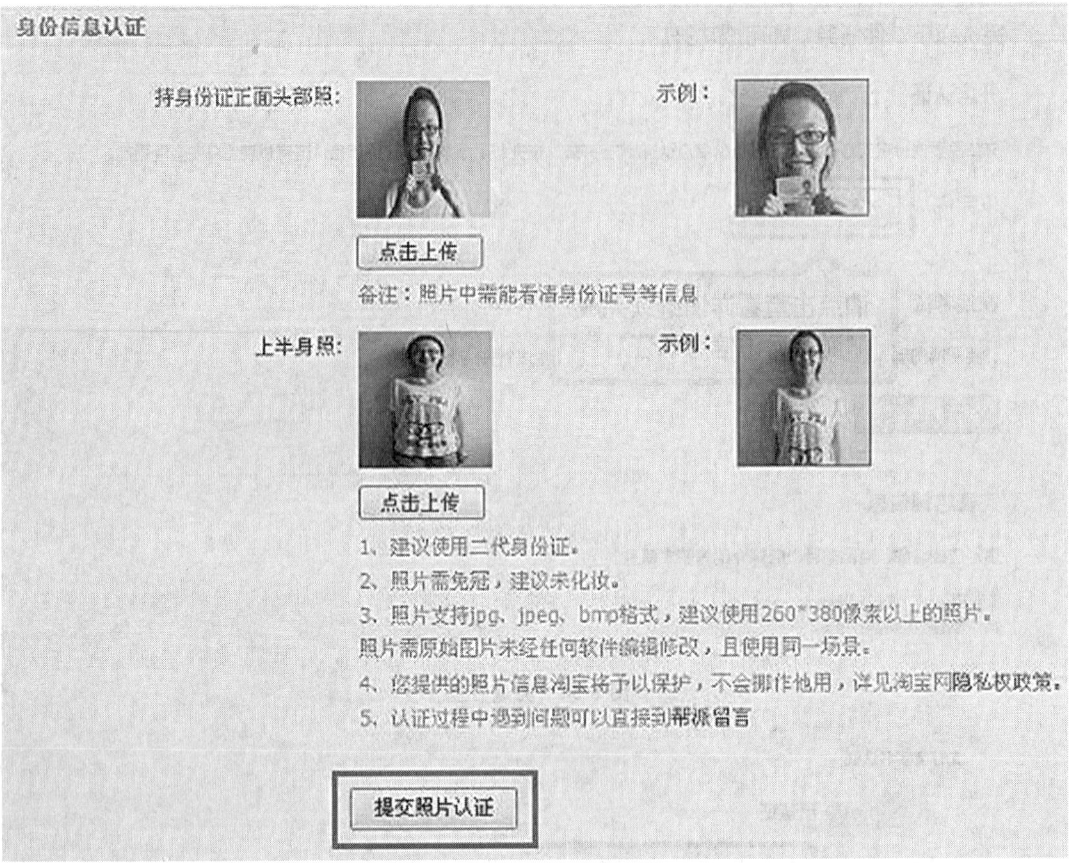
身份信息认证
持身份证正面头部照：
示例：
点击上传
备注：照片中需能看清身份证号等信息
上半身照：
示例：
点击上传
1、建议使用二代身份证。
2、照片需免冠，建议未化妆。
3、照片支持jpg、jpeg、bmp格式，建议使用260*380像素以上的照片。
照片需原始图片未经任何软件编辑修改，且使用同一场景。
4、您提供的照片信息淘宝将予以保护，不会挪作他用，详见淘宝网隐私权政策。
5、认证过程中遇到问题可以直接到帮派留言
提交照片认证

图 5-56 提交照片认证

第十六步，认证成功，如图 5-57 所示。

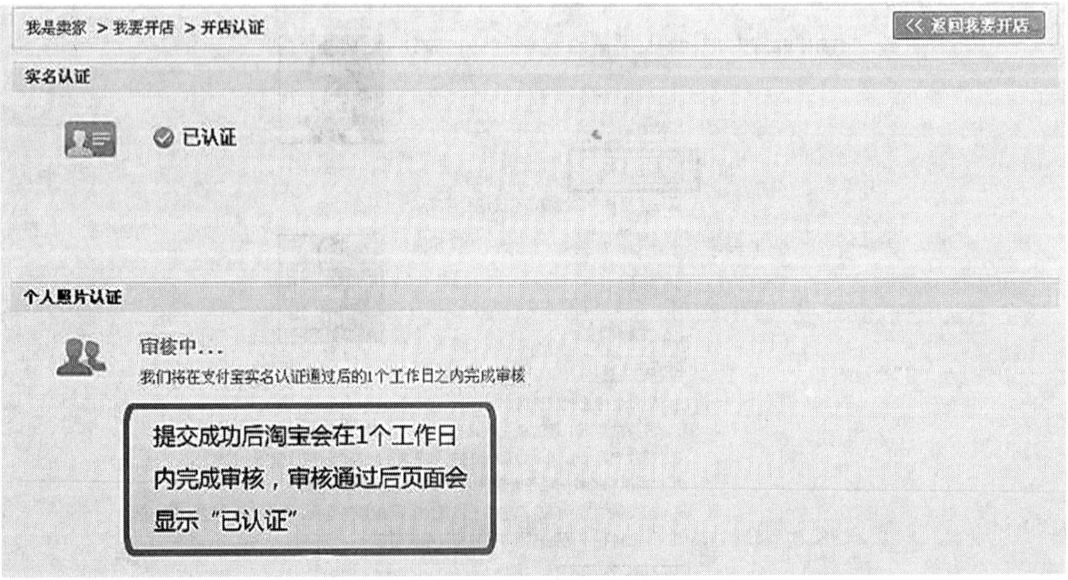
我是卖家 > 我要开店 > 开店认证
<< 返回我要开店
实名认证
已认证
个人照片认证
审核中...
我们将在支付宝实名认证通过后的1个工作日之内完成审核
提交成功后淘宝会在1个工作日
内完成审核，审核通过后页面会
显示"已认证"

图 5-57 认证成功

## (二)开店任务

考试及店铺设置。

第一步,参加开店考试,如图 5-58 所示。

第二步,进行考试,如图 5-59 所示。

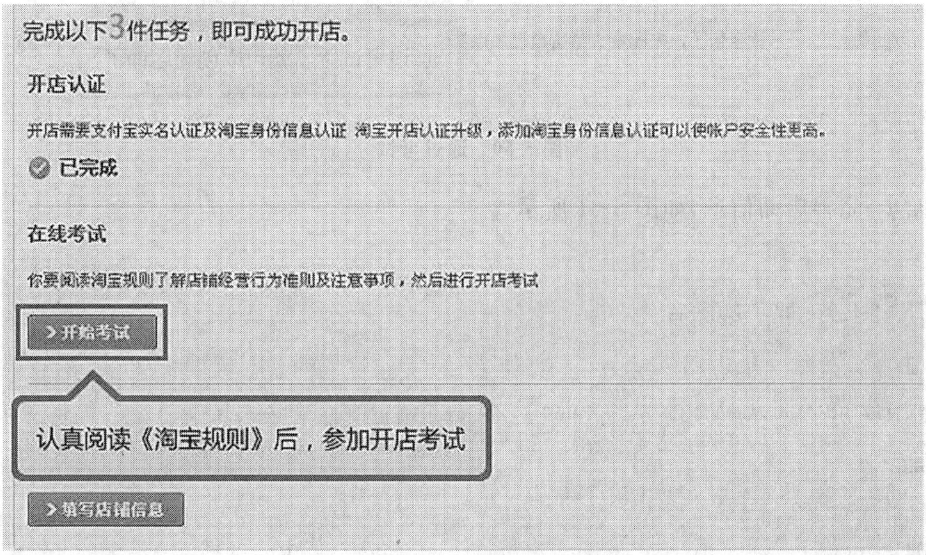
完成以下3件任务，即可成功开店。
开店认证
开店需要支付宝实名认证及淘宝身份信息认证 淘宝开店认证升级，添加淘宝身份信息认证可以使帐户安全性更高。
已完成
在线考试
你要阅读淘宝规则了解店铺经营行为准则及注意事项，然后进行开店考试
>开始考试
认真阅读《淘宝规则》后，参加开店考试
>填写店铺信息

图 5-58　完成任务

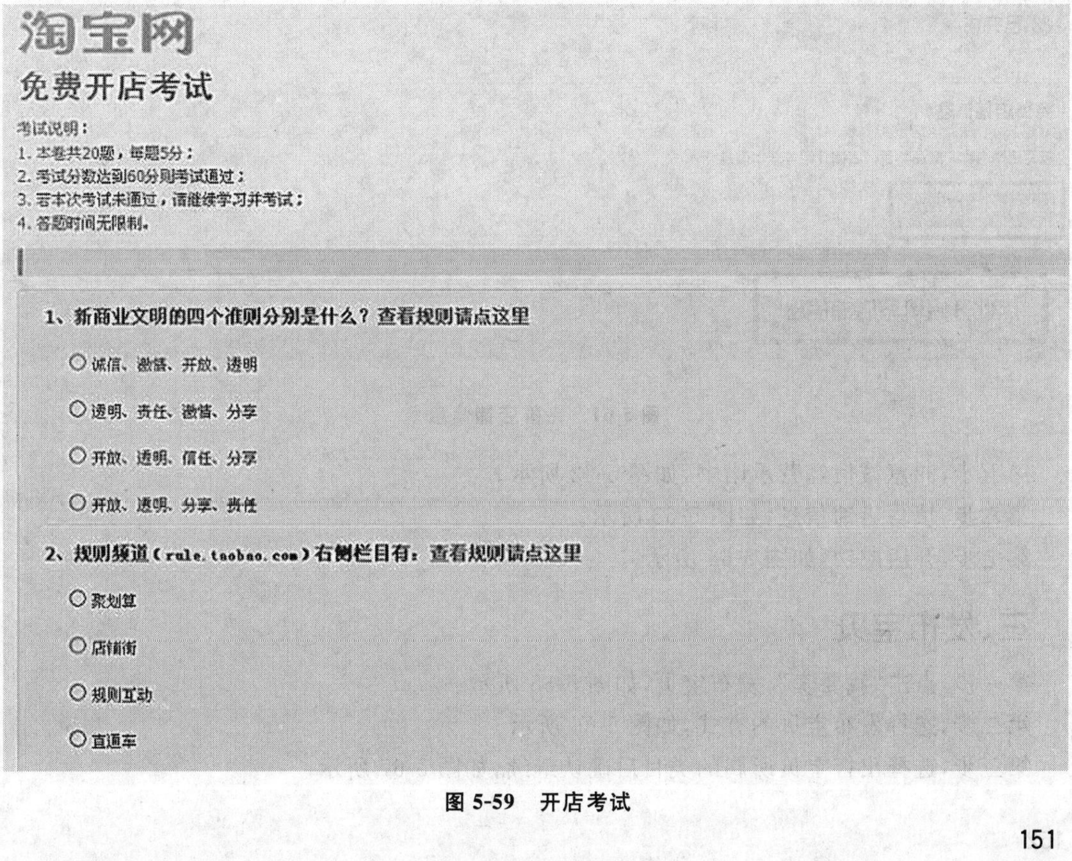
淘宝网
免费开店考试
考试说明：
1. 本卷共20题，每题5分；
2. 考试分数达到60分则考试通过；
3. 若本次考试未通过，请继续学习并考试；
4. 答题时间无限制。
1、新商业文明的四个准则分别是什么？查看规则请点这里
诚信、激情、开放、透明
透明、责任、激情、分享
开放、透明、信任、分享
开放、透明、分享、责任
2、规则频道（rule.taobao.com）右侧栏目有：查看规则请点这里
聚划算
店铺街
规则互动
直通车

图 5-59　开店考试

第三步，通过考试后，就可以创建店铺了，如图 5-60 所示。

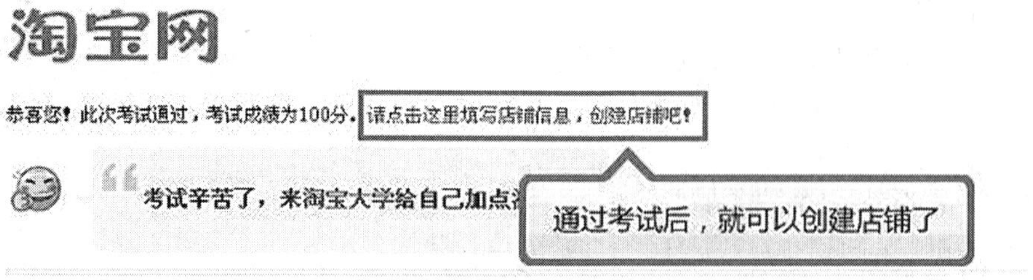
淘宝网
恭喜您！此次考试通过，考试成绩为100分。请点击这里填写店铺信息，创建店铺吧！
考试辛苦了，来淘宝大学给自己加点
通过考试后，就可以创建店铺了

图 5-60　通过考试

第四步，完善店铺信息，如图 5-61 所示。

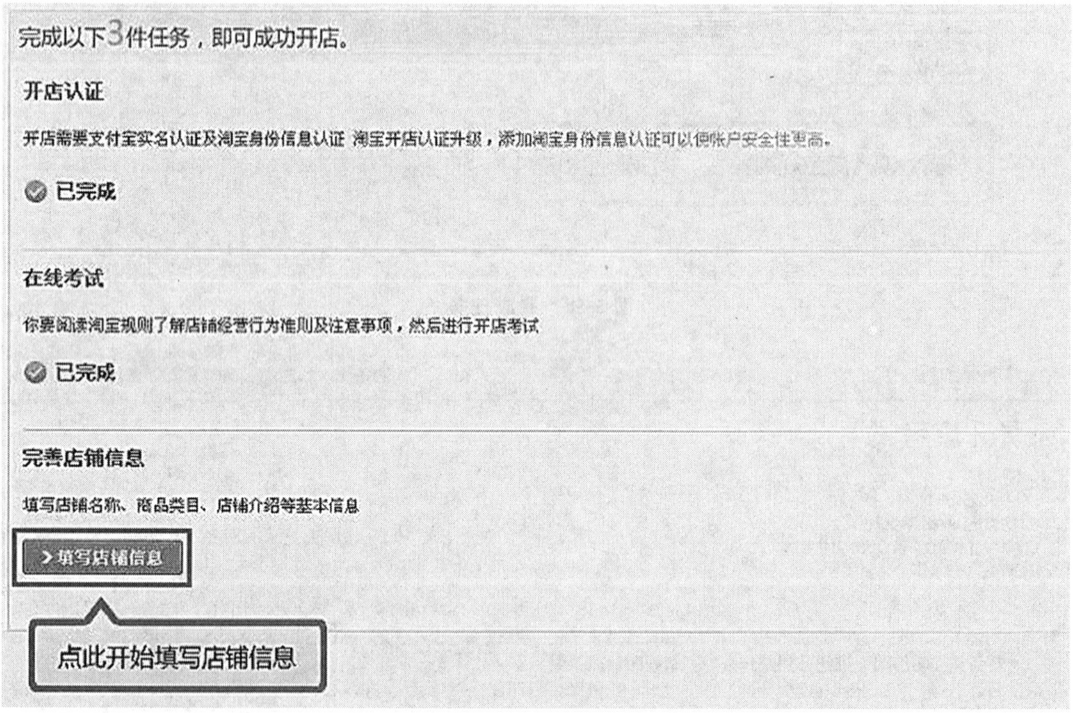
完成以下3件任务，即可成功开店。
开店认证
开店需要支付宝实名认证及淘宝身份信息认证 淘宝开店认证升级，添加淘宝身份信息认证可以使账户安全性更高。
已完成
在线考试
你要阅读淘宝规则了解店铺经营行为准则及注意事项，然后进行开店考试
已完成
完善店铺信息
填写店铺名称、商品类目、店铺介绍等基本信息
> 填写店铺信息
点此开始填写店铺信息

图 5-61　完善店铺信息

第五步，同意诚信经营承诺书，如图 5-62 所示。

第六步，填写店铺信息，如图 5-63 所示。

第七步，开店成功，如图 5-64 所示。

## 三、发布宝贝

第一步，点击“我要卖”，发布宝贝，如图 5-65 所示。

第二步，选择发布宝贝的方式，如图 5-66 所示。

第三步，选择出售宝贝所属的类目后确认继续，如图 5-67 所示。

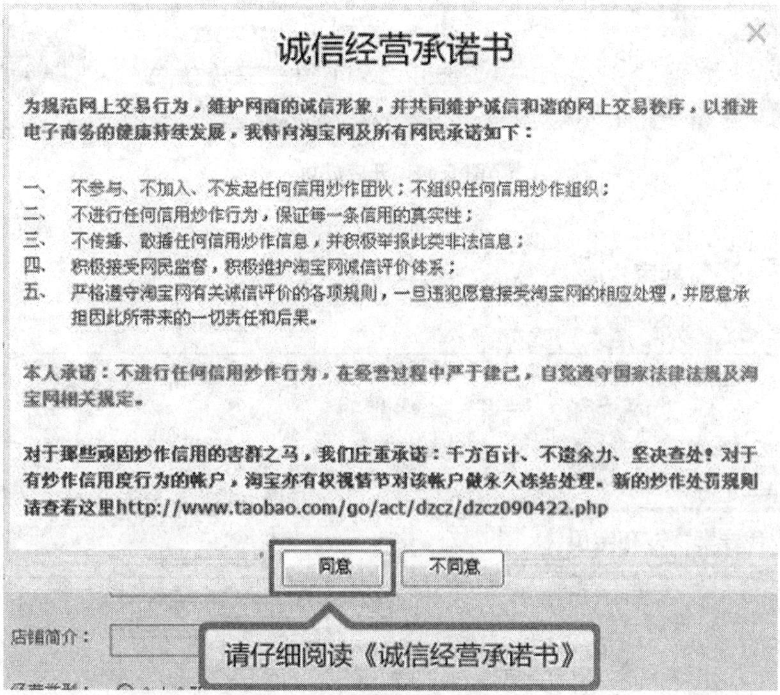
诚信经营承诺书
为规范网上交易行为，维护网商的诚信形象，并共同维护诚信和谐的网上交易秩序，以推进电子商务的健康持续发展，我特向淘宝网及所有网民承诺如下：
一、　不参与、不加入、不发起任何信用炒作团伙；不组织任何信用炒作组织；
二、　不进行任何信用炒作行为，保证每一条信用的真实性；
三、　不传播、散播任何信用炒作信息，并积极举报此类非法信息；
四、　积极接受网民监督，积极维护淘宝网诚信评价体系；
五、　严格遵守淘宝网有关诚信评价的各项规则，一旦违犯愿意接受淘宝网的相应处理，并愿意承担因此所带来的一切责任和后果。
本人承诺：不进行任何信用炒作行为，在经营过程中严于律己，自觉遵守国家法律法规及淘宝网相关规定。
对于那些顽固炒作信用的害群之马，我们庄重承诺：千方百计、不遗余力、坚决查处！对于有炒作信用度行为的帐户，淘宝亦有权视情节对该帐户做永久冻结处理。新的炒作处罚规则请查看这里http://www.taobao.com/go/act/dzcz/dzcz090422.php
同意
不同意
店铺简介：
请仔细阅读《诚信经营承诺书》

图 5-62　诚信经营承诺书

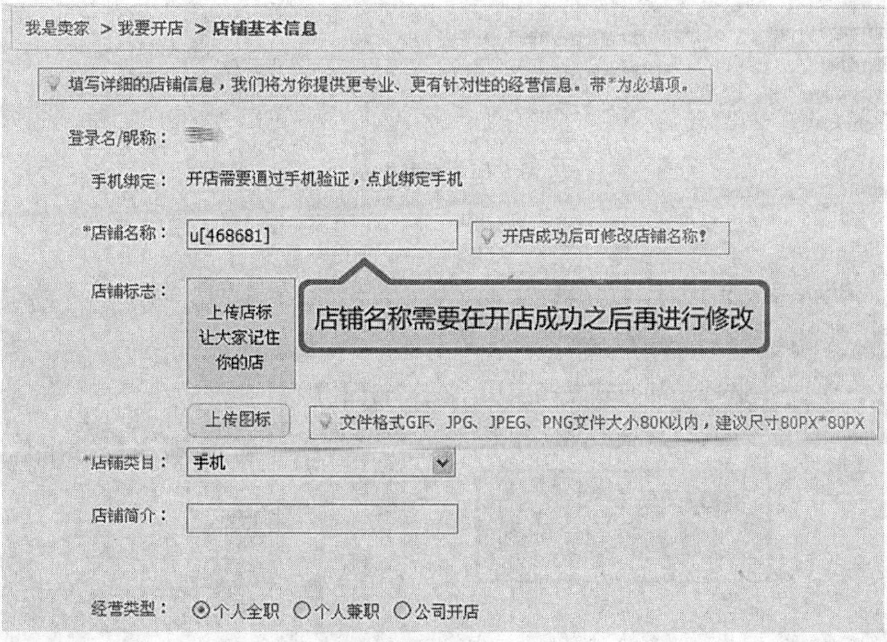
我是卖家 > 我要开店 > 店铺基本信息
填写详细的店铺信息，我们将为你提供更专业、更有针对性的经营信息。带*为必填项。
登录名/昵称：
手机绑定：　开店需要通过手机验证，点此绑定手机
*店铺名称：　u[468681]
开店成功后可修改店铺名称？
店铺标志：
上传店标
让大家记住
你的店
店铺名称需要在开店成功之后再进行修改
上传图标
文件格式GIF、JPG、JPEG、PNG文件大小80K以内，建议尺寸80PX*80PX
*店铺类目：　手机
店铺简介：
经营类型：　个人全职　个人兼职　公司开店

图 5-63　填写店铺信息

图 5-64　开店成功

图 5-65　卖家中心

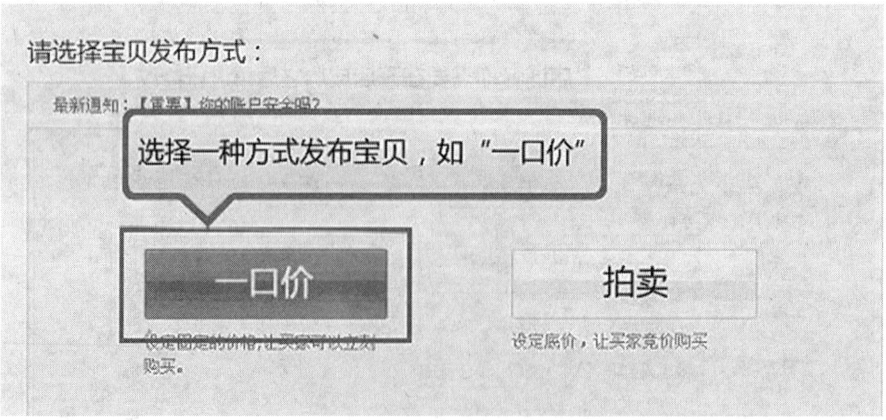


图 5-66　选择发布宝贝的方式

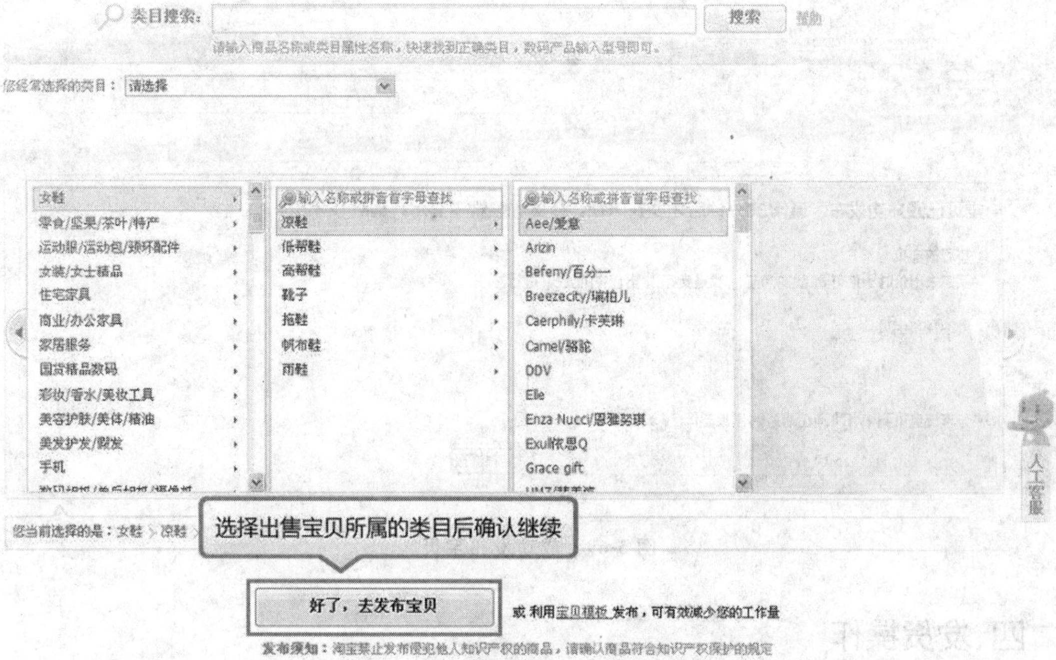


图 5-67　选择出售宝贝所属的类目

第四步，填写宝贝基本信息，如图 5-68 所示。

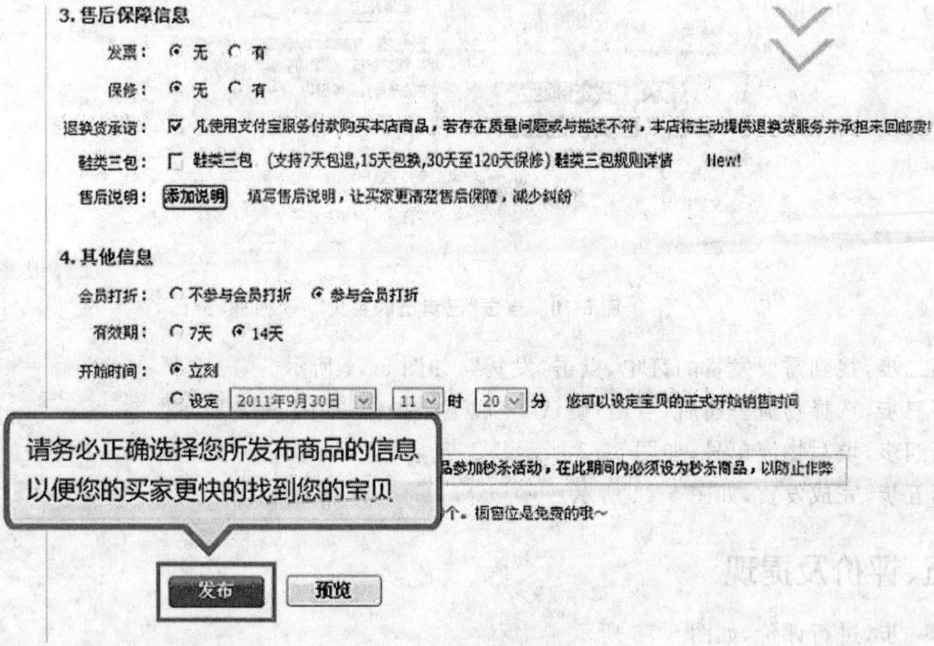


图 5-68　填写宝贝基本信息

第五步，成功发布宝贝，如图 5-69 所示。

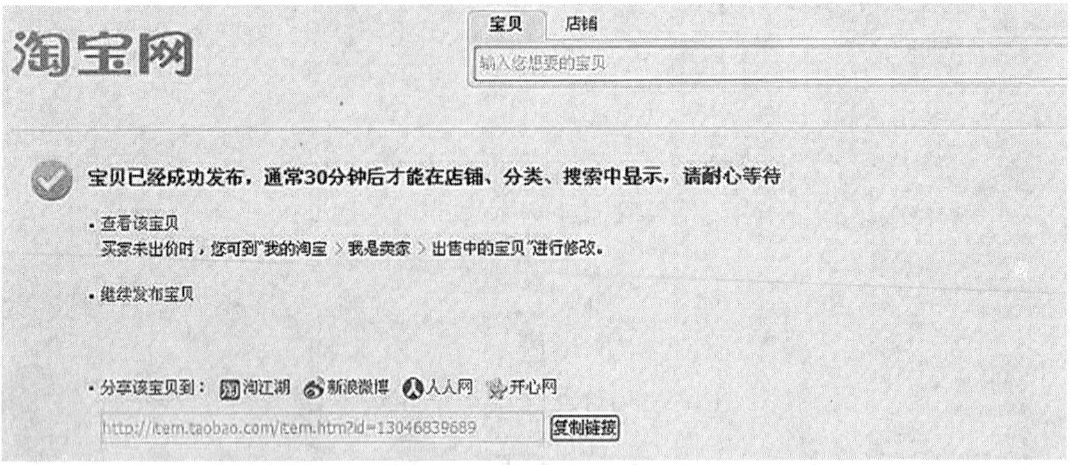


图 5-69　成功发布宝贝

## 四、发货操作

第一步，登录"我的淘宝"，点击"已卖出的宝贝"，如图 5-70 所示。

图 5-70　点击"已卖出的宝贝"

第二步，找到需要发货的订单，点击"发货"，如图 5-71 所示。
第三步，选择物流公司后，点击"确认"完成下单操作，如图 5-72 所示。
第四步，填写物流单号，如图 5-73 所示。
第五步，完成发货，如图 5-74 所示。

## 五、评价及提现

第一步，进行评价，如图 5-75 所示。

找到需要发货的订单，
点击"发货"

图 5-71　发货

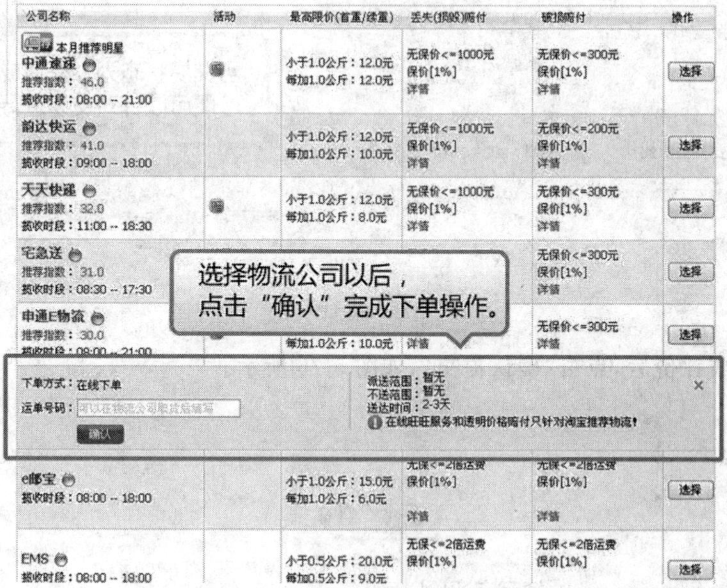
选择物流公司以后，
点击"确认"完成下单操作。

图 5-72　选择物流公司

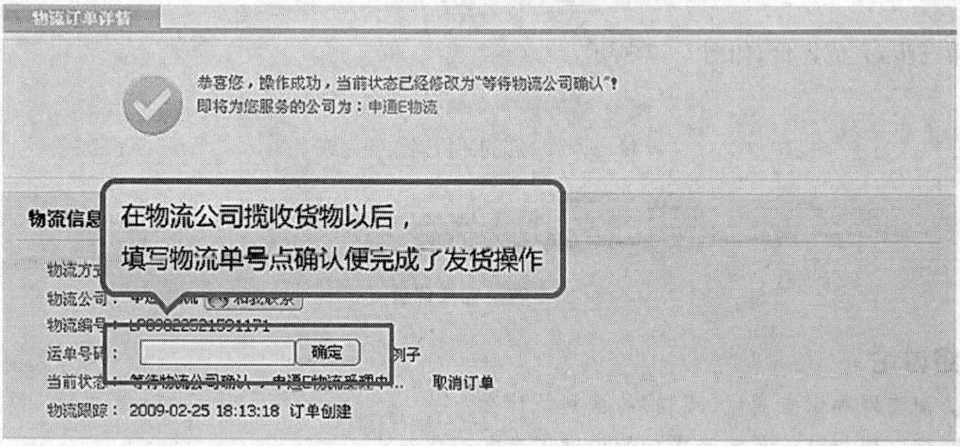
在物流公司揽收货物以后，
填写物流单号点确认便完成了发货操作

图 5-73　填写物流单号

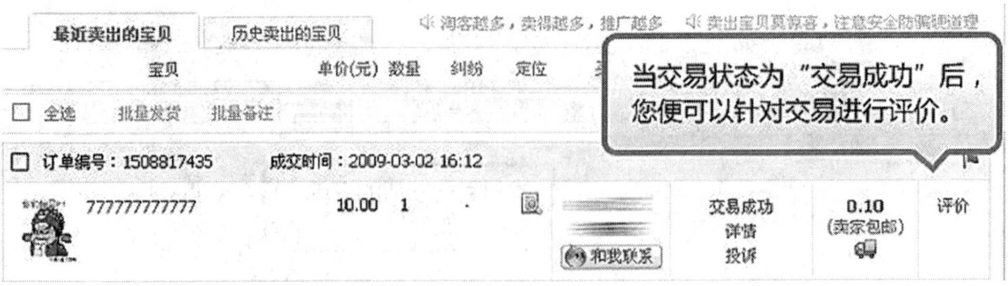


图 5-74　完成发货

图 5-75　进行评价

第二步，完成评价后，点击“确认提交”，如图 5-76 所示。

图 5-76　填写评价

第三步，完成评价，如图 5-77 所示。

图 5-77　完成评价

## ◆分组讨论

1. 淘宝网和淘宝商城（天猫）的区别是什么？

2. 淘宝网相对于易趣网成功的关键因素有哪些？

3. 请结合实际购物经验，讨论在淘宝网上选购商品的购物技巧，以及如何避免网上购物上当受骗。

## ◈业务技能训练 1

小王在某公司办公室工作，由于业务发展需要，办公室主任安排他近日购买一台激光打印机，并要求能够双面打印，价位在 2 000 元～3 000 元。小王利用其在学校所学的专业知识和技能先通过网络进行信息搜集，然后有针对性地对当地电子产品市场实地考察，货比三家，小王最终在淘宝网上购买了一款性价比较高、售后服务完善的激光打印机，获得了办公室主任的表扬。

1. 请分别选择淘宝网、京东商城、中关村在线等网站了解各种激光打印机的性能、价格、经销商、售后服务等情况。

2. 请体验在淘宝网购物的整个交易流程。

## ◈业务技能训练 2

小张看到身边的朋友纷纷到网上购物，也产生了跃跃欲试的想法，想体验网购的方便快捷的生活乐趣，于是他想从"零"开始学习网上购物的知识，逐步积累了一些网上购物的经验和技巧，并在时机成熟时体验做网店老板，用诚实和努力证明自己的能力，收获劳动成果。

1. 请选择淘宝网或拍拍网，两人一组分别角色扮演交易双方，完成交易的所有环节，如注册、下单、洽谈、支付、物流等。

2. 在淘宝网完成网店开店的过程，对店铺进行简单装修，发布 10 件以上的商品，并完成第一笔交易。

随着全球电子商务的蓬勃发展，作为电子商务基础的在线电子支付方式愈发显示其重要性。虽然电子商务亦可能通过传统支付方式进行清算，如货到付款、银行支票、邮政汇款等，但这些传统支付方式在处理效率、方便易用、安全可靠、运作成本等方面都存在着诸多局限性。而电子钱包、数字现金、网络银行和网上信用卡等电子支付方式显然有着更大的优越性。因为它们比传统的方式更快捷，成本更加低廉，而且实现了对网上购物者来说更加方便的网上支付。这些优势使得传统支付方式正日益为电子支付方式所替代。

# 任务六　网上银行与电子支付

## ◈任务解析

常用的电子支付工具主要有：银行卡在线转账支付、电子现金、电子支票、电子钱包、第三方支付等。本任务主要学习掌握这些常用电子支付工具的申请和使用方法。

## ◈分项任务

子任务 1. 电子钱包等电子支付工具的应用

子任务 2. 网上银行的应用

子任务 3. 第三方支付工具的应用

## ◈能力目标

通过完成本任务，你应该能够：

1. 申请和使用电子钱包等电子支付工具；
2. 申请和使用网上银行；
3. 申请和使用第三方支付工具。

## ◈核心能力

申请和使用电子钱包；申请开通网上银行；网上银行在线支付；第三方支付工具的应用。

## ◈引导性案例

### 手机变电子钱包“刷手机”支付时代不再遥远

最初，手机还只是打打电话、发发短信的联系工具，后来，照相、摄像、mp3 音乐播放等娱乐功能加于其上，“手机生活”逐渐变得丰富多彩起来。而现在，与手机相关联的汽车导航、阅报器、电子购物、线上银行等各类服务更是令人应接不暇。当人们感叹生活越来越便捷的同时，悄然发现手机渐渐步入生活舞台的中心。

如今，手机支付成为几大电信运营商垂涎争抢的大蛋糕。“只带手机不带钱包”的全新生活方式，很快在各大城市普及。

在上海，世博园区已经提供手机刷卡消费，用户使用中国电信推出的两款深度定制“支付手机”——齐乐 P900E、E630(这两款手机均内置了“世博云”软件)能随时收取免费的世博资讯，此外，还能作钱包使用，用户可以用“刷手机”的方式乘坐公交、地铁或进行其他消费。客户持手机在世博园区内外的超市、便利店、商场等“世博商业卡”特约商户的收银POS机上轻轻一刷，就能安全快速地进行付款，享受“刷手机”消费购物的乐趣，真正实现一部手机畅游世博。

在深圳，不少广东移动用户用手机代替交通卡，他们还能在麦当劳和一些便利店、电影院用“刷手机”的方式购买商品。

在北京，手机支付宝“声波支付”自动售货机登陆北京地铁。

……

技术总在不断发展，每个时代都有自己的特色。古代的金银币铜钱，人们要随身携带一堆沉重的金属；POS机时代，人们要满街找POS机；PC时代，我们要随时带着笔记本。而到手机时代，只要带个手机，连钱包都省了。

思考：

1. 什么是电子支付？常用的电子支付工具有哪些？

2. 如何使用这些电子支付工具？

根据中国互联网络信息中心2012年10月发布的《中国网络支付安全状况报告》显示，当前世界正处于新一轮科技革命和产业革命的前夜，以互联网为代表的电子信息产业是当今世界发展的大趋势，也是推动经济社会变革的重要力量。中国互联网产业和应用呈现迅速发展势头，互联网“人口红利”持续释放支撑应用和产业持续增长。截至2012年6月，中国网民数量达到5.38亿人，占世界网民数的1/4，互联网普及率达到39.9%。

中国互联网应用中娱乐功能一直非常突出，随着互联网发展阶段从量升到质变，商务类应用成为新的增长点。长期以来，网络游戏、网络音乐、网络视频成为带动中国网民增长和应用的重要推动应用，产业规模不断增长，成为引领中国互联网产业发展的领头产业。近年来，娱乐类应用在网民互联网生活中的重要性逐步降低，商务类应用呈现迅猛的发展势头，以网络购物、网上支付、网上银行为代表的交易类应用用户规模高速增长，在网民中的渗透率逐步上升，中国网民网络生活的重心已经由单纯信息获取、媒体娱乐转向商务等高级应用，中国互联网产业发展进入到了商务化阶段，如图6-1所示。

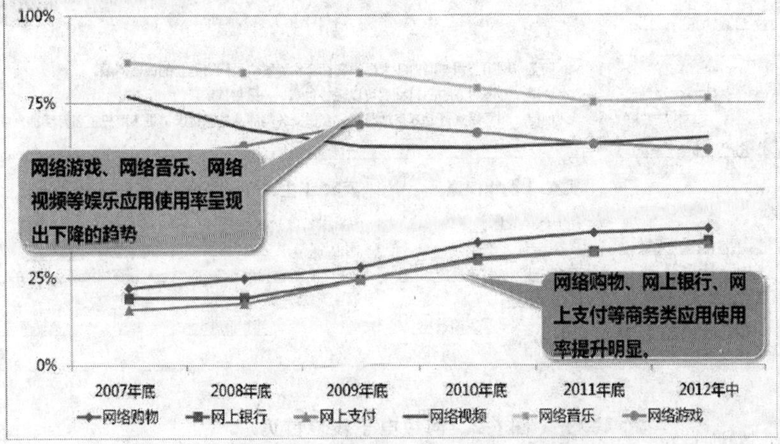


图6-1　网民互联网生活应用使用情况

在传统经济社会，实现资金交付功能的银行等金融体系是市场运行的纽带；在网络经济时代，包括传统银行、第三方支付机构在内的线上支付服务体系形成关键性通路，是新经济时代的命脉。随着越来越多的衣食住行服务通过线上渠道进行资金的交付，网上支付已经成为支撑线上商务、零售、预订、教育医疗等的综合服务平台。第三方支付企业，特别是线上第三方支付企业将先进的信息技术与支付服务充分结合，弥补了传统商业银行在线上资金处理效率、信息流整合以及个性化服务等方面的不足，成为网络经济时代金融服务体系日益重要的组成部分。

目前，我国的电子支付市场处于快速发展时期。第三方支付交易额年年保持翻番增长，应用行业的渗透率不断提高。从网络购物到网上转账、还贷、缴费、买保险、订机票、订酒店，电子支付已渗透到人们生活的方方面面。

# 子任务 1　电子钱包等电子支付工具的应用

以网银在线电子钱包为例，具体介绍如何申请和使用电子钱包。

## 一、申请网银在线电子钱包

1. 登录站点

登录网银在线的电子钱包站点 https://qianbao.chinabank.com.cn/menu/_home.htm，如图 6-2 所示。

图 6-2　网银电子钱包首页

2. 注册

单击图 6 - 2 中左侧“登录网银钱包”下的“用户注册”链接，进入用户注册界面，如图 6-3 所示。

**图 6-3　填写注册信息**

①输入 E-mail 地址和登录密码，网银钱包的登录名为 E-mail 地址。

②设置登录问候语、安全问题和安全答案。

③如果是个人注册，单击注册界面中的“个人”按钮；如果是企业注册，就单击“公司”按钮。这里以个人注册为例，输入姓名、性别、证件类型、证件号码和联系电话。

④阅读用户协议并输入验证码，单击“同意以上协议并注册”按钮。

3. 激活

进入显示注册成功的界面，如图 6-4 所示。

进入到注册时填写的电子邮箱，进行激活网银钱包操作，单击电子邮件中的“单击此处”超链接，进入网银钱包界面。

在进入的网银钱包界面中，输入网银电子钱包的登录密码（在注册时已经设定），单击“确定”按钮即可。

如果密码输入正确，页面会弹出“您的电子邮件 * * * 已经确认”的通知，这表示网银电子钱包注册成功。

## 二、登录网银在线电子钱包

1. 登录网页

打开网银在线电子钱包的首页，在左上角输入登录名、登录密码、校验码进行电子钱包的登录。

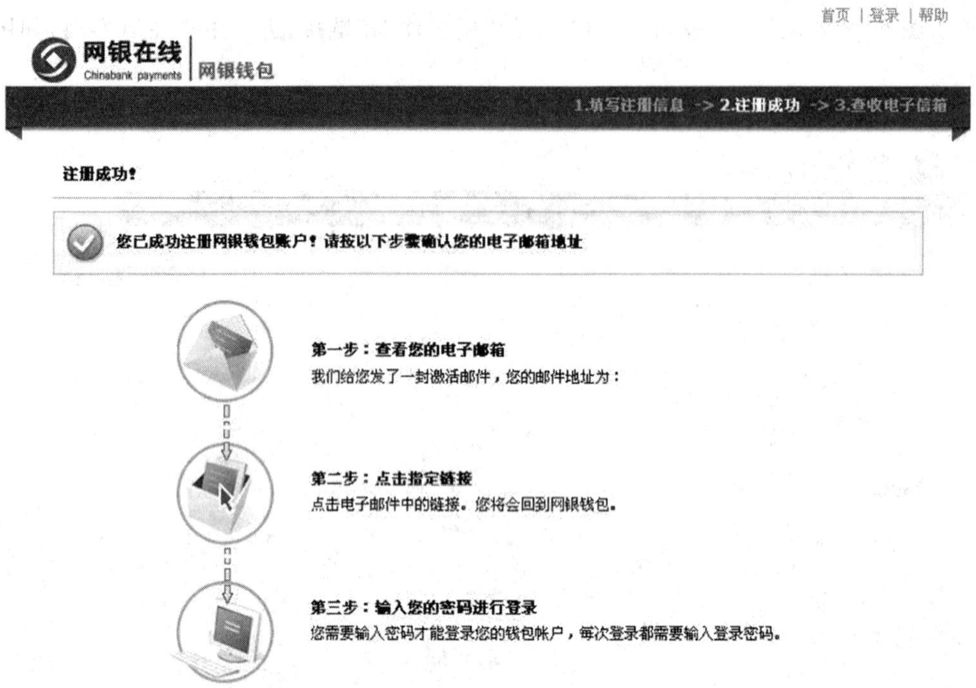


图 6-4　网银电子钱包注册成功

2. 设置密码

第一次登录网银电子钱包时，网站会让用户设置自己的支付密码，如图 6-5 所示，为了安全，注意支付密码不要和先前设置的登录密码相同。

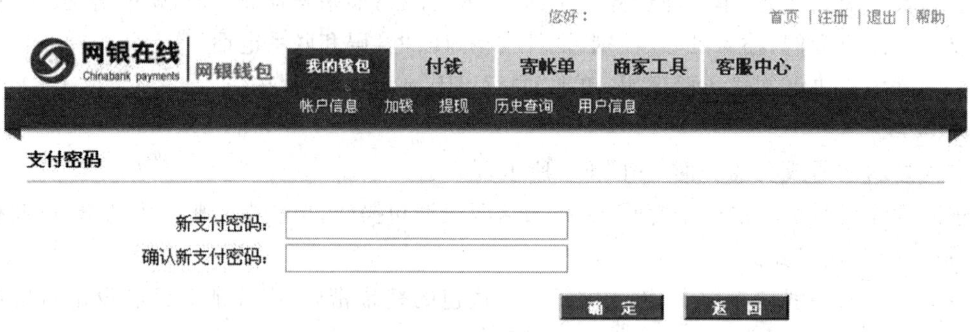


图 6-5　设置支付密码

## 三、使用网银在线电子钱包

注册拥有了网银电子钱包，登录后，就可以使用电子钱包的各项功能，从目前情况来看，网银电子钱包共有以下几个功能：我的钱包、付款、寄账单、商家工具和客服中心等。

1. 我的钱包

单击进入"我的钱包"页面,用户可以进行以下操作。

查询账户信息,包括近期交易查询和账目查询,如图 6-6 所示。

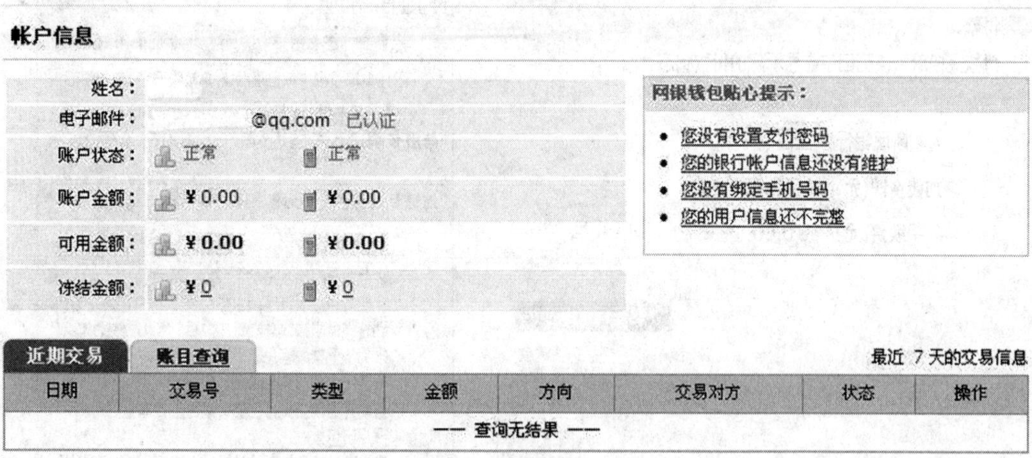


图 6-6　查询账户信息

(1)进行加钱的操作　加钱流程如图 6-7 所示。

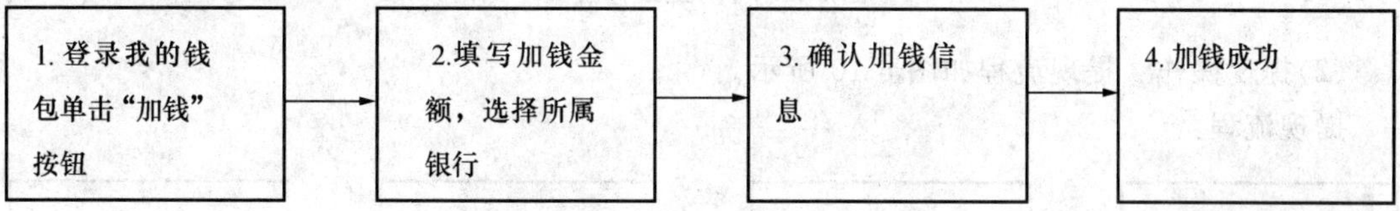


图 6-7　加钱流程

所谓加钱,实际上是把银行账户中的钱转移到网银电子钱包中。填写好要充值的金额,选择网银电子钱包所支付的网上银行即可,如图 6-8 所示。

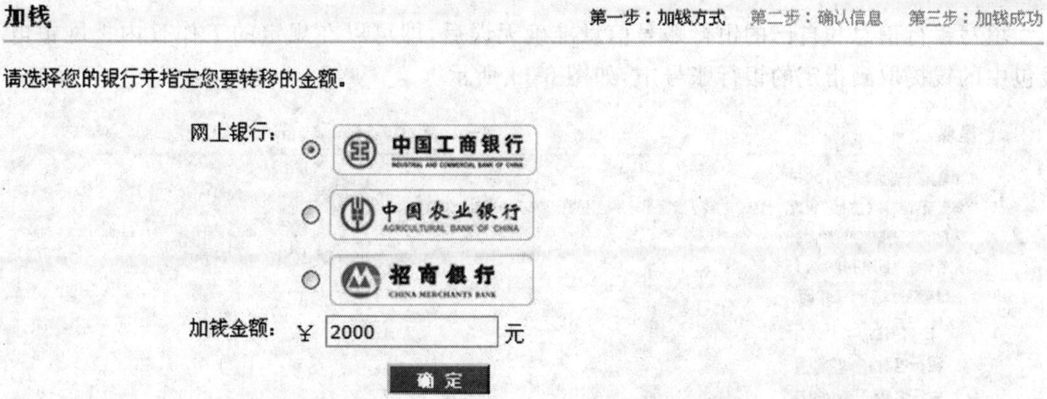


图 6-8　加钱

在接下来弹出的确认窗口中,如图 6-9 所示,单击"转至网上银行"按钮,进入到相应的网上银行进行付款,即可把钱充值到网银电子钱包中。

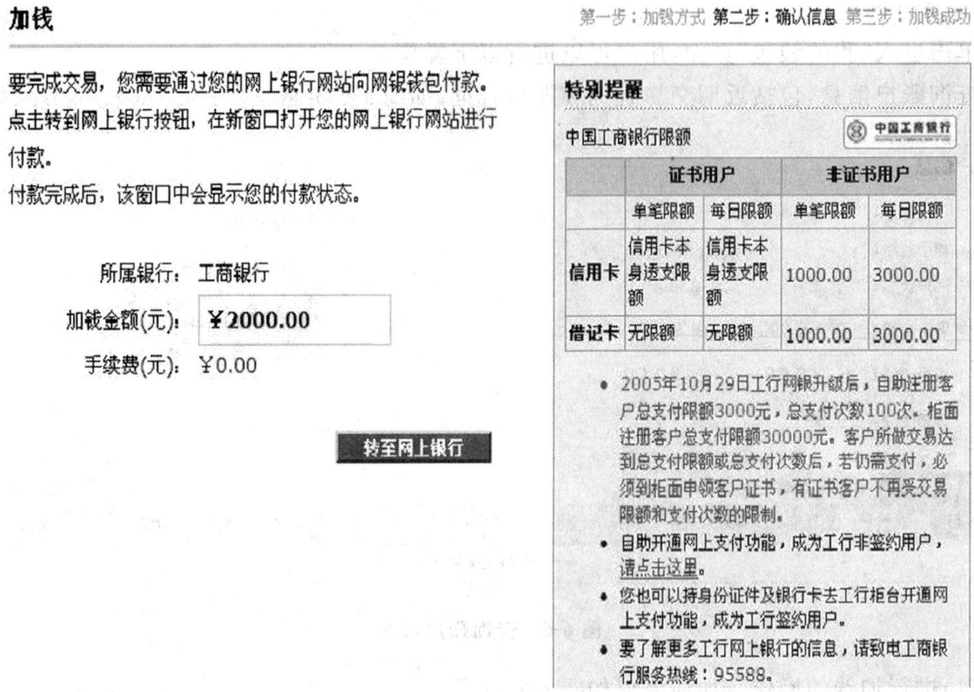
加钱
第一步：加钱方式 第二步：确认信息 第三步：加钱成功
要完成交易，您需要通过您的网上银行网站向网银钱包付款。
点击转到网上银行按钮，在新窗口打开您的网上银行网站进行付款。
付款完成后，该窗口中会显示您的付款状态。
所属银行：工商银行
加钱金额(元)：￥2000.00
手续费(元)：￥0.00
转至网上银行
特别提醒
中国工商银行限额
证书用户
非证书用户
单笔限额
每日限额
单笔限额
每日限额
信用卡 信用卡本身透支限额 信用卡本身透支限额 1000.00 3000.00
借记卡 无限额 无限额 1000.00 3000.00
2005年10月29日工行网银升级后，自助注册客户总支付限额3000元，总支付次数100次。柜面注册客户总支付限额30000元。客户所做交易达到总支付限额或总支付次数后，若仍需支付，必须到柜面申领客户证书，有证书客户不再受交易限额和支付次数的限制。
自助开通网上支付功能，成为工行非签约用户，请点击这里。
您也可以持身份证件及银行卡去工行柜台开通网上支付功能，成为工行签约用户。
要了解更多工行网上银行的信息，请致电工商银行服务热线：95588。

图 6-9　与网上银行接口

(2)提现操作　提现流程如图 6-10 所示。

提现流程：

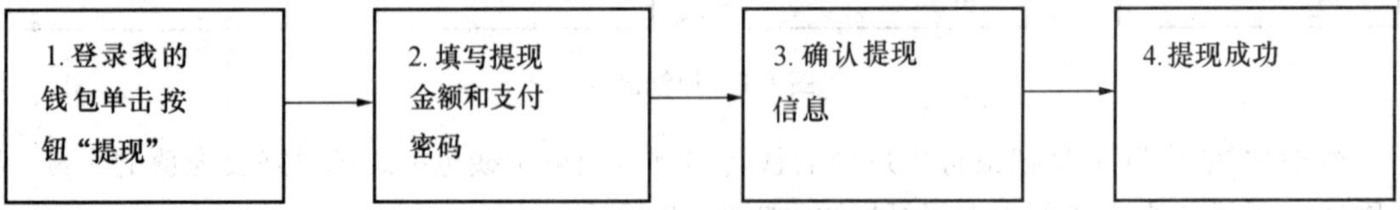
1.登录我的钱包单击按钮“提现”
2.填写提现金额和支付密码
3.确认提现信息
4.提现成功

图 6-10　提现流程

填写银行信息和自己的银行账号信息准确无误后，即可以在规定的工作日内把网银电子钱包中的钱提取到指定的银行账号中，如图 6-11 所示。

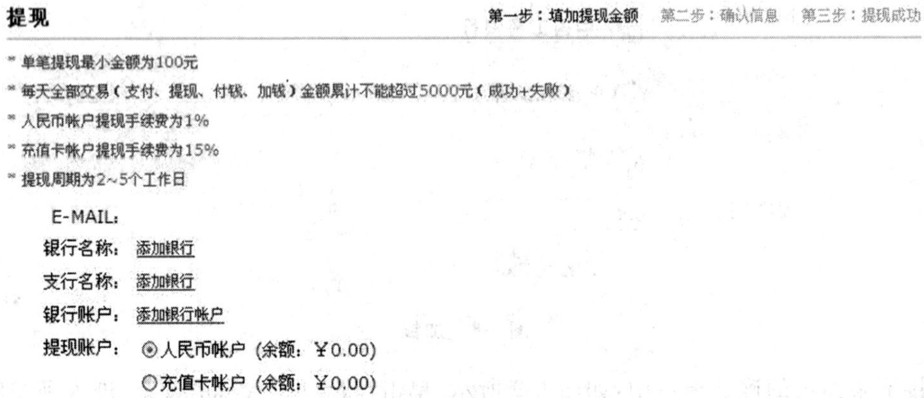
提现
第一步：填加提现金额 第二步：确认信息 第三步：提现成功
单笔提现最小金额为100元
每天全部交易（支付、提现、付钱、加钱）金额累计不能超过5000元（成功+失败）
人民币帐户提现手续费为1%
充值卡帐户提现手续费为15%
提现周期为2~5个工作日
E-MAIL：
银行名称：添加银行
支行名称：添加银行
银行账户：添加银行帐户
提现账户：人民币帐户（余额：￥0.00）
充值卡帐户（余额：￥0.00）

图 6-11　提现

(3)历史查询　在历史查询中,通过选择时间范围,来查询加钱、提现、转账业务和交易业务,如图 6-12 所示。

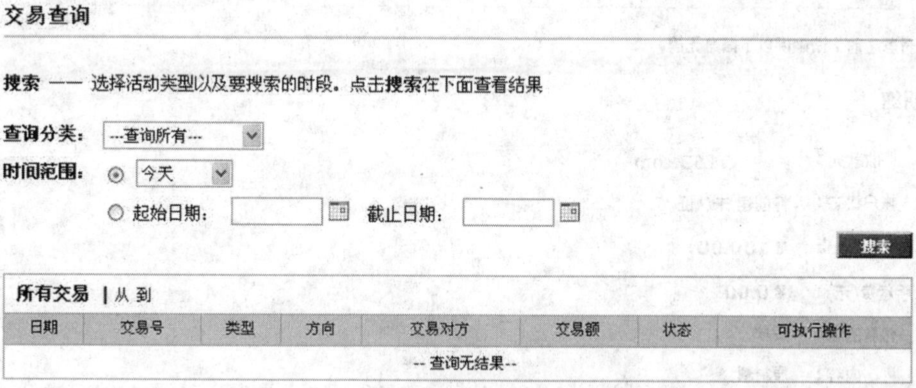


图 6-12　历史交易查询

(4)用户信息　在用户信息中,可以进行基本信息的管理、安全设置(如登录密码和支付密码的修改、修改安全问题和个性化问候)、账户管理(银行账户的管理)等。

2. 付款

付款流程,如图 6-13 所示。

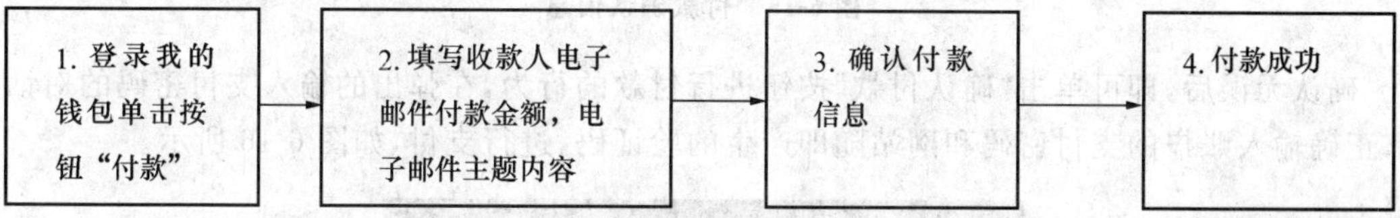


图 6-13　付款流程

利用网银电子钱包,可以付款给任何一个有电子邮箱的人(该邮箱需要在电子钱包注册)。在用户的网银电子钱包内有钱的情况下,可以自己写收款人的电子邮件、付款主题、内容及付款金额等,来发起通过网银电子钱包进行的付款行为,如图 6-14 所示。

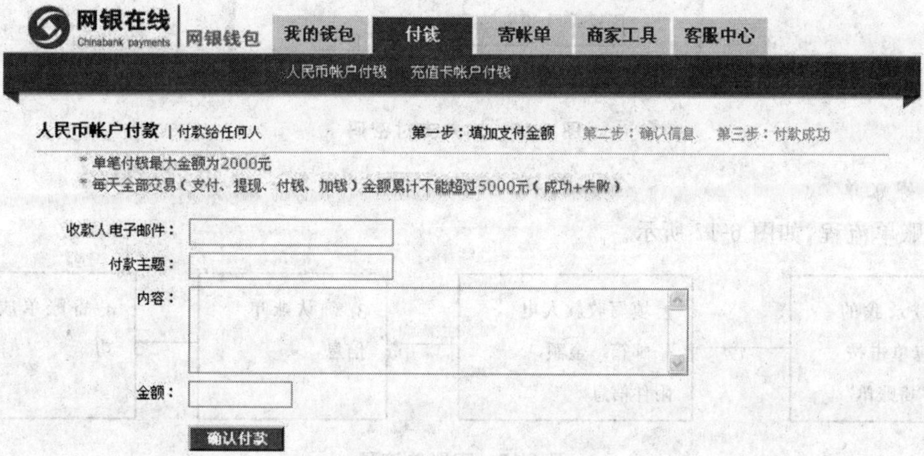


图 6-14　付款-增加支付金额

接下来，弹出确认信息的窗口，如图 6-15 所示。

图 6-15　付款确认信息

确认无误后，即可单击“确认付款”按钮进行付款的行为，在弹出的输入支付密码的对话框中，正确输入账户的支付密码和网站随即产生的验证码，进行支付，如图 6-16 所示。

图 6-16　输入支付密码

3. 寄账单

寄账单流程，如图 6-17 所示。

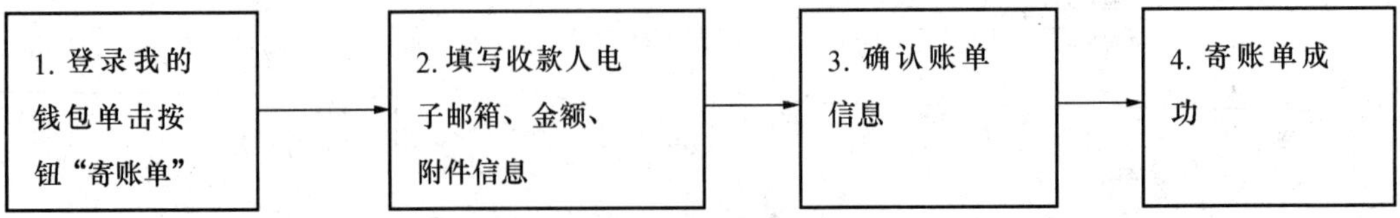


图 6-17　寄账单流程

网银在线的电子钱包服务，可以通过寄账单来向付款人在网上进行催款操作。填写好付款人的电子邮件、账单主题、内容及付款人需要付款的金额等，单击"确认"按钮，如图 6-18 所示。

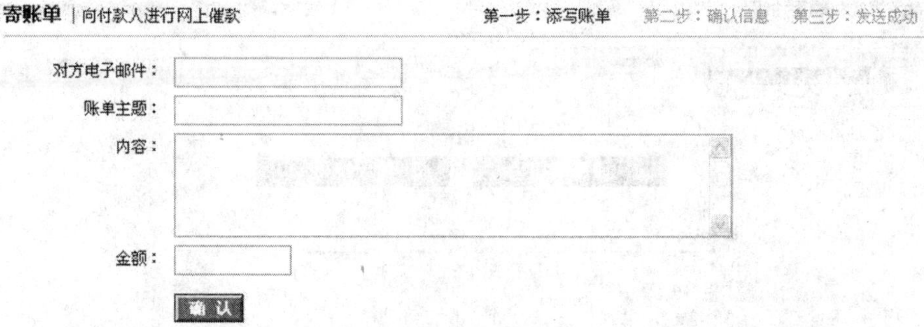


图 6-18　填写账单

在随后弹出的确认信息中，对进行催缴的寄账单信息进行核实，无误后单击"确认寄送"按钮。付款方会在寄账单方填写的电子邮件中收到网银电子钱包所发出的催款通知。付款方单击"单击此处开始支付"按钮，进入网银电子钱包进行付款即可，当付款成功后，电子钱包会给寄账单方发送电子邮件通知。

4. 商家工具

商家工具是为了给在网上进行产品销售的商家提供利用网银电子钱包作为收款方式的一种工具，通过这一功能，买家可以在支付网银电子钱包的网站上利用自己的钱包进行付款，简单方便。

商家要在自己的网站上支持用网银电子钱包进行付款，必须创建"立即购买"的按钮。具体方法如下：单击商家工具→单击"创建购买"按钮→在表格中完整填写物品明细，然后选择要使用的购买按钮图片，单击"创建购买按钮"，如图 6-19 所示。

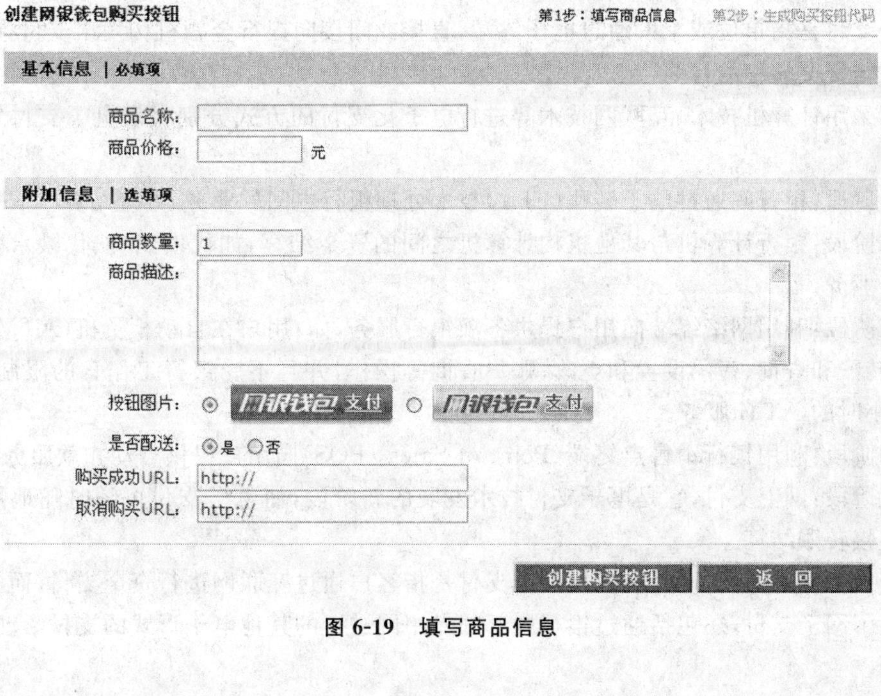


图 6-19　填写商品信息

将这些 HTML 代码复制并粘贴到您的网站中，如图 6-20 所示。如果希望保存代码以供日后使用，请将其复制到文本文件中。

图 6-20　生成购买按钮代码

完成创建按钮之后，请单击完成。

◈知识链接

## 一、电子支付的定义及发展历史

电子支付是指单位或个人通过电子终端，直接或间接向银行金融机构发出支付指令，实现货币支付与资金转移的行为。

银行采用计算机技术、互联网技术等进行电子化支付的方式分别代表电子支付发展的不同阶段：

第一阶段：银行间通过电子转账(EFT)技术处理银行之间的业务，办理结算。

第二阶段：银行计算机与其他机构计算机之间的资金结算，如代发工资、代缴水费、电费、电话费等业务。

第三阶段：利用网络终端向用户提供各项银行服务，如：用户在自动柜员机(ATM)上进行存取款、转账和查询、密码设置和更改、账户查询等操作，并且不受银行工作日的限制，客户可得到 24 小时的 ATM 服务。

第四阶段：利用银行销售点终端(Point of Sales，POS)向用户提供自动扣款服务。

第五阶段：网上支付，它是电子支付技术发展的新阶段，使电子支付可随时随地用过互联网进行直接转账结算。

电子支付并不等同于网上支付，网上支付是指客户通过互联网进行资金支付，而电子支付不仅包括了网上支付，还包括通过银行内部的专用网进行的其他电子形式的支付活动，如柜员机、电话银行等。电子支付是电子商务的关键环节，也是电子商务得以顺利发展的基础条件。它使人们可以随时随地完成购物消费活动，进行货币支付，它将带动网络经济新兴市场的形成与发展。

## 二、电子支付的主要类型

电子支付的业务类型按电子支付指令发起方式分为网上支付、电话支付、移动支付、POS机（销售点终端）支付、自动柜员机支付和其他电子支付。

## 三、电子支付与传统支付的区别

传统的支付方式，如邮局汇款、银行电汇、货到付款等，一般都采用现金和票据等工具进行支付。在传统支付中，支付指令的传递完全依靠面对面的手工处理和经过邮政、电信部门的委托进行。因而，传统的支付结算运作成本高，凭证传递时间长，在途资金积压大，资金周转慢，处理效率低。电子支付与传统支付方式的比较如下：

①电子支付是采用先进的技术通过数字流转来完成信息传输的，其各种支付方式都采用电子化的方式进行款项支付；而传统的支付方式则是通过现金的流转、票据的转让及银行的汇兑等物流实体的流转来完成款项支付。

②电子支付的工作环境是基于一个开放的系统平台（Internet）；而传统支付则是在较为封闭的系统中运行。

③电子支付使用的是最先进的通信手段，如Internet、Extranet，而传统支付使用的是传统的通信媒介；电子支付对软、硬件设施的要求很高，一般要求有联网的微机、相关的软件及其他一些配套设施，而传统支付则没有这么高的要求。

④电子支付具有方便、快捷、高效、经济的优势。用户只要拥有一台上网的PC机，便可足不出户在很短的时间内完成整个支付过程。支付费用仅相当于传统支付的几十分之一，甚至几百分之一。

目前，电子支付仍然存在一些缺陷。例如：安全问题一直是制约电子支付发展的关键性问题。大规模地推广电子支付，必须解决黑客入侵、防止内部作案、防止密码泄露等涉及资金安全的问题。目前正通过密码技术、数字证书、CA与安全协议等手段建立健全有效的安全机制来保障电子支付的安全。此外，还有一个支付存在的条件问题。消费者所选用的电子支付工具必须满足多个条件，要有消费者账户所在银行的发行、相应的支付系统和商户所在银行的支付、被商户所认可等。如果消费者的支付工具得不到商户的认可，或者说缺乏相应的系统支持，电子支付也还是难以实现的。

## 四、几种典型的电子支付工具及使用流程

### （一）银行卡在线转账支付

这是目前我国应用非常普遍的电子支付模式。付款人可以使用申请了在线转账功能的银行卡（包括借记卡和信用卡）转移小额资金到收款人的银行账户中，完成支付。下面以信用卡为例具体介绍。

1. 信用卡的功能

根据国内外信用卡的应用情况，信用卡的功能主要有直接消费、储蓄存款与取款、通存通

兑、转账与支付结算、透支信贷等功能。

2. 信用卡的种类

信用卡虽然品种繁多,我们仍然可以以银行卡的根本特征和基本功能作为衡量标准来加以区分,并按照不同的划分标准进行分类。

①按照信用卡发行机构划分,可以分为银行卡和非银行卡。非银行卡主要包括商业机构发行的零售信用卡和旅游服务行业发行的旅游娱乐卡两种。

②按照信用卡信息存储媒介划分,可以分为磁条卡和芯片卡。

③根据清偿方式的不同,可以划分为贷记卡、准贷记卡和借记卡。

④按照流通范围不同,可以分为国际卡和地区卡。

⑤按照信用卡结算货币不同,可以分为外币卡和本币卡。

⑥按照信用卡账户币种数目,可以分为单币种信用卡和双币种信用卡。

⑦按照信用卡从属关系,可以分为主卡和附属卡。

⑧按照发卡人信誉地位和资信情况,可以分为无限卡、白金卡、金卡、普通卡。

⑨按照信用卡发卡对象不同,可以分为公司卡和个人卡。

3. 信用卡支付流程

信用卡支付主要分为两大步骤。

(1)验证(Authorization) 验证是对顾客的信用卡和账单地址进行验证,以验证此信用卡的合法性。

①当顾客结账下达订单后,单击“支付”按钮时,将调用商家整合的支付网关接口。

②支付网关的整合一般分为 HTML 和 API 两种形式,商家将订单数据发送到支付网关。

③顾客在支付网关输入信用卡信息和账单信息,网关进行基本的验证。

④网关将信用卡信息发到发卡行或信用卡组织,对该信用卡进行合法性验证。

⑤发卡行验证后,返回结果,通过或不通过,不通过则返回错误信息。

⑥支付网关将验证结果返回给商家。

⑦商家的电子商务系统显示订单确认页面给客户,如果支付不成功,则要求客户采用其他的支付方式。

(2)结算(Settlement) 商家和支付网关进行的结算,取得货款,下面以 Paypal 为例。

①商家先上商城系统检查订单,判断该订单为合法订单,不是信用卡欺诈(Credit Card fraud)。

②当确认这笔订单有效时,商家可以用商家账号登录支付网关(如 Paypal),单击“接受付款”(Capture Funds),否则就单击“拒收付款”(Decline Funds)。

③当单击“接受付款”时,订单金额将会立刻打入商家的 Paypal 账号。

## (二)电子现金

电子现金(E-cash)又称为数字现金,是一种以数据形式流通的货币,它把现金数值转化成为一系列的加密序列数,通过这些序列数来表示现实中各种金额的币值。用户在开展电子现金业务的银行开设账户,并在账户内存钱后,就可以在接受电子现金的商店购物。

电子现金具有现金的特性:方便、费用低、防伪性好、不记名及其他性质,和其他电子支付手段相比,电子现金还具有匿名性、可传递性、可操作性、可细分性、可存储性、不可重用性等特点。

电子现金是以数字化方式存在的虚拟的货币。按照存储载体可以划分成两类:IC 卡形式的电子现金和硬盘数据文件形式的电子现金。

不同的电子现金其支付的工作流程不尽相同,但一般来说,它的支付流程都包括以下五个步骤,如图 6-21 所示。

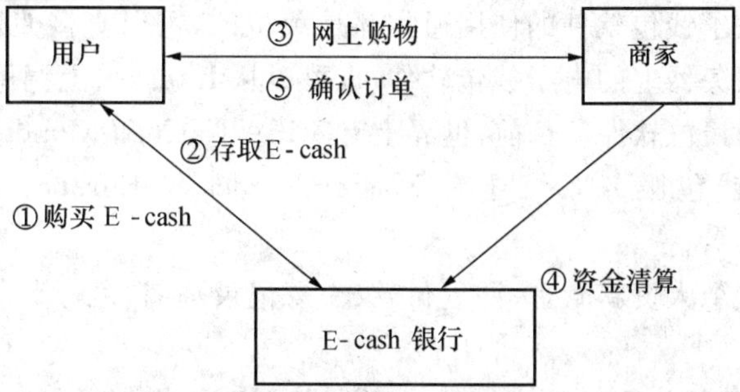


**图 6-21　电子现金支付过程**

(1)购买电子现金　买方在电子现金发布银行开设电子现金账号,并购买电子现金。要从网上的货币服务器购买电子现金,首先要在该银行建立一个账户,交足够的资金存入该账户以支持今后的支付。

(2)存储电子现金　使用电子现金终端软件从电子现金银行取出一定数量的电子现金存在硬盘中。一旦账户被建立起来了,买方就可以使用电子现金软件产生一个随机数,它是银行使用私钥进行了数字签名的随机数,通常少于 100 美元作为货币,再把货币发回给买方,这样就有效了。

(3)用电子现金购买商品或服务　买方同意向接收电子现金的卖方订货,选择使用电子现金进行付款,用卖方的公钥加密电子现金后,传递给卖方。

(4)资金清算　接收电子现金的卖方与电子现金发放银行之间进行清算,电子现金银行将买方购买商品的钱支付给卖方。

(5)确认订单　卖方获得付款后,向买方发送订单确认信息。

### (三)电子支票

电子支票(Electronic Check)是纸质支票的电子替代物,电子支票将纸质支票改变为带有数字签名的电子报文,或利用其他数字电文代替纸质支票的全部信息。电子支票使用数字签名和自动验证技术来确定其合法性。支票上除了必须的收款人姓名、账号、金额和日期外,还隐含了加密信息。

电子支票交易的过程可分为以下几个步骤:

①消费者和商家达成购销协议并选择用电子支票支付;

②消费者通过网络向商家发出电子支票,同时向银行发出付款通知单;

③商家通过验证中心对消费者提供的电子支票进行验证,验证无误后将电子支票送交银行索付;

④银行在商家索付时,通过验证中心对消费者提供的电子支票进行验证,验证无误后即向商家兑付或转账。

### (四)电子钱包

电子钱包是电子商务活动中顾客购物常用的一种支付工具,是在小额购物或购买小商品时常用的新式"钱包"。它以银行卡或智能卡为电子钱包的电子现金支付系统,应用于多个领域,具有信息存储、电子现金、安全密码锁等功能,安全可靠。

电子商务活动中电子钱包软件的使用通常都是免费的,可以直接使用与自己银行账号相连接的电子商务系统服务器上的电子钱包软件,也可以从 Internet 上调用,采用各种保密方式利用 Internet 上的电子钱包软件。目前,世界上有 VISA Cash 和 Mondex 两大在线电子钱包服务系统,其他电子钱包服务系统还有 Master Cardcash,Europay 的 Clip 和比利时的 Proton 等。

电子钱包的功能有个人资料管理、网上付款、交易记录查询、银行卡余额查询、商户站点链接等。

要注意的是,顾客开始使用电子钱包时一般要进行注册,在以后每次使用钱包时都要进行"登录",进行电子钱包的身份确认。所以电子钱包持有者对自己的用户名及密码应该严格保密,以防电子钱包被他人窃取,否则就会像生活中钱包丢失一样有可能会带来一定的经济损失。

电子钱包网络支付的流程:

①顾客将下载的电子钱包客户端软件装入计算机系统,输入对应电子货币(数字现金、信用卡等),配置电子钱包成功。顾客使用计算机通过 Internet 网络查寻自己想购买的物品。

②顾客网上填写订单,并提交订单。

③商家电子商务网站回送订单信息。

④顾客确认后,用电子钱包进行支付。单击电子钱包的相应项或电子钱包图标,电子钱包立即打开,输入自己的保密口令,顾客确认是自己的电子钱包并从电子钱包中取出电子货币,如:选择某种信用卡来付款。

⑤信用卡支付过程采用信用卡 SET 网络支付模式进行支付结算,涉及各方的认证、信息加密、传送交换。

⑥如果一张信用卡遭到商业银行拒绝后,顾客可以再单击电子钱包的相应项打开电子钱包,取出另一张电子信用卡,重复上述操作,完成网上支付。

### (五)第三方支付

所谓第三方支付,就是一些和国内外各大银行签约,并具备一定实力和信誉保障的第三方独立机构提供的交易支持平台。在通过第三方支付平台的交易中,买方选购商品后,使用第三方平台提供的账户进行货款支付,由第三方通知卖家货款到达、进行发货;买方检验物品后,就可以通过付款给卖家,第三方再将款项转至卖家账户。相对于传统的资金划拨交易方式,第三方支付可以比较有效地保障货物质量、交易诚信、退换货要求等环节,在整个交易过程中,可以对交易双方都进行约束和监督。

## 五、电子支付系统的构成

电子支付系统是电子商务系统的重要组成部分,它指的是客户、商家、银行或其他金融机构、商务认证部门之间使用安全电子手段交换商品或服务,即把新型支付手段,包括电子现金

(E-cash)、信用卡(Credit Card)、借记卡(Debit Card)、智能卡(Smart Card)等的支付信息通过网络安全传送到银行或相应的处理机构,实现电子支付,是融购物流程、支付工具、安全技术、认证体系、信用体系以及现在的金融体系为一体的综合大系统,主要涉及客户、商家、客户开户行、商家开户行、支付网关、金融专用网、CA认证中心等七大要素。

## ◆阅读案例

### 支付宝推电子钱包功能:比Passbook胃口更大

经过长达一个月的公测,支付宝新版客户端,卡券+支付打造的"电子钱包"终于在2013年1月17日推出正式版。虽然由于苹果审核机制的原因,iOS平台的新版客户端尚未上线,但我们已经可以从Android版上一窥究竟。

与Passbook相比,支付宝电子钱包更重要的意义在于其带来了"管理"功能。有分析认为,支付宝的"移动"野心在于接管个人财务管理。

与Passbook的开放不同,支付宝管理的卡券来自阿里巴巴平台上淘宝、天猫等资源的打通。但是,相对于Passbook在国内应用场景匮乏的残酷现实,阿里巴巴能实现的应用场景值得期待。

与Passbook相比,支付宝电子钱包更重要的意义在于其带来了很现实的"管理"功能,并具有实践意义。作为APP客户端其不是简单地将PC互联网端的支付宝平移到移动互联网终端上,而是一次彻底的"改头换面"。过去的支付宝强调更多的是纯支付功能,转账、手机充值、水电煤交费等,原支付宝总裁邵晓锋曾经定位支付宝要"像水电煤一样日常"。而如今的支付宝,无论是从界面还是功能设置上,都变得与以往不同,钱包里有什么,它就有什么,照片、银行卡、票据、会员卡……甚至交易记录这个传统功能也被强化了,显得很像是在记账。除了可以通过电子钱包支付网上商品、交水电费,还能指导用户消费,帮助用户收集、管理各种卡券,甚至管理日常生活、财产信息。支付宝正在变身为用户的"贴身管家"。

(资料来源:http://www.100ec.cn/detail—6085254.html)

## ◆引导性案例

### 招商银行与南方航空公司首次开通国内网上购票业务

中国南方航空股份有限公司是国内三大航空公司之一,经营的航线在中国航空公司中最为广泛,年旅客运输量达2 000万人次。早在1999年9月,招商银行就与南方航空公司签订了网上购票合作协议,首次开通了国内网上购票业务。2001年,双方又合作开通了电子客票网上购票业务。

电子客票改变了传统的机票形式,是普通纸质机票的一种电子影像。客户从网上购票后,无须取得传统的纸质机票,可直接凭身份证到机场办理登机手续。

招商银行向南方航空公司提供的支付方案包括了面向散客的B2C网上支付和面向团体客户的B2B网上支付。

对个人客户,只需要登录南航网站选购机票,单击招商银行"一卡通"付款,然后输入卡号、支付密码,便可以完成票款支付。

对团体客户，招商银行为网上航空购票项目设计了专门的“团体网上支付账户”方案，并专门为南航电子客票业务量身定做了“电子客票网上支付卡”。团体客户登录南航指定网站购票，使用“电子客票网上支付卡”付款。

在南方航空网上购票的发展中，招商银行凭借技术优势和优质服务，以网上支付为南航提供了重要的结算支撑。同时，招商银行与南方航空公司还先后在广州、北京、上海等地开展了联合营销活动，特别针对旅行社、机票代理商等团体客户推荐团体网上购票业务。通过联合营销，网上购票交易额大幅上升。网上机票查询页面，如图 6-22 所示。

图 6-22　中国南方航空机票查询

思考：

1. 网上银行的主要功能有哪些？
2. 如何申请并使用网上银行？

# 子任务 2　网上银行的应用

## 一、申请个人网上银行

招商银行（以下简称“招行”）于 1987 年在中国改革开放的最前沿——深圳经济特区成立，是中国境内第一家完全由企业法人持股的股份制商业银行，也是国家从体制外推动银行业改革的第一家试点银行。成立 26 年来，招行伴随着中国经济的快速增长，在广大客户和社会各界的支持下，从当初只有 1 亿元资本金、1 家营业网点、30 余名员工的小银行，发展成为了资本净额超过 2 500 亿元、资产总额超过 3.4 万亿元、全国设有超过 800 家网点、员工超过 5 万人的全国性股份制商业银行，并跻身全球前 100 家大银行之列。

目前，招行个人网上银行开通方法有以下几种申请渠道：网点柜台、电话银行 95555、网上个人银行大众版、网上个人银行专业版。不管哪种申请渠道，都事先需要个人先带身份证到网点柜台办理一张银行卡，目前招行发行的银行卡主要有一卡通（借记卡）和信用卡（贷记卡）两种。

下面以招行一卡通为例，介绍如何通过网上个人银行大众版来申请开通个人网上银行。

1. 登录网页

登录招行首页（http://www.cmbchina.com），点击“在线服务”—“网上支付申请”—“我要申请”，如图 6-23 所示。

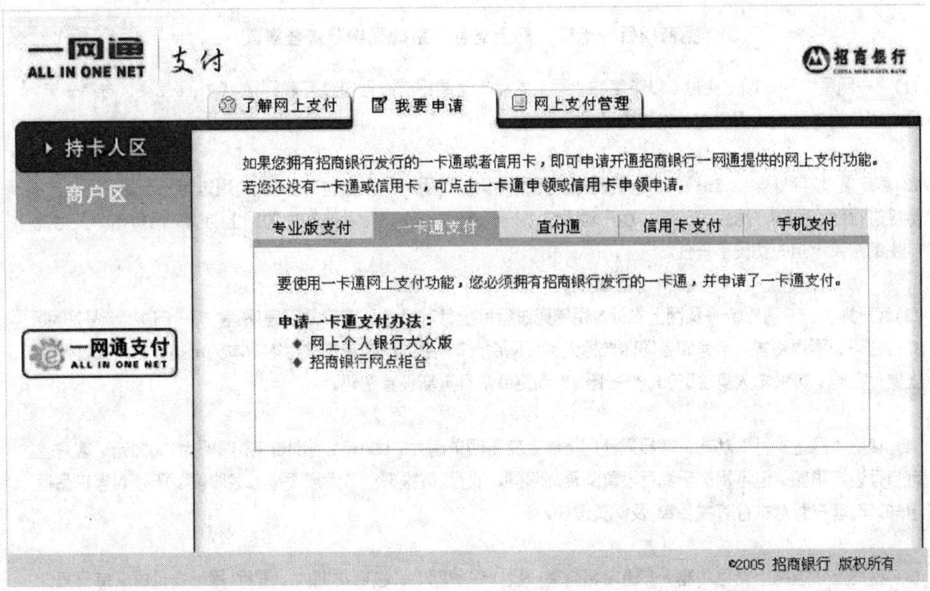


图 6-23　网上支付申请

2. 提交申请并开通

第一步，点击“网上个人银行大众版”，如图 6-24 所示。

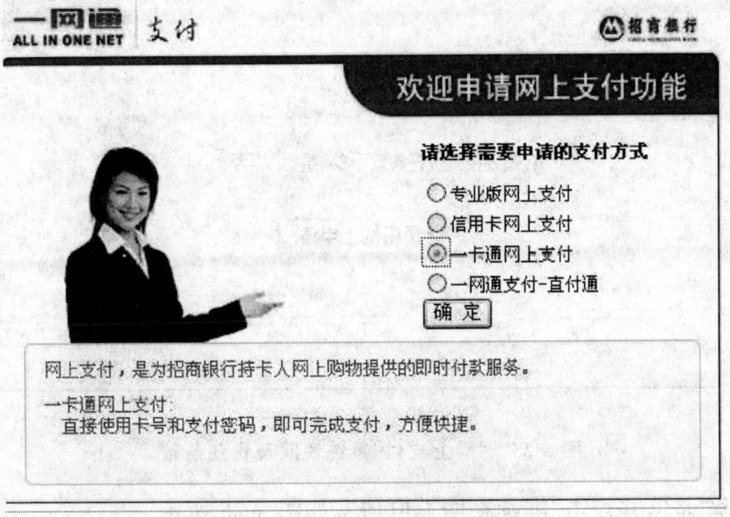


图 6-24　选择需要申请的支付方式

第二步，选择“一卡通网上支付”，点击“确定”，如图 6-25 所示。

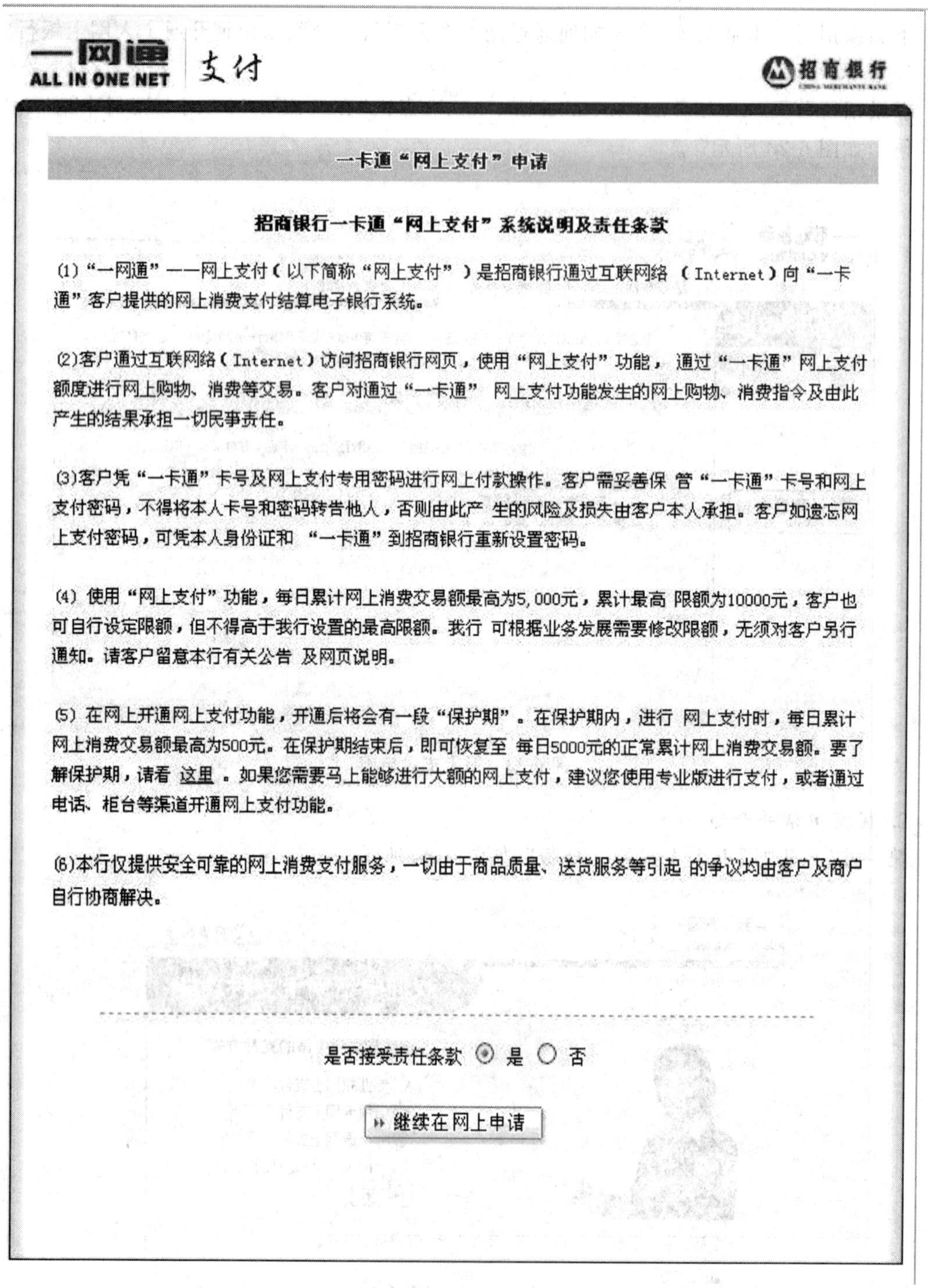
一网通 ALL IN ONE NET 支付

招商银行

一卡通“网上支付”申请

招商银行一卡通“网上支付”系统说明及责任条款

(1)“一网通”——网上支付（以下简称“网上支付”）是招商银行通过互联网络（Internet）向“一卡通”客户提供的网上消费支付结算电子银行系统。

(2)客户通过互联网络（Internet）访问招商银行网页，使用“网上支付”功能，通过“一卡通”网上支付额度进行网上购物、消费等交易。客户对通过“一卡通”网上支付功能发生的网上购物、消费指令及由此产生的结果承担一切民事责任。

(3)客户凭“一卡通”卡号及网上支付专用密码进行网上付款操作。客户需妥善保管“一卡通”卡号和网上支付密码，不得将本人卡号和密码转告他人，否则由此产生的风险及损失由客户本人承担。客户如遗忘网上支付密码，可凭本人身份证和“一卡通”到招商银行重新设置密码。

(4) 使用“网上支付”功能，每日累计网上消费交易额最高为5,000元，累计最高限额为10000元，客户也可自行设定限额，但不得高于我行设置的最高限额。我行可根据业务发展需要修改限额，无须对客户另行通知。请客户留意本行有关公告及网页说明。

(5) 在网上开通网上支付功能，开通后将会有一段“保护期”。在保护期内，进行网上支付时，每日累计网上消费交易额最高为500元。在保护期结束后，即可恢复至每日5000元的正常累计网上消费交易额。要了解保护期，请看 这里 。如果您需要马上能够进行大额的网上支付，建议您使用专业版进行支付，或者通过电话、柜台等渠道开通网上支付功能。

(6)本行仅提供安全可靠的网上消费支付服务，一切由于商品质量、送货服务等引起的争议均由客户及商户自行协商解决。

是否接受责任条款 ◉ 是 ○ 否

继续在网上申请

图 6-25 “网上支付”系统说明及责任条款

第三步，选择“是”，并点击“继续在网上申请”，如图 6-26 所示。

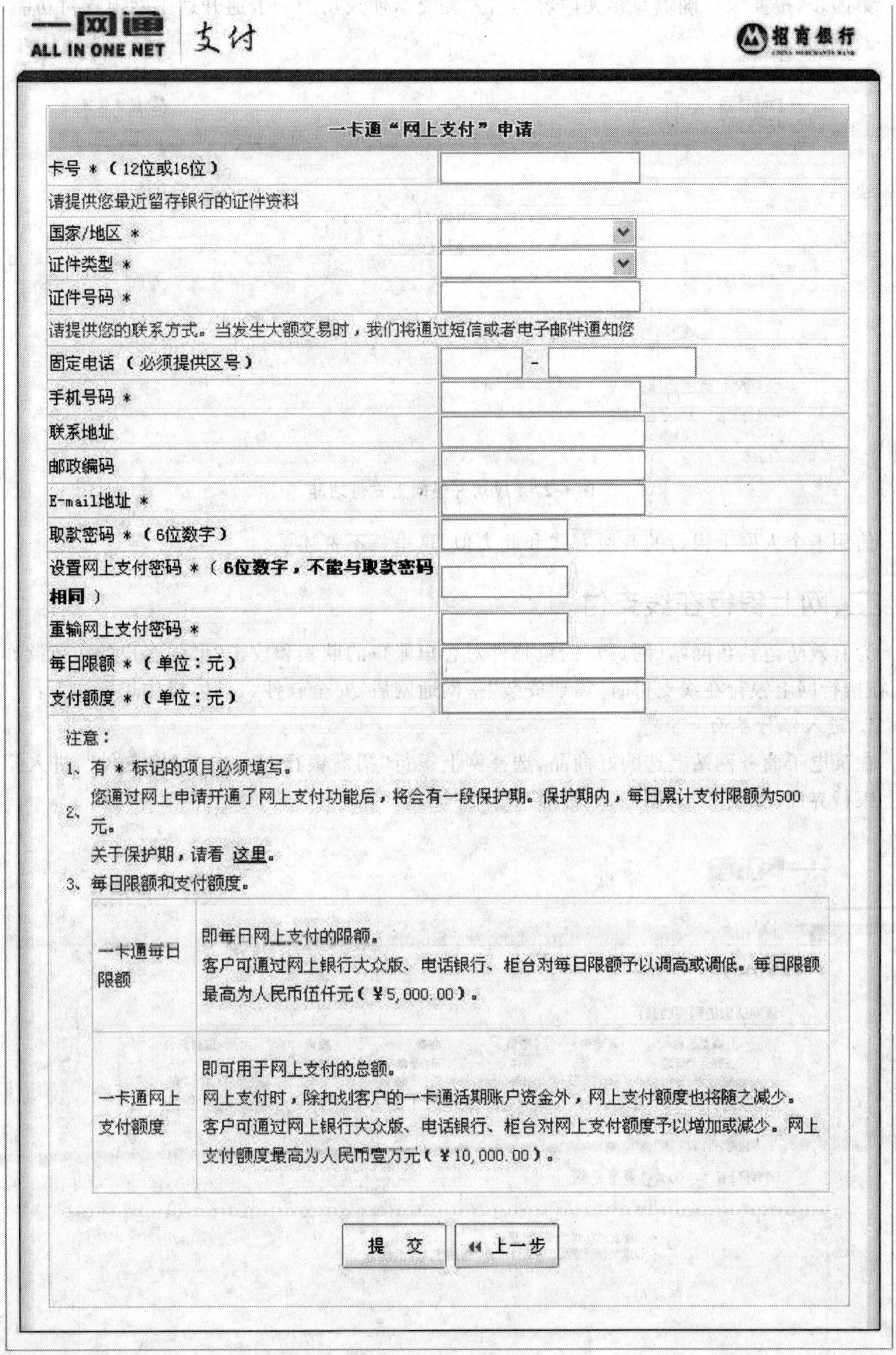
一网通 ALL IN ONE NET 支付
招商银行
一卡通“网上支付”申请
卡号 *（12位或16位）
请提供您最近留存银行的证件资料
国家/地区 *
证件类型 *
证件号码 *
请提供您的联系方式。当发生大额交易时，我们将通过短信或者电子邮件通知您
固定电话（必须提供区号）
手机号码 *
联系地址
邮政编码
E-mail地址 *
取款密码 *（6位数字）
设置网上支付密码 *（6位数字，不能与取款密码相同）
重输网上支付密码 *
每日限额 *（单位：元）
支付额度 *（单位：元）
注意：
1、有 * 标记的项目必须填写。
2、您通过网上申请开通了网上支付功能后，将会有一段保护期。保护期内，每日累计支付限额为500元。
关于保护期，请看 这里。
3、每日限额和支付额度。
一卡通每日限额
即每日网上支付的限额。
客户可通过网上银行大众版、电话银行、柜台对每日限额予以调高或调低。每日限额最高为人民币伍仟元（¥5,000.00）。
一卡通网上支付额度
即可用于网上支付的总额。
网上支付时，除扣划客户的一卡通活期账户资金外，网上支付额度也将随之减少。
客户可通过网上银行大众版、电话银行、柜台对网上支付额度予以增加或减少。网上支付额度最高为人民币壹万元（¥10,000.00）。
提　交
上一步

图 6-26　填写信息

第四步，按要求正确填写相关内容，点击“提交”，便成功为一卡通开通了网上支付功能，如图 6-27 所示。

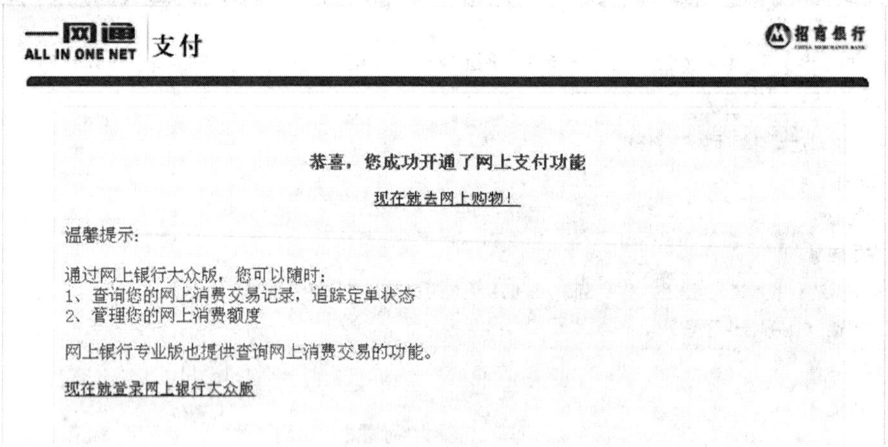


图 6-27　成功开通网上支付功能

信用卡个人网上银行的开通方式和此类似，这里就不赘述了。

## 二、网上银行在线支付

为有效防范钓鱼网站（网页）、钓鱼邮件对客户账户的欺骗和攻击，增强客户的防范欺诈能力，在招行网上银行在线支付时，需要安装“一网通网盾”安全软件。具体操作步骤如下：

1. 进入银行界面

在某电子商务网站上选购好商品，选择网上银行“招商银行”，点击“网银支付”，进入招行网上银行界面，如图 6-28、图 6-29 所示。

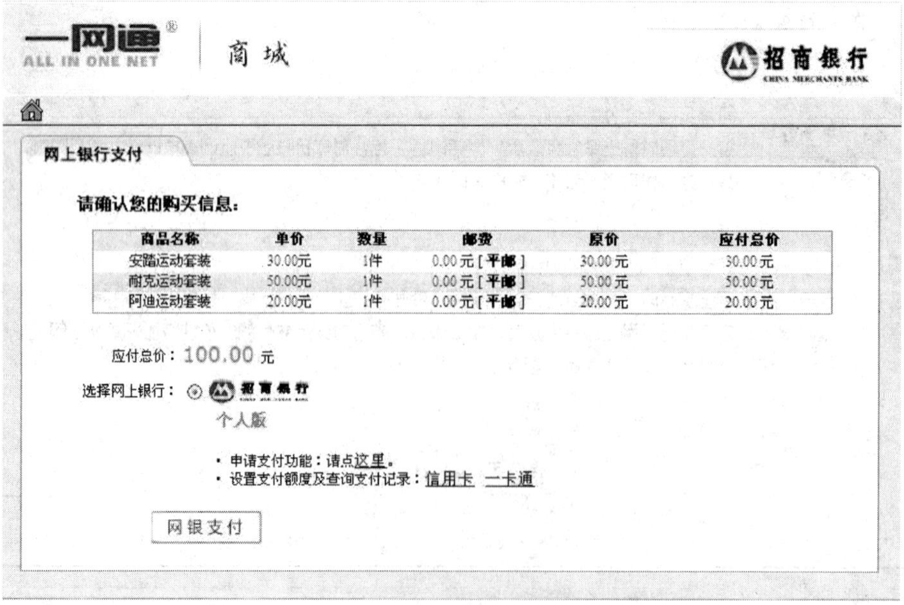


图 6-28　网上银行支付

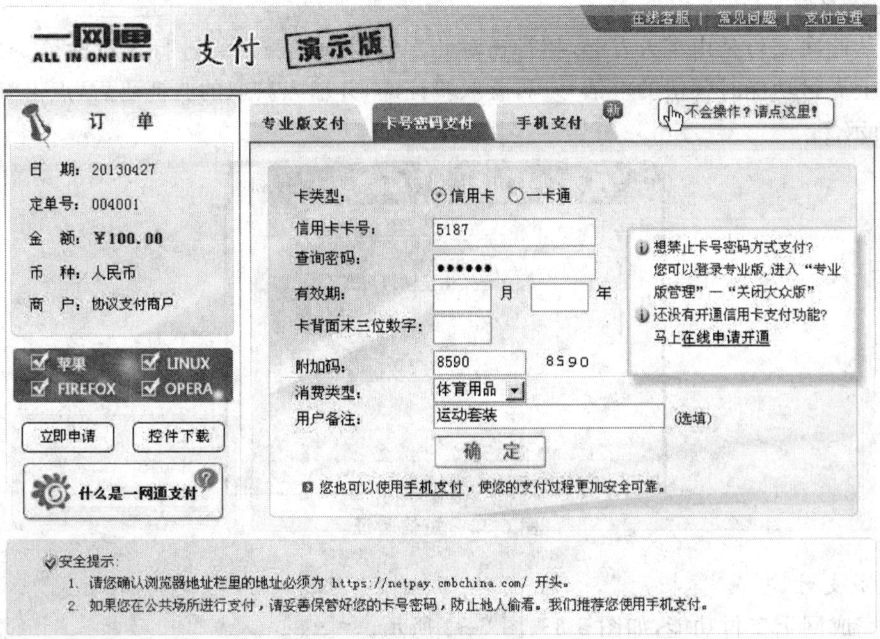


**图 6-29　支付信息**

2. 核对信息

核对订单信息是否正确，并填写卡号、密码等信息，点击“确定”，如图 6-30、图 6-31 所示。

**图 6-30　系统提示信息**

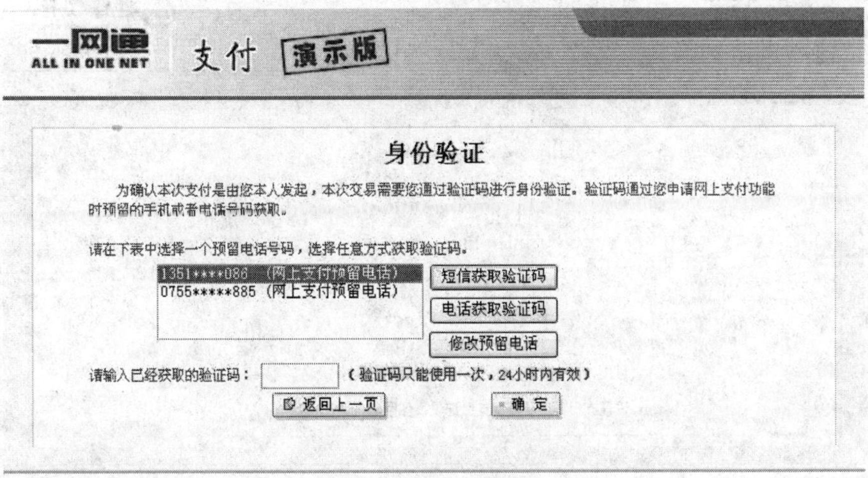


**图 6-31　身份验证**

3. 验证身份

为确认此次支付是由本人发起，招行还对此次交易通过验证码进行身份验证。个人需选择申请网上支付功能时预留的电话号码，获取验证码，并输入获取的验证码后，点击“确定”，如图 6-32 所示。

图 6-32　短信验证

4. 完成支付

成功完成网上支付功能，如图 6-33、图 6-34 所示。

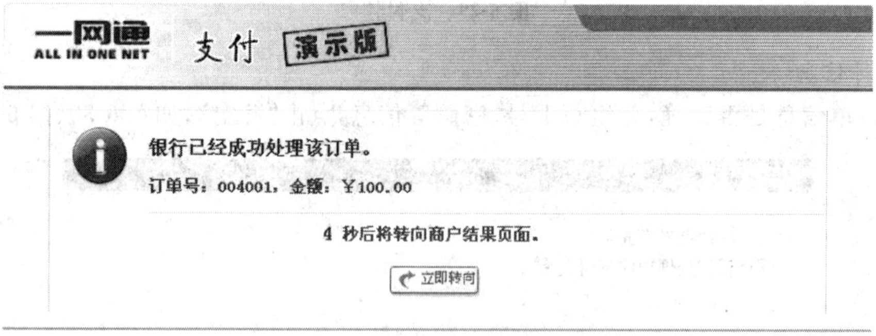


图 6-33　成功处理订单

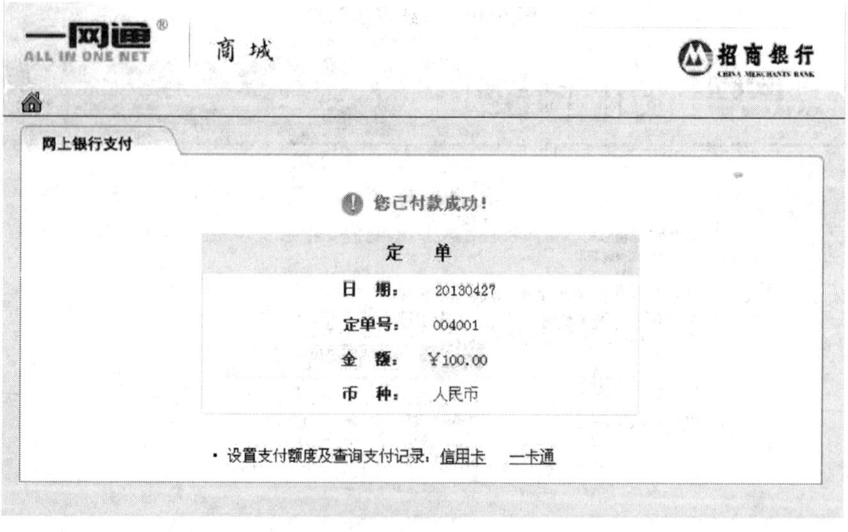


图 6-34　成功付款

## 三、网上银行其他功能

除了在线支付功能外，招行网上银行还有账号管理、自助转账、自助缴费、信用卡开卡等功能。

(1)账号管理功能界面，如图 6-35 所示。

**图 6-35　账户查询**

(2)自助转账功能界面，如图 6-36 所示。

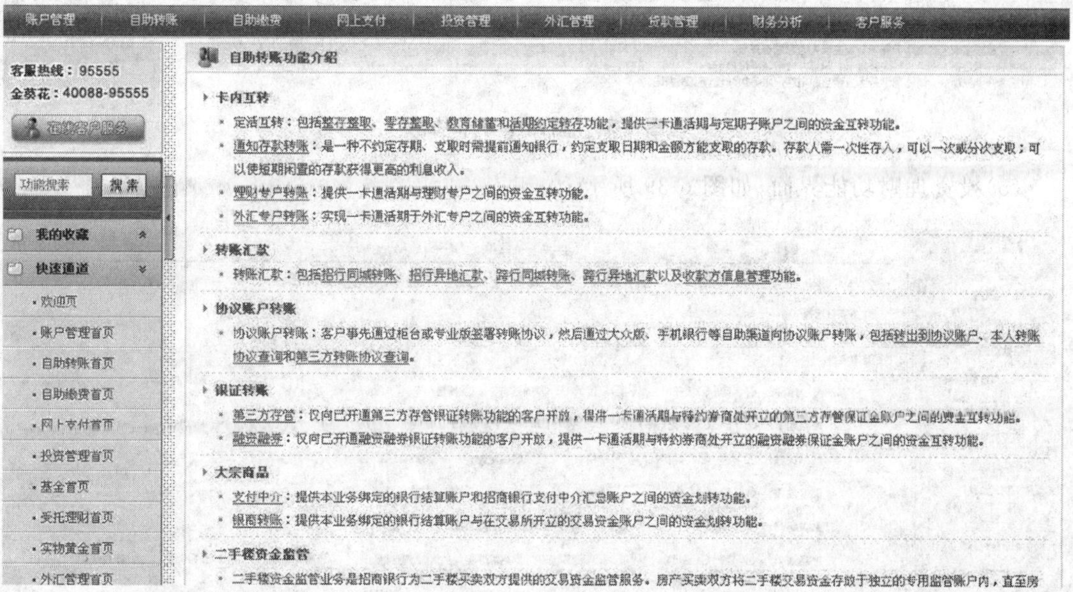


**图 6-36　自助转账功能**

(3)自助缴费功能界面，如图 6-37 所示。

图 6-37　自助缴费功能

(4)信用卡开卡功能界面,如图 6-38 所示。

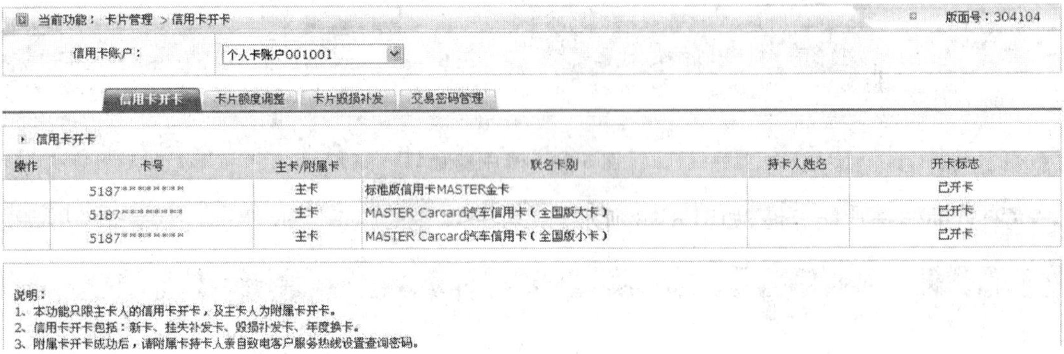


图 6-38　信用卡开卡功能

(5)投资理财功能界面,如图 6-39 所示。

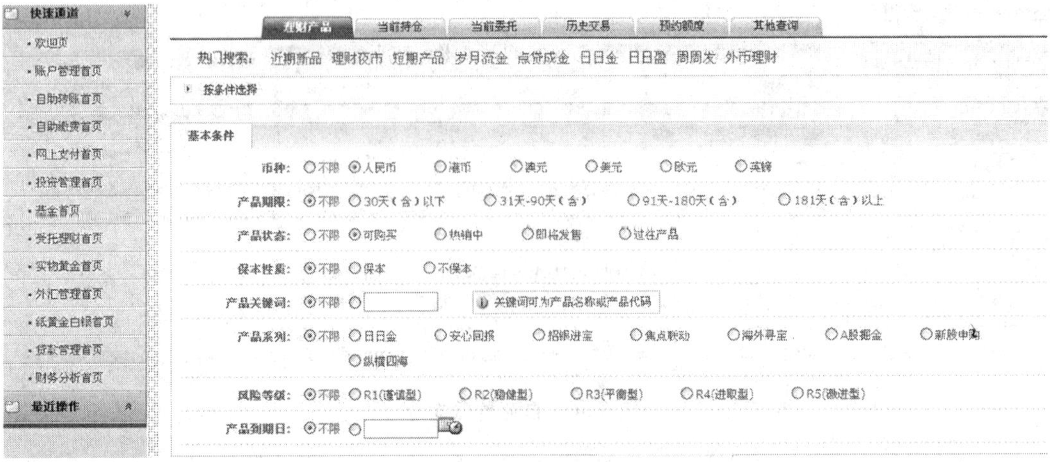


图 6-39　投资理财功能

◉知识链接

## 一、网上银行的定义

网上银行又称网络银行、在线银行，是指银行利用国际互联网技术，通过国际互联网向客户提供开户、销户、查询、对账、行内转账、跨行转账、信贷、网上证券、投资理财等传统服务项目，使客户可以足不出户就能够安全便捷地管理活期和定期存款、支票、信用卡及个人投资等。一般来说网上银行的业务品种主要包括基本业务、网上投资、网上购物、个人理财、企业银行及其他金融服务。网上银行又被称为“3A 银行”，因为它不受时间、空间限制，能够在任何时间（Anytime）、任何地点（Anywhere）、以任何方式（Anyway）为客户提供金融服务。

## 二、网上银行的特点及优势

网上银行与传统银行相比，具有无可比拟的竞争优势，具体如下：①可以大幅度降低经营成本；②网上银行可以有效地防止非银行业的冲击；③吸引高价值客户；④升级维护方便；⑤可以永久性地留住客户。

## 三、网上银行的主要功能

网上银行既可进行部分传统的商业银行业务，也担负着电子商务过程中极其重要的在线支付功能，还可开辟新的系列服务领域。网上银行的主要功能有：

1. 商业银行业务

网上银行可以在网上为客户提供（1 周）7（天）×24（小时）模式的实时服务，包括以下服务：

(1)商业银行传统服务　如：转账结算、汇兑、办理公共收费（水费、电费、电话费等）、发放工资、查询个人账户等。到了电子商务高度发达、货币基本完全电子化的时候，客户连存、取款都可以足不出户，既轻松又快捷地完成。

(2)商业银行新增业务　如：证券清算（即完成证券公司与交易所之间、证券公司各营业部之间以及保证金账户与储蓄账户之间的资金清算业务）、外币业务、信息咨询、消费信贷（如住房按揭）等。

2. 在线支付

在网上进行的交易将全部通过网上银行支付，包括企业对顾客（B2C）商务模式下的购物、订票、证券买卖等零售交易，也包括企业对商户（B2B）商务模式下的网上采购等批发交易，以及金融机构间的资金融通和清算业务。

3. 新的业务领域

例如：集团客户通过网上银行查询各子公司账户余额和交易信息；在签订多边协议的基础上实现集团公司内部的资金调度与划拨（由于这种调动几乎是实时的，因而可以大大提高各分公司及整个集团公司的资金利用率）；提供财务信息咨询、账户管理等理财服务；还可以进行网上国际收支申报、发放电子信用证、开展数据统计工作等。

除此之外，随着 Internet 和电子设备的普及与发展，网上银行可提供的服务也势必越来越广泛和完善,使得包括顾客、企业、行政机构在内的多种交易主体都可以真正做到足不出户而心想事成了。

## 四、网上银行的分类

1. 按照服务对象分类,网络银行可分为企业网络银行和个人网络银行
2. 按照有无现实的营业网点分类,网络银行分为纯网络银行和网络分支银行

## 五、网上银行的业务模式

从目前网络银行业务发展方面来看,有三种模式。第一种模式,把网络银行所针对的客户群设定为零售户,把网络银行作为银行零售业务柜台的延伸,达到24小时不间断服务的效果,并节省银行的成本。美国的花旗银行和美洲银行等都有成功的经验可供借鉴。第二种模式,网络银行以批发业务为主,即在网上处理银行间的交易(如拆借)及银行间的资金往来(结算和清算)。第三种模式是前两种的结合,即网络银行包括两个方面的业务。应该说,各种方式各有其道理,关键要看金融机构对其准备要推出的网络银行业务的市场定位和服务内容。例如,当零售客户群的基本素质比较低,并且网络接入率低时,可以考虑第二种模式。无论是零售业务还是批发业务,网络银行这种方式都有其用武之地,关键要看银行如何来包装和推销自己。未来全功能的网络银行应采取的是第三种模式。

### ◈阅读案例

**电子银行连续三年增长 最高柜面替代率85%**

科技正在潜移默化地改变着人们的生活方式和习惯。正如电子银行的出现,让人们逐渐告别了到银行网点排长队的无奈。在手机银行兴起的今天,人们更是从以前的在家办业务,演变为可以随时随地办业务了。

近日,中国金融认证中心发布《2012年中国电子银行调查报告》,通过电话调查的方式对中国电子银行的用户构成和使用情况进行了统计。

报告数据显示,中国电子银行业务连续3年呈增长态势。68%的用户使用网上银行替代了一半以上的柜台业务,部分银行网银替代率甚至超过85%。

2012年,全国个人网银用户比例为30.7%,较2011年增长3个百分点,40%的个人网银用户拥有多个网银账户;企业网银用户比例为53.2%,同比增长9个百分点。个人网银柜台业务替代率达56%,企业网银替代率为65.8%,网上银行用户数量在电子银行用户中依然占据主导地位。

调查显示,全国地级及以上城市、城镇用户网银比例为30.7%,连续3年呈增长趋势。其中,一级城市的个人网银用户比例最高,已占到36%,四级城市最低,仅占23%。与2011年相比,一级城市城镇人口的网银用户比例增长速度最快,明显高于其他级别城市。

从选择网银的用途上看,77%的用户都是为了网上购物时支付需要,其次是网上缴费和账户查询需要。

(资料来源:http://www.100ec.cn/detail—6077350.html)

## ◆前沿聚焦

### 手机银行将进入“起飞期”

从罗杰斯的创新扩散模型来看，手机银行发展即将达到创新“起飞期”(用户比例达到居民的10%)，进入快速扩散阶段。

2012年全国地级及以上城市城镇人口中，个人手机银行用户比例为8.9%，比2011年增长2.6个百分点，连续三年呈增长趋势。

手机银行本身具有的“方便快捷、可以随时随地使用”的特点是吸引用户开通使用的最大动力。另外，银行目前实行的费用优惠策略也是吸引用户开通手机银行的重要原因，如：免费开通，交易手续费有优惠等。

(资料来源：http://www.100ec.cn/detail—6077350.html)

## ◆引导性案例

### 传统POS收单已落伍 第三方支付现火爆

在第三方支付的“圈子”里，支付宝和财付通是两个“非富即贵”的“创二代”分别靠着淘宝和腾讯这两大“母体”平台的资源，披着金玉镂衣的创业，获得不少直接的支持。

用户黏性高、新用户转换成本低……这些都是人们对这两家公司先天优势的解读。的确，在淘宝购物的用户已习惯地用支付宝付款，而将腾讯注册用户转换成财付通用户，用“QQ钱包”一键转换便能实现。易观智库数据显示，支付宝、财付通、银联网上支付分别以46.6%、20.9%和11.9%占据市场前三位，支付宝和财付通远远高于其他竞争对手，如图6-40所示。

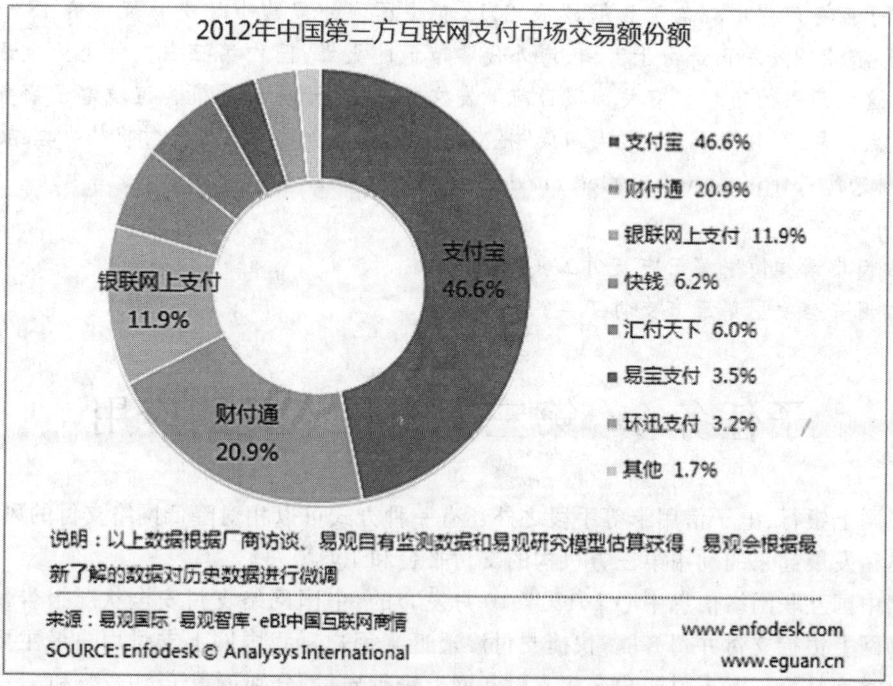


图6-40　2012年中国第三方互联网支付市场交易额份额

根据艾瑞咨询近期发布的《2012—2013 年中国互联网支付用户调研报告》中的调研数据显示，2012 年 61.3%的中国网民使用第三方支付完成在线支付，仅次于网上银行直接支付；而在使用第三方支付时，用户最常使用的第三方支付方式为快捷支付，用户占比 23.6%；且超过一半的快捷支付用户坚决表示会继续使用快捷支付。

距离 2011 年 5 月央行发放首批支付业务许可证（支付牌照）至今不到两年，第三方支付行业的发展速度已经让其他传统行业瞠目结舌。

不仅仅是在整体规模上突飞猛进，第三方支付企业也在迅速向其他领域进行渗透。易观智库研究发现，第三方支付企业的诉求从牌照发放之前单纯追求市场规模，到目前寻求规模和利润的平衡，主流第三方支付企业在支付业务上逐渐从线上走向线下，支付业务多元化发展趋势明显。以快钱公司为例，其电子支付解决方案已经渗透到连锁型餐饮企业，全国知名连锁餐饮企业西贝莜面村、麻辣诱惑、赤坂亭等都已经与其达成合作。业内人士分析，连锁型餐饮企业普遍存在不同地域多家门店并存的局面，这导致企业各地门店收款统一管理不便，资金流与信息流多路交叉无法匹配，异地跨行资金归集效率低、成本高等问题。传统 POS 收单已不能满足企业在扩张中产生的流动资金管理难题，这给以创新能力见长的第三方支付企业带来了机遇。第三方支付公司推出的一站式连锁企业电子支付解决方案，不仅能够解决连锁型餐饮企业所面临的资金管理难题，还能帮助连锁餐饮企业切实解决经营过程中所面临跨地区资金归集问题，提高结算效率优化企业现金流，加速资金流转效率。据了解，除了餐饮行业外，快钱在连锁经营业态中已经广泛深入到服装、教育、医疗、酒店、美容等诸多领域，已经成为连锁经营业态中行业覆盖最广、合作伙伴最多的第三方支付企业之一。

除了线下支付的迅猛发展，跨境拓市也是第三方支付行业扩张的另一个方向。通过购物网站和代购平台，再经由国际物流购买海外商品，这些被称为“海淘族”的购物人群日益庞大。据中国电子商务研究中心监测数据显示，2012 年中国海外代购市场交易规模达 483 亿元，较 2011 年涨幅 82.2%。正是由于海淘、海外代购市场的火爆，国内第三方支付企业也逐渐将目光瞄准了这块新兴的市场。有关部门目前下发文件，决定开展支付机构跨境电子商务外汇支付业务试点。届时，境外网购的“海淘族”将有望实现直接通过第三方支付机构办理结售汇。

（资料来源：http://www.100ec.cn/detail—6092302.html）

思考：

1. 如何申请和使用第三方支付工具？

2. 如何安全使用第三方支付工具？

# 子任务 3　第三方支付工具的应用

除了网上银行、电子信用卡等手段之外还有一种方式可以相对降低网络支付的风险，那就是正在迅猛发展起来的利用第三方机构的支付平台和工具。

根据中国互联网络信息中心 2012 年 10 月发布的《中国网络支付安全状况报告》称，第三方支付和网上银行支付并驾齐驱，快捷支付渗透近半用户。我国网上支付用户最主要使用的网上支付类型是第三方支付账户余额支付和网上银行支付，分别覆盖了 79.2%和 75.7%的支付用户。快捷支付和卡通支付也成为新的支付趋势，网民使用比例也达到了 40.4%。同时还显示，支付宝用户覆盖优势明显，银联在线成长较快。中国用户覆盖最广的第三方支付工具是支付宝，有 80%的网上支付用户使用支付宝实现网上支付，其在网民中的覆盖率遥遥领先于其他第三方支付工具。排在第二位的是财付通，有 21.1%的使用率；第三位的是银联在线，有 16.9%的使用率。

下面以支付宝为例，介绍第三方支付工具的申请和使用方法。

## 一、注册支付宝账户

如果不是淘宝会员，需要完成以下步骤：

1. 登录

登录支付宝首页，点击“新用户注册”，如图 6-41 所示。

图 6-41 支付宝首页

2. 输入内容

以 E-mail 注册为例，选择并点击“注册”，如图 6-42 所示。

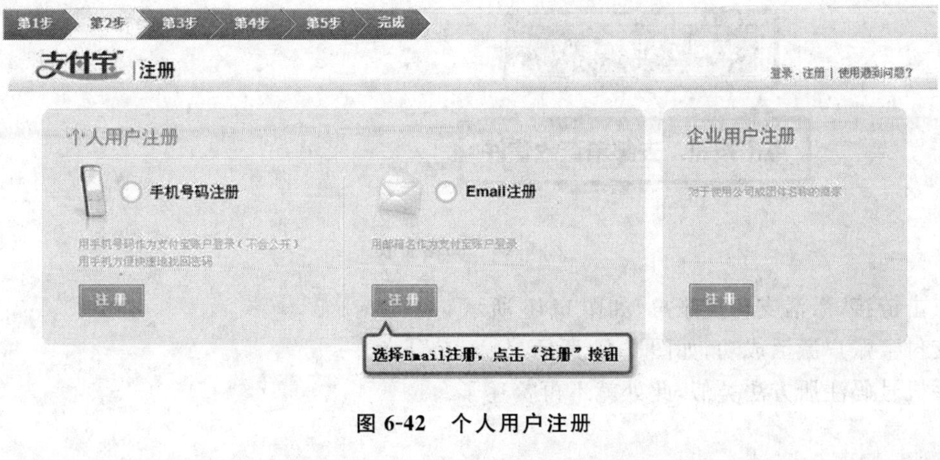


图 6-42 个人用户注册

填写 E-mail、真实姓名、登录密码等信息，点击“提交”，如图 6-43 所示。

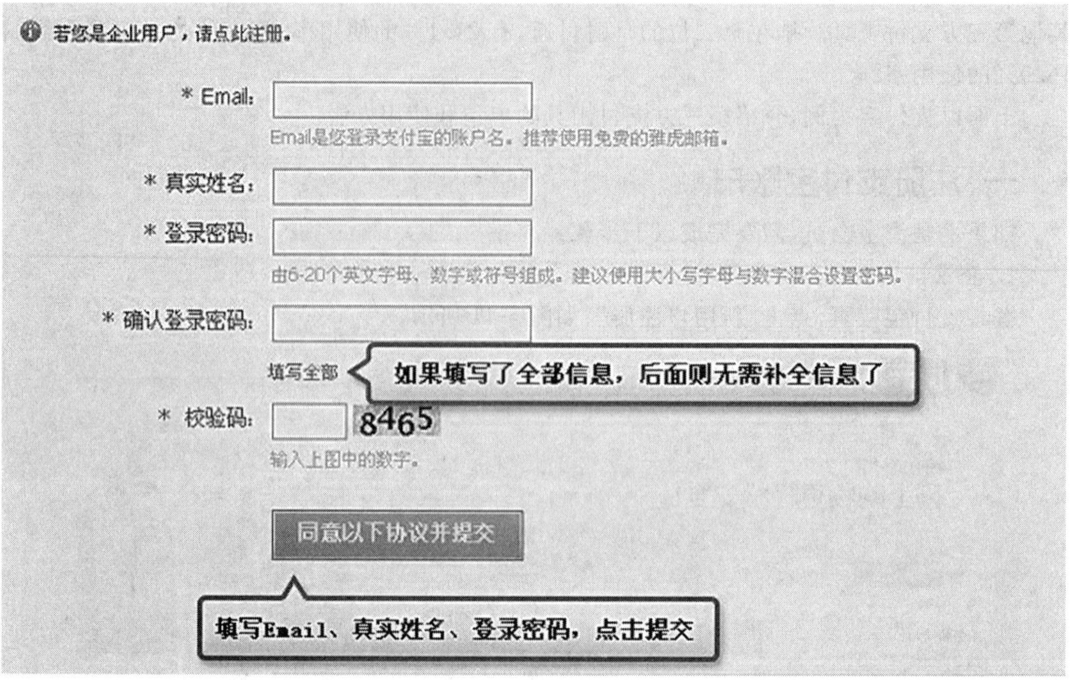
若您是企业用户，请点此注册。
* Email:
Email是您登录支付宝的账户名。推荐使用免费的雅虎邮箱。
* 真实姓名:
* 登录密码:
由6-20个英文字母、数字或符号组成。建议使用大小写字母与数字混合设置密码。
* 确认登录密码:
填写全部
如果填写了全部信息，后面则无需补全信息了
* 校验码:
8465
输入上图中的数字。
同意以下协议并提交
填写Email、真实姓名、登录密码，点击提交

图 6-43　注册信息

3. *激活*

立即进入邮箱查收，如图 6-44 所示。

支付宝向您的邮箱发送了一封邮件，请立即查收。
接收邮箱:
请进入邮箱查收邮件，若无法收到邮件，请点击重新发送邮件。修改Email
（50秒后）重新发送邮件
立即进入邮箱查收
点击按钮，去邮箱查收信件

图 6-44　邮箱查收

点击链接，激活支付宝账户，如图 6-45 所示。

支付宝账户激活成功，如图 6-46 所示。

手机号码注册方法类似，此处就不再赘述了。

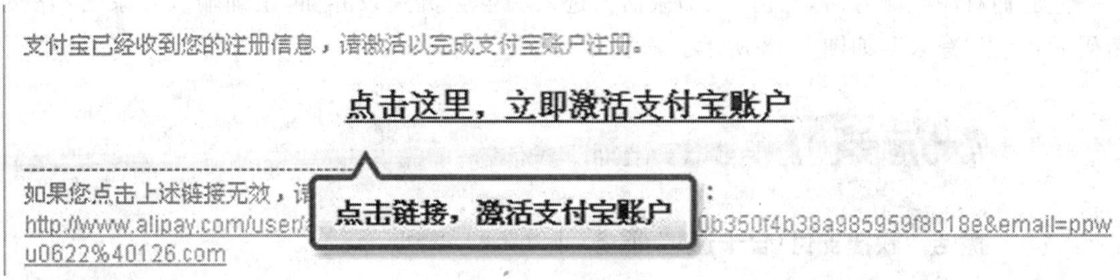


图 6-45 激活

图 6-46 激活成功

如果已经是淘宝会员，注册淘宝时填写的手机号码或电子邮箱即可作为支付宝的账户名，注册淘宝时设置的淘宝登录密码即可作为支付宝登录密码、支付密码。您仅需要身份证件和手机接收校验码短信即可激活支付宝账户。

## 二、挑选最适合你的付款方式进行付款

支付宝提供了快捷支付、网上银行、余额支付、找人代付、货到付款、信用卡分期、网点支付、消费卡支付、国际信用卡支付 9 种付款方式供用户选择。

目前较流行、效率高的支付方式是快捷支付，下面具体介绍如何申请和使用该支付方式。

1. 申请开通

快捷支付有银行柜台办理和在线自助办理两种开通方式。

(1)银行柜台办理　在银行柜台填写快捷签约申请单，进入快捷支付页面，如图 6-47 所示。

图 6-47 快捷支付

注册拥有淘宝账号后，点击“立即激活”，进入淘宝会员登录界面，正确输入登录名和登录密码后，点击“登录”，如图 6-48 所示。

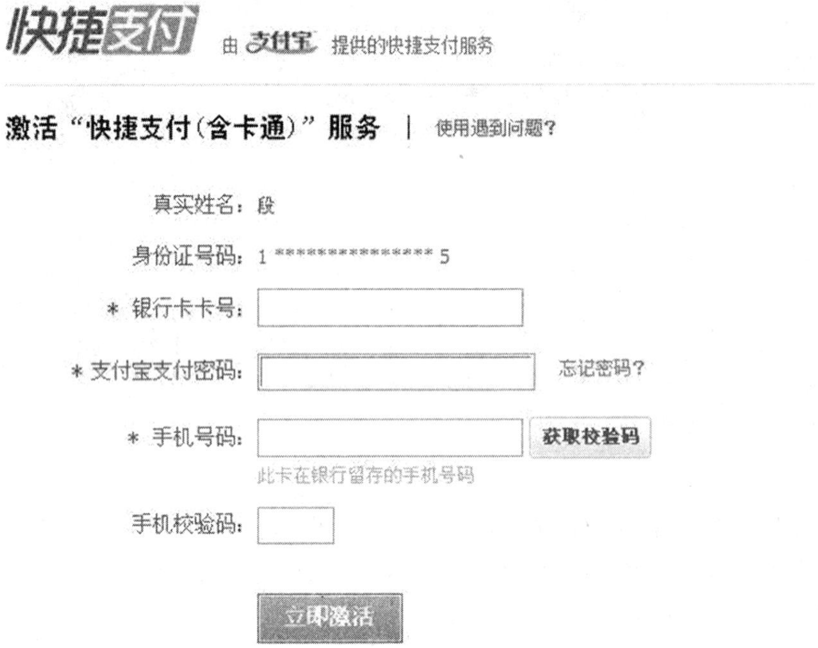


图 6-48　支付宝信息

正确填写银行卡卡号、支付密码、手机号码获取校验码，点击“立即激活”，即可完成激活。

(2)在线自助办理　选择支持快捷支付的信用卡或储蓄卡，如图 6-49 所示。

图 6-49　选择开卡银行

正确填写银行卡卡号、手机号码、获取校验码等信息，仔细核对填写的信息无误后，即可点击“确认开通”，如图 6-50 所示。

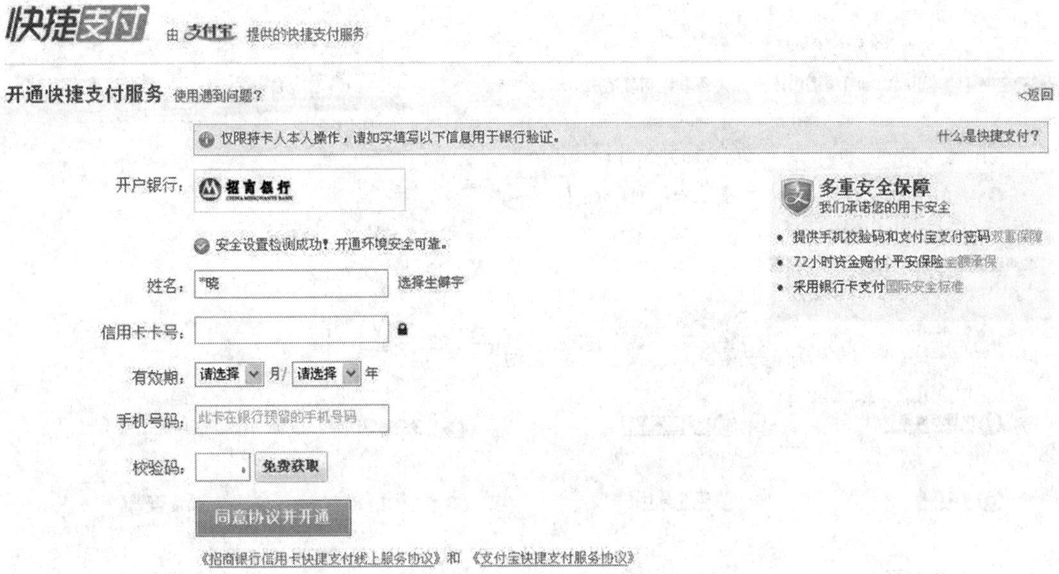


图 6-50 开卡信息

2. 使用快捷支付

选择好商品后点击立即购买，进入支付宝收银台，如图 6-51 所示。

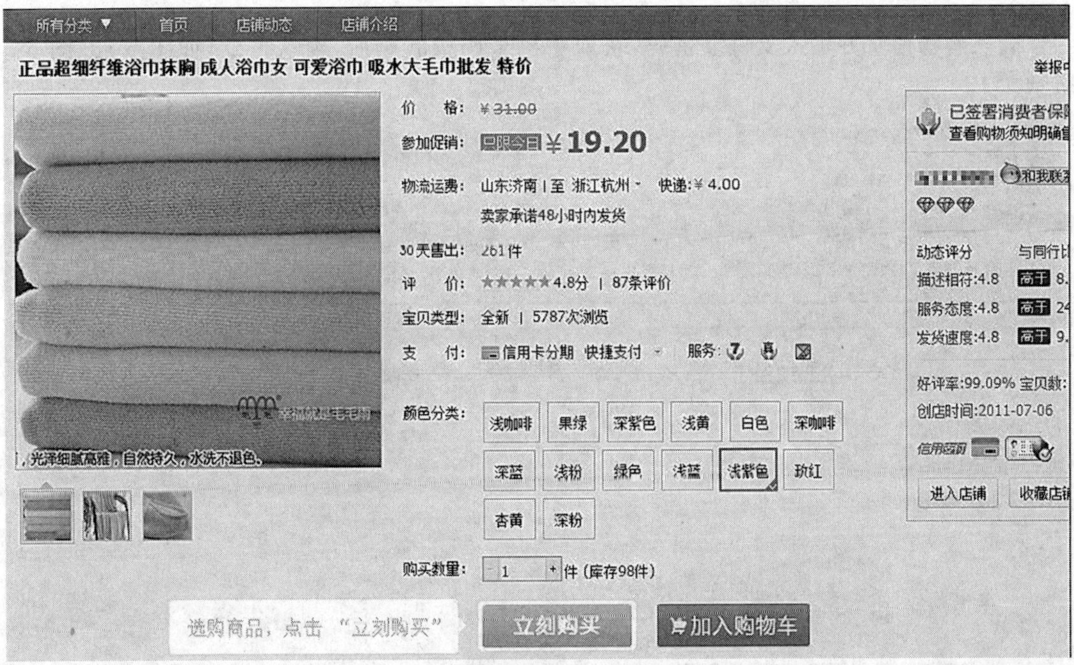


图 6-51 选择商品

选择之前已使用并保存过的快捷支付对应银行卡，如图 6-52 所示。

图 6-52　付款

确认购物信息并输入支付宝密码，获取手机号码校验码后，确认付款，如图 6-53、图 6-54 所示。

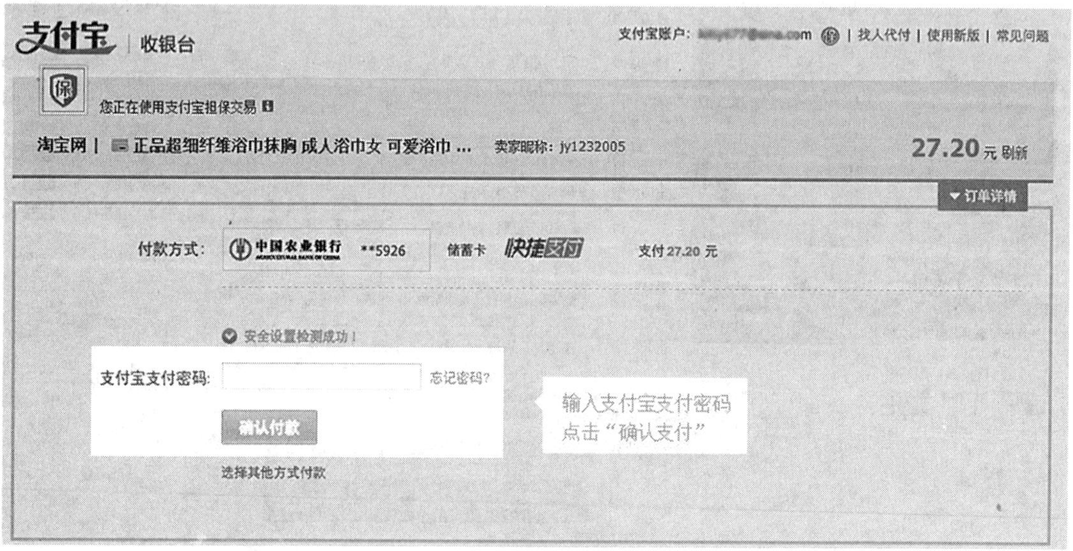


图 6-53　确认付款

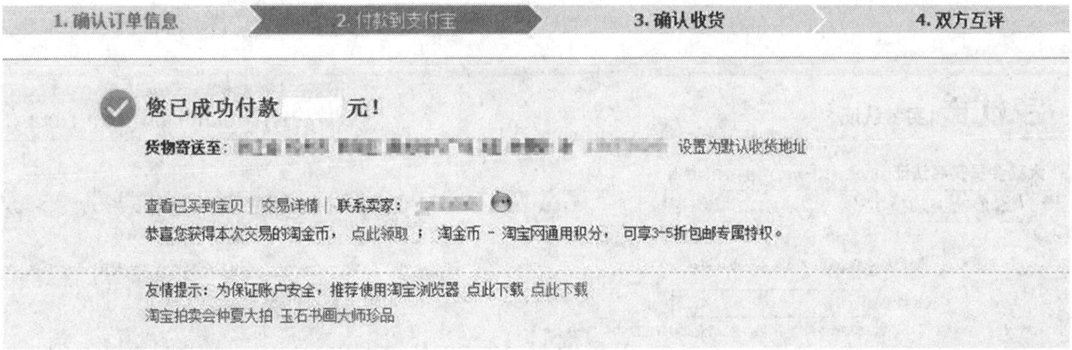


图 6-54　付款成功

## 三、选择安全措施保护支付宝账户安全

支付宝提供了双密码保护、手机绑定、实名认证、数字证书、手机动态口令等安全产品保护支付宝账户安全，下面介绍如何进行支付宝实名认证。

(1)选择认证方式　以“普通认证”为例，如图 6-55 所示。

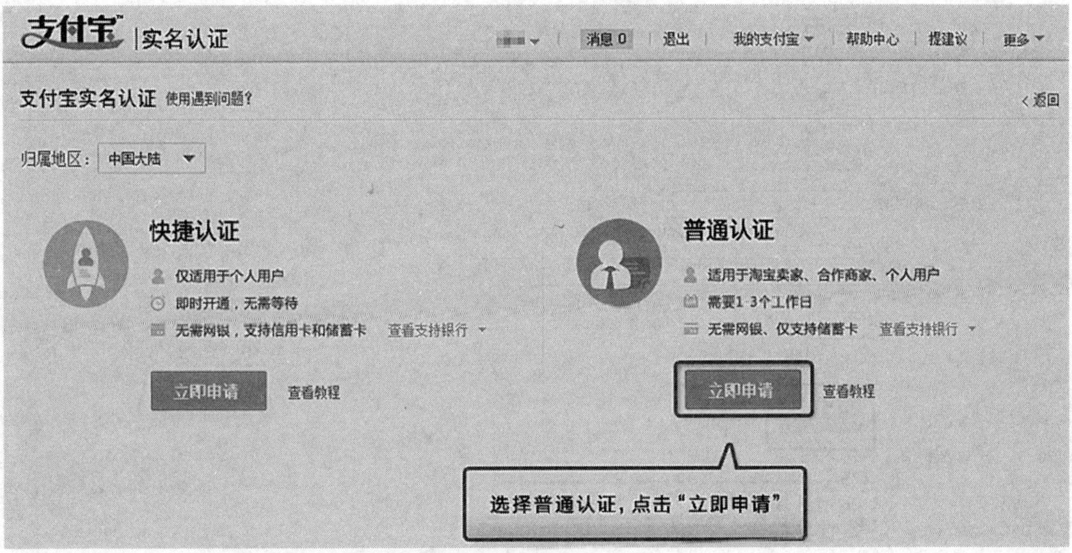


图 6-55　选择普通认证

(2)提交认证信息。

①填写个人信息，如图 6-56 所示。

②填写银行卡信息，如图 6-57 所示。

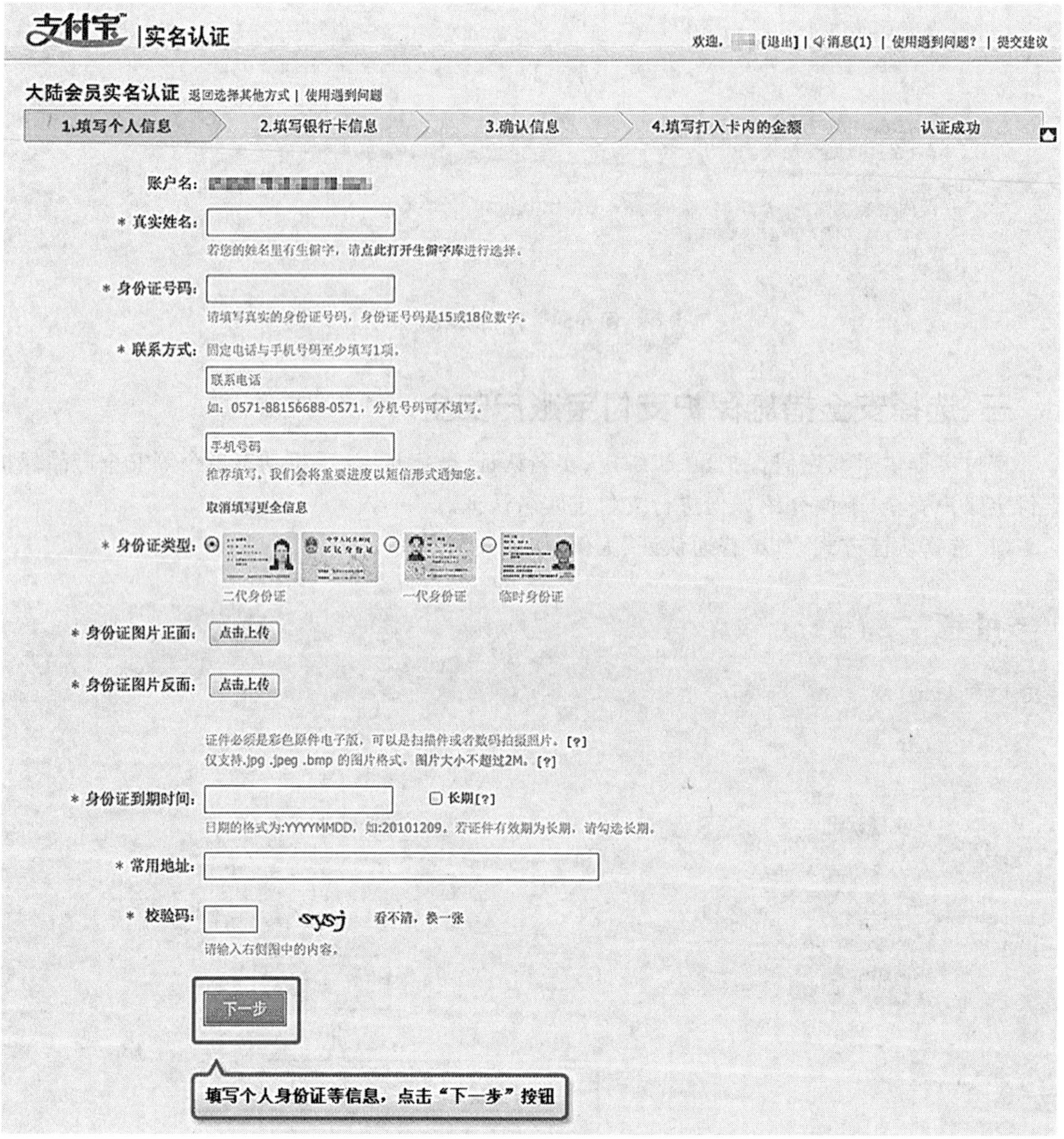
支付宝 | 实名认证
欢迎， [退出] | 消息(1) | 使用遇到问题？ | 提交建议
大陆会员实名认证 返回选择其他方式 | 使用遇到问题
1.填写个人信息
2.填写银行卡信息
3.确认信息
4.填写打入卡内的金额
认证成功
账户名：
* 真实姓名：
若您的姓名里有生僻字，请点此打开生僻字库进行选择。
* 身份证号码：
请填写真实的身份证号码，身份证号码是15或18位数字。
* 联系方式：固定电话与手机号码至少填写1项。
联系电话
如：0571-88156688-0571，分机号码可不填写。
手机号码
推荐填写，我们会将重要进度以短信形式通知您。
取消填写更全信息
* 身份证类型：
二代身份证
一代身份证
临时身份证
* 身份证图片正面：点击上传
* 身份证图片反面：点击上传
证件必须是彩色原件电子版，可以是扫描件或者数码拍摄照片。[?]
仅支持.jpg .jpeg .bmp 的图片格式。图片大小不超过2M。[?]
* 身份证到期时间：
长期[?]
日期的格式为:YYYYMMDD，如:20101209，若证件有效期为长期，请勾选长期。
* 常用地址：
* 校验码：
看不清，换一张
请输入右侧图中的内容。
下一步
填写个人身份证等信息，点击“下一步”按钮

图 6-56 个人信息

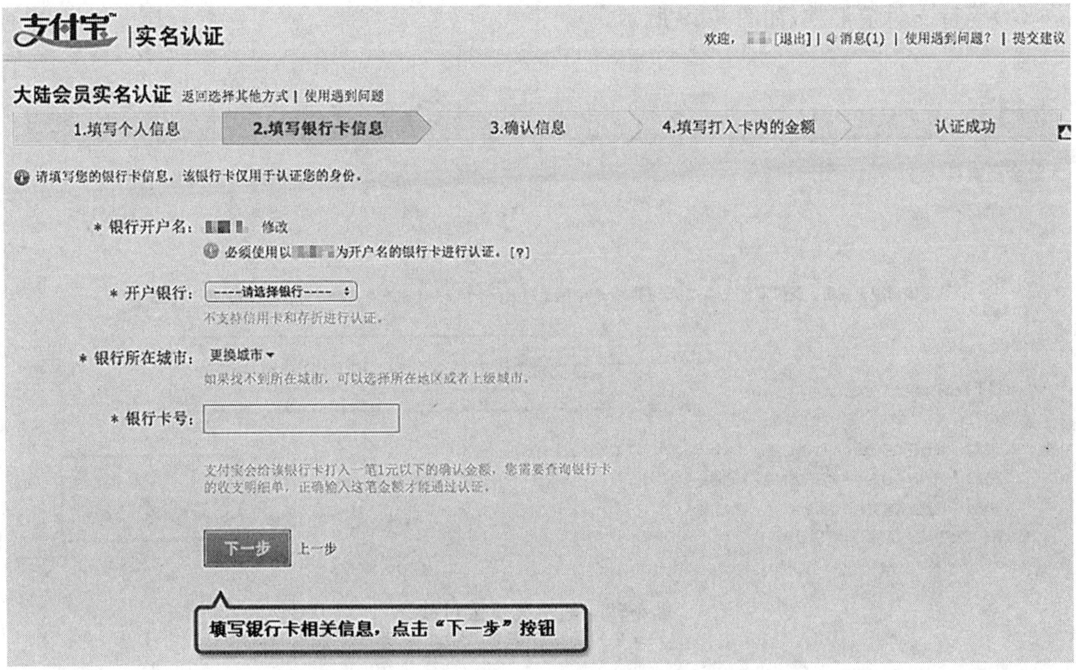


图 6-57　银行卡信息

③确认信息，如图 6-58 所示。

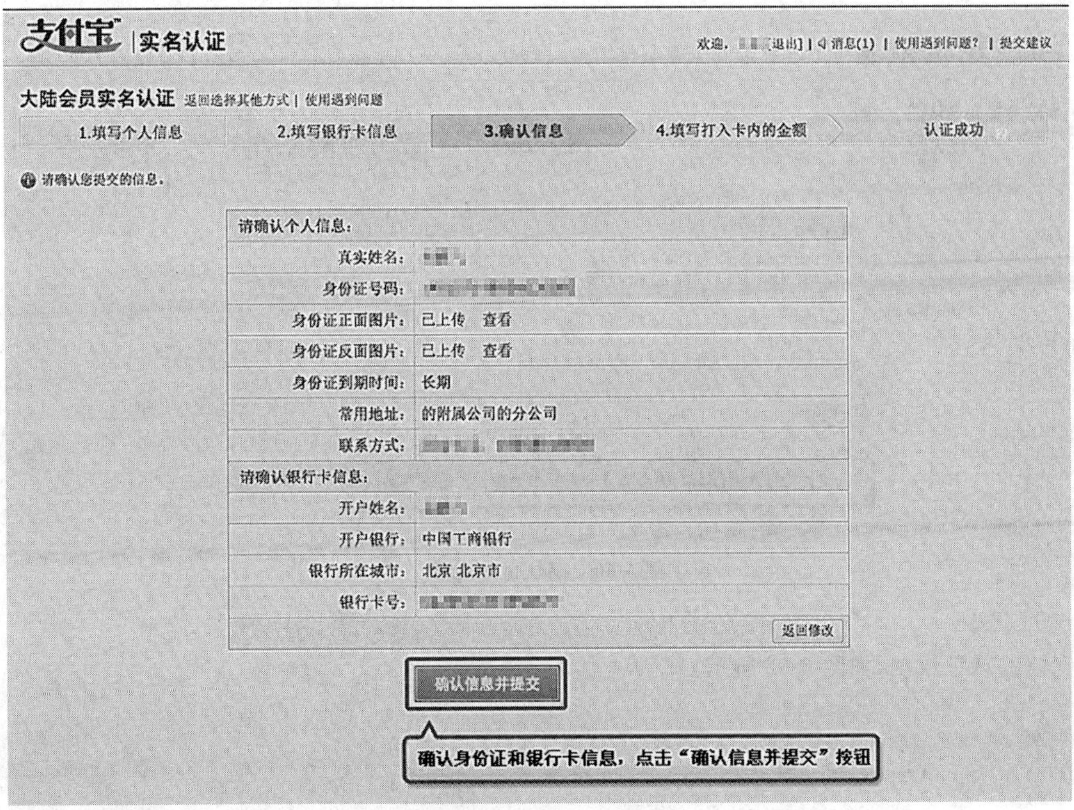


图 6-58　确认信息

(3)等待支付宝汇款，如图 6-59 所示。

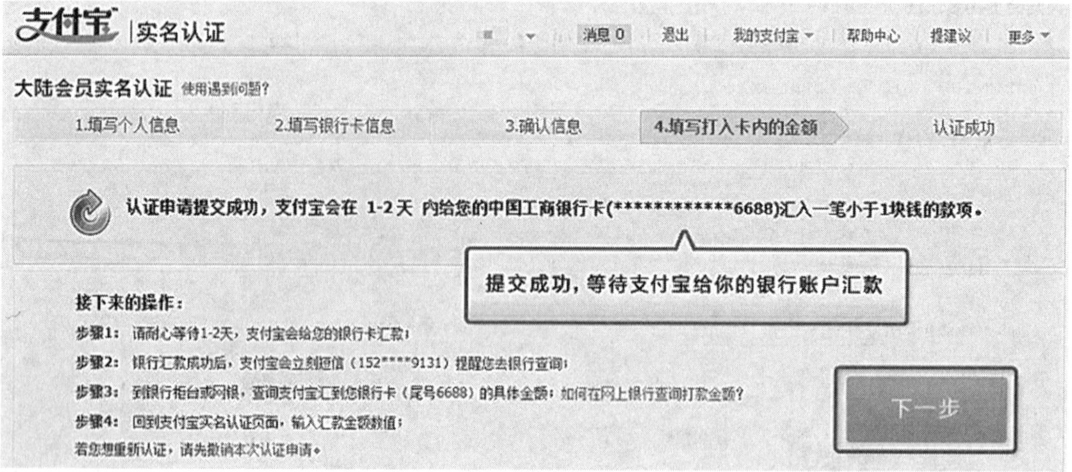
支付宝 |实名认证
消息 0
退出
我的支付宝
帮助中心
提建议
更多
大陆会员实名认证 使用遇到问题?
1.填写个人信息
2.填写银行卡信息
3.确认信息
4.填写打入卡内的金额
认证成功
认证申请提交成功，支付宝会在 1-2天 内给您的中国工商银行卡(************6688)汇入一笔小于1块钱的款项。
提交成功，等待支付宝给你的银行账户汇款
接下来的操作：
步骤1： 请耐心等待1-2天，支付宝会给您的银行卡汇款；
步骤2： 银行汇款成功后，支付宝会立刻短信（152****9131）提醒您去银行查询；
步骤3： 到银行柜台或网银，查询支付宝汇到您银行卡（尾号6688）的具体金额；如何在网上银行查询打款金额?
步骤4： 回到支付宝实名认证页面，输入汇款金额数值；
若您想重新认证，请先撤销本次认证申请。
下一步

图 6-59 等待支付宝付款

(4)确认汇款金额，如图 6-60 所示。

确认付款金额后，进行实名认证，如图 6-61 所示。

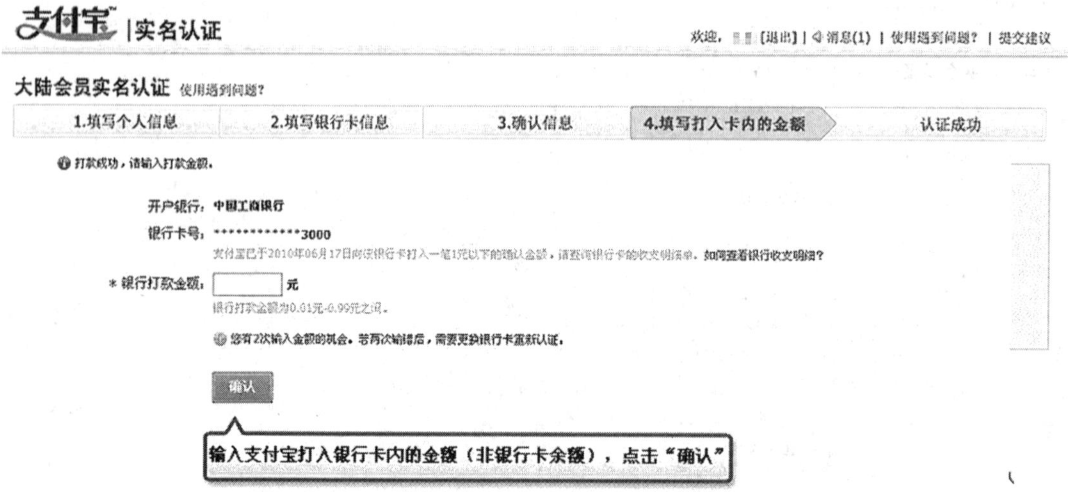
支付宝 |实名认证
大陆会员实名认证 使用遇到问题?
1.填写个人信息
2.填写银行卡信息
3.确认信息
4.填写打入卡内的金额
认证成功
打款成功，请输入打款金额。
开户银行： 中国工商银行
银行卡号： ************3000
* 银行打款金额： 元
确认
输入支付宝打入银行卡内的金额（非银行卡余额），点击“确认”

图 6-60 确认付款金额

(5)认证成功，如图 6-62 所示。

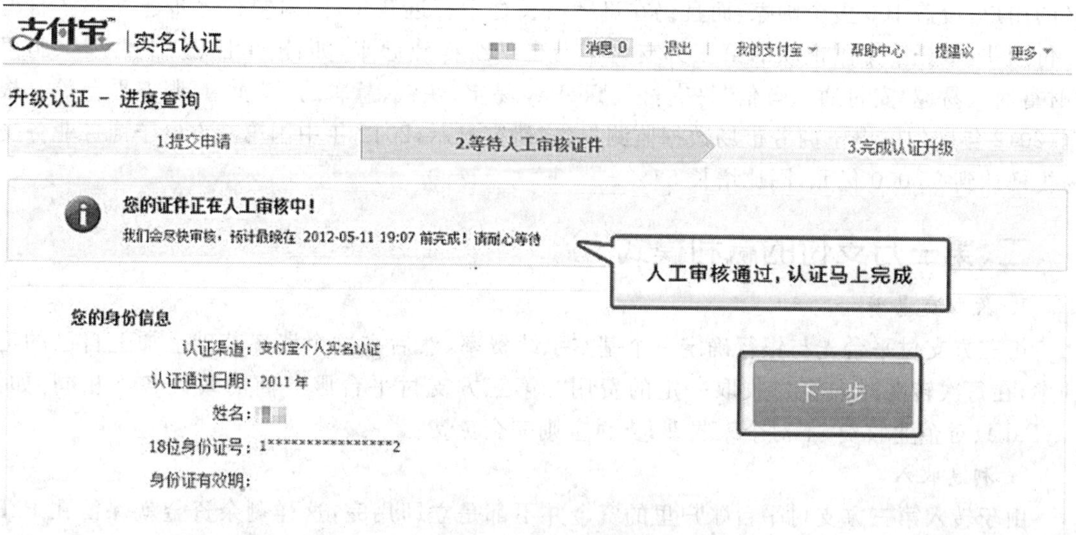


图 6-61 人工审核

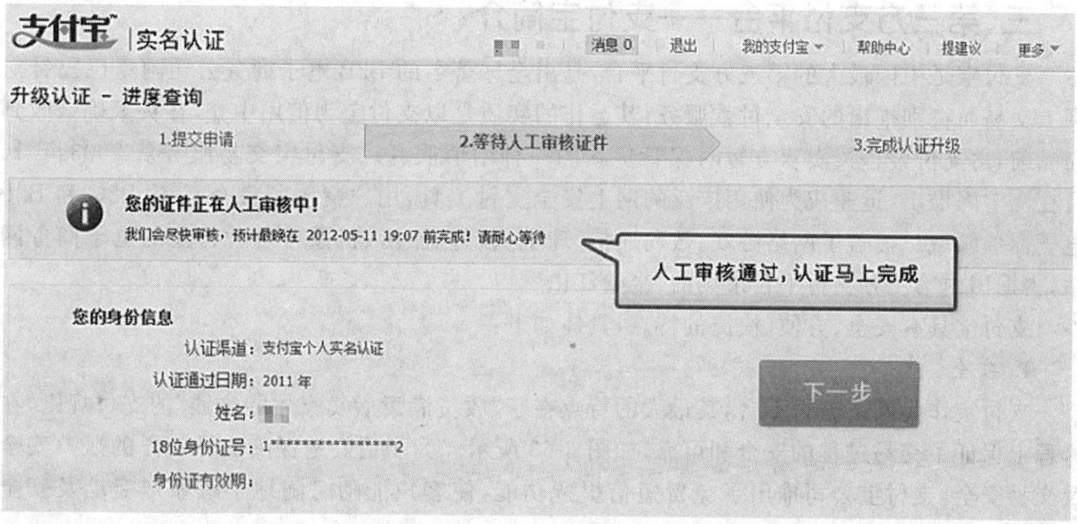


图 6-62 认证成功

## ◈知识链接

## 一、第三方支付概述

电子商务系统中，支付系统是极其重要的组成部分，是关系到电子商务能否健康发展的核心因素。第三方支付作为目前主要的网络交易手段和信用中介，最重要的是起到了在网上商家和银行之间建立连接，实现第三方监管和技术保障的作用。采用第三方支付，可以安全实现从消费者—金融机构—商家的在线货币支付、现金流转、资金清算、查询统计等流程，为商家开展 B2B，B2C 交易等电子商务服务和其他增值服务提供完善的支持。第三方支付平台解决了银行无法解决的信用问题，这种服务消除了买卖双方的担忧，是得到市场认可的安全模式。

目前，最著名、最典型的第三方支付平台当属 eBay 的现金支付公司 PayPal，已拥有超过 1

亿的用户，覆盖100多个国家，而且仍在迅猛增长之中。近几年，国内银行逐步建立起各自的支付网关，依托于中国银联的第三方支付平台也纷纷搭建起来，如：阿里巴巴“支付宝”、腾讯“财富通”、易趣“安付通”、首信“易支付”、YeePay易宝、快钱、慧聪的“买卖通”服务平台等。根据《2012年度中国电子商务市场数据监测报告》研究显示，2012年中国第三方电子商务业务交易规模达到35 000亿元，同比增长57%。

## 二、第三方支付的赢利模式

1. 收取交易费

第三方支付平台先与银行确定一个基本手续费率，然后在这个费率基础上加上自己的毛利率，在每次转账时向客户收取一定的费用。第三方支付平台服务商的政策各不相同，如：PayPal只对企业收费，不对个人收费；支付宝则完全免费。

2. 利息收入

由于转入第三方支付平台账户里的资金并不都是立即用完，这样剩余资金就保留在P2P服务商的账户里，形成利息收入。

## 三、第三方支付平台——支付宝简介

支付宝是中国最大的第三方支付平台，是由全球著名的B2B电子商务公司阿里巴巴针对网上交易而特别推出的安全付款服务，其运作的实质是以支付宝为信用中介，在买家确认收到商品前，由支付宝替买卖双方暂时保管货款的一种增值服务。支付宝交易服务从2003年10月在淘宝网推出，迅速成为使用广泛的网上安全支付工具，用户覆盖了整个C2C、B2C和B2B电子商务领域。覆盖了网络游戏、数码通信、珠宝、教育、旅游、机票等各种行业的电子商务网站，占据国内第三方支付平台市场的“半壁江山”。

支付宝具有安全、方便、快捷的特点，具体如下：

1. 安全

支付宝作为网络支付平台，其最大的特点在于“收货满意后卖家才能拿钱”的支付规则，在流程上保证了交易过程的安全和可靠，如图6-63所示。为了更好地保障交易双方的账户安全及交易安全，支付宝公司推出了免费短信提醒功能，使客户能随时随地了解账户变动及安全情况。

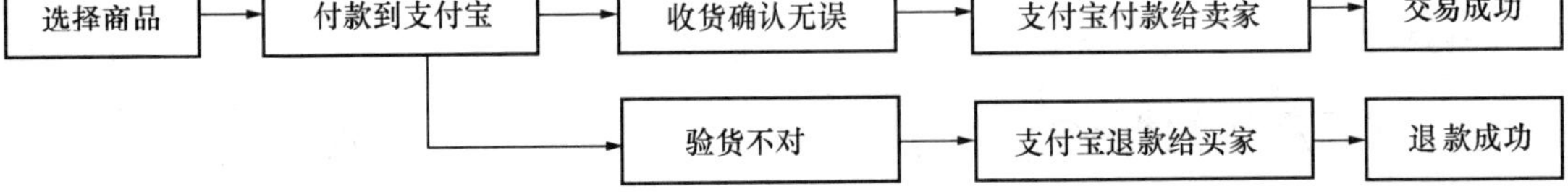


**图6-63　支付宝担保交易流程**

2. 方便

支付宝与国内各大银行建立了合作伙伴关系，支持国内主要的银行卡，实现了银行间的无缝对接，使得交易双方的原有银行账户能顺利地利用支付宝完成交易。在交易过程中，支付宝用户可以实时跟踪资金和物流进展，方便、快捷地处理收付款业务和发货业务。

3. 快捷

对于买家来说，付款成功后，即时到账，卖家可以立刻发货，快速高效；对于卖家来说，可以通过支付宝商家工具将商品信息发布至多个网站、论坛或即时沟通软件，找到更多的买家；还可以根据需要将支付宝按钮嵌入自己的网站、邮件中，以方便交易更快捷地使用支付宝。

## ◉阅读案例

### 手机支付宝"声波支付"自动售货机登陆北京地铁

北京消费者对自动售货机都不陌生，但投币、零钱等交易模式的诸多不便也制约了自动售货机在京的使用效率。面对这一现实，采用手机支付宝"声波支付"的自动售货机于2013年4月悄然登陆北京地铁4号线两个站点，并将覆盖4号线全线。

支付宝日前发布了全球首台支持"声波支付"的自动售货机，这也是"声波支付"技术踏入商业零售领域的第一步。2013年4月地铁4号线灵境胡同及魏公村两个站点内的"声波支付"售货机已经投入试运营，吸引了一些乘客体验。北京商报记者打开手机中的"支付宝钱包"后，按照售货机的提示选择商品并点击手机软件"当面付"选项，即出现确认付款按钮，手机靠近感应器，并发出"咻咻咻"的声音后，北京商报记者选择的饮料就到手了，整个过程不到1分钟。

据支付宝无线商务拓展总监王玉明介绍，这些声波售货机内嵌入了支付宝特有的声波模块，可以对用户手机发出的超声波进行智能化处理交易。"这是声波首次被应用到售货机上，提升了售货机效率。"王玉明表示，声波支付传递的超声波是一串随机生成的交易号，有效期只有5分钟。"声波内容不涉及金额、账户号等信息，即使有人现场录音也不必担心安全问题。"

"声波支付"如果能够推广，对零售业的意义更大。"声波支付"适合便利店、超市和百货店等传统商业企业，并有望破解排队顽疾，优化消费者的购物体验。"目前很多商超企业都开始尝试更便捷的支付方式，但结账排队现象仍非常严重。即使信用卡、预付卡购物省去找零环节，但单据打印和签字仍要耗费时间。"徐海东介绍，超市引入"声波支付"系统只需几千元，而且是一次性投入，可以帮助零售企业进行快速结账。

（资料来源：北京商报）

## ◉前沿聚焦

### 移动支付潮席卷全球

2013年4月8日，光大银行与中国移动电子商务有限公司签署了合作协议，双方将共同拓展移动支付市场；支付宝近日联合奥琦玮公司为其餐饮店提供手机支付服务；Visa公司和三星公司近期宣布签署全球合作伙伴协议，旨在推动移动支付应用在全球范围内的普及；即便是一向顽固的苹果公司，有国外分析师也认为其会在2014年上半年发布iPhone 6时同步推出一款支付服务，为iOS用户推出数字钱包服务。种种迹象表明，移动支付全球风暴大有越演越烈之势。

（资料来源：http://www.ebrun.com/20130415/71302.shtml）

## ◈分组讨论

1. 请讨论电子支付的发展给人们的生活和工作带来哪些好处,又带来哪些风险和挑战。

2. 了解并讨论网上银行与第三方支付在网络支付方面的竞争与合作。

## ◈业务技能训练

北京某大学的王强是一名来自广西的大学一年级新生。在接到录取通知书后,按照学校提供的招商银行账号,王强的父亲汇入了他在学校所需的学费、生活费等费用。到学校后,王强领到了一张集学籍管理、内部消费、图书借阅、就餐和存取款功能于一体的招商银行校园卡。王强从老乡那里了解到,这张卡除了在校园内具体上述功能外,还能在商场、网上商城等校园以外的地方使用,王强很开心,有了这张卡,基本上不用使用现金了,而且开通网上支付功能后还能在宿舍里完成在线支付,体验电子商务带来的便捷与实惠。

1. 请尝试开通招商银行网上银行业务,并进行一次实际的网上支付,了解网上支付流程。

2. 在熟悉了网上银行业务后,尝试申请开通并使用支付宝的快捷支付功能,体验目前最方便快捷的支付方法。

3. 请尝试下载并使用支付宝钱包。

4. 请说明如何综合利用各种安全防范措施保证网上支付安全。

随着电子商务这一新的商业模式逐步为社会各界所接受并应用，如何建立一个安全、便捷的电子商务应用环境，对信息提供足够的保护，已成为人们热切关注的焦点。电子商务安全的关键是要保证商务活动过程中系统的安全性，即应保证在基于互联网的电子交易转变的过程中与传统交易的方式一样安全可靠。从安全和信任的角度来看，传统的买卖双方是面对面的，因此保证交易过程的安全和建立彼此的信任关系相对容易。但在以虚拟的网络为平台的电子商务过程中，由于无法直接亲眼证实对方的身份；担心计算机系统会出现不可预料的意外；担心自己的账号等隐私支付信息被他人窃取等原因，所以建立交易对方的安全和信任关系相对难度较大，而且这种安全性的担忧是相互的，即交易的双方都面临安全威胁。因此，在运用电子商务模式进行贸易活动的过程中，安全问题就成为最核心的问题，也是电子商务顺利进行的保障。电子商务安全确保信息的真实性、保密性、完整性、不可否认性和不可更改性等。

# 任务七　电子商务安全

## ◈任务解析

电子商务安全是一个复杂的系统问题，它不仅与其支撑平台—计算机网络系统有关，还与电子商务的应用环境、交易模式、人员素质和社会因素等诸多因素有关。本任务主要是对电子商务安全有所认知，了解综合防范措施，并学会申请和使用 Internet 下 CA 证书。

## ◈分项任务

子任务 1. 电子商务安全认知与防范

子任务 2. Internet 下 CA 证书的申请与应用

## ◈能力目标

通过完成本任务，你应该能够：

1. 对电子商务安全有所认知，并了解综合防范措施；
2. 申请和应用 Internet 下 CA 证书。

## ◈核心能力

电子商务安全认知与防范；申请和应用 Internet 下 CA 证书。

## ◈引导性案例

### 淘宝"错价门"敲响电子商务安全警钟

互联网上从来不乏标价 1 元的商品。2011 年 9 月 1 日，淘宝网上大量商品标价 1 元，引发网民争先恐后哄抢，但是之后许多订单被淘宝网取消。随后，淘宝网发布公告称，此次事件为第三方软件"团购宝"交易异常所致。部分网民和商户询问"团购宝"客服得到自动回复称："服务器可能被攻击，已联系技术紧急处理。"这起"错价门"事件发生至今已过去很长时间，导致“错价门”的真实原因依然是个谜，但这一事件暴露出来的我国电子商务安全问题不容小觑。

此次“错价门”事件与以往一些电子商务企业爆出的错价现象截然不同。之前发生的“错价”现象，集中在某个商户或某个电子商务企业的某个商品，人为因素的可能性较大。此次“错价门”则是大批商户的大批商品价格在短时间内被恶意篡改，达到这个目的需要借助一定的技术手段。

金山网络安全工程师李铁军分析认为，此次淘宝网大批商户的价格数据被恶意篡改，并不能完全排除黑客利用第三方软件的漏洞进行攻击的可能性。电子商务企业后台系统一旦被黑客侵入，数据库会被肆意篡改，不仅仅是商品的价格，还包括接收货物的客户个人信息等，这种非法入侵往往会造成很大的混乱，带来很严重的后果，相关企业甚至会因此破产，涉嫌刑事犯罪。

此次“错价门”事件涉及众多商户和消费者，扰乱了正常的网络商品交易秩序，从某种程度上看，已经形成一个被广泛关注的公共网络安全事件，国家有关部门应介入调查。

事实上，电子商务平台正在成为黑客攻击的重要目标。据了解，一些火爆一时的团购网站已经被黑客盯上。业界盛传这样的消息，国内一家团购网站相当数量的用户资料失窃，原因就是黑客入侵。团购网站动辄几十万用户的个人资料，其中包含账号、密码等，这些数据资料如果被盗，将给企业及其用户带来很大的安全隐患。

国外几年前就曾经发生过电子商务网站被黑客入侵的案例，国内的电子商务网站近几年也发生过类似事件。浙江义乌一些大型批发网站曾经遭到黑客近一个月的轮番攻击，网站图片几乎都不能显示，每天流失订单金额达上百万元。阿里巴巴网站也曾确认受到不明身份的网络黑客攻击，这些黑客采取多种手段攻击了阿里巴巴在我国大陆和美国的服务器，企图破坏阿里巴巴全球速卖通平台的正常运营。随着国内移动互联网的发展，移动电子商务也将迅速发展并给人们带来更大便利，但是由此也将带来更多的安全隐患。黑客针对无线网络的窃听能获取用户的通信内容、侵犯用户的隐私权。

李铁军分析指出，黑客攻击可以是多层次、多方面、多种形式的。攻击电子商务平台，黑客可以轻松赚取巨大的、实实在在的经济利益。比如：窃取某个电子商务企业的用户资料，贩卖用户的个人信息；破解用户个人账号密码，可以冒充他人购物，并把商品货物发给自己。黑客有可能受经济利益驱使，也有可能是同业者暗箱操作打击竞争对手。攻击电子商务企业后台系统的往往是专业的黑客团队，要想防范其入侵，难度颇大。尤其是对于一些中小型电子商务网站而言，比如数量庞大的团购网站，对抗黑客入侵更是有些力不从心。如果大量电子商务企业后台系统的安全得不到保障，我国整个电子商务的发展也将面临极大威胁。

北京两高律师所律师董正伟强调，目前，我国电子商务领域安全问题日益凸显，比如，支付宝或者网银被盗现象频频发生，给用户造成越来越多的损失，这些现象对网络交易和电子商务提出了警示。然而，监管不力导致消费者权益难以保护。公安机关和电信管理机关、电子商务管理机关应当高度重视电子商务暴露的安全问题，严格执法、积极介入，彻查一些严重影响互联网电子商务安全的恶性事件，切实保护消费者权益，维护我国电子商务健康有序的发展。

（资料来源：http://news.xinhuanet.com/tech/2011—09/14/c_122031167.htm）

## 节日网购，小心视频病毒

2013年4月，据瑞星云安全系统监测结果显示，近期关于旅游、机票火车票、电影票三大类钓鱼网站呈快速上升趋势，伪装成网购商品介绍和视频播放工具等资料的病毒也开始在网上传播。

据瑞星安全专家介绍，近期，一种视频播放类病毒在网上悄然流行，该类病毒在正常的播放软件安装程序中暗藏病毒，普通用户很难察觉。该类病毒变种极多，功能从监听用户电脑开启后门程序，到窃取用户的隐私信息、网银账号等，几乎无恶不作。中毒电脑将面临隐私信息泄露、银行账号密码被盗、电脑成为肉鸡等诸多风险。

该类病毒一般伪装成商品图片或资料，多在卖家和买家之间通过聊天工具传播。网民一旦接收了商品资料，电脑将立刻感染木马病毒。此后，只要进行任何网银支付操作，木马就会记录网民的银行卡账号、密码，并在第一时间发送至黑客。

（资料来源：http：//www.100ec.cn/detail—6097527.html）

思考：

1. 在日常生活中是否也经常遇到各种各样的网络交易安全问题？请举例说明。

2. 应该采用哪些方法来综合防范并积极应对？

# 子任务 1　电子商务安全认知与防范

电子商务安全与网上支付总是如影随形，根据中国互联网络信息中心 2012 年 10 月发布的《中国网络支付安全状况报告》显示，安全担忧成阻碍用户使用网上支付的重要原因。30.4％的非网上支付用户是因为感觉不安全、担心资金被盗而不使用网上支付，还有 11.8％的非网上支付用户是担心账户信息泄漏。

用户安全意识不足，仅一半网上支付用户关注网上支付安全问题。52.8％的网上支付用户关注网上支付的安全问题，还有 47.2％的用户对网上支付安全问题表示非常不关注或较不关注。此外，有 57.6％的用户表示不知道保障网上支付安全的办法。

对此，该报告总结了五个用户安全常见问题和四种用户防范方式，具体如下：

## 一、用户安全问题

1. 遭遇木马，盗取密码

使用户感染综合性木马，综合性木马具有屏幕查看、远程控制、键盘记录等功能。黑客利用键盘记录功能记录账号，密码、交易密码，再利用远程控制功能操纵用户计算机进行转账。

2. 钓鱼网站，诱骗支付

不法分子冒充卖家，在用户准备交易时谎称网络有问题，发给用户一个网址链接，用户点击该链接后往往与支付页面类似。用户在该页面进行支付后，卖家说没有收到付款。当用户从通过正常登录网银查询时，也没有显示付款信息。实际是不法分子通过钓鱼网站，诱使用户支付到其他账户，导致资金损失。

3. 冒充客服，骗取信息

不法分子冒充客服或卖家，诱使用户登录钓鱼网站，获取用户名、密码、安全保护问题及答案，然后利用安全保护问题及答案撤销手机绑定，同时避开手机动态口令限制，或者获取用户手机动态口令，盗取资金。

4. U 盾不拔，远程控制

用户使用完 U 盾，尤其是在公共电脑支付完后，没有及时拔出支付盾，被不法分子远程控制“借用”。

5. QQ 求助，贸然支付

利用用户对好友的熟悉信任度，盗取 QQ、MSN、阿里旺旺等即时通信号码后发送求助信息，要求汇款或支付资金，用户没有核实是否本人后就使用网上支付进行资金传递。或者通过 QQ 发来有危险的链接，用户由于对好友信任，贸然点击遭遇钓鱼网站或者木马病毒。

## 二、用户防范方式

用户防范方式包括以下几个方面。

(1)做好密码等信息保护　建议用户设置字母与数字结合的复杂密码，降低被病毒破译密码的可能性，提高计算机系统的安全性，避免将自己的生日、姓名英文拼写、熟悉的英文单词等做为计算机系统的密码或是网上支付的密码。在聊天工具上涉及资金操作时，请一定与朋友电话确认。保护好手机校验码，不要把收到的手机校验码告诉任何人或在不明钓鱼网站输入，防止不法分子冒充支付工作人员诱骗密码。

(2)电脑日常安全维护　经常给电脑系统升级，安装杀毒软件、防火墙，经常升级和杀毒，做好自身计算机的日常维护工作，定期给系统和相应的应用软件升级，对系统的补丁做到及时的更新，安装正式的杀毒软件和防火墙软件，并经常升级和查杀。给系统安装木马防范及系统优化软件，通过这种软件可以时时防止木马程序对自身计算机的攻击 对密码等敏感信息的窃取。尽量不要在公共电脑上使用自己的有关资金的账户和密码。支付完成后及时拔出支付盾可以避免被不法分子远程控制“借用”。

(3)网站安全登录访问　在登录支付资金时应注意确认该网是否是官方网站，仔细核对该网的域名是否正确，注意小写“1”与“L”、“0”与“O”等情况；保证良好的上网习惯，访问购物网站时尽量避免手工直接输入网址方式进行访问，以免输入错误被相似钓鱼网站获取敏感信息，不点击 QQ 或即时通讯好友发来的来历不明的超级链接访问网站，以避免个人账户信息泄露或被利用。

(4)使用安全支付产品　建议用户至少安装使用门槛较低的免费的数字证书产品，最好还能使用动态口令牌技术的安全产品，提升支付安全保障水平。

因此，作为普通的电脑用户，我们不仅要提高防范意识，还要安装适合的安全保护软件。下面以 360 杀毒软件和 360 安全卫士为例，说明如何安装和使用，为电子商务交易安全提供保障。

### (一)360 杀毒软件

360 杀毒是 360 安全中心出品的一款免费的云安全杀毒软件。360 杀毒具有以下优点：查杀率高、资源占用少、升级迅速等。同时，360 杀毒可以与其他杀毒软件共存，是一个理想杀毒备选方案。360 杀毒是一款一次性通过 VB100 认证的国产杀毒软件。

1. 安装

在 360 杀毒官方网站下载最新版本的 360 杀毒安装程序。下载完成后，请运行下载的安装程序，出现如图 7-1 所示界面，选择将 360 杀毒安装到任意目录下，建议按照默认设置即可。点击“更换目录”按钮选择安装目录。选择好安装路径后，点击“立即安装”。

图 7-1　安装

点击"立即安装"后，系统开始自动安装，出现如图 7-2 所示界面。

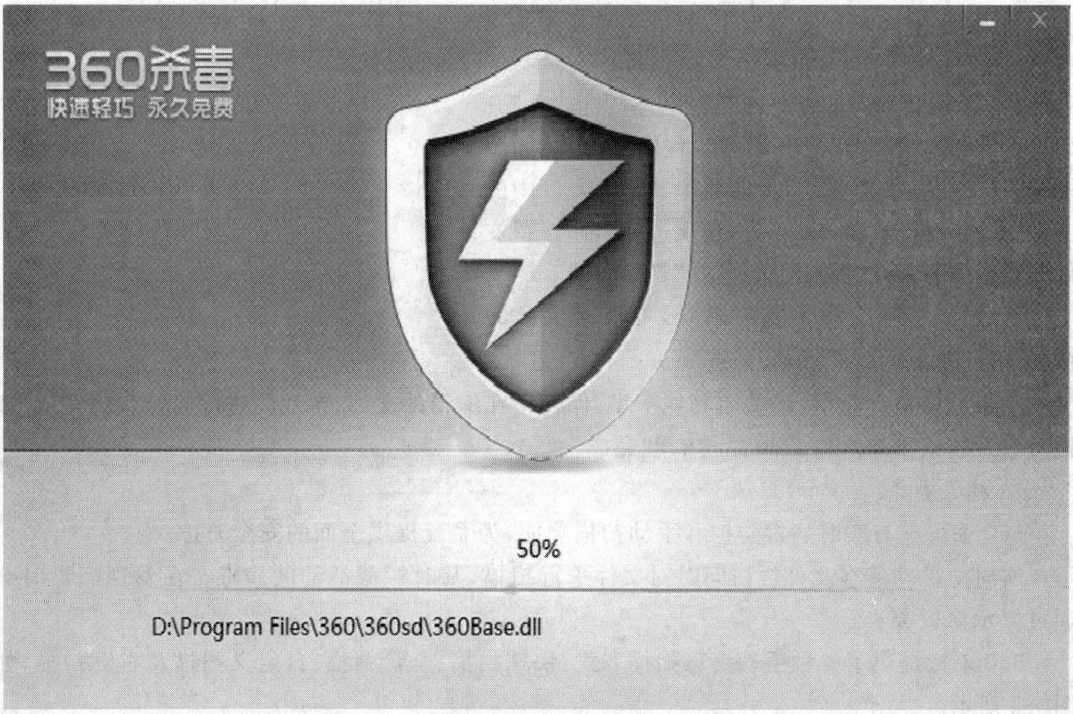


图 7-2　自动安装

安装完成后，自动弹出如图 7-3 所示。

图 7-3 安装完成

2. 卸载

从 Windows 的开始菜单中，点击“开始-所有程序-360 杀毒”，点击“卸载 360 杀毒”菜单项，如图 7-4 所示。

360 杀毒会询问是否要卸载程序，请点击“是”开始进行卸载，卸载程序会开始删除程序文件，在卸载过程中，卸载程序会询问您是否删除文件恢复区中的文件。如果准备重装 360 杀毒，建议选择“否”保留文件恢复区中的文件，否则请选择“是”删除文件。

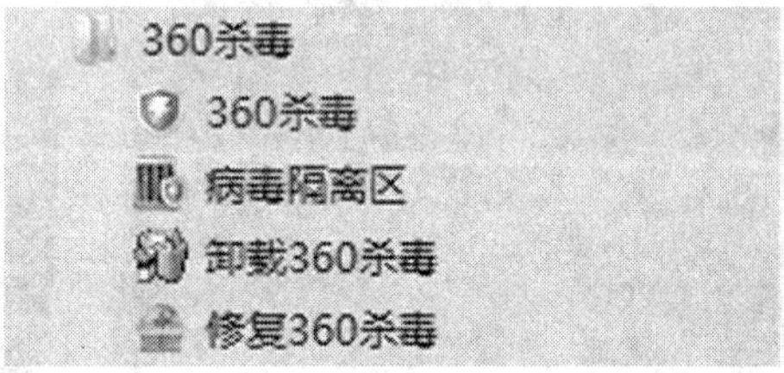


图 7-4 卸载

卸载完成后，会提示重启系统，可根据自己的情况选择“是”否立即重启。

如果准备立即重启，请关闭其他程序，保存正在编辑的文档、游戏的进度等，点击“完成”按钮重启系统。重启之后，360 杀毒卸载完成。

3. 病毒查杀

360 杀毒具有实时病毒防护和手动扫描功能，为系统提供全面的安全防护。

实时防护功能在文件被访问时对文件进行扫描，及时拦截活动的病毒。在发现病毒时会通过提示窗口警告。

360 杀毒提供了 4 种手动病毒扫描方式：快速扫描、全盘扫描、自定义扫描及右键扫描，如图 7-5 所示。

①快速扫描：扫描 Windows 系统目录及 Program Files 目录；

图 7-5　扫描方式

②全盘扫描：扫描所有磁盘；

③自定义扫描：扫描指定的目录；

④右键扫描：集成到右键菜单中，当在文件或文件夹上点击鼠标右键时，可以选择“使用 360 杀毒扫描”，如图 7-6 所示。

图 7-6　右键扫描

⑤文件夹进行扫描：其中前三种扫描都已经在 360 杀毒主界面中作为快捷任务列出，只需点击相关任务就可以开始扫描。启动扫描之后，会显示扫描进度窗口。在这个窗口中可看到正在扫描的文件、总体进度、以及发现问题的文件，如图 7-7 所示。

如果希望 360 杀毒在扫描完电脑后自动关闭计算机，请选中“扫描完成后关闭计算机”选项。请注意，只有将发现病毒的处理方式设置为自动清除时，此选项才有效。如果选择了其他病毒处理方式，扫描完成后不会自动关闭计算机。

4. 升级

360 杀毒具有自动升级功能，可以在设置选项中设置自动升级功能，360 杀毒会在有升级可用时自动下载并安装升级文件。自动升级完成后会通过气泡窗口提示。升级设置如图 7-8 所示。

图 7-7　扫描进度

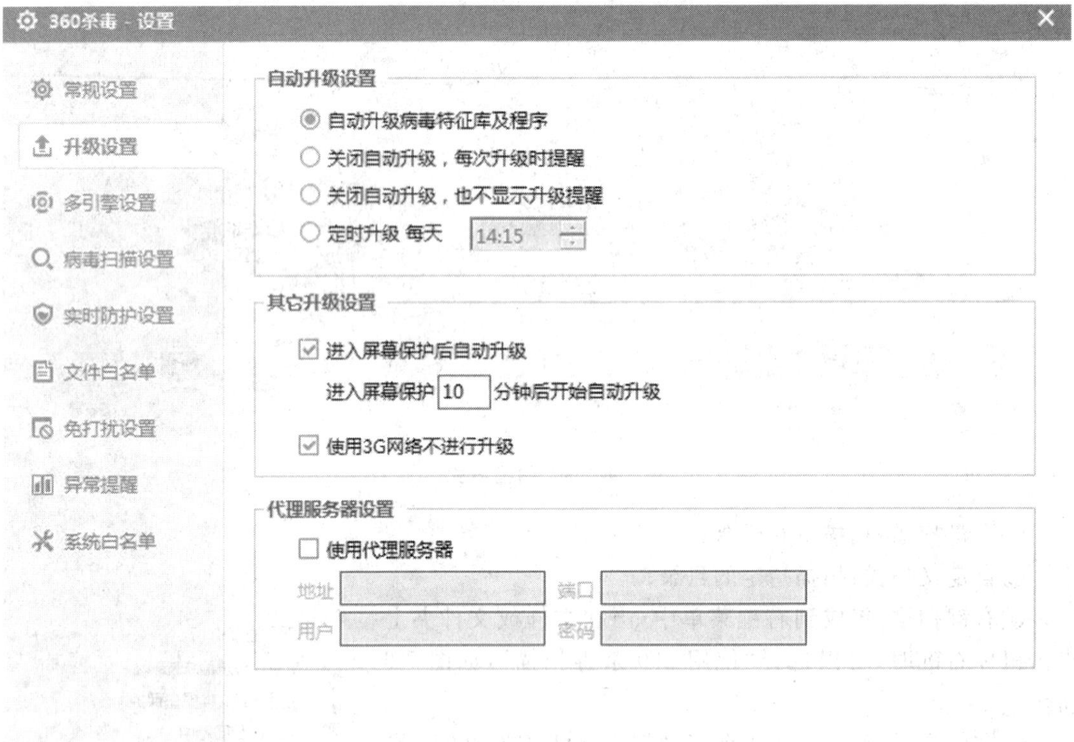


图 7-8　设置升级

如果想手动进行升级，请在 360 杀毒主界面点击“升级”标签，进入升级界面，并点击“检查更新”按钮。升级程序会连接服务器检查是否有可用更新，如果有的话就会下载并安装升级文件，升级完成后会提示：“恭喜您！现在，360 杀毒已经可以查杀最新病毒啦！”

## (二)360 安全卫士

(1)单击桌面上的 360 安全卫士图标，如图 7-9 所示。

(2)首次运行 360 安全卫士，会进行第一次系统全面检测，如图 7-10 所示。

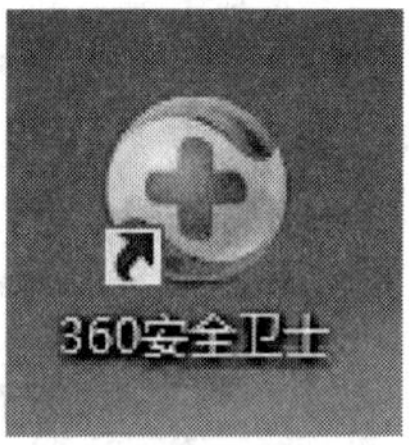


图 7-9　360 图标

(3)可以看到 360 安全卫士界面集“电脑体检、木马查杀、漏洞修复、系统修复、电脑清理、优化加速、电脑专家、软件管家”等多种功能于一身，并独创了“木马防火墙”功能，同时还具备开机加速、垃圾清理等多种系统优化功能，可大大加快电脑运行速度，内含的 360 软件管家还可帮助用户轻松下载、升级和强力卸载各种应用软件。并且还提供多种实用工具解决电脑问题和保护系统安全，如图 7-11 所示。

图 7-10　首次检测

图 7-11　检测结果

在“常用”选项下拥有八大功能，具体如下。

①电脑体检：对电脑系统进行快速一键扫描，对木马病毒、系统漏洞、差评插件等问题进行修复，并全面解决潜在的安全风险，提高电脑运行速度，如图 7-12 所示。

图 7-12　电脑体检

②木马查杀：先进的启发式引擎，智能查杀未知木马和云安全引擎双剑合一，查杀能力倍增，如果使用常规扫描后感觉电脑仍然存在问题，还可尝试 360 强力查杀模式，如图 7-13 所示。

图 7-13　木马查杀

③漏洞修复:提供的漏洞补丁均由微软官方获取。及时修复漏洞,保证系统安全,如图 7-14 所示。

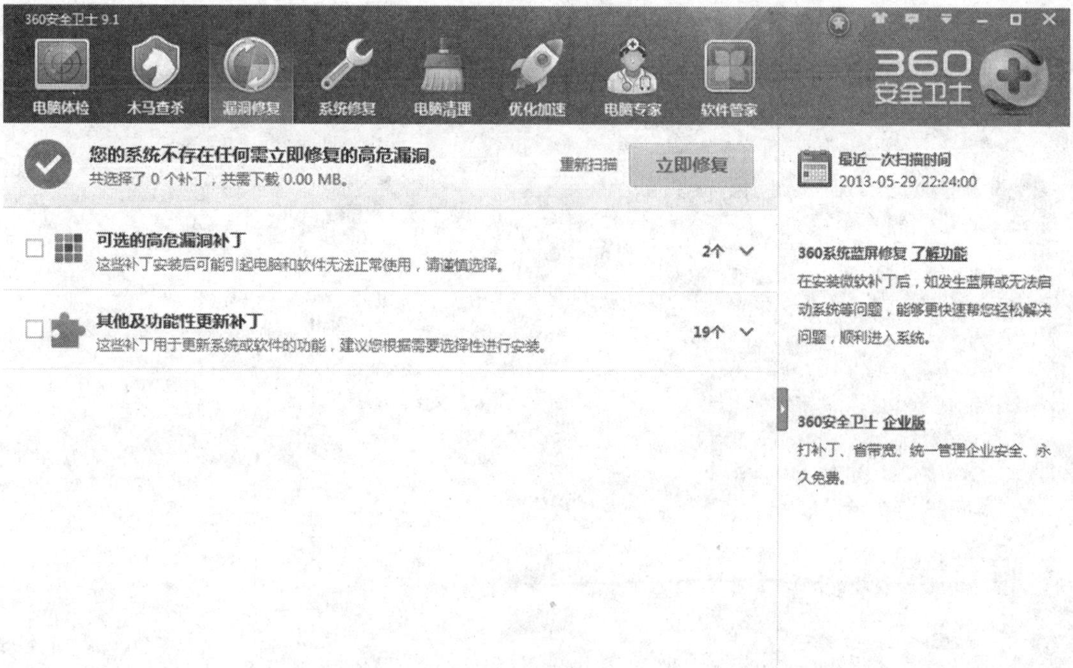


图 7-14　漏洞修复

④系统修复:一键解决浏览器主页、开始菜单、桌面图标、文件夹、系统设置等被恶意篡改的诸多问题,使系统迅速恢复到“健康状态”,如图 7-15 所示。

图 7-15　系统修复

⑤电脑清理：可以清理使用电脑后所留下个人信息的痕迹，这样做可以极大的保护隐私，如图 7-16 所示。

**图 7-16　电脑清理**

⑥优化加速：包括一键优化、我的开机时间、启动项、优化记录与恢复、加速球、人工免费优化，可以根据需要自行优化，如图 7-17 所示。

**图 7-17　优化加速**

⑦电脑专家：通过网络专家，对电脑中存在的上网异常、软件问题、硬件故障等问题进行解答，如图 7-18 所示。

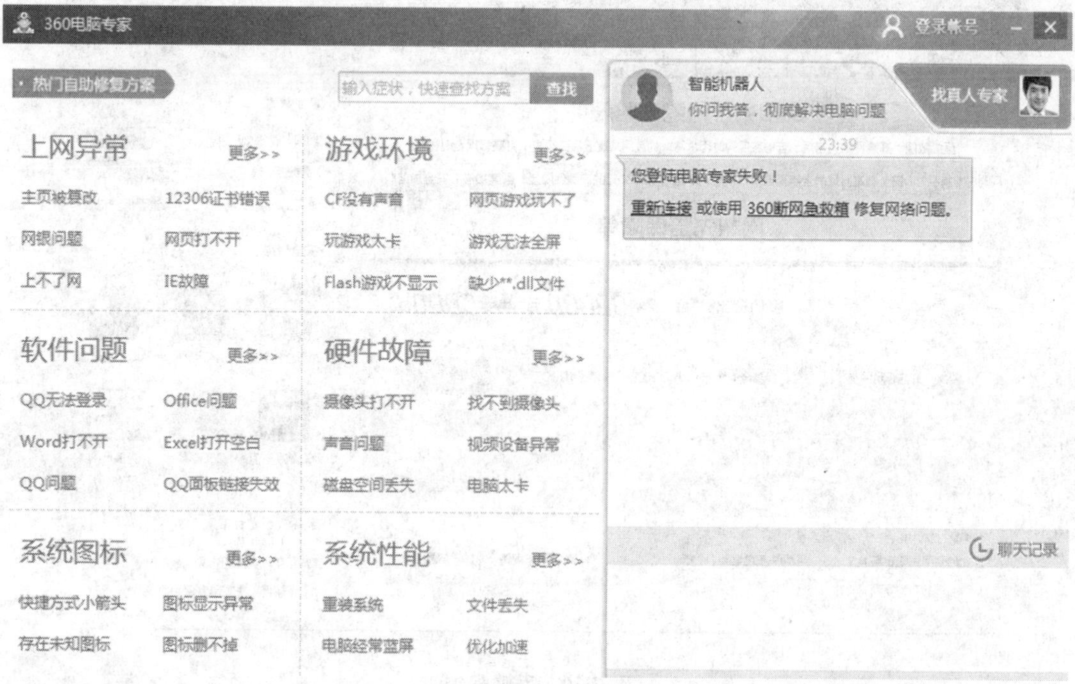


**图 7-18　电脑专家**

⑧软件管家：可以对软件进行安装、升级、卸载等应用，如图 7-19 所示。

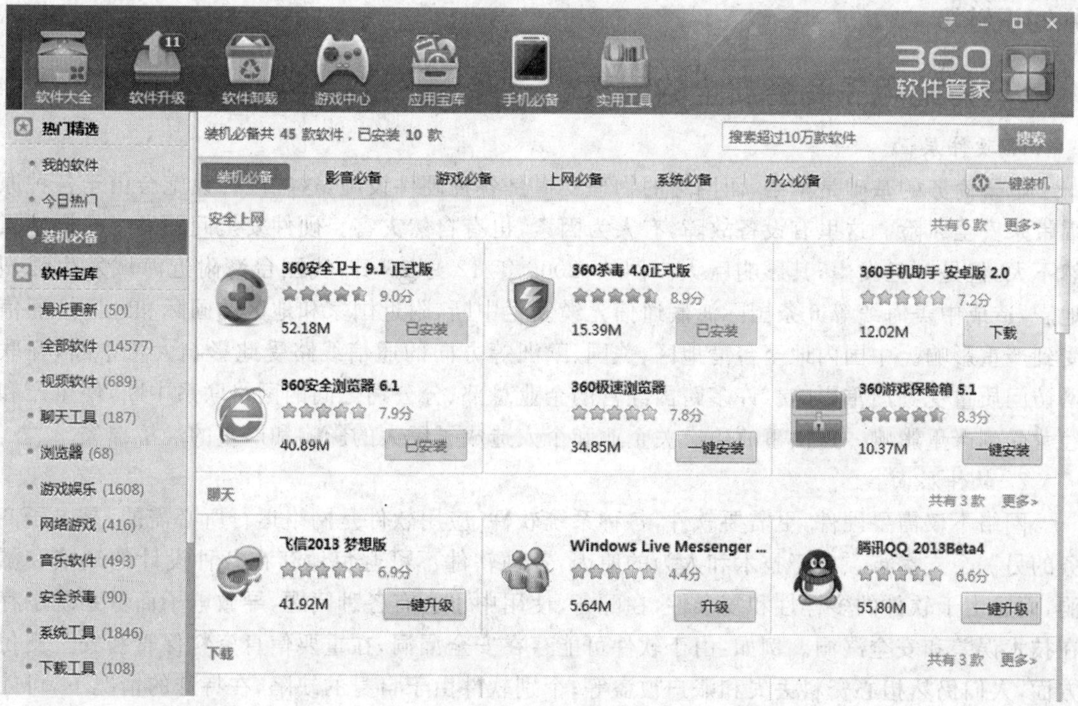


**图 7-19　软件管家**

除了上述功能外，360 安全卫士还提供网购保镖、免费网购先赔等服务，如图 7-20 所示。

**图 7-20　网购保镖**

## ◈知识链接

## 一、影响电子商务安全的因素

*1. 硬件层面*

电子商务的基础是网络，而网络的物理支撑是各种硬件设施，这些硬件设施会由于各种原因带来安全风险。这里有设备故障，有人为因素，也有自然灾害。硬件安全问题发生的概率虽然不大，但是一旦发生，其影响巨大。例如，2006 年 12 月 26 日，我国台湾附近海域发生强烈地震，造成中美海缆等 6 条国际海底通信光缆发生中断，附近国家和地区的国际和地区性通信受到严重影响。中国内地至台湾地区、美国、欧洲等方向的通信线路受此影响大量中断，互联网访问质量受到严重影响。许多跨国经营的企业总部、分公司之间的网络联系中断，使生产和经营受到严重影响。这次事故给有关企业和个人造成了巨大的影响和严重的经济损失。

*2. 软件层面*

网络不仅需要硬件，更需要软件，各种系统软件、应用软件是网络运行所必需的，是电子商务的另一个支撑点。由于技术和人为的原因，各种软件不可避免地存在各种设计的缺陷和漏洞，而且由于软件的多样性和复杂性，在配备、使用中也会有各种问题，导致电子商务系统中存在技术误差和安全漏洞。例如：由于软件可能存在安全漏洞，在重要信息资料保管和安全支付方面，人们仍然担心资料丢失和账户被盗等；个别软件由于自身的缺陷，在特殊的情况下，可能会造成系统运行故障甚至瘫痪。

3. 应用层面

(1)企业管理水平低,人员素质不高　电子商务在近几年才得到了迅猛发展,各地都缺乏足够的技术人才来处理所遇到的各种问题,许多企业技术人员的技术水平较低,不能完全胜任所承担的工作。同时,企业对电子商务的管理也处于一个摸索的阶段,管理的水平不高,效率低下,这些都给电子商务带来很大的安全隐患,其中包括交易流程管理风险、人员管理风险、网络交易技术管理漏洞的交易风险、网络管理制度漏洞等。

(2)消费者的电子商务知识贫乏,安全意识不高　从总体上讲,广大消费者对于电子商务这个新生事物还比较陌生,缺乏相关的知识,还不能十分熟练地应用这一新的交易手段,造成各种人为的安全威胁。例如:有的消费者安全意识淡薄,不注意保护自己的登录密码、银行卡密码等关键信息,容易导致资金被盗、冒名交易等;有的消费者对信息判断能力差,容易上当受骗;有的消费者对网络交易的流程缺乏了解,容易导致操作失误等。

(3)网络攻击、商业欺诈等违法犯罪行为　以获取机密信息或者以破坏为目的的网络攻击是电子商务另外一个重要安全隐患,包括病毒攻击、木马程序,以及其他各种形式的网络攻击。根据国家计算机病毒应急处理中心的统计,2009 年我国发现的计算机病毒有 80%以上是以窃取信息等经济利益为目的的。这些网络攻击行为可能导致企业和个人的信息被盗,资金被窃取,也可能导致企业电子商务系统效率下降甚至崩溃。同时,由网络交易的虚拟性所引起的交易欺诈行为有恶化的趋势,例如:在“中国质量万里行促进会”公布的 2005 年我国十大投诉热点中,网络欺诈已经成为继食品、汽车、家电、旅游之后的第五大投诉热点。这说明发生在我国网络市场中的欺诈行为已经比较严重,会影响网民对网络产品的信任感进而影响中国电子商务市场的健康发展。

4. 环境层面

(1)法律环境　法律是市场经济的重要外部环境。在电子商务中,法律不仅是打击网络犯罪的武器,更是各个主体商务活动的游戏规则依据。

电子商务是一种全新的商务活动,并由此衍生了一系列新的法律问题,如网络交易纠纷的仲裁、网络交易契约等问题,急需相应的法律保障,为市场制定新的、适用的游戏规则,否则就会引起混乱。由于电子商务发展较快,我国有关的立法工作显得落后,出现许多法律空白,使许多电子商务纠纷缺乏法律依据,这已成为电子商务中一个重要的安全隐患。

(2)诚信缺乏　诚信是市场经济的基础,是市场顺利运行的前提条件。电子商务由于其开放性、虚拟性的特点,交易双方不直接见面,在身份的判别确认、违约责任的追究等方面都存在很大困难。因此,电子商务的信用风险远比传统业务中发生的概率大。缺乏诚信,社会信用体系不完善,这给在网上利用电子商务进行交易的传统企业和个人带来不可预料的风险:包括商业欺诈、商业诽谤、在线(信息)隐私问题、知识产权的保护问题、商业信用问题等。其典型表现有:网上产品的质量问题导致消费者无法购买到合意的商品;网上支付存在着风险;网络中的合同欺诈等。

## 二、电子商务的安全隐患

由于以上影响电子商务安全的因素,使得电子商务中普遍存在着以下几种安全隐患:

1. 冒名顶替或发生否认行为

在电子商务中,由于交易非面对面进行,如果安全措施不完善,无法对信息发送者或者接收者的身份进行验证，那么别有用心者就有可能冒充合法用户发送或者是接收信息，从而给合法用户造成商务损失。另外，如果没有对交易者的身份进行验证，还可能有否认行为的发生，即发信者事后否认曾经发送过某条信息内容；收信者事后否认曾经接收过某条信息内容。

2. 信息泄露

信息泄露在电子商务中表现为商业机密的泄露，以上计算机网络安全威胁与 Internet 的安全隐患可能使得电子商务中的信息泄漏，主要包括两个方面：①交易一方进行交易的内容被第三方窃取；②交易一方提供给另一方使用的文件被第三方非法使用。

3. 篡改

电子的交易信息在网络上传输的过程中，可能被他人非法地修改、删除或重放(指只能使用一次的信息被多次使用)，如：把资金的数量、货物的数量、交货方式等进行修改，这样就使信息失去了真实性和完整性。

## 三、电子商务的安全需求

电子商务安全面临的诸多威胁，导致了对电子商务安全的需求。要真正实现一个安全的电子商务系统，保证交易的安全可靠性，就要求电子商务在信息的传输过程中能做到有效性、机密性、完整性、真实性和不可抵赖性。

1. 身份的可认证性

又称鉴别服务是对贸易双方的身份进行鉴别，为身份的真实性提供保证，确认对方就是本次交易中的真正交易方。认证性一般是通过认证机构 CA 和证书来实现的。

2. 信息的机密性又称保密性

是指信息在产生、传送、处理和存储过程中不泄露给非授权的个人或组织。机密性一般是通过加密技术对信息进行加密处理来实现的，经过加密处理后的加密信息，即使被非授权者截取，也由于非授权者无法解密而不能了解其内容。

3. 信息的完整性

是指交易信息在传送和存储过程中保持一致，没有被改变，也就是信息在交易处理过程中不能被非授权者加入、删除或修改。完整性一般可以通过提取信息的数字摘要的方式来实现。

4. 信息的不可抵赖性

又称不可否认性是指信息的发送方不能否认已发送的信息，接收方不能否认已收的信息这是一种法律有效性要求。不可抵赖性可以通过对发送的信息进行数字签名来实现。

5. 信息的有效性

电子商务以电子形式取代了纸张，那么如何保证这种电子形式贸易信息的有效性则是开展电子商务的前提。因此，要对网络故障、操作错误、应用程序错误、硬件故障、系统软件错误及计算机病毒所产生的潜在威胁加以控制和预防，以保证贸易数据在确定的时刻、确定的地点是有效的。

## 四、电子商务的安全体系

电子商务安全从整体上可分为两大部分，即计算机网络安全和商务交易安全。电子商务的安全框架，如图 7-21 所示。

<table>
<tr><td>交易安全技术</td><td rowspan="5">安全<br>管理<br>体系</td><td>网络安全技术</td></tr>
<tr><td>安全应用协议 SET、SSL</td><td>网络设备</td></tr>
<tr><td>安全认证技术</td><td>病毒防范</td></tr>
<tr><td>数字签名 CA 体系</td><td>身份识别技术</td></tr>
<tr><td>基本加密算法</td><td>防火墙</td></tr>
<tr><td colspan="3">安全法律法规</td></tr>
</table>

**图 7-21　电子商务的安全框架**

网络安全与商务安全是靠相应的技术来实现的。

1. 计算机网络安全

其内容包括计算机网络设备安全、计算机网络系统安全、数据库安全等，其特征是针对计算机网络本身可能存在的安全问题，实施网络安全增强方案，以保证计算机网络自身的安全性为目标。

(1)病毒防范技术　计算机病毒已成为计算机网络的头号威胁。要保证网络系统的安全运行，必须采取系统的预防方法防止病毒入侵，专门设置计算机病毒检查、诊断、清除设施。计算机病毒防治涉及计算机硬件、软件、信息的压缩和加密技术。

(2)身份识别技术　即身份认证，只有通过了身份认证的合法用户才能操作计算机系统，访问网络资源。涉及的技术包括访问控制、信息加密、数字签名、数字证书等。

(3)防火墙技术　防火墙是被动的安全防御技术，是保护内部网络中的计算机资源免受外部威胁的一种标准方法。

(4)虚拟专用网技术 VPN　是在不安全的公用网络中架设一条安全的属于通信双方的专用信道的技术，涉及的技术包括信息加密、身份认证等。

(5)入侵检测技术　是动态的安全防御技术，是防火墙的补充，可以对网络攻击进行监测，从而提供对网络的保护。

2. 商务交易安全

紧紧围绕传统商务在互联网络上应用时产生的各种安全问题，在计算机网络安全的基础上，如何保障电子商务过程的顺利进行，即实现电子商务的保密性、完整性、真实性、不可抵赖性。

人们使用了不同层次的安全技术和协议来确保网络交易的安全。为了保证信息的机密性，使用了加密技术，用于保证信息完整性和身份识别的技术有数字摘要、数字签名、数字证书和认证中心(CA)等，用来保证互联网上安全通信的协议——安全套接协议(SSL)、对电子商务事务进行安全保证的协议(SET)等。这些手段常常是结合在一起使用，构成电子交易的安全体系。

计算机网络安全与商务交易安全实际上是密不可分的，两者相辅相成，缺一不可。没有计算机网络安全作为基础，商务交易安全就犹如空中楼阁，无从谈起。没有商务交易安全保障，即使计算机网络本身再安全，仍然无法达到电子商务所特有的安全要求。

还有一点需要明确：这里讲的都是对有关电子商务交易安全客观的外部的防范，但是要想使一个商用网络真正做到安全，仅有防范措施是远远不够的。对因网络安全遭到破坏及相关过失造成损失的案例进行分析，可以得出这样的结论：这些缺陷、过失通常是由于对已有的网络安全原则和条款有意无意地破坏、误用造成的。事实上，用户的疏忽、懒惰和网内用户的犯罪行为对网络的危害远远高于其他的网络危害。对电子商务的安全性而言，不仅要看它所采用的防范措施，而且还要看它的管理措施。只有将这两者综合起来考察，才能最终得出该网络是否安全的结论。因此，只有每个电子商务系统的领导、网络管理员和用户都能提高安全意识，健全并严格有关网络安全措施，才能在现有的技术条件下，将电子商务安全风险降至最低。

## 五、电子商务交易风险识别与防范

1. 电子商务交易风险的种类

电子商务打破了时空的局限，使大量的产品和服务内容信息化，从而降低了沟通传播成本，加快了交易的运作。但各种新的风险也如影随形，如产品的在线识别、高效的物流配送、货款的安全支付等。

(1)产品识别风险　由于网络的虚拟性，买方有可能不索取或得到不真实的样品。在把一件立体的实物缩小许多倍变成平面画片的过程中，商品本身的一些基本信息会丢失，买方不能从网站的图片和文字描述中得到产品全面、准确的资料。这会给买方带来产品识别风险，这种风险会延伸到产品的性能、质量等诸多方面。

(2)质量控制风险　电子商务中的买方并不是产品的制造者，质量控制便成为其风险因素之一，如果卖方选择了不当的包装方式，买方就有可能承担商品破损这一风险。

(3)网上支付风险　作为电子商务过程的一个环节，支付手段也有所变化。目前，支付安全问题仍然是制约电子商务发展的“瓶颈”。不少企业和个人消费者仍然担心安全问题而不愿采用网上支付方式。网上支付除了现实中的风险，还存在信心不够、信任缺乏的问题。

(4)物权转移风险　电子商务需要建立远程作业方式，到底是先付款还是货到付款也成为难以把握的问题，在物权转移过程中也会存在相应的风险管理问题。

(5)信息传送风险　电子商务的主要业务过程建立在互联网基础之上，许多信息要在网络中传递，网络安全或信息安全是实现进入电子社会的另一个风险因素，如果遭受计算机黑客的攻击，重要的企业信息甚至支付权限被窃取，其后果异常严重。

2. 电子商务交易风险的识别

针对各种电子商务风险，最为关键的防范措施是准确识别交易风险，特别是交易对方的身份识别。在众多的识别方法中，搜索引擎、工商网站、手机号码归属地查询等是互联网上比较实用的风险识别手段。

3. 电子商务交易风险的防范

主要防范方法有：注意账户密码安全、防止陷入交易陷阱、采用第三方平台支付。

### ◈阅读案例

#### 支付宝牵头成立安全支付联盟

2011 年 6 月 21 日，支付宝联手百家公司在北京成立安全支付联盟，保障用户权益。安全联盟成员包括银行、安全公司、浏览器、第三方支付、电商企业等横向产业链成员，以用户支付安全为核心，助推中国电子商务产业的发展。

据了解，随着网民的增加以及各类服务的网络化，对于用户而言，在原本电脑安全意识普遍不足的基础上，还出现了由联网带来的诸如个人信息被滥用等更为复杂的安全情况。以木马威胁为例，以往的木马结合病毒，主要是以展现个人电脑技术的炫耀为目的，主要以攻击系统为表现形式。现在的木马结合钓鱼，主要以赢利为目的，通过窃取用户信息，篡改交易信息，劫持交易流程，且具有更隐蔽、变化更快的发展趋势。

据统计，随着网络购物用户的猛增以及犯罪集团向网络转移的趋势，共同导致当前网络安全问题频发。据支付宝统计，当前平均每周截获钓鱼网站 45 262 个，绝大部分被合作机构予以屏蔽拦截。但仍有不少受害用户，其中多数为网络安全经验不足的初级网民。

据了解，安全联盟将通过成员间共享技术、数据、情报，实现更为紧密的合作。在此之前，2010 年 8 月，支付宝与建设银行、招商银行启动风险联防计划，通过与银行的紧密合作，在支付时智能判断订单状态，防止用户陷入网络钓鱼陷阱，使得相关案件发生率降低 98%。

2012 年 5 月，支付宝与国内领先的 9 家第三方支付公司联合发起组建了第三方支付安全合作联盟。第三方支付企业将充分发挥整体效应，通过共享行业信息，共御行业风险；在信息共享基础上，合作探索更多层面、更丰富手段的联防机制，建立更加健康有序的行业安全经营环境。

2012 年 9 月，支付宝牵头成立国内首个互联网商户安全联盟，美团、大众点评、汇元网等多家电商加盟，这意味着电子商务产业安全阵线的进一步完善。联盟将通过开放联防标准，配合安全技术、防控方案和安全产品，帮助电商防御传统的木马、钓鱼安全威胁。联盟重点对用户资料泄露所引起的安全风险进行联防布控，通过联合安全防护，电商由于用户账户、银行卡信息被盗引发的支付安全风险案件量，以及支付资金损失均可以下降 90%左右。仅 2012 年上半年，支付宝就与合作伙伴联手屏蔽了超过 13.3 万个针对网购领域的钓鱼网站，平均每周屏蔽钓鱼网站量超过 5 000 个。庞大的反钓鱼信息库和成熟的联防共享机制，有效防范了用户损失。

# 子任务 2　Internet 下 CA 证书的申请与应用

电子商务交易安全在技术上要解决两大问题：安全传输和身份认证。数据加密解决网络通信中的信息保密问题，身份认证技术验证网络通信对方身份的真实性。

“在互联网上，没人知道你是一条狗”是一句互联网上的常用语，身份的认证是电子商务开展的起点。认证技术是电子商务安全技术的一个重要组成部分，应用在网络通信时，通过验证被验证对象的属性，通信双方相互确认身份的真实性。为了切实保障网上交易和支付的安全，目前形成的解决方案就是建立完整的电子商务安全认证体系，其核心就是数字证书和认证中心。通过认证机构来认证买卖双方的身份，是保证网络交易安全的重要措施。

数字证书就是网络通信中标志通信各方身份信息的一系列数据，其作用类似于生活中的身份证。

下面介绍如何在 Internet 下申请和应用数字证书。

在向认证授权机构申请数字证书前，需要先下载并安装根 CA 证书。其目的是为了建立起数字证书的申请人与 CA 认证中心的信任关系，以保证申请证书时信息传输的安全性。

下载根 CA 证书前，浏览器的 Internet 安全选项一定要设置成默认的中级或以下安全级别，如图 7-22 所示。

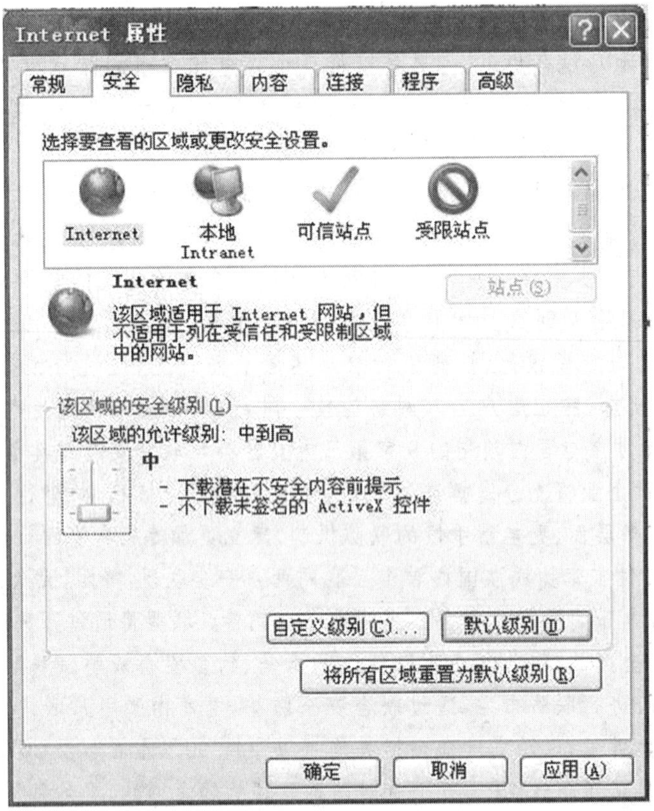


图 7-22　Internet 安全属性设置

## 一、下载并安装根 CA 证书

(1)打开中国数字认证网(http://www.ca365.com)首页“免费证书”栏目，点击“下载并安装根 CA 证书”，如图 7-23 所示。

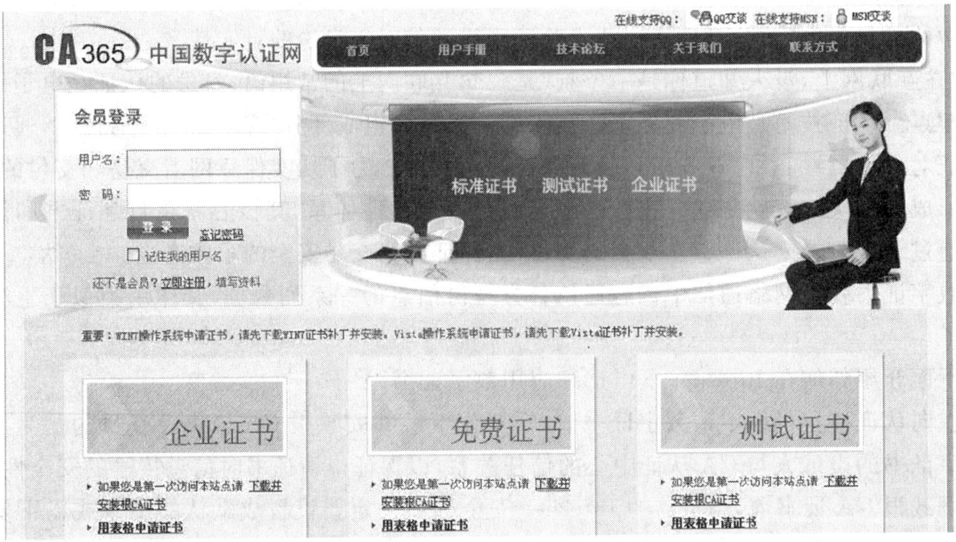


图 7-23　中国数字认证网首页

选择下载目录，如图 7-24 所示。

图 7-24　选择下载目录

(2)点击“直接打开”进入证书安装界面，点击“安装证书”，如图 7-25 所示。

图 7-25　安装证书

(3)根据安装向导将证书导入电脑，如图 7-26、图 7-27、图 7-28、图 7-29 所示。

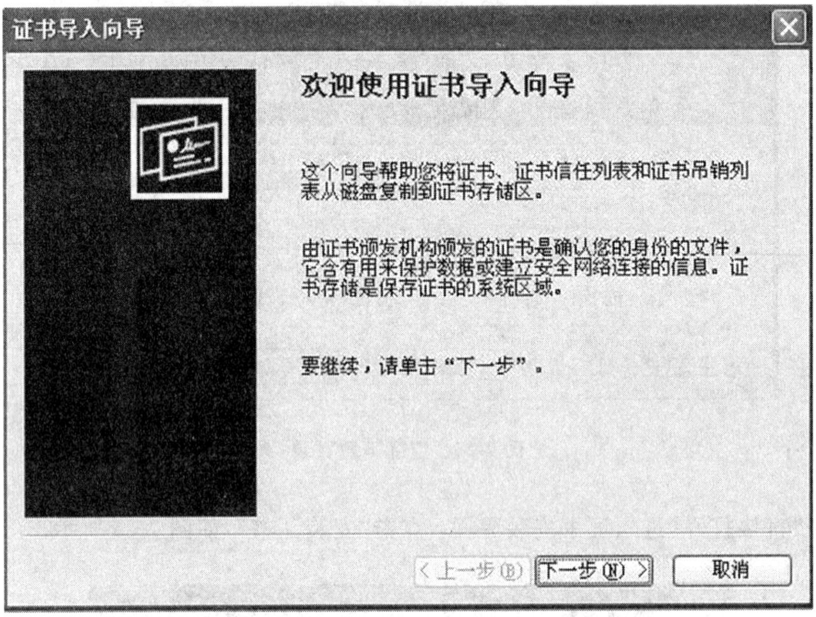


图 7-26　欢迎导入

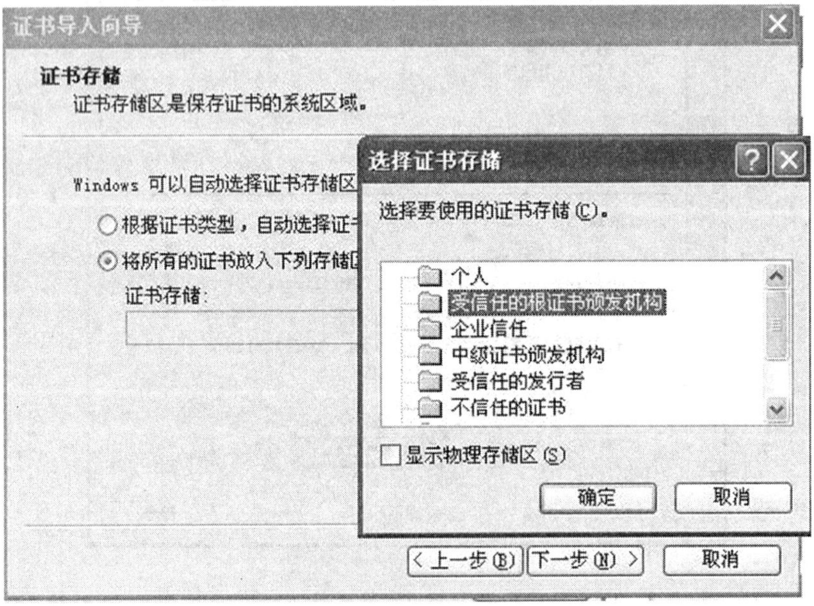


图 7-27　证书存储

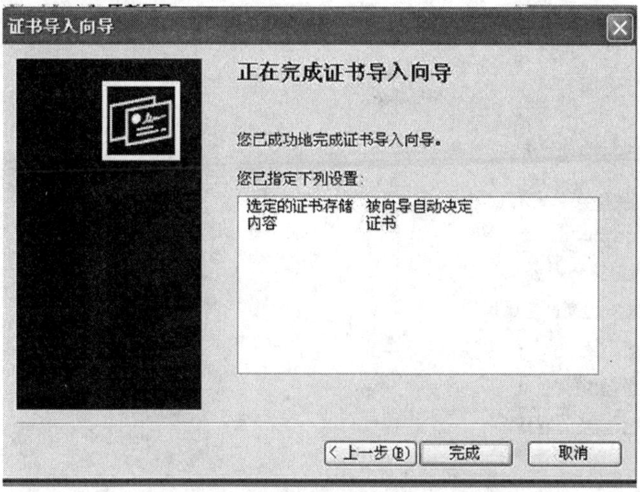


图 7-28　正在完成

图 7-29　导入成功

(4)查看证书　从 Internet 浏览器的菜单中选择"工具"—"Internet 选项",打开"Internet 选项"对话框。在对话框中选择"内容"选项卡,单击"证书"按钮,选择"受信任的根证书颁发机构"选项卡,即看到相应的根证书列表,如图 7-30、图 7-31 所示。

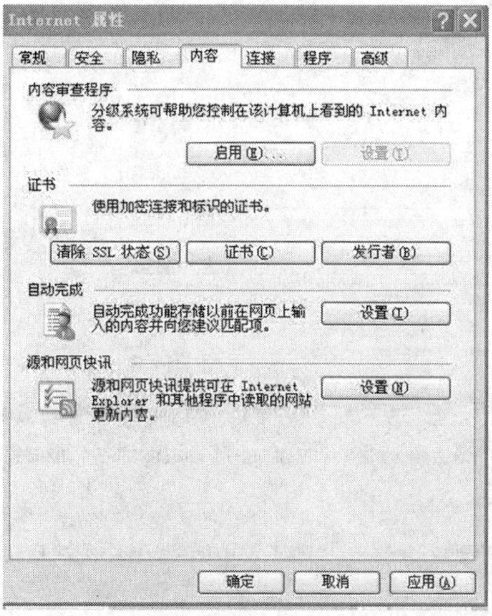


图 7-30　Internet 选项-证书

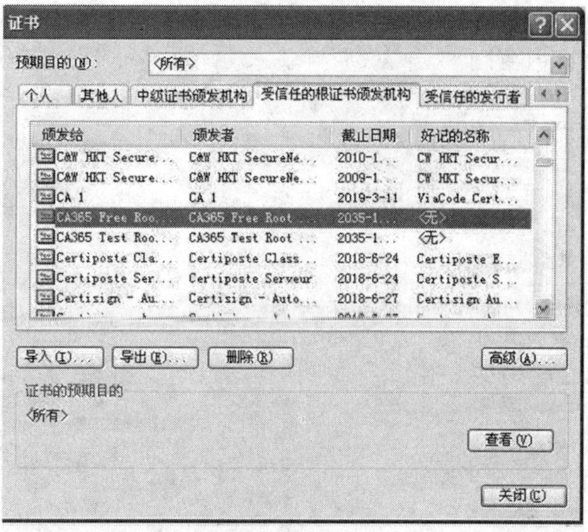


图 7-31　证书

## 二、个人证书的申请

安装根 CA 证书之后,就可以从此证书颁发机构安全地申请新的个人证书了。

(1)在中国数字认证网首页注册成为会员后,在"免费证书"栏目中单击"用表格申请证书",如图 7-32 所示。

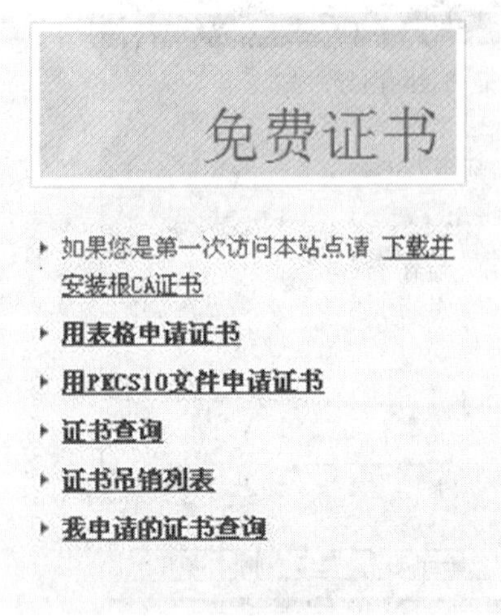


图 7-32 用表格申请证书

(2)正确填写表格信息,此处以申请"电子邮件保护证书"为例,勾选"电子邮件保护证书"并单击"保存"按钮,如图 7-33、图 7-34 所示。

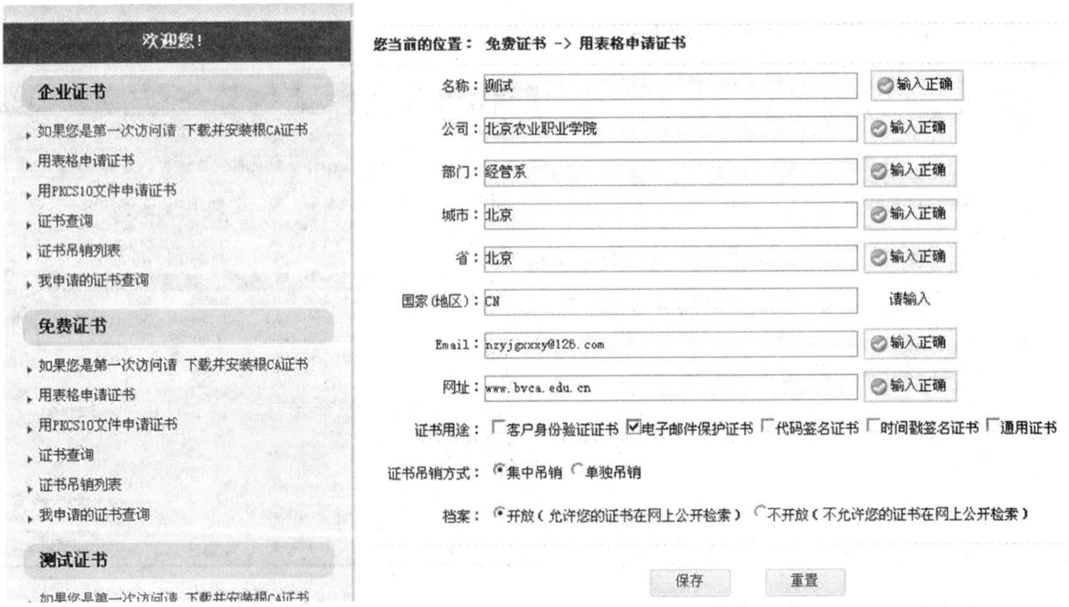


图 7-33 填写信息

(3)单击"申请证书",按照提示,即可进入所申请的"测试"证书下载页面,如图 7-35、图 7-36、图 7-37 所示。

(4)与根证书的安装和查看方法类似,进行"测试"证书的安装,并查看证书,如图 7-38 所示。

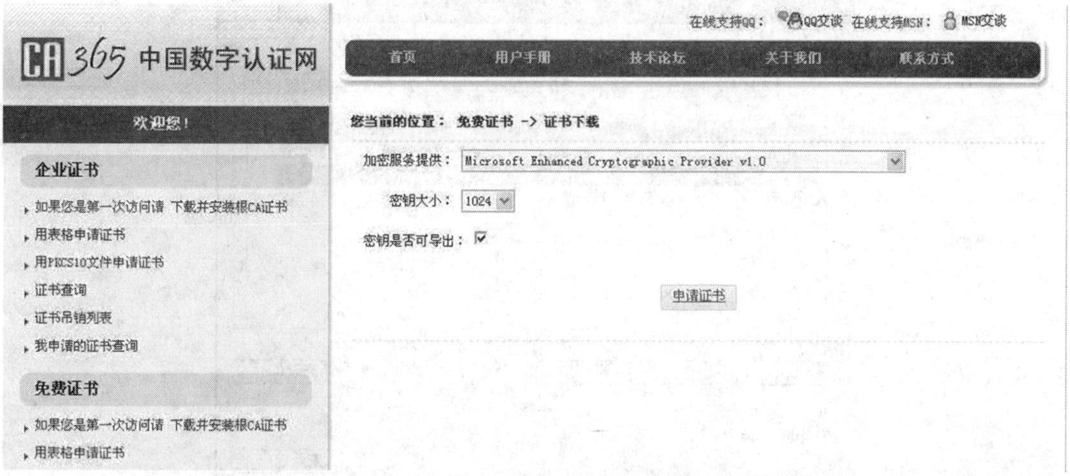


图 7-34　证书下载

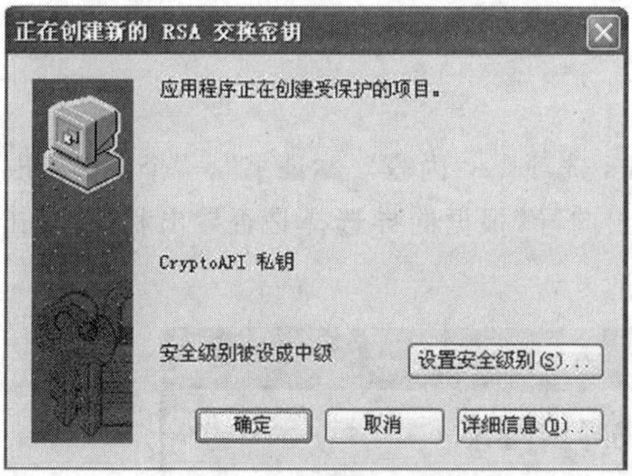


图 7-35　创建密钥

图 7-36　已安装密钥

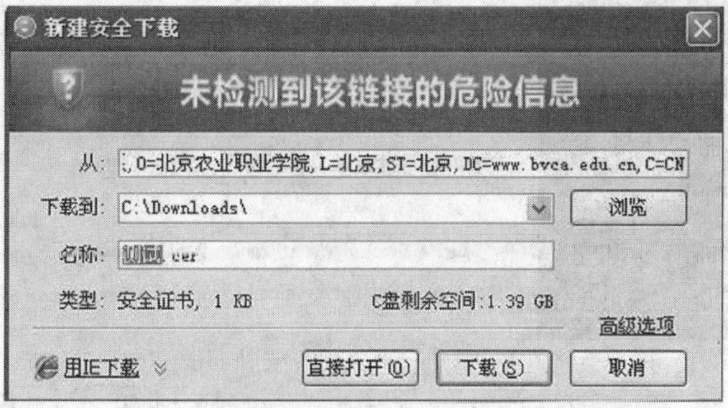


图 7-37　选择下载目录

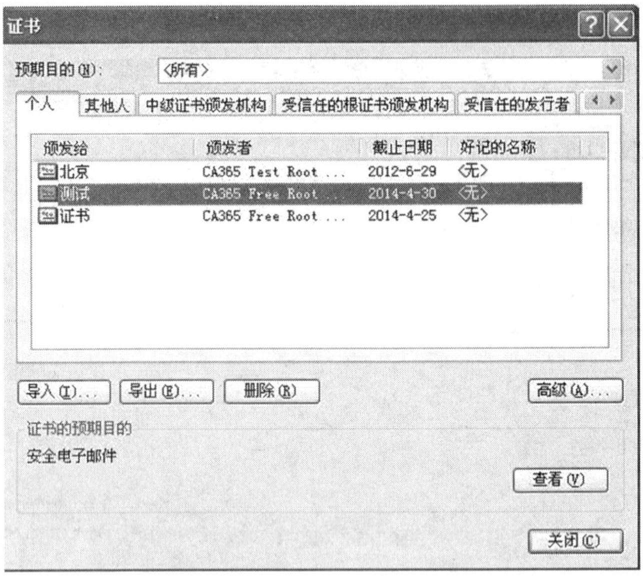


图 7-38　证书

## 三、数字证书的导出

(1)打开 IE 浏览器,单击“工具”菜单中“Internet 选项”—“内容”—“证书”—“个人”按钮,选定要导出的证书,单击“导出”按钮,出现证书导出向导,根据向导选择是否导出私钥,单击“下一步”按钮,如图 7-39、图 7-40 所示。

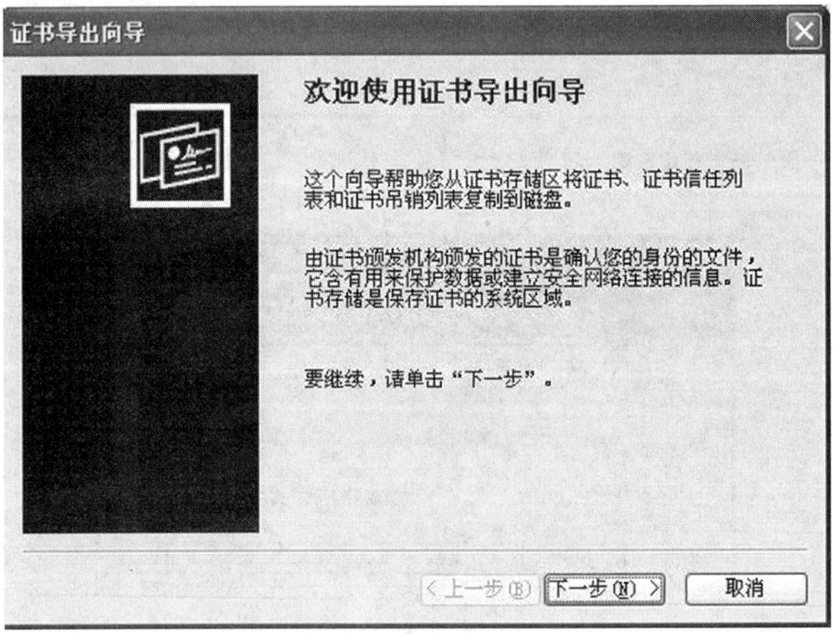


图 7-39　证书导出

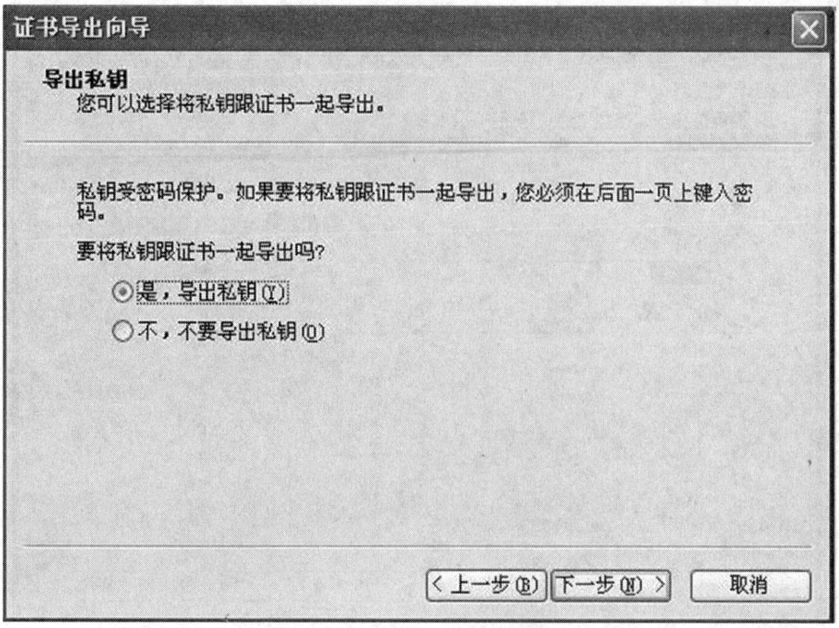


图 7-40　导出证书与私钥

(2)选择导出文件的格式,单击“下一步”按钮,如图 7-41 所示。

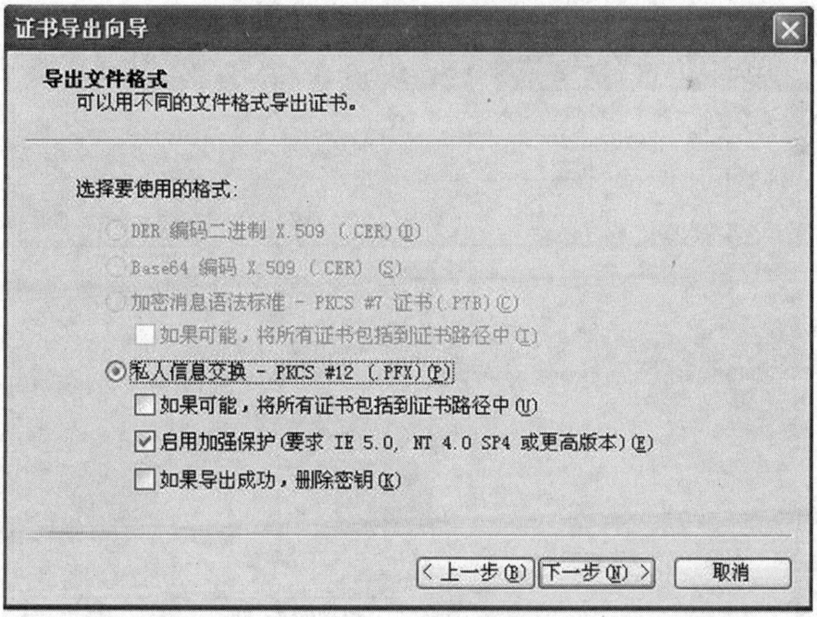


图 7-41　导出文件格式

(3)输入私钥保护密码,单击“下一步”按钮,如图 7-42 所示。

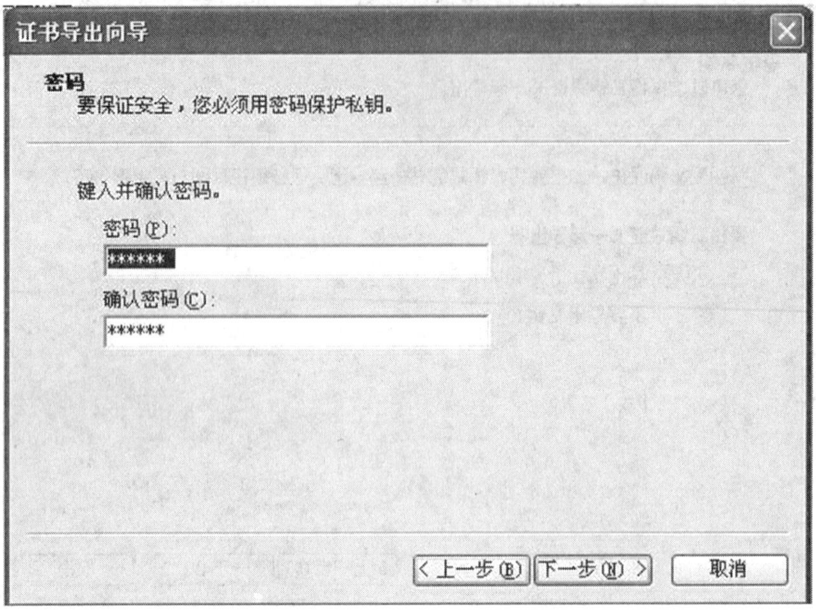


图 7-42 输入私钥保护密码

(4)输入导出证书的路径和文件名，单击“下一步”按钮，完成导出，如图 7-43、图 7-44、图 7-45 所示。

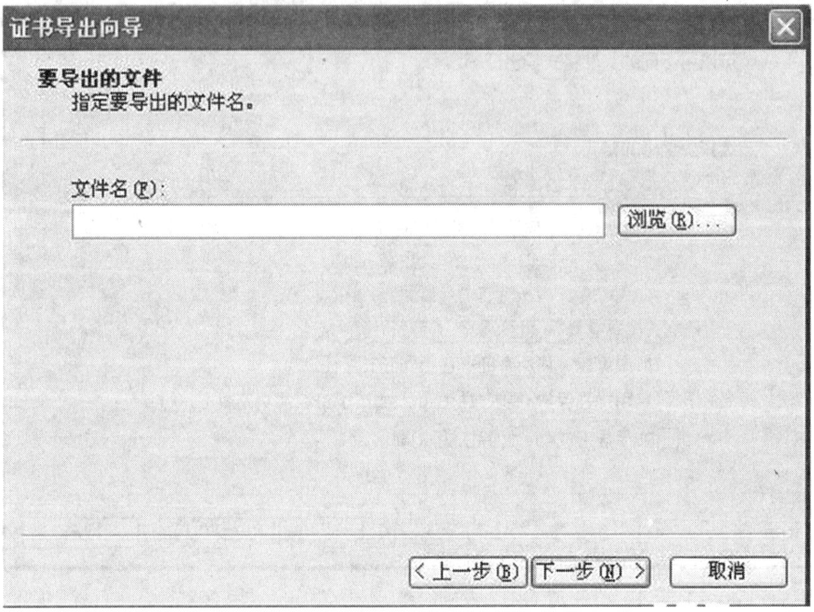


图 7-43 导出文件名

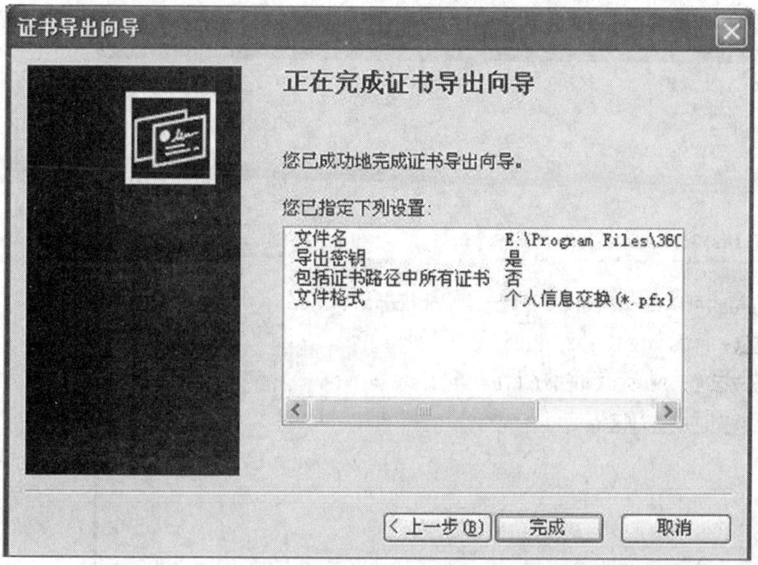


图 7-44　正在完成证书导出向导

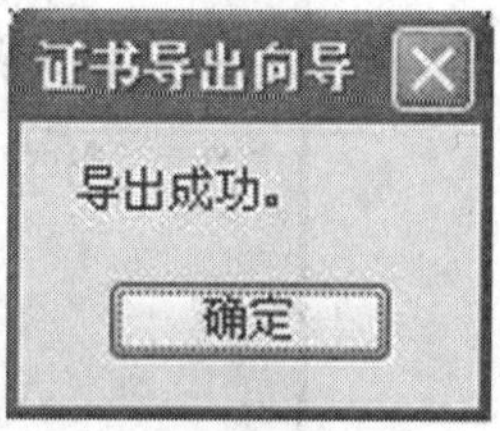


图 7-45　导出成功

## 四、数字证书的导入

(1)打开 IE 浏览器,单击"工具"菜单中"Internet 选项"—"内容"—"证书"—"导入"按钮,打开"证书导入向导对话框",单击"下一步"按钮,如图 7-46 所示。

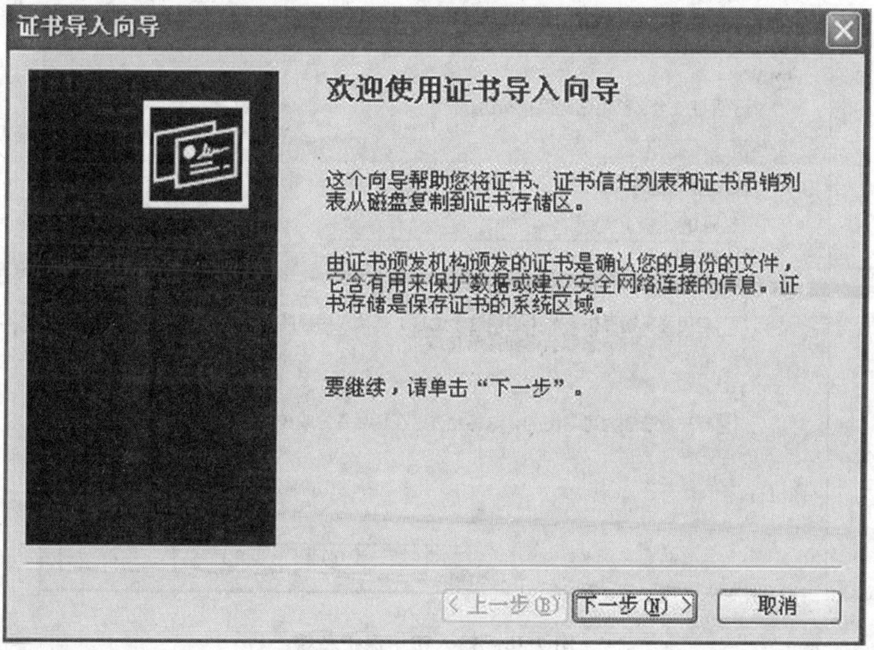


图 7-46　证书导入向导

(2)输入导入文件的路径和文件名,单击"下一步"按钮,如图 7-47 所示。

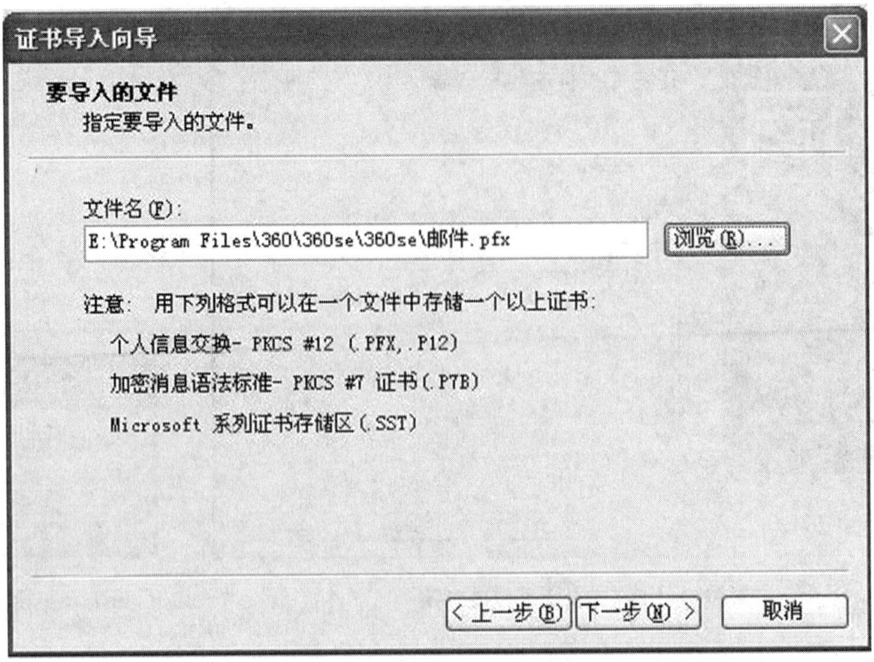


图 7-47　选择导入文件的地址名称

(3)输入密码保护私钥,单击“下一步”按钮,如图 7-48 所示。

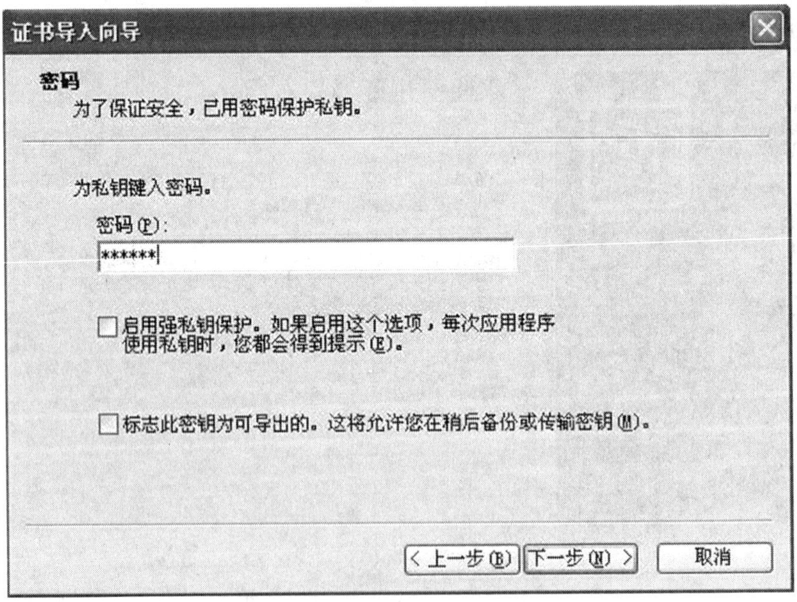


图 7-48　输入密钥保护私钥

(4)选择证书存储区,通常选择的是系统自动存储,然后单击“下一步”按钮,如图 7-49 所示。

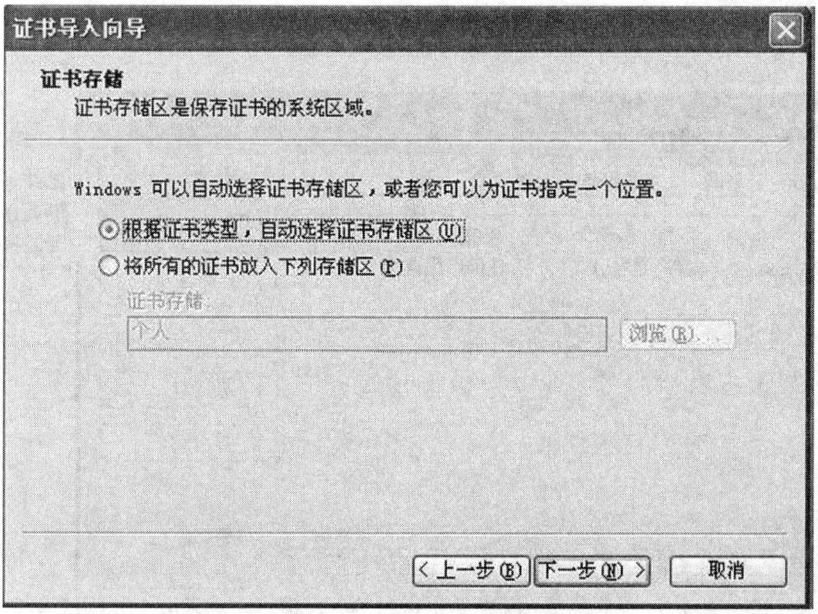


图 7-49　证书存储位置

(5)出现“导入成功”对话框，单击“确定”按钮完成证书的导入，如图 7-50、图 7-51 所示。

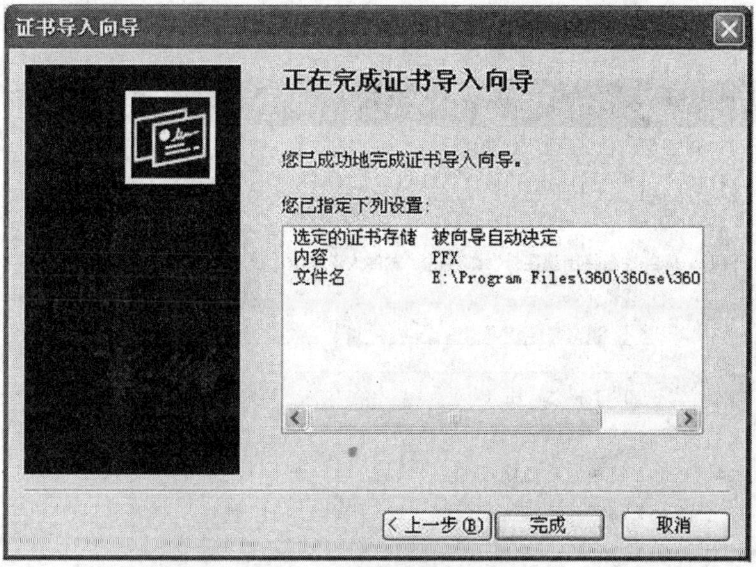


图 7-50　正在完成证书导入

图 7-51　导入成功

## 五、利用 Outlook Express 发送安全电子邮件

(1)设定邮件账户　启动 Outlook Express，选择“工具”—“账户”—“添加”—“邮件”选项，打开“Internet 连接向导”对话框，按照系统提示输入相关信息，完成账号设置，如图 7-52、图 7-53、图 7-54、图 7-55、图 7-56、图 7-57 所示。

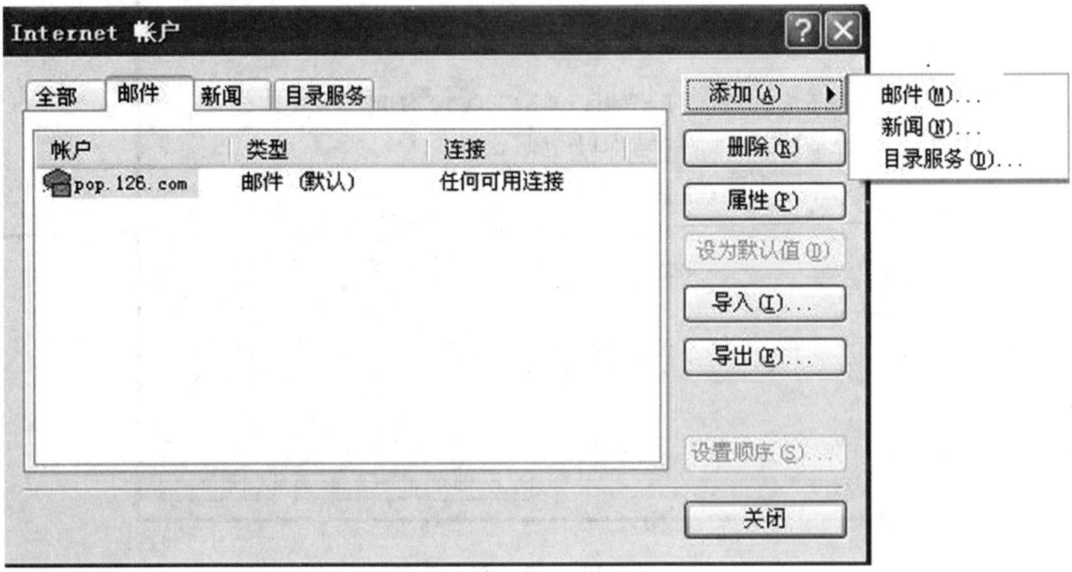


图 7-52 Internet 账户

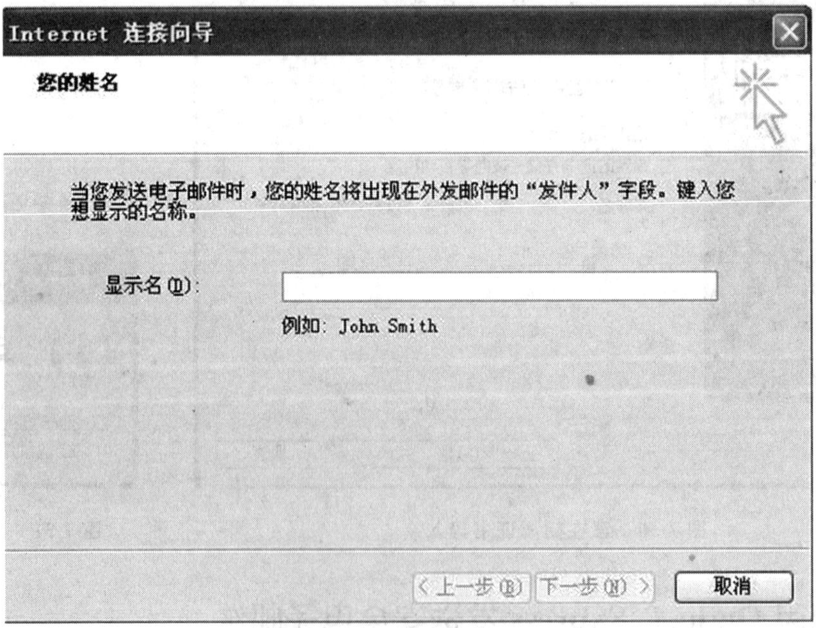


图 7-53 显示名

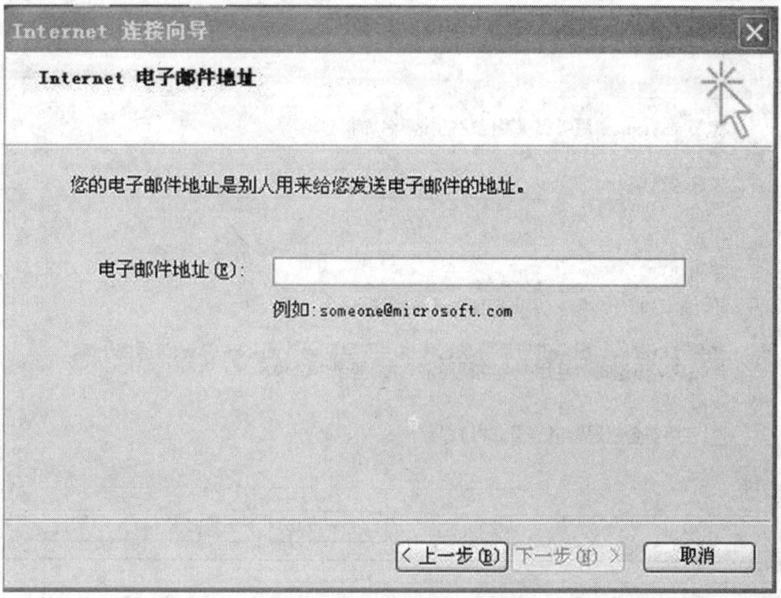


图 7-54 电子邮件地址

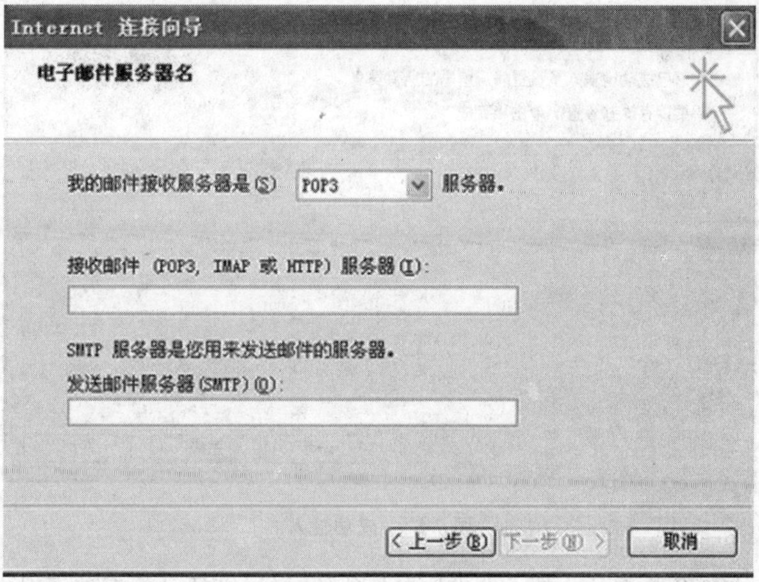


图 7-55 服务器名

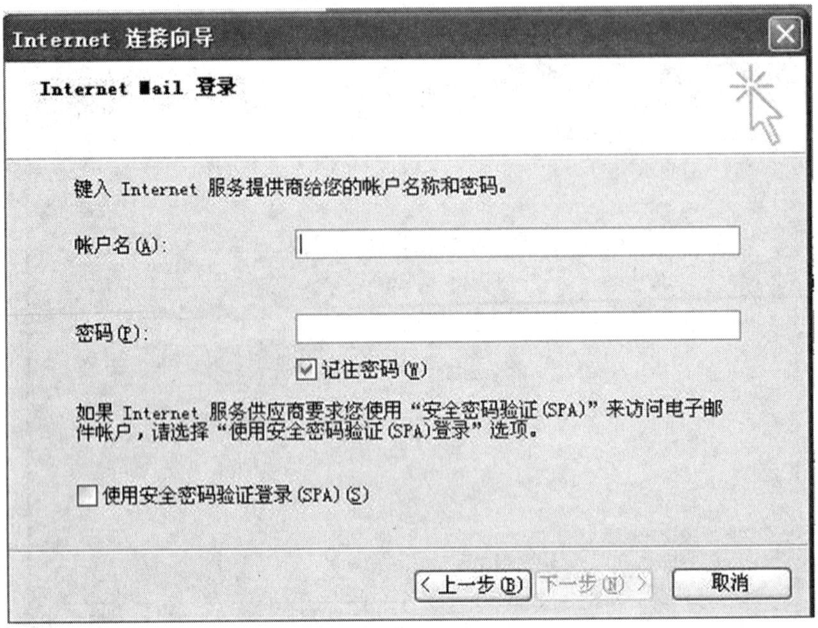
Internet 连接向导
Internet Mail 登录
键入 Internet 服务提供商给您的帐户名称和密码。
帐户名(A):
密码(P):
记住密码(W)
如果 Internet 服务供应商要求您使用“安全密码验证(SPA)”来访问电子邮件帐户，请选择“使用安全密码验证(SPA)登录”选项。
使用安全密码验证登录(SPA)(S)
< 上一步(B)
下一步(N) >
取消

图 7-56　输入账户名称和密码

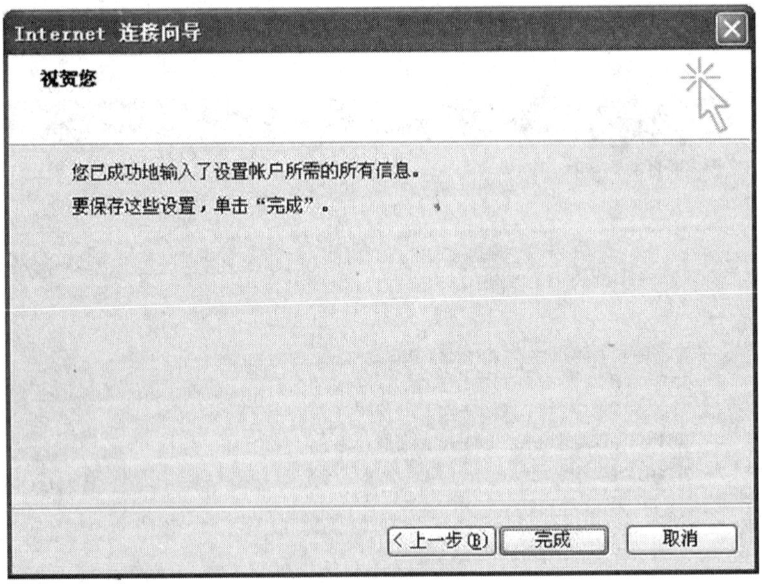
Internet 连接向导
祝贺您
您已成功地输入了设置帐户所需的所有信息。
要保存这些设置，单击“完成”。
< 上一步(B)
完成
取消

图 7-57　成功输入

(2)发件人想要给指定的收件人发送加密邮件的时候，必须已经安装了对方的“电子邮件保护证书”。只要对方用其“电子邮件保护证书”给你发送一个签名邮件，选中该邮件右击，在弹出的快捷菜单中选择“将发件人添加到通讯簿”选项，系统会自动将收到邮件的签名证书导入系统，并与对方的电子邮件地址绑定，这样在下一次想要给对方发送加密邮件的时候，只需要选中加密按钮即可完成加密过程；否则就要手工安装对方的“电子邮件保护证书”(只含有公钥，需向对方索取)，选中“工具”—“账户”—“邮件”选项，选中用于发送安全电子邮件的邮件账户，然后单击“属性”按按钮，打开“属性”对话框，单击“安全”按钮，可以看到“签署证书”、“加密首选项”项目，如图 7-58 所示。

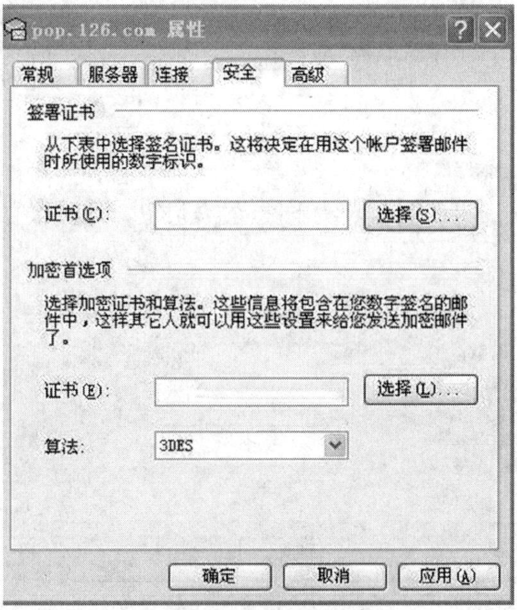


图 7-58　设置安全属性

(3)在“签署证书”项目中单击“选择”按钮，出现“选择默认账户数字 ID”对话框，选择要使用的数字证书，然后单击“确定”按钮，如图 7-59 所示。

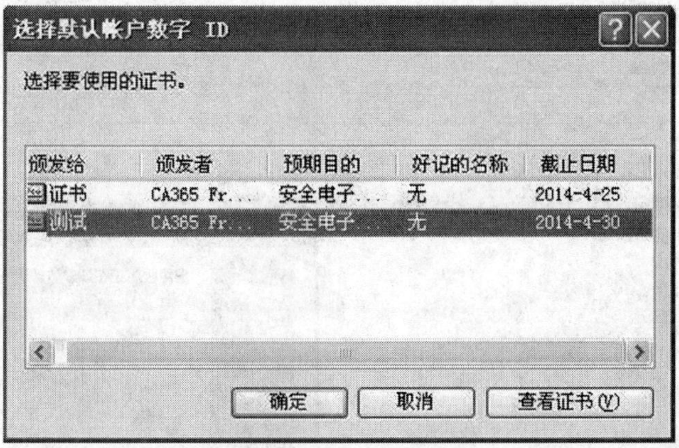


图 7-59　选择要使用的数字证书

(4)“加密首选项”的数字证书配置与“签署证书”相同，单击“确定”按钮，完成两项条件设置，如图 7-60 所示。

(5)发送加密邮件　单击“创建邮件”按钮，打开新邮件窗口，开始撰写邮件，写好邮件后，单击工具栏中的“签名”和“加密”按钮，如图 7-61 所示。

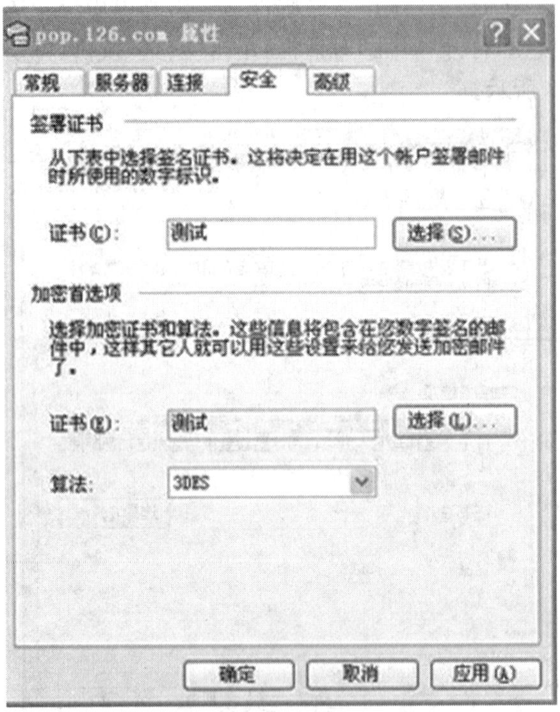


图 7-60　配置安全选项卡中证书

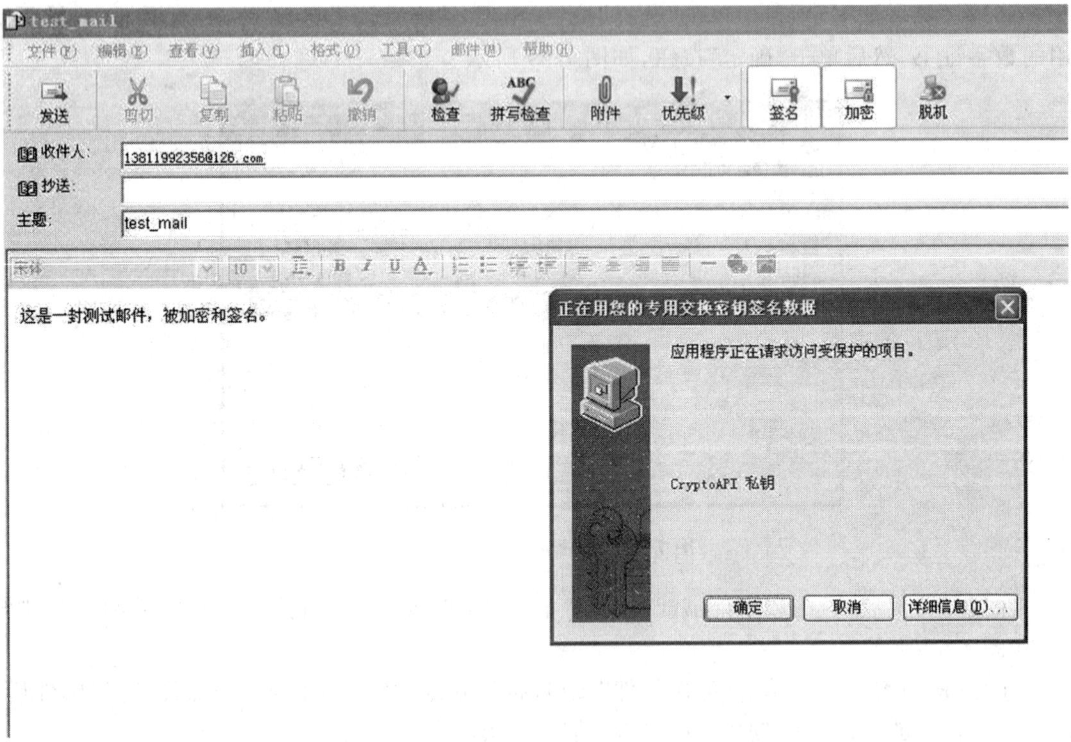


图 7-61　撰写邮件

(6)单击“发送”按钮，签名邮件发送成功。当收件人收到并打开已加密过的邮件时，对方将看到“数字签名邮件”的提示信息，如图 7-62 所示。单击“继续”按钮，才可以阅读该邮件内容。

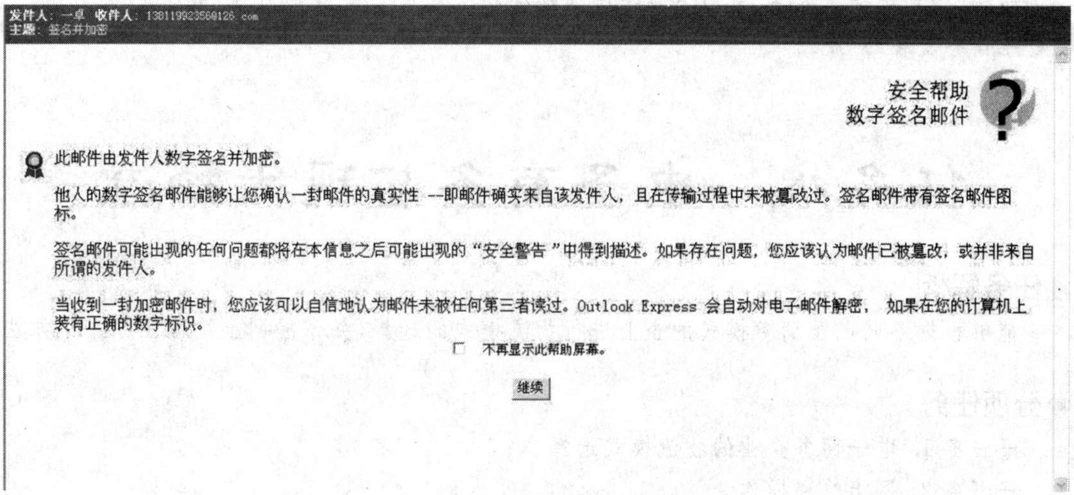
发件人：一卓　收件人：13811992356@126.com
主题：签名并加密
安全帮助
数字签名邮件
此邮件由发件人数字签名并加密。
他人的数字签名邮件能够让您确认一封邮件的真实性 --即邮件确实来自该发件人，且在传输过程中未被篡改过。签名邮件带有签名邮件图标。
签名邮件可能出现的任何问题都将在本信息之后可能出现的“安全警告”中得到描述。如果存在问题，您应该认为邮件已被篡改，或并非来自所谓的发件人。
当收到一封加密邮件时，您应该可以自信地认为邮件未被任何第三者读过。Outlook Express 会自动对电子邮件解密， 如果在您的计算机上装有正确的数字标识。
不再显示此帮助屏幕。
继续

**图 7-62　阅读数字签名和加密邮件**

(7)当收到加密邮件时，收件人完全有理由确认邮件没有被其他任何人阅读或篡改过，因为只有在收件人自己的计算机上安装了正确的数字证书，Outlook Express 才能自动解密电子邮件，否则邮件内容将无法显示，系统将给出“安全警告”提示。

## ◈分组讨论

1. 结合电子商务的安全技术和网上支付综合知识，以淘宝网为例，从系统安全、支付安全、银行安全、意识防范四个角度描述如何保证网上交易安全性。

2. 提高电子商务安全包括技术手段与管理手段，你认为是技术手段重要还是管理手段重要。

## ◈业务技能训练

小王是某服装有限公司的销售员，由于业务的需要，经常与国外客户联系，并通过多种网络通信方式传递信息，使用最多的是电子邮箱。但近期经常听说某电子邮箱并非法入侵，汇款账号被更改，外商货款汇到“黑客”账户等电子商务安全问题。小王开始担忧自己电子邮件的安全，因为其与国外客户之间的电子邮件涉及客户信息、企业商业信息和银行账号等信息。如果这些信息发生泄漏将给企业带来很大损失和不可估量的影响。此时，小王积极选择目前比较流行的杀毒软件和防火墙安全保护软件，并非常希望找到一种应用技术使得他发送的邮件信息能够被保护，并且能确保对方接收到的邮件是自己发送的，而不是别人冒名发送的。

1. 请推荐并安装一款目前比较流行的杀毒、防火墙等安全保护软件。

2. 请利用数字证书发送安全电子邮件。

电子商务中任何一笔交易都涉及信息流、资金流和物流这三个方面。信息流和资金流的处理可以通过计算机和网络通信实现，而物流是"三流"中最为特殊的一种。对于大多数商品来说，仍要经由物理方式的实体传输过程才能实现配送；只有少数虚拟产品和服务，如各种电子出版物、信息咨询服务等，可以直接通过网络传输方式完成配送。目前，物流问题一直是我国电子商务发展的"瓶颈"。

# 任务八 电子商务与现代物流

## ◈任务解析

能够根据不同电子商务模式的企业进行物流模式的选择，并掌握网上快递业务操作方法。

## ◈分项任务

子任务 1. 电子商务企业的物流模式选择

子任务 2. 网上快递操作

## ◈能力目标

通过完成本任务，你应该能够：

1. 对 B2B、B2C、C2C 电子商务企业选择合理的物流方式；
2. 熟练掌握网上快递业务操作方法。

## ◈核心能力

电子商务企业的物流模式选择，网上快递操作。

## ◈引导性案例

### 榨干物流的最后一滴油

一位公司管理者，当前会以何种最见效的方式来提升公司的效益呢？也许有人会说裁员或者将业务流程"瘦身"。但是，在物流经理看来，这只不过是十年前的把戏罢了。未来的几年内，传统企业向第四方物流要效率的时刻到了。毕竟，这里面隐藏着看不见的收入。

纵观人类的工业管理发展历程，会发现一个非常有趣的现象，即物流对于制造型企业来说意味着可榨取的最后一滴油，物流的速度和效率将直接关系到企业的生死存亡。

在国内，随处可见一些"巨无霸"式的制造型企业，由于市场因素，他们在生产成本方面已经压得很低了，甚至已经实现了企业内部管理的最优化。但是，这些企业的赢利情况却不很乐观。究其原因，利润的很大一部分都被混乱的物流管理"平衡"掉了。在很多大型企业中，甚至还在采用最原始的物流方式来运作，而且没有专门的物流部门来管理。这样的结果只能导致本可以优化的物流体系变成让制造商最头疼的"瓶颈"。

以食品行业的物流成本为例，如果运输火腿肠，货物本身成本是 1 000 元/吨左右，如果运费是每千米 0.57 元/吨，那么运 100 千米是 57 元/吨，如果经常要运到 500 千米以外，那运费就超过了200元/吨，成本也就相应地变成了1 200多元/吨，这样的成本增加就是一个惊人的数字了。如此看来物流领域里所存的油也就不仅只是一滴了，如果是一个需要把货物销往各地的企业，我们可以注意到仅运费一项物流成本就可能占到总成本的1/5了。

类似的另一个问题是“牛鞭效应”：客户有个微小的需求波动，如增加4箱啤酒，一级批发商可能就要增加80箱，二级批发商可能就要增加160箱，制造商就要增加到200箱。这个效应是很浪费钱的，因为信息是一级级传递的，为了保证有货，就要扩大要货量。事实上各级经销商确是在这么做，他们为了保证不断销售，必须囤积许多库存，从而也就占用了很多资金。如此看来，这部分因供应商囤积库存而占用的资金，是物流领域里最大的一块油。

除了食品行业，其他行业的物流浪费问题也很严重。正是如此，近年来物流在国内被形容为“黑色的新大陆”，意思是一块被人发现的赚钱新领域。无论是国有企业、合资企业以及外资企业纷纷向这个领域靠拢。物流的概念也从第一方物流延伸到第四方物流。所谓第一方物流(1PL)是指卖方、生产者或者供应方组织的物流，这些物流组织的核心业务是生产和供应商品；第二方物流(2PL)是指买方、销售方或流通企业组织的物流行为，这些物流组织的核心业务是采购并销售商品；第三方物流(3PL)是针对于卖方和买方而言，介于供应商和用户之间的专业物流中间商，即专业的物流组织；第四方物流(4PL)供应商是一个供应链的集成商，它对公司内部和具有互补性的服务供应商所拥有的不同资源、能力和技术进行整合和管理，提供一整套供应链解决方案。通过这些物流手段，我们就真的有可能榨干物流领域的最后一滴油。

(资料来源：http://www.21echina.com)

思考：

1. 电子商务与现代物流的关系是什么？

2. 电子商务企业应该如何选择物流模式？

# 子任务1　电子商务企业的物流模式选择

电子商务的实现离不开物流，物流是实现电子商务的重要保障，电子商务企业选择何种物流模式对电子商务企业的发展尤为重要。下面分别介绍不同电子商务模式的企业物流模式的不同选择。

## 一、B2B电子商务企业的物流模式选择

B2B电子商务模式下物流配送的特点是单次配货量大、年配货总量稳定。对于有这种配货特点的传统企业经过多年的发展早已形成了成熟的物流配送体系，而中国的B2B电子商务企业规模一般较小，特别在B2B电子商务公共平台注册的中小企业占了大多数。因此，企业不应该也没有过多的资金建设自己的物流队伍，而电子商务全球性的特点使得电子商务业务遍及全球，更增添了物流配送的难度。目前B2B电子商务企业可供选择的物流模式有：

1. 自营物流

不少企业自身拥有良好的销售网络和渠道、现代化的物流技术与设施和管理经营理念。随着电子商务的不断发展，这些企业在发展电子商务时，可以充分利用自身资源，形成具有一定水平和适合自身需要的物流配送体系。由于发展自营物流体系投入资金量大、成本高，因而

可以充分利用资源，承担其他企业的物流配送业务，分担各方面投入，实现本企业高效率、低成本的配送，同时还可以与物流商建立良好关系，让专业化物流公司在必要的时候提供专业化的服务。

2. 虚拟物流联盟

网络覆盖广、物流成本低、信息化程度高、经营理念和服务水平高的国内第三方物流企业不多，企业往往难以在众多物流代理商中选出一家各方面都符合本企业物流需求的合作方来实现物流配送。“虚拟物流联盟”的形式为企业组建物流配送体系提出了新的方向。企业可以在不同的地域选择合适的物流代理公司，通过计算机网络技术将全国各地的仓库、配送中心，凭借网络系统连接起来，使之成为“虚拟联盟”。通过各物流代理企业的物流、商流、信息流之间的共享以及一系列的决策支持技术来进行统一调度和管理，使得物流服务半径和货物集散空间变大，从而实现有效、经济的配送。

3. 第三方物流

对绝大多数企业来说，并没有过多的资金建设自己的物流队伍，而电子商务全球性的特点使得电子商务业务遍布全球，更加大了物流配送的难度。因此，第三方物流（Third Party Logistics，3PL）成为我国解决 B2B 电子商务配送问题的主要物流模式。

第三方物流是目前承担 B2B 物流配送的最好选择，这点毋庸置疑。但随着现代物流在我国的快速发展，第三方物流的不足也凸显出来。客户需要得到包括电子采购、订单处理、充分的供应链可见性、虚拟库存管理以及必不可少的集成技术在内，能够实质性增加服务水平的多方面服务能力，而第三方物流企业的核心业务是物流业务的运作，对供应链整体解决方案的操作能力还差很多，很难整合所有的资源，处理供应链上所有的物流项目。

另外，我国第三方物流尚未建立起覆盖全国且具有外扩能力的综合物流系统，企业之间又通常各自为政，缺少沟通和联系，随着企业分工的进一步细化，第三方物流向专业化方向发展趋势明显，导致不能满足电子商务业务的个性化需求。

4. 第四方物流

收货企业通过 B2B 电子商务网站选购商品后，由发货企业委托自己的第四方物流供应商进行配送，第四方物流供应商通过对客户配送要求、货物种类、数量、配送路线、时间要求等特点的分析，协调组织第三方物流供应商、咨询公司和技术公司等合作伙伴来具体实施配送。收货企业收到第三方物流送到的货物后，接收货物并给发货企业提供收货凭据。通过以上的配送方式，为 B2B 电子商务企业提供个性化、多样化的供应链解决方案。

在这个过程中，第四方物流供应商成为一个中立的解决方案和外包服务提供商，在宏观的角度对供应链进行协调，而且独立于电子商务企业和第三方物流公司，避免了发生直接竞争的冲突，把咨询公司、第三方物流供应商和技术公司整合在一起，通过自己的专业经验、信息资源、信息处理能力、现代化的技术设备及为客户所提供的增值服务，使整个物流过程更有效、快捷和低成本，体现电子商务的真正优势。

## 二、B2C 电子商务企业的物流模式选择

B2C 电子商务模式下物流配送的最大特点就是用户分散且距离远近不同，面对庞大和分散的消费者，电子商务运营商想要满足每一个客户的需求，除了要提供物美价廉的商品外，更要能让消费者在尽可能短的时间内享受到商品或服务带给他们的乐趣。目前 B2C 电子商务

企业可供选择的物流模式有：

1. 邮政体系配送(特别是EMS体系)的物流模式

其特点是：普通邮递速度慢，而EMS服务收费偏高；EMS特快专递服务，虽是"特快"，也难以在购物当天把货品送达，而这一点是大多数消费者非常关注的；邮政体系服务水平偏低，容易造成包装破损、货物损坏。

2. 网站自建配送的物流模式

采用此模式的一般是大型生产企业和连锁经营企业。企业或网站在各地的网民密集地区设置仓储中心和配送点，根据消费者购物清单个人信息配货并送货上门。这种物流模式可以满足消费者的即购即得购物心理需求。但它也存在如下的问题：首先是配送点的布局、人员的配备数量、商品的库存量等很难合理地确定；其次，配送费用也因商品配送规模小而保持在较高水平。

3. 借助第三方物流企业的模式

在B2C商务中采用这种送货方式，往往是由于送货量较小，不足以支撑一个自营物流体系，所以需要借助第三方物流企业。这种管理模式要求第三方物流企业要在基础设施、人员素质、信息系统等方面加强建设。

4. 网站与传统商业结合的模式

传统商业特别是连锁经营商业具有得天独厚的资源优势、丰富合理的商品种类、高附加值的服务、高效的配送体系等，这些正是电子商务主体所欠缺的。电子商务与传统连锁经营的结合能够充分发挥二者的优势，实现资源共享，优势互补。

## 三、C2C电子商务企业的物流模式选择

C2C电子商务与其他电子商务模式相比，由于其所面对的客户更为分散，而且需求的多样性更为明显，所以在经营过程中，要在满足用户需求的同时，能以合适的成本、价格，凭借其特定的服务使用户对商家提供的产品产生认可、满意，并形成稳定的偏好，这就要求C2C商家首先能在价格上具有竞争优势，而物流配送则是影响其成本的重要因素。目前C2C电子商务企业可供选择的物流模式有：

1. 自营物流

主要通过由C2C网站建立统一的物流公司。优点是信息传递快，商品从成交到发货，到确认付款，整个交易的信息都在企业内部完成，信息传递快且不易出错，而且保密性好。商品和商家的信息不会外泄，即使出现纰漏，追究责任时也容易处理，不会出现商家和快递公司相互推诿的情况。但是自营物流需要巨大的资本投入，对于绝大部分C2C网站来说可行性不大。

2. 物流联盟模式

由于自营物流可行性不大，所以C2C网站可以和比较成熟的物流公司合作建立物流联盟。所谓物流联盟，是指电子商务网站与邮政、快递等物流企业组成的物流产业链，电子商务平台在其中扮演产业链的中枢角色，对各方面的物流资源进行合理而高效的整合与利用。如：2005年6月，支付宝与天津大田集团和宅急送成立了我国第一个电子商务第三方物流联盟，解决物流"瓶颈"，打造适合电子商务发展的现代化物流模式。整合物流之后，2006年支付宝在"全额赔付"制度的基础上又推出"推荐物流赔付制度"。在支付宝交易过程中，卖家在交易

中直接使用支付宝系统,用下订单的方式选择由支付宝推荐的物流服务,享有支付宝与推荐物流公司商定的相应理赔内容,即对物品在运输过程中的遗失、破损及非本人签收给客户造成的损失,给予相应的赔偿,进一步强化了对买卖双方的利益保障。

3. 指定或推荐物流模式

以 2009 年占市场渗透率高达 81.5%的淘宝网为例,淘宝实施了指定或推荐物流的新模式,并且利用自身的优势与规范的专业化的物流快递公司建立战略合作伙伴关系,向全体网商推荐这些物流快递公司,鼓励网商使用合作的物流快递公司的物流服务。这样淘宝可以对自己指定或推荐的物流有效实施监督和管理。这样双方之间建立战略合作伙伴关系,形成利益共同体,有利于物流企业针对 C2C 平台的要求做出相应的调整和改善,有利于整个物流企业的发展。

4. 便利店模式

便利店营业时间长,贴近居民区,如果辅以社区网格化的宅配服务,就可以成为电子商务的商品展示点、配送中转和服务中心,帮助网商"落地生根",实现商品销售、样品展示、实物交接、代收货款、退换货、宅配等增值服务。简单地说,当客户通过 Internet 完成订单后,电子商务中心可以通知客户去距离最近的那家连锁店完成交易,或者由宅配人员上门完成交易。通过与电子商务结合,便利店可以充分利用网络便利性、无限性、交互性特点,使得虚拟销售成为可能,并可成为电子商务企业的物流服务商。

以广州的 7-11 为例,便利店一般开设在居民区内,其 70%以上的客户都在距其连锁店步行 10 分钟以内的地方居住或工作,这对在 C2C 平台订购商品的客户提供了取货和送货的方便,能够充分体现出网络购物方便和快捷的特点。并且 7-11 连锁店陆续装置了高速终端机,消费者通过终端机可以选择或订购店内没有现货的任意一种商品,而且可以进行电子转账,实现全方位的联网。这样一来,家里没有计算机或上网手机的居民来到便利店,同样可以享受电子商务的便利服务。

### ◈知识链接

## 一、物流

1. 物流的定义

一般认为,物流是从分配物流和军事后勤(Logistics)演变中形成的。1915 年阿奇·萧在《市场流通中的若干问题》中就提到了物流(Physical Distribution)一词。1935 年,美国销售协会对 Physical Distribution 的概念进行了阐述:指在销售过程中的物质资料和服务从生产场所到消费场所的流动过程中所伴随发生的种种经济活动。在第二次世界大战中,为保障战时物资供应,美国军队建立了"后勤"理论,并将其用于战争活动中。其所提出的"Logistics"的概念是指将战时物资生产、采购、运输、配给等活动作为一个整体进行统一布置,以求战略物资补给的费用更低,速度更快,服务更好。后来,将战时的后勤保障体系移植现代经济生活中,逐步演变为今天的物流。

在我国,国家质量技术监督局对物流的定义已在 2001 年 8 月 1 日起正式实施的《中华人民共和国国家标准—物流术语》中描述为:"物品从供应地向接收地的实体运动过程,根据实际需要,将运输、储存、装卸、搬运、包装、流通加工、配送、信息处理等基本功能实施有机结合。"事实上,物流并没有一个权威性的定义,其包含的概念也在不断地发展。尽管不同的国家、机构和专家学者在不同的时期、从不同的角度对物流给出了各种表述不同的定义,但可以肯定,物流的概念应包含以下要点:第一,物流学的研究对象是贯穿流通领域和生产领域的一切物料流以及有关的信息流,研究的目的是对其进行科学规划、管理和控制;第二,物流的作用是将物质由供给主体向需求主体转移(包括物质的废弃与还原),创造时间价值和空间价值,并创造部分实质效果;第三,物流的活动包括运输、保管、装卸搬运、包装、流通加工以及有关的信息活动等。

2. 物流的功能

电子商务与传统商务就实现商品销售的本质而言并无区别。物流是实现销售过程的最终环节。但由于采用不同形式,使一部分特殊服务功能变得格外重要。概括起来,电子商务物流服务功能除了具有传统物流功能(包括运输、储存、装卸、搬运等),即普通商务活动中典型的物流作业外,电子商务还需要提供增值性的物流服务。增值性的物流服务包括以下主要内容:

(1)增加便利性的服务 一切能够简化手续、简化操作的服务都是增值性服务。提供电子商务的物流服务,提供一条龙门到门服务,提供完备的操作或作业提示,免培训、免维护、省力化设计或安装,代办业务,“一张面孔”接待客户,24 小时服务,自动订货,传递信息和转账,物流全过程追踪等,这些都是对电子商务销售有用的增值性服务。

(2)加快反应速度的服务 快速反应已经成为物流发展的动力之一。传统观点和做法将加快反应速度变成单纯对快速运输的一种要求,但在需求对速度的要求越来越高的情况下,它也变成了一种约束,因此,必须想其他的办法来提高反应速度。采用具有重大推广价值的增值性物流服务方案,优化商务系统的配送中心、物流中心网络,重新设计适合电子商务的流通渠道,以此减少物流环节,简化物流过程,提高物流系统的快速反应性能。

(3)降低成本的服务 电子商务发展的前期,物流成本会居高不下。有些企业可能会因承受不了这种高成本而退出电子商务领域,或者有选择性地将电子商务的物流服务外包出去,这是很自然的事情。因此,发展电子商务,一开始就应该寻找能够降低物流成本的物流方案。企业可以考虑的方案包括:采用第三方物流服务商、电子商务经营者之间或电子商务经营者与普通商务经营者联合,采取物流共同化计划;如果商务规模大(如:珠穆朗玛和亚马逊这些具有一定的销售量的电子商务企业)。可以通过采用比较适用而投资比较少的物流技术和设施设备,或推行物流管理技术(如:运筹学中的管理技术、单品管理技术、条形码技术和信息技术等),提高物流的效率和效益,降低物流成本。

(4)延伸服务 向上可以延伸到市场调查与预测、采购与订单处理;向下可以延伸到配送、物流咨询、物流方案的选择与规划、库存控制决策建议、货款回收与结算、教育与培训、物流系统设计与规划方案的制作等。以上这些延伸服务最具有增值性,但也是最难提供的服务。能否提供此类增值服务功能现在已成为衡量一个物流企业是否真正具有竞争力的标准。

3. 物流的经济价值

(1)物流的时间价值 时间价值是“物”从供给者到需要者之间本来就存在有一段时间差,由于改变这一时间差创造的价值称为“时间价值”。时间价值通过物流获得的形式有:缩短时间创造价值、弥补时间创造价值、延长时间创造价值等。

①缩短时间创造价值。缩短物流时间,可以获得多方面的好处,如:减少物流损失、降低物流消耗、增加物的周转、节约资金等。从全社会物流的总体来看,加快物流速度、缩短物流时间

是物流必须遵循的一条经济规律。

②弥补时间差创造价值。供给与需求之间存在时间差,可以说这是一种普遍的客观存在,正是有了这个时间差,商品才能取得自身的最高价值,才能获得十分理想的效益。

(2)物流创造场所价值　场所价值指的是“物”从供给者到需求者之间有一段空间差,供给者和需求者之间往往处于不同的场所,由于改变“物”的不同场所存在位置创造的价值称为“场所价值”。

物流创造场所价值是由现代社会产业结构、社会分工所决定的,主要原因是供给和需求之间的空间差,商品在不同的地理位置有不同的价值,通过物流将商品由低价值区转到高价值区,便可获得价值差,即“场所价值”。场所价值有以下几种具体形式:①从集中生产场所流入分散需求场所创造价值;②从分散生产场所流入集中需求场所创造价值;③在低价值地生产流入高价值地需求创造场所价值。

在经济全球化的浪潮中,国际分工和全球供应链的构筑,一个基本的选择是在成本最低的地区进行生产,通过有效的物流系统和全球供应链,在价值最高的地区销售,信息技术和现代物流技术为此创造了条件,使物流可以创造价值,得以增值。

(3)物流创造加工价值　“物”通过加工而增加附加价值,取得新的使用价值,这是生产过程的职能。在加工过程中由于物化劳动和活劳动的不断注入,增加了“物”的成本,同时更增加了它的价值。

在流通过程中,可以通过流通加工的特殊生产形式使处于流通过程中的“物”通过特定方式的加工而增加附加值,这就是物流创造加工价值的活动。物流创造加工价值是有局限性的,它不能取代正常的生产活动,而只能是生产过程在流通领域中的一种完善和补充。但是,物流过程的增值功能往往通过流通加工得到很大的体现,所以根据物流对象的特性,按照用户的要求进行这一加工活动,可以对整个物流系统的完善起到重大作用。

## 二、物流与商流、资金流、信息流的关系

商流、物流、资金流和信息流是流通过程中的四大组成部分,由这“四流”构成了一个完整的流通过程。“四流”互为存在,密不可分,相互作用,既是独立存在的单一系列,又是一个组合体。将商流、物流、资金流和信息流作为一个整体来考虑和对待,会产生更大的能量,创造更大的经济效益,如图 8-1 所示。

商流,就是一种买卖或者说是一种交易活动过程,通过商流活动发生商品所有权的转移。商流是物流、资金流和信息流的起点,也可以说是后“三流”的前提,没有商流一般不可能发生物流、资金流和信息流。反过来,没有物流、资金流和信息流的匹配和支撑,商流也不可能达到目的地。“四流”之间有时是互为因果关系。比如,A 企业与 B 企业经过商谈,达成了一笔供货协议,确定了商品价格、品种、数量、供货时间、交货地点、运输方式等,并签订了合同,也可以说商流活动开始了。要认真履行这份合同,自然要进入物流过程,将货物进行包装、装卸、保管和运输,同时伴随着信息传递活动,如果商流和物流都顺利进行了,接下来是付款和结算,即进入资金流的过程。无论是买卖交易,还是物流和资金流,这三大过程中都离不开信息的传递和交换,没有及时的信息流,就没有顺畅的商流、物流和资金流。没有资金支付,商流不会成立,物流也不会发生。

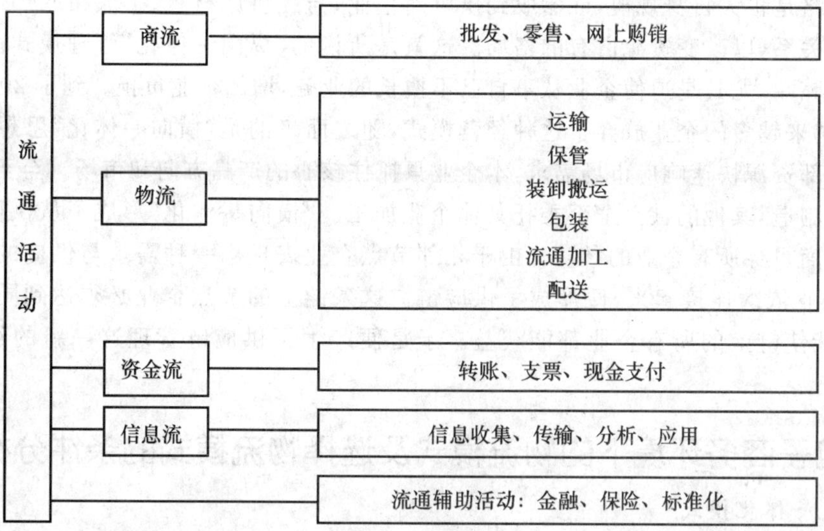


**图 8-1　流通过程中的“四流”**

## 三、物流管理

物流管理( Logistics Management)是指在社会再生产过程中，根据物质资料实体流动的规律，应用管理的基本原理和科学方法，对物流活动进行计划、组织、指挥、协调、控制和监督，使各项物流活动实现最佳的协调与配合，以降低物流成本，提高物流效率和经济效益。

物流管理的发展经历了配送管理、物流管理和供应链管理 3 个阶段。

1. 物流管理的起源——实体分销管理(PDM)

在 20 世纪 60 年代，当西方管理学的重心开始从生产领域转到非生产领域时候，实体分销管理(Physical Distribution Management)的概念开始形成，并受到重视，当时被彼得·德鲁克称之为经济增长的“黑暗大陆”，是“降低成本的最后边界”，是降低资源消耗、提高生产率之后的“第三利润源泉”。

以前，物流是分散在组织不同职能中的一系列互不协调、零散的活动。实体分销管理第一次将企业内部的运输、仓储、库存控制、物料搬运和订货处理等活动集成起来，互相联系，互相协调，从而使得 PDM 实现了三个方面的有益效果：一是使得企业充分挖掘物流活动之间的相互关系，建立以成本最小来满足客户需求；二是使得实体分销的客户导向性更强；三是提高了分销在整个管理阶层的地位。

2. 物流管理的发展——集成化物流管理

虽然实体分销管理大大增强了企业的客户导向，有效降低了企业的分销成本费用，但 PDM 只涉及产成品的分销物流活动。事实上，物流贯穿整个企业的运作流程中，不仅包括分销物流，而且包括采购物流和生产物流。因此，实体分销管理的原理后来应用于物流全过程。这样，将采购物流、生产物流和分销物流集成起来，形成了企业内部集成化物流管理。集成化物流管理(Integrated Logistics Management)能最大程度地降低企业内部物流成本。

3. 跨企业的物流管理——供应链管理

在传统的管理模式当中，企业出于对制造资源的占有要求和对生产过程直接控制的需要，常采用的策略是扩大自身规模，或参股到供应商企业，与提供原材料、半成品或部件的企业建立一种所属关系，以改变资源占有的格局。这就是所说的“纵向一体化”管理模式。这种模式存在很多的弊端，尤其是迫使企业从事自己不擅长的业务，增加企业负担。到了20世纪80年代，国际上越来越多的企业放弃了这种经营模式，随之而来的是“横向一体化”思想的兴起，即利用企业外部资源快速响应市场需求，本企业只抓住核心的产品方向和市场。至于生产，只抓关键部件的制造，其他的甚至全部委托其他企业加工。“横向一体化”形成了从供应商到制造商再到分销商贯穿所有企业的“链”。由于相邻节点企业表现出一种需求与供应的关系，当把所有相邻企业依次连接起来，便形成了供应链。这条链上的节点企业必须达到同步、协调运行，才有可能使链上的所有企业都能获益。于是便产生了供应链管理这一新的经营与运作模式。

## 四、电子商务环境下的物流模式及选择物流模式的条件分析

1. 物流一体化模式

所谓物流一体化，就是以物流系统为核心的由生产企业经由物流企业、销售企业，直至消费者的供应链的整体化和系统化。它是物流业发展的高级和成熟阶段。物流一体化的发展可进一步分为物流自身一体化、微观物流一体化和宏观物流一体化3个层次。

①物流自身一体化。物流自身一体化是指物流系统的观念逐渐确立，运输、仓储和其他物流要是趋向完备，子系统协调运作，系统化发展。

②微观物流一体化。微观物流一体化是指市场主体企业将物流提高到企业战略的地位，并且出现了以物流战略作为纽带的企业联盟。

③宏观物流一体化。宏观物流一体化是指物流业发展到这样的水平，即物流业占到国家国民生产总值的一定比例，处于社会经济生活的主导地位。它使企业从内部职能专业化和国际分工程度的提高中获得规模经济效益。

2. 第三方物流模式

第三方物流(Third Party Logistics，3PL或TPL)，是相对“第一方”发货人和“第二方”收货人而言的。3PL既不属于第一方，也不属于第二方，而是通过与第一方或第二方的合作来提供其专业化的物流服务。它不拥有商品，不参与商品的买卖，而是为客户提供以合同为约束、以结盟为基础的，系列化、个性化、信息化的物流代理服务。最常见的3PL服务包括设计物流系统、EDI能力、报表管理、货物集运、选择承运人、货代人、信息管理、仓储、咨询、运费支付、运费谈判等。由于其服务的方式一般是与企业签订一定期限的物流服务合同，因此，有人称第三方物流为“合同契约物流(Contract Logistics)”。

发展第三方物流，由专门从事物流业务的企业为供方或需方提供物流服务，可以从更高的角度、更长远地考虑物流合理化问题，简化配送环节，进行合理运输，有利于在更广泛的范围内对物流资源进行合理利用和配置，可以避免自有物流带来的资金占用、运输效率低、配送环节烦琐、企业负担加重、城市污染加剧等问题。

3. 第四方物流模式

第四方物流(Fourth Party Logistics)是一个供应链集成商，调集和管理组织自己及具有互补性服务提供的资源、能力和技术，以提供一个综合的供应链解决方案，主要是指咨询公司提供的物流咨询服务。咨询公司应物流公司的要求为其提供物流系统的分析和诊断，或提供

物流系统优化和设计方案等。总之,第四方物流公司以其知识、智力、信息和经验为资本,为物流客户提供一整套的物流系统咨询服务。第四方物流公司要从事物流咨询服务就必须具备良好的物流行业背景和相关经验,它并不需要从事具体的物流活动,更不用建设物流基础设施,只是对整个供应链提供整合方案。

4. 绿色物流模式

绿色物流(Environmental Logistics)是指在物流过程中抑制物流对环境造成危害的同时,实现对物流环境的净化,使物流资源得到最充分利用。它包括物流作业环节和物流管理全过程的绿色化。从物流作业环节来看,包括绿色运输、绿色包装、绿色流通加工等。从物流管理过程来看,主要是从环境保护和节约资源的目标出发,改进物流体系,既要考虑正向物流环节的绿色化,又要考虑供应链上的逆向物流体系的绿色化。绿色物流的最终目标是可持续性发展,实现该目标的准则是经济利益、社会利益和环境利益的统一。

绿色物流主要包括以下5个方面内容。

①集约资源。这是绿色物流的本质内容,也是物流业发展的主要指导思想之一。通过整合现有资源,优化资源配置,企业可以提高资源利用率,减少资源浪费。

②绿色运输。运输过程中的燃油消耗和尾气排放,是物流活动造成环境污染的主要原因之一。因此,要想打造绿色物流,首先要对运输线路进行合理布局与规划,通过缩短运输路线,提高车辆装载率等措施,实现节能减排的目标。另外,还要注重对运输车辆的养护,使用清洁燃料,减少能耗及尾气排放。

③绿色仓储。绿色仓储一方面要求仓库选址要合理,有利于节约运输成本;另一方面,仓储布局要科学,使仓库得以充分利用,实现仓储面积利用的最大化,减少仓储成本。

④绿色包装。包装是物流活动的一个重要环节。绿色包装可以提高包装材料的回收利用率,有效控制资源消耗,避免环境污染。

⑤废弃物物流。废弃物物流是指在经济活动中失去原有价值的物品,根据实际将要对其进行收集、分类、加工、包装、搬运、储存等,然后分送到专门的场所后形成的物品流动活动。

5. 物流企业联盟模式

物流企业联盟是以物流合作为基础的企业战略联盟。它是指两个或多个企业之间,为了实现自己的物流战略目标,通过各种协议、契约而结成的优势互补、风险共担、利益共享的松散型网络组织。

大型企业为了保持其核心竞争力,通过物流联盟方式把物流外包给一个或几个第三方物流公司。如:英国的Laura Ashley是一家时装和家具零售商和批发商,从1953年的一个以家庭为基础的商业企业发展到现在在全球28个国家拥有540个专卖店的企业。从20世纪80年代,Laura Ashley公司开始使用联邦快递的服务经营北美地区业务。在20世纪90年代初,Laura Ashley为了提升竞争地位,增加核心竞争力,决定与联邦快递(Fedex)结盟,外包其关键性的物流功能。于是在1992年3月,公司外包其未来10年内的总计2.25亿美元的全球物流服务项目给联邦快递公司。通过这一模式,Laura Ashley公司减少了其一半的库存货物,减少了10%～12%物流费用,补货控制在48小时内,提高了产品的供货质量。尤其重要的是,那些易损坏的产品现在能够更可靠、频繁和准时地配送。

企业在进行物流决策时,应该根据自己的需要和资源条件,综合考虑以下主要因素,慎重选择物流模式。

(1)物流对企业成功的影响度和企业对物流的管理能力　如果物流对企业成功的重要度高,企业处理物流的能力相对较低,则宜采用外包物流;如果物流对企业成功的重要性较低,同时企业处理物流的能力也低,则宜外购物流服务;如果物流对企业成功重要度很高,并且企业处理物流能力也高,则宜自营物流。

(2)企业对物流控制力的要求　越是市场竞争激烈的行业,企业越是要强化对供应和分销渠道的控制,此时企业应该自营物流。一般来说,最终产品制造商对渠道或供应链过程控制力比较强,往往选择自营物流,即作为龙头企业来组织全过程的物流活动,制定物流服务标准。

(3)企业产品自身的物流特点　对于大宗工业品原料的货运或鲜活产品的分销,则应利用相对固定的专业物流服务供应商和短渠道物流;对全球市场的分销,宜采用地区性的专业物流公司提供支援;对产品线单一的企业,则应在龙头企业统一下自营物流。

(4)企业的规模和实力　一般的,企业规模较大,实力较雄厚,通常有能力建立自己的物流系统,制订合适的物流需求计划,保证物流服务的质量。而中小企业则受人员、资金和管理的资源限制,物流管理效率难以提高。此时,企业为把资源用于主要的核心业务,就应该把管理交给第三方专业物流代理公司。如实力雄厚的麦当劳公司,每天必须把汉堡包等保鲜食品运往中国各地,为保证供货的准确及时,就组建了自己的货运公司。

(5)物流系统总成本　在选择是自营还是物流外包时,必须弄清两种模式物流系统总成本的情况。因此,在选择和设计物流系统时,要对物流系统的总成本加以论证,最后选择成本最小的物流系统。

(6)外包物流的客户服务能力　在选择物流模式时,考虑物流成本尽管很重要,但外包物流为本企业及企业客户提供服务的能力是选择物流服务至关重要的因素。

## ◆阅读案例

### 电商推自提服务 最后一公里的“战役”

随着电商间的“战争”越来越激烈,从价格战到服务战。电商们是八仙过海,各显神通。为了服务好消费者和吸引更多的消费者,各大电商都瞄准了自提服务。

从淘宝设立天猫服务站供顾客自提快递,到苏宁又宣布将在苏宁线下门店试点“易购综合服务专区”,支持易购商品自提。甚至连沃尔玛都宣布将于今夏在实体店推出网购储物柜。

电商为何争相推出自提点?这样的服务将给消费者带来多大便利?

包裹从快递分发点到顾客手中这一段距离,被电商称为“最后一公里”,这是网购流程中最难控制的一环。

在这一环节会发生很多问题,如:客户出差、手机关机等情况造成的联系不畅,造成了大量网购纠纷。快递员没有按照约定时间送达包裹,使得客户在家苦等,朋友代签的包裹找不到了等一系列问题。都可能有损电商苦心积累的客户群。

所以在电商眼中,自提服务,可以满足一部分人的特殊需求,给顾客最大的自主选择权,是提高竞争优势、改善消费者体验的重要一环。

如作为老牌的电商亚马逊中国和全家便利店合作,推广自提服务。目前亚马逊中国和全家便利店合作推出的包裹自提服务,已在上海地区的100家全家便利店正式上线。

对于亚马逊中国合作全家便利店,速途网致电了亚马逊公司相关负责人,他认为亚马逊中国和全家合作是建立在对全家便利店的品牌和网络布局的认可上。目前只推出一百多个自提点，是因为在便利店运营时间和提货地点的协调方面，还有待完善一些问题。全家在提供服务方面会收取一定的佣金，这笔费用由亚马逊中国来承担不会让消费者来支付。

最后他指出，全家便利店和亚马逊中国合作，对于全家便利店客流量的提升是有一定帮助的。

（资料来源：http://www.100ec.cn/detail—6097300.html）

### 物流成电商竞争点 完善配送服务最重要

近日，天猫电器商城推出了物流配送迟到免单的服务，且服务范围已经扩展到全国的38个城市。与此同时，苏宁今日推出苏宁配送下的门店付款方式，即“门店付款苏宁配送”，各大电商争相着手改善物流配送，物流成为各大电商的竞争要点。

2013年电子商务在中国的发展势头依旧强劲，据艾瑞咨询研究数据显示，今年我国第一季度网购市场规模为3 520.8亿元，较去年同期增长36.6%。同时，据速途研究院的数据显示，中国消费者网购频率已经跃居全球第一，每周至少进行一次购物的比例占到58%，远高于全球平均水平。我国网购消费群体越来越庞大，电商发展面临机遇。

但物流成为其发展的最大障碍，我国目前主要的物流有自建物流、连锁经营以及第三方合作这三种物流方式，但往往由于低效率而无法满足电商发展的需要。对此，良食网总裁唐忠认为，物流确实是电商发展的短板，同时也是电商最重要的一块，尤其是对于生鲜类电商来说。

为了解决这一问题，唐忠表示，公司采用了第三方物流和自建物流相结合的方式，而这也会成为公司未来改善物流的着力点。“为了在保鲜期内尽快的把产品送到用户手中，公司在产品的主销地华南建立了自己的配送门面，同时以一周超过两次的配送频率与第三方物流一起送货上门”，他说。

与生鲜类电商不同，走秀网在物流的选择方面则注重物流公司的品牌效应以提高配送信誉。走秀网品牌总监王娜表示，走秀网在美国、香港和深圳等国家和地区都设有仓库，公司采用的是国际物流和国内物流都可靠的第三方专业公司。

（资料来源：http://www.100ec.cn/detail—6100324.html）

## 前沿聚焦

### 物联网时代的智能物流

由于物流企业在供应链中的特殊位置而对信息资源的掌握相对集中，物流企业参与了物品的所有配送、仓储、包装加工、运输等环节，这是物流企业能全面获得物流信息的基础。物联网使用EPC电子标签作为对物品的唯一标识，将物流过程中不同的货品、集装箱、托盘和仓库进行分层级编码。当读写器得到大量的不同层级的EPC标签信息时，系统就可以明确地辨认出它们的信息，并根据需要对有关信息进行处理，达到快速分级处理的效果。同时可以对具体物品进行监控，并利用网络数据库将该物品的任何信息进行分享，突破了传播模式的障碍，克服信息传播途中的延误，以供供应链的各环节利用。这样，物流企业就可以对所提供的物流信息进行准确无误的跟踪，掌握物品市场的供求变化等情况，以供决策。也就是说，物流企业可以根据物联网所提供的物品信息，然后对物品的产销规模、销售渠道、运输距离和成本等信息进行集中分析，实现对产品的销售情况、库存情况、配送情况等信息的收集，使企业可以跟踪到产品的一切市场信息，从而可以为企业的生产计划、库存计划、销售计划等过程提供决策支持。

物联网这一在全球范围内对每个物品跟踪监控的全新理念，将从根本上提高对物品生产、配送、仓储、销售等环节的监控水平，将成为继条码技术之后，再次变革商品零售、物流配送及物品跟踪管理模式的一项新技术，从根本上改变供应链流程和管理手段。

“物联网”(Internet of Things)是指通过射频识别(RFID)、红外感应器、全球定位系统、激光扫描等信息传感设备，按约定的协议，把任何物品与互联网相连接，进行信息交换和通信，以实现智能化识别、定位、跟踪、监控和管理的一种网络。其目的是让所有的物品都与网络连接在一起，方便识别和管理。

物联网是利用无所不在的网络技术建立起来的，其中非常重要的技术是 RFID 电子标签技术，它需要三个网络来实现：传感网络，即以二维码、RFID、传感器为主，实现“物”的识别；传输网络，即通过现有的互联网、广电网络、通信网络等实现数据的传输与计算；应用网络，即输入输出控制终端，可基于现有的手机、个人电脑等终端进行。虽然二者都可以形成一个庞大的网络，但它们区别却是很明显的。因为物流是一个实体的空间状态下“物”的采购、包装、装卸、存储、运输等一系列的过程，它基本不需虚拟的网络来实现；而物联网则是基于庞大的互联网，借助于无线射频技术(RFID)来实现对物品的号码标识，记忆存储然后传输到生产、消费或供应者手中。

在物流业中物联网主要应用于如下几个方面：①智能配送的可视化管理网络，这是基于 GPS 卫星导航定位，对物流车辆配送进行实时的、可视化的在线调度与管理的系统，以实现物流作业的透明化、可视化管理。②建立全自动化的物流配送中心，实现局域内的物流作业的智能控制、自动化操作的网络。③基于 RFID 等技术建立的产品的智能可追溯网络系统，这些智能的产品可追溯系统为保障食品安全、药品安全等提供了坚实的物流保障。目前，在医药、农业、制造等领域，产品追溯体系都发挥着货物追踪、识别、查询信息等方面的巨大作用，有很多成功案例。④企业的智慧供应链。智慧供应链用于满足客户的大量的个性化的需求与订单。这些都对物流业的发展意义重大。

## 物流管理未来的十项变革趋势

过去物流管理重点是对企业内部作业与组织的整合，对下游顾客的对应，是以服务与品质为主要重心。因此，评价物流的管理业绩和效果的准则，多半是以处理订单周期时间的速度，供货率及完成质量来度量。随着物流业的发展，在供应链管理模式上增添新的内容，物流业出现了新的十大趋势。

1. 物流管理从“物”的处理，提升到“物”的加值方案设计、解决和管理上

可以为客户提供量身定造式的，并带有个性化的服务，企业逐渐转向强调跨企业界限的整合，使得顾客关系的维护与管理变得越来越重要。

2. 由对立转向联合

传统商业通道中，企业间多半以自我为中心，追求自我利益，因此，往往造成企业间对立的局面。然而在追求更大竞争力的驱动下，许多企业开始在各个商业流通机能上整合，通过联合规划与作业，形成高度整合的供应链通道关系，使通道整体成绩和效果大幅提升。

3. 由预测转向终测

传统的流通模式通过预测下游通道的资源来进行各项物流作业活动，不幸的是预测很少会准确，因而浪费了许多自然及商业资源。新兴的物流管理趋势是强调通道成员的联合机制，成员间愿意互换营运及策略的信息，尤其是内部需求及生产的资料，使得上游的企业无需去预测，流通模式是逐渐由预测基础转向终测基础发展。

4. 由经验积累转向变迁策略

一直以来经验曲线是企业用来分析市场竞争趋势及发展对应策略的方法，并以企业长年积累的经验作为主要竞争武器，然而科技的突飞进步，企业固守既有经验反而成为发展的障碍，因此在调度变化的环境下，经验及现存通道基础结构反而变为最难克服的障碍，成功的企业要有对策略方向的敏锐嗅觉和建立持续变迁的管理体系才能生存。

5. 由绝对价值转向相对价值

传统财务评价只看一些绝对数值，新的评估方法将着重在相对价值的创造，即：在通道中提供加值服务，顾客所增加的价值中企业可占多少比例。

6. 由功能整合转向程序整合

在竞争渠道日趋激烈的环境中，企业必须更快响应上、下游顾客的需要，因而必须有效整合各部门的营运，并以程序式的操作系统来动作，物流作业与活动多半具有跨功能，跨企业的特性，故程序式整合是物流管理成功的重点。

7. 由垂直整合转向虚拟整合

在传统渠道中，一些大企业进行通道的垂直整合，以期对通道掌握有更大的力量，事实证明这并不成功，反而分散了企业的资源，并将主业削弱。今日企业经营的趋势是专注核心业务，将非核心业务委托给专业管理公司去做，形成虚拟企业整合体系，使主体企业提供更好的产品及服务。

8. 由信息保留转向信息分享

在供应链管理结构下，供应链内相关企业必须将供应链整合所需的信息与其他企业分享，否则无法形成有效的供应链体系。

9. 由训练转向知识学习

在可预见的未来，任何物流程序均以人力来完成。然而，物流作业多半需要在各个物流据点和运输网络中进行，大约有90%的时间，物流主管无法亲自加以监控。全球化的发展趋势，也增加了物流人力资源管理的复杂度。物流主管必须将以个别人员技能训练的方式，转向知识基础的学习发展。

10. 由管理会计转向价值管理

未来许多企业愿意投入许多资源建立基本会计系统，着重在提供增值创造，跨企业的管理信息，以期能确认可创造价值的作业，而非仅在于收益增加，成本升降上。

（资料来源：http://www.100ec.cn/detail—6055843.html）

# 子任务2　网上快递操作

通过了解顺丰速运有限公司快件托运流程，如图8-2所示，熟悉电子商务公司网上快递托运操作的详细步骤。

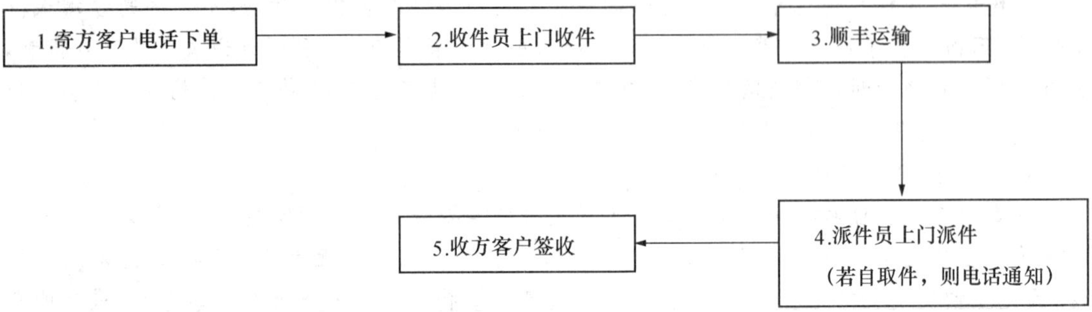


图 8-2　顺丰速运有限公司快件托运流程

1. 通知取件

(1)卖方可以拨打顺丰全国统一服务热线:4008-111-111,按“1”号键人工下单,当天内卖方还可以预约上门取件时间。

(2)卖方可以拨打顺丰全国统一服务热线:4008-111-111,按“2”号键进行语音“自助下单”。

(3)卖方可以访问网上服务大厅,体验经济、便捷的网上自助寄件服务。

2. 包装货物

(1)为了保证货物在运输过程中的安全,减少货物破损和丢失情况的发生,顺丰快件包装原则帮助卖方了解包装的重要性,提高货物包装质量,从而最大限度地降低卖方的快件在托运过程中的破损。

①坚固完好原则。良好的包装是为了在运输过程中防止货物破损、漏失,防止货物因摆放、摩擦、震荡或因气压、气温变化而引起货物受潮、变质,防止伤害操作人员或污染运输设备、地面设备及其他物品。

②便于装卸原则。包装除应适合货物的性质、状态和重量外,还要整洁、干燥、没有异味和油渍;包装外表面不能有凸出的钉、钩、刺等,便于搬运、装卸和摆放。

③包装适度原则。包装货物时,应根据货物的尺寸、重量、运输特性选用合适的包装箱及填充物,尽量避免包装材料不足而造成货物在运输途中受损。

④包装密实原则。外包装应与货物的保护材料、缓冲材料及内容物成为一体,如果内容物有多个时,内容物与外包装内壁之间不应有摩擦、碰撞、挤压或晃动发出声音。

⑤易碎品防护原则。对于陶瓷、玻璃制品、特殊工艺品等易碎物品,需在包装内部周围加垫防震材料,每件易碎品须单独使用泡沫或气泡纸等防震材料进行包装。

(2)顺丰可免费为用户提供文件封、包装袋。对于小件包裹或文件,顺丰收派员可为用户包装;对于用户自主提供的包装,顺丰收派员将根据实际情况适当加固包装。

3. 上门取件

顺丰在接收到卖方的通知取件信息后,会第一时间安排收派员上门为卖方办理货物托运,只需耐心等待顺丰为卖方提供的热情周到的“门对门”服务。

4. 填制运单

为保证卖方的快件能准确、快速地送到买方手中,办理托运前,卖方需要详细、准确地填写顺丰提供的快件运单。如需批量填写并打印运单,可于本网站中下载“顺丰速运通”,使用“运单套打”功能。

5. 办理托运

顺丰收派员在协助用户确保:①货物已包装完好;②所有提供信息完整、准确;③货物遵守所有适用的海关、航空、陆运规定和其他条款后,将为卖方办理快件托运。

6. 快件查询

快件寄出后,如果买卖双方需要了解快件的在途情况,顺丰可提供以下几种方式供客户选择:

(1)拨打顺丰全国统一服务热线:4008-111-111,按“3”号键选择语音自助查件或人工查件。

(2)登录顺丰网站“首页—快件追踪”或“客户自助服务—快件追踪”栏。输入单票或批量运单号码,查询快件最新状态,顺丰最多可同时支持20个运单号码的查询。

(3)登录顺丰网站,单击“在线客服”按钮查询快件状态。

(4)如果只想了解快件的最终签收结果,寄件时卖方只需将手机号码填写在运单上,买方就可以坐享顺丰带来的免费、方便的顺丰MSG短信通服务。

7. 快件签收

快件签收时,买方客户可以选择在顺丰收派员提供的“手持终端”上手写签名,买方客户的亲笔签名将第一时间传至顺丰系统中,供客户需要时查阅。

### ◈知识链接

## 一、快递公司的选择

目前,大部分电子商务网站通常是委托一家快递公司负责本公司的配送业务,这样既省事又省钱,同时也可按月结算,清楚每月快递的花费。这种方式尤其适合每天都要发送很多快件的公司。在选择快递公司时应注意以下几个方面:

1. 尽量选择通过总公司开设分公司方式拓展网络的快递公司

快递公司拓展网络的方式主要有三种:通过总公司开设分公司、通过加盟的方式拓展网络以及两种方式混合使用。

通过总公司开设分公司的方式来拓展网络。这种形式虽然使其公司发展得比较慢,但是一步一个脚印,而且这种管理方式比较规范,不易出现下面的站点做出有损总公司形象和信誉的行为。通过这种方式拓展网络的代表主要是北京的宅急送、广东的顺丰等。

通过加盟的方式来拓展网络,也就说总公司下面的很多站点都是符合总公司规定的一定条件后被允许加盟的。这种方式虽然能够让快递公司发展得很快,但如果总公司急于拓展网络而对加盟的条件定得比较宽松或对下面加盟的站点的管理得不够规范,那么就很难避免一些图谋不轨或信誉较差的站点混入其中,从而出现下面站点的人卷款逃跑或下面站点作出有损信誉的行为的情况。另外,总公司一旦有什么负面消息的话,可能下面的站点就很快改弦更张了,这对我们的货物是很危险的。通过这种方式拓展网络的代表主要是上海的申通、圆通、中诚等。

2. 尽量选择本地注册且规模较大的快递公司

本地公司的索赔比较容易,公司也比较注重在本地的信誉,同时比较容易进行实地考察,而且取件效率也比较高。例如，北京用户可用民航快递、大通、宅急送等；上海用户可用申通、圆通、天天等；广东用户可就用顺丰、快捷、龙邦等。

3. 尽量选择口碑较好的快递公司

快递公司总会和很多相关的公司和人打交道。和快递公司有业务来往的一共有三类公司和个人：第一类是供应商。主要包括印刷品供应商、交通工具供应商等，如果某个快递公司口碑不好，经常拖欠供应商货款的话，证明它的财务和运营是不太可靠的。第二类是同行。快递公司都是经常和其他快递公司有合作关系的，如果用户从其他快递公司中得知这个快递经常拖欠同行的货款，那还是小心为妙。第三类是客户。可以通过各种渠道从使用过某些快递公司服务的公司或个人那里了解到快递公司的口碑。

4. 尽量选择网点比较多的快递公司

对于电子商务而言，买家遍布五湖四海。如果选择的快递公司网点不够多，很多偏一点的地方都送不了或要转到 EMS 和其他快递公司的话，那就可能会造成价格偏贵，送件延误和丢失等问题的出现。据悉，北京的宅急送、民航快递，上海的申通、圆通、中诚、韵达、天天，广东的顺丰、龙邦在全国的网点都有 300～500 个；北京的大通、天津的大田、广东的长宇、快捷、DDS 等都有 100 多个分公司或网点。

5. 尽量选择开着货车去取件的快递公司

快递公司的业务员主要利用货车、摩托车、自行车这三种交通工具去取件。

开着货车意味着其公司实力比较雄厚、管理比较规范。一方面，货车装货多，不容易使货物丢失或变形。另一方面，货车不容易使货物淋湿，特别是在夏天的雨季。

摩托车这种工具的好处是成本低、机动性强，带来的唯一的好处就是取件的速度普遍会比货车较快一点(长途跋涉除外)。

6. 尽量选择快递单据纸质量比较好、快递单上条形码的印刷质量比较好的快递公司

快递单所用的纸是特殊的纸，专业名称叫无碳复写纸，因为纸上加了很多用以显色的微胶囊从而带有复写功能。纸张的质量较差，意味着纸张白度、光滑度和最重要的复写功能都是较差的，而很多快递公司所用的快递单有五联或六联的，如果复写功能较差，则很有可能寄件人在第一联上写的字到了第五、六联就显示得不清楚或显示不出来了，这样的话，就会给快递公司的管理造成很大的不方便，从而有可能会造成货物寄错或者丢失的情况出现。在用纸质量方面，北京的大田(天津)、百福东方，上海的申通、天天、韵达、汇通，广东的顺丰、快捷、龙邦、长宇、DDS 的快递单用纸质量都不错，特别是顺丰和申通，都是指定使用国内无碳纸生产质量最好的纸厂——湛江冠豪(上市公司)生产的无炭纸，质量非常好但价格也很贵。

条形码的印刷质量不专业，可能会出现条码难以扫描、错码、重码等情况，从而导致降低物流效率、造成货物丢失或货物发错地方等差错。广东顺丰的条形码，印刷质量好、扫描速度快，而且对条形码的管理比较重视和严格，对印刷条码的印刷公司要求极为苛刻。

7. 尽量选择赔偿金额或倍数高而且保价率低的快递公司

寄快递，有的时候可能要涉及赔偿的问题。所以要谨慎选择快递公司，尽量选择赔偿金额或倍数高而且保价率低的快递公司。

8. 尽量使用有胶袋包着快递单或快递单最后一联是不干胶的快递公司

如果快递单有胶袋包着，那么在经常下雨的季节里，就不会很担心快递单被雨淋湿了。如果快递单最后一联是不干胶，那么当写好快递单之后，就可以把最后一联的背书撕下来，直接

把快递单贴到包裹上面，从而避免了快递单和包裹配错对的情况出现。

## ◈分组讨论

1. 宝供物流企业集团有限责任公司(简称宝供)创建于 1994 年，总部设在广州，是中国最早运用现代物流理念为客户提供物流一体化服务的专业公司之一，也是我国目前最具规模、最具影响力、领先的第三方物流企业之一。公司自创办以来，一直致力于推动中国现代物流的发展和进步，“宝供模式”已成为中国现代物流发展的主流模式。请利用相关网站收集信息，并分组讨论对“宝供模式”的认识。

2. 选定一些 B2B 电子商务企业，讨论其物流运作状况；并登陆阿里巴巴物流网，了解该网站基本功能并交流分析。

3. 请分别登录京东商城、当当网、海尔商城，了解其商品配送方式，然后交流分析。

4. 请分别登录淘宝网、易趣网等交易平台，了解其物流配送方式，并分组讨论这些交易平台所提供的配送方式对买卖双方的利弊所在。

## ◈业务技能训练

王玲是一名大学二年级的学生，她利用课余时间在网上开了一家店铺，主要面向在校大学生销售箱包和小型饰品，网上客户大多选择快递送货，她想选择一家服务和信誉较好的公司。

请你帮助她通过网络调查 5 家快递公司，对比分析后提出一个切实可行的建议，可参考表 8-1 的形式。

**表 8-1　主要快递公司服务及价格对比分析表**

调查时间：　　　　　　　　　　　　　　　　　　　　　　　　调查人：

| 快递公司名称 | 服务优势 | 价格特点 | 联系方式 | 分析评价 | 备注 |
|---|---|---|---|---|---|
| | | | | | |
| | | | | | |
| | | | | | |
| | | | | | |
| 调研结论 | | | | | |

随着互联网逐渐进入商业应用，网络营销于1994年诞生了，尤其是万维网、电子邮件、搜索引擎得到广泛应用之后，网络营销的价值越来越明显，如：提升企业品牌形象、发布企业营销信息、提高顾客服务水平、实现最终产品销售等。

随着网上销售环境的日趋完善，利用互联网开展营销推广活动不再是网络公司和大型企业的特权，而逐渐成为中小企业营销推广产品的常规渠道。根据中国互联网络信息中心(CNNIC)发布的《第31次中国互联网络发展状况统计报告》，截至2012年12月底，受访中小企业中，利用互联网开展营销推广活动的比例为23%。在各类营销推广渠道中，互联网早已超越报纸、杂志等传统平面媒体，同时又以多元化的展现形式、相对较低的推广门槛和可评估的推广效果等优势，超越电视、电台等立体媒体，成为我国中小企业进行营销推广的首选渠道。

网络营销现在已经成为企业不可或缺甚至是不可替代的营销手段。无论传统企业还是基于互联网开展业务的企业，也无论是否发生电子化交易，都需要网络营销。而网络营销知识也逐步从专业知识向社会公共知识演变，网络营销能力已经成为互联网时代每个企业以及每个人必须掌握的基本技能。

# 任务九　网络营销

## ◈任务解析

**按照营销主体是否建立网站，可将网络营销分为无站点网络营销和基于网站的网络营销。两种情形分别有不同的网络营销方法，也有一些通用的网络营销方法，即无论营销主体是否已经建立网站都是适用的，具体方法体系如图9-1所示。**

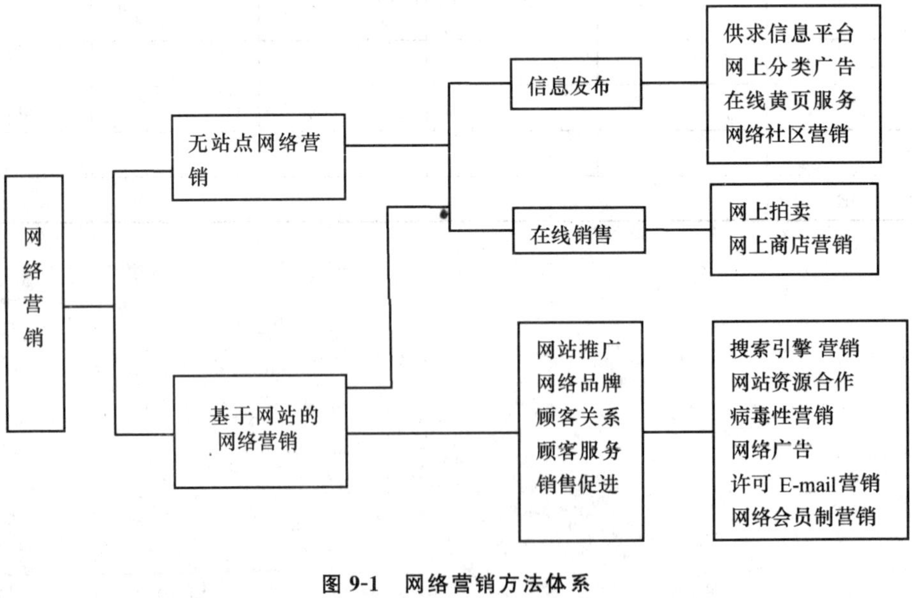


**图9-1　网络营销方法体系**

**当营销主体的实力还不够强大时，建议选择无站点网络营销方法，即不主张投资兴建网站建立交易平台。当营销主体具备一定的规模和实力后可以考虑建立网站，开展基于网站的网**

络营销。

## 分项任务

子任务 1. 无站点网络营销

子任务 2. 基于网站的网络营销

## 能力目标

通过完成本任务,你应该能够:

1. 开展无站点网络营销;

2. 开展基于网站的网络营销

## 核心能力

借助供求信息平台开展网络营销,利用网络社区、网上商店平台开展网络营销,利用搜索引擎、网站资源合作开展基于网站的网络营销。

## 引导性案例

### 大学生网络售鱼如鱼得水

2011 年 7 月王少帅从山东体育学院运动训练专业毕业了。面对不容乐观的就业形势,王少帅毅然决定自己创业。为减少创业的盲目性,王少帅多方调研走访,他发现,锦鲤美观大方,比较好养,而且品种好的锦鲤价格不菲,是一个群众喜欢的养殖品种。于是,他决定把养殖锦鲤作为自己的创业项目。为了掌握养殖技术,他每天到花鸟虫鱼市场、水族馆等地进行实地查看,晚上利用网络自学锦鲤养殖技术,不断给自己“充电”。

2012 年 5 月初,王少帅和自己的初中同学李春锋一起在城前镇洼陡水库承包了 10 个渔塘,购置了渔网、投饵机等养殖设备。2012 年 5 月 2 日,他们从广东购买了 20 万尾红白鱼苗,从聊城购买了 10 万尾大正鱼苗。由于锦鲤鱼苗喂养比较精细,第一个月先喂豆浆,然后喂塑料面,再喂小颗粒,3 个月后喂大颗粒,两人不敢有丝毫懈怠。尽管小心再小心,6 月份鱼塘还是出现了死鱼现象。好在市水产局及时帮助,通过药物调剂、更换新水,并放养一定的白鲢鱼减少绿藻的数量等措施,控制住了鱼苗死亡。

养殖技术逐步掌握了,关键是销售。年轻人思路开阔,王少帅和李春锋除到各地跑花鸟虫鱼市场、观赏鱼批发市场、水族馆等,还把网络销售作为重点,把自己养殖的锦鲤拍照传到网上,利用“58 同城”、“赶集网”等免费网站,发布信息。

很快网络销售见了成效。邹城的一家渔场预订了 5 万尾,聊城的吉祥渔场和天津的天河渔场预订了 6 万尾。同时他们通过锦鲤俱乐部、论坛上认识了一些养殖大户,大家互相交流市场信息,共同发展。目前,王少帅他们的锦鲤已销售到曲阜、滕州、济南、济宁等地,从 5 月份开始养殖,9 月初开始销售,目前已销售锦鲤 5 万余尾,其他的已经全部预订完毕。

王少帅清晰地记得,由于在网络上宣传做得好,第一批鱼养好的时候,短短几天之内,曲阜的客商便以每条 50 元的价格要了 50 条,滕州的水族馆要了 50 条,兖州和邹城的鱼友则要了 100 多千克。而且仅通过“中国锦鲤论坛”这个网站,王少帅第一次就卖掉了 200 多千克锦鲤。

谈起下一步规划，王少帅稚嫩的脸上透出几分成熟和自信："下一步，我们打算在做好养殖的基础上，开通我们的官方微博，利用这个互动性更强的新媒体来做好我们的销售工作，争取让我们的锦鲤'游'向全国各地。"

思考：

1. 开展无站点网络营销主要有哪些方法和渠道？

2. 如何将这些方法和渠道应用于网络营销？

### ◈知识链接

网络营销是企业整体营销战略的一个组成部分，是为实现企业总体经营目标，以互联网为基本手段营造网上经营环境，实现最终产品销售、提升品牌形象而进行的各种活动。

# 子任务1　无站点网络营销

营销主体只要具备了接入互联网的基本条件，就具备了开展网络营销的基本条件。除了可以通过电子邮件等方式与客户交流外，还可以开展初步的网络营销活动，如发布供求信息、发布网络广告等，或者利用网上商店平台在线销售等。

营销主体可以借助于各种网络资源尤其是在相关网站(行业网站、政府管理部门官方网站等)发布自己的企业或产品信息，达到宣传和促销的目的。其中的网络资源主要包括供求信息平台、网络分类广告、黄页服务、网络社区、网上商店平台等。下面选择几种常用的方法进行具体介绍。

## 一、借助供求信息平台开展网络营销

在互联网上，有一些网站专门为营销主体提供供求信息发布，目前有代表性的综合型门户有阿里巴巴、慧聪、供求平台、环球资源等，行业性的网站有中国化工网、中国钟表网、中国农业网、中国农业信息网、中国农资网、新农村商网等。在这些供求信息平台上，往往有大量的供求信息，不仅可以通过浏览相关企业的信息获得商机，也可以自己将经营概括、产品信息、促销信息等发布在这些网站上。

下面我们以新农村商网为例开展网络营销，具体步骤如下：

1. 登录网页

登录新农村商网首页(http://nc.mofcom.gov.cn)，如图 9-2 所示。

新农村商网隶属于商务部于 2006 年 4 月启动的"农村商务信息服务工程"建设工程中的"一网一报一站"，其中"一网"是指建立"新农村商网"，通过公共信息服务的方式，为农民实时发布有关政策和农村商品供求信息，提供咨询和供求信息网上对接服务。几年来，新农村商网建设取得初步成效，特别是通过举办"农产品网上购销对接会"有效地帮助部分农民解决了"卖难"、"买难"问题，农民们高兴地称新农村商网是帮助他们发家致富的"金桥"。

2. 注册会员

如果还未成为该网站的会员，请先进行会员注册，点击"免费注册"，进入注册页面，根据提示正确填写相关信息，如图 9-3 所示。

图 9-2　新农村商网首页

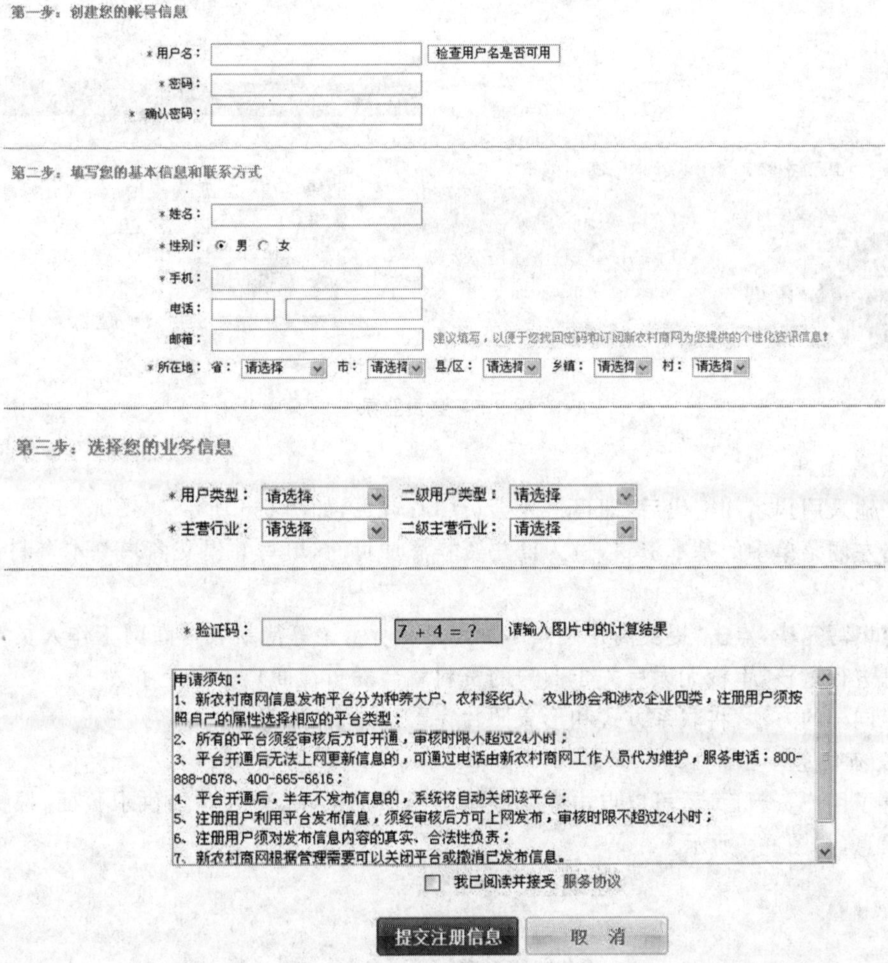


图 9-3　注册信息

填写完毕后，点击“提交注册信息”，就会成功注册，如图 9-4 所示。

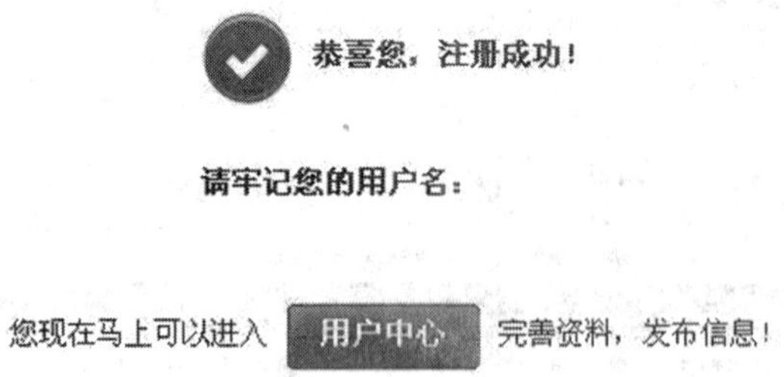


图 9-4　注册成功

3. 会员登录

成功注册为会员后，进入新农村商网的首页，点击“登录”进入登录界面，如图 9-5 所示。

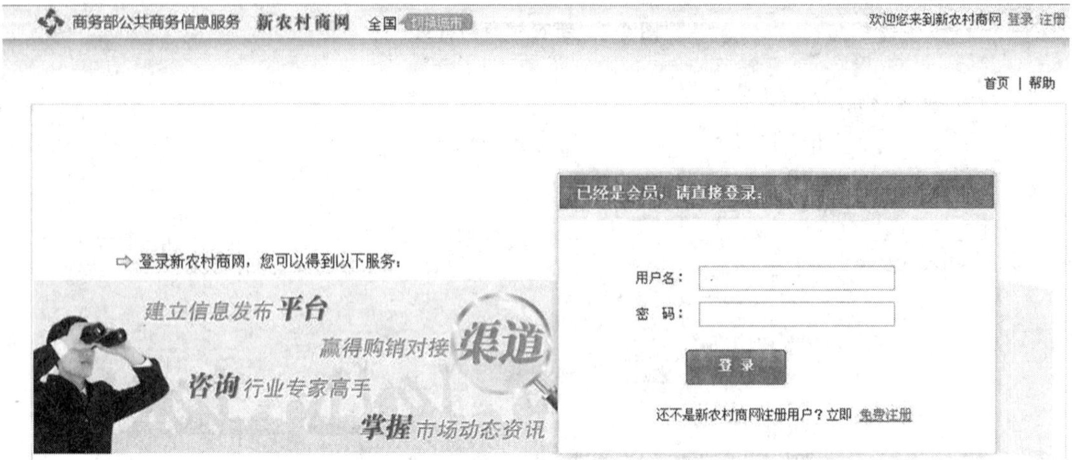


图 9-5　会员登录

4. 完善资料

正确输入用户名和密码后，即可进入会员中心首页，如图 9-6 所示。

点击左侧菜单中的基本资料，进入商户资料添加页面，填写并提交商户基本资料，如图9-7所示。

内容填写完毕，点击“提交商户资料”，如图 9-8 所示。等待新农村商网工作人员对营销提交的信息进行审核，审核无误后关于商户的资料就会发布在商户主页上了。

按照同样的方法，将联系方式和形象照片完善。

5. 发布信息

完善了用户资料后，就可以点击左侧菜单中的添加供求，进入添加供求页面，根据提示填写营销信息，如图 9-9 所示。

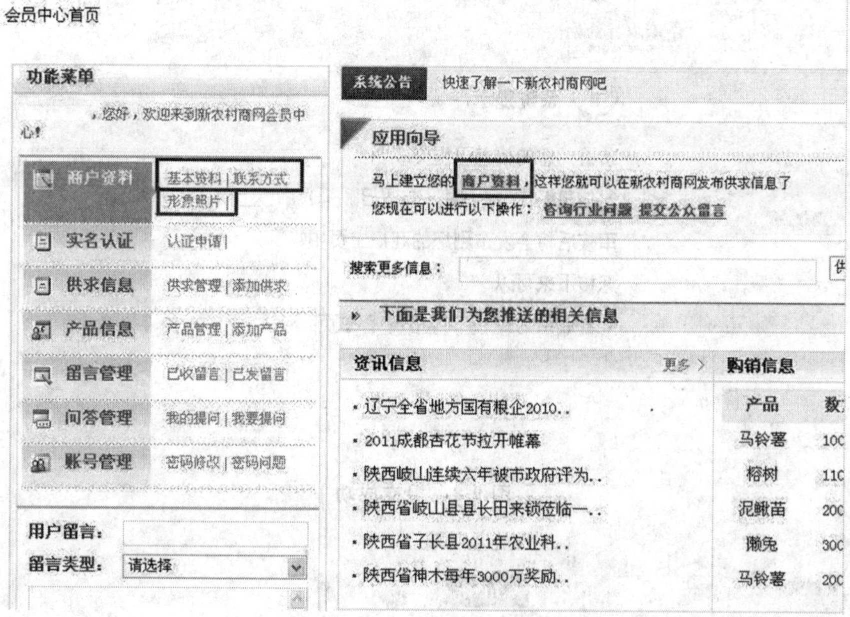


图 9-6　会员中心

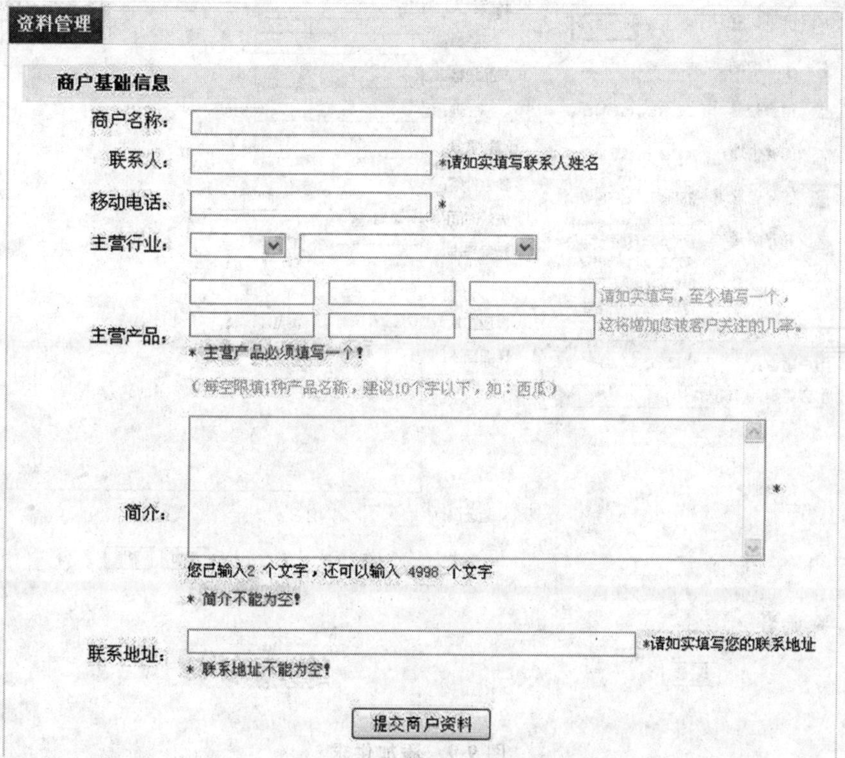


图 9-7　商户基础信息

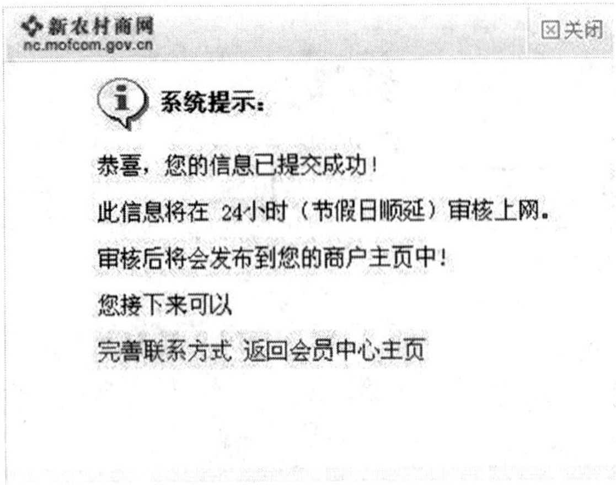


图 9-8　提交成功

图 9-9　添加供求

供应信息填写完毕后，点击“添加”后等待新农村商网对商户的信息审核后，就可以发布到商户主页了，如图 9-10 所示。

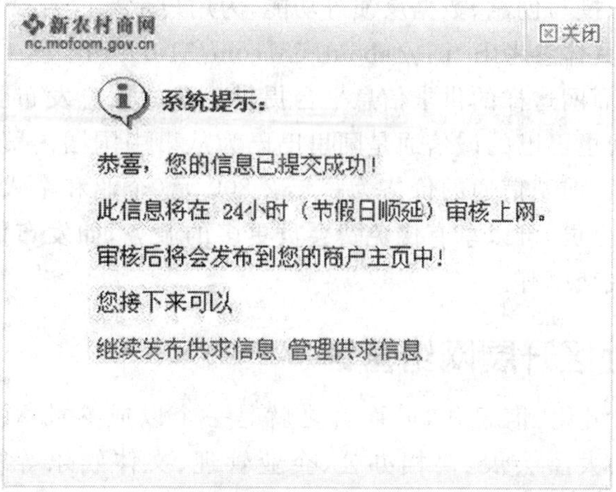
新农村商网
nc.mofcom.gov.cn
关闭
系统提示：
恭喜，您的信息已提交成功！
此信息将在 24小时（节假日顺延）审核上网。
审核后将会发布到您的商户主页中！
您接下来可以
继续发布供求信息 管理供求信息

图 9-10　提交成功

这里需要说明的是，为保护买卖双方的合法权益，营销主体必须对所发布信息的真实、合法性负责，否则新农村商网不予发布，或者即使发布也会根据管理需要撤销已发布信息。

6. 营销推广

成功开通新农村商户主页后，营销主体除了经常进行产品促销、新产品上市等信息发布外（若半年内不发布信息，新农村商网将自动关闭商户主页），还应该综合利用传统媒体、论坛、贴吧、SNS 社区、即时消息等线下线上推广手段塑造品牌形象、推广新农村商户主页、维护客户关系，实现产品最终销售，提高客户满意度和忠诚度。（其中，关于利用贴吧、SNS 社区开展网络营销方法见后面介绍）

案例中提到的 58 同城网，也是一个免费的信息发布平台，经过 6 年多的发展，58 同城网已成为是全球领先的生活服务平台，本地、免费、真实、高效是 58 同城的四大特色。其服务覆盖生活的各个领域，提供房屋租售、招聘求职、商家黄页、二手物品买卖、二手车交易、宠物、票务、旅游、交友、餐饮娱乐等多种生活信息及在线交易服务。

信息发布方法可以具体参照 http://about.58.com/fabu.htm。

为及时获取销售利润最大化，营销主体仍需要对所发布的信息进行营销推广。除了综合利用传统媒体、论坛、贴吧、SNS 社区、即时消息等线下线上推广手段外，58 同城网直接在网站内为产品信息的营销推广提供了信息置顶、精准推广等付费推广服务。

信息置顶是 58 同城为用户提供的增值服务，对自己已经发布成功的信息，可以用账户余额进行置顶。置顶后该信息就会在该类别的列表页中长时间处在靠前的固定位置，并带醒目图标：顶。

信息置顶后，就能够很容易被更多的人关注到。因为客户在浏览信息时都会先浏览靠前的内容，这样发布信息的有效性就得到了保障。同时，还可以根据自己的需求灵活选择置顶的区域页面和置顶的时间，以最高效率达到营销主体发布信息的目的。

信息置顶方法可参考 http://about.58.com/57.html。

精准推广是58同城提供的增值服务，展示在信息列表左侧顶部，按天竞价购买，可以查看效果数据的网络推广产品，为用户带来更精确的投放、更高质的效果。用户可使用推广余额竞价购买。支持自由出价、撰写创意、数据反馈等功能，为用户带来广告投放新体验。

精准推广方法可以具体参考 http://about.58.com/316.html。

目前除了像新农村商网这样的供求信息平台提供免费的信息发布服务外，还有很多收费的信息发布服务。如：阿里巴巴的诚信通是阿里巴巴为从事中国国内贸易的中小企业推出的会员制网上贸易服务。目前诚信通的价格为每年2 800元（企业和个人同价），购买诚信通就可以成为阿里巴巴付费会员，可以享有比免费会员更多的服务，如发布信息有效性、提高营销主体可信度、提高订单成交率等。

## 二、利用网络社区开展网络营销

网络社区是社区网络化、信息化，简而言之就是一个以成熟社区为内容的大型规模性局域网，涉及金融经贸、大型会展、高档办公、企业管理、文体娱乐等综合信息服务功能需求，同时与所在地的信息平台在电子商务领域进行全面合作。同一主题的网络社区集中了具有共同兴趣爱好的访问者，由于有众多用户的参与，不仅具备交流的功能，实际上也成为一种营销场所。

随着互联网技术的发展，新的网络社区形式不断涌现，目前应用较多的网络社区形式有论坛（BBS）、贴吧、Ask社区、SNS、视频分享等。下面我们选择几个比较常用方法进行介绍。

### （一）贴吧

贴吧是一种基于关键词的主题交流社区，它与搜索紧密结合，通过用户输入的关键词，自动生成讨论区，使用户能立即参与交流，发布或回复自己感兴趣的话题。即如果有用户对某个主题感兴趣，那么可以在贴吧上建立相应的讨论区。代表网站有百度贴吧等。

百度（http://www.baidu.com）目前已经覆盖了95%的中国网民，138个国家，每天响应数亿次的搜索请求，是许多企业首选的营销阵地。下面我们就以百度贴吧为例进行产品信息免费发布，具体步骤如下：

1. 登录网页

登录百度贴吧（http://tieba.baidu.com/index.html），如图9-11所示。

2. 会员注册和登录

因为百度贴吧注册方法仅需要利用电子邮件地址、密码和验证码或手机号码、短信激活码和密码就可以注册，比较简单，这里就不再用图解演示了。不过需要提醒的是，在利用电子邮件地址注册会员时，为保证营销主体所填写电子邮件地址的正确性，百度贴吧会在点击“注册”后，提醒“验证邮件已发送到所注册的地址，您需要点击邮件中的确认链接来完成注册”。建议营销主体尽快进入自己所注册的电子邮箱，查收“百度账号—账号激活”新邮件，邮件内容会提醒营销主体“点击以下链接，即可激活该账号”，并要求在48小时内完成激活，否则账号过期，需要重新注册。

注册成功后，就可以利用营销主体的账号登录百度贴吧了。

3. 创建贴吧

如果贴吧中没有营销主体所需要营销的产品贴吧，可以创建贴吧，按照提示要求填写后提交系统审核，审核通过后即可创建成功，如图9-12所示。

图 9-11　百度贴吧

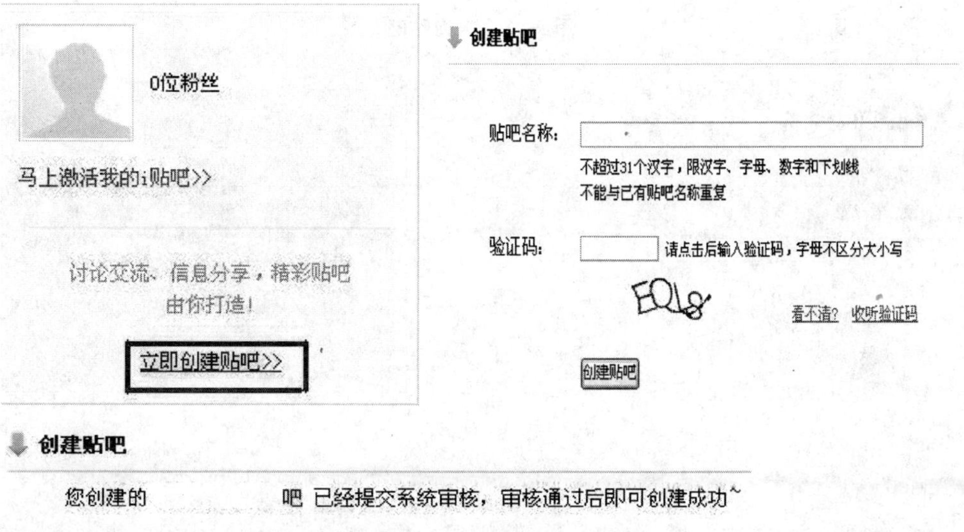


图 9-12　创建贴吧

4. 查询贴吧并发布信息

待营销主体创建的贴吧审核后即可在搜索条中输入营销主体创建的贴吧名称，点击“进入贴吧”，即可进入所创建的贴吧页面，如图 9-13 所示。

如果百度贴吧中已经包含了营销主体所需要发表新贴的主题贴吧，就可以直接在搜索条中输入营销主体所需要的主题贴吧名称，点击“进入贴吧”。点击“发表新贴”，营销主体即可进入发表新贴页面，按照提示要求填写相关内容，点击“发表”，即可发布营销信息了，如图 9-14 所示。

图 9-13　查询贴吧

图 9-14　发表新贴

## ◈知识链接

关键词源于英文"keywords"，特指单个媒体在制作使用索引时，所用到的词汇，是图书馆学中的词汇。通俗地说，关键词就是您输入搜索框中的文字，也就是您命令搜索引擎寻找的东西。

◈前沿聚焦

针对营销主体不方便上网的情况，百度贴吧推出了手机客户端，即根据营销主体的手机系统，下载相应的软件，如：Android 安装包，App Store 等安装在手机上，营销主体即可利用手机随时随地发贴了。

## （二）SNS

社会性网络软件（Social Network Software，SNS），依据六度分割理论，以朋友的朋友为基础，扩展自己的人脉。由于其日益重要的影响力，SNS 社区已经从其他社区中脱颖而出，逐渐成为主流的网络传播渠道。代表性网站有国外的 Facebook，国内的人人网、开心网等。新浪微博、腾讯微博等在一定程度上也属于社会化网络的范畴。

下面以微博平台为例，介绍网络营销的一般步骤。

1. 选择微博平台

应该选择一个用户数量大、有影响力、集中了目标用户群体的微博平台，在此平台上开设营销主体微博账号，获得发布信息的基本资格。

2. 勾画企业形象

通过微博的“个人设置”，让别人通过微博首页了解到营销主体的基本信息（品牌名称、核心产品、独特优势、与品牌相关的个性 URL 等）并产生信任感，此后发布若干有关营销主体介绍的微博，再开始寻求别人的关注。

3. 微博信息发布

信息发布是一项持久的、连续的工作，微博应保持不断的更新，同时注意，微博内容的写作和选择至关重要，营销主体微博虽然是个人操作，但在表现方式上应以企业为主体，尽量避免个人情绪化的表达方式。

4. 营造微博环境

尽可能参与微博平台的互动活动，因为微博是 SNS 的一种形式，独自发布信息而没有关注是没有意义的。参与互动的方式包括关注业内重要机构以及重要人士，关注与营销主体相关的行业动态，关注那些关注自己的人，通过转发、评论他人微博等方式获得他人关注。获得尽可能多的关注，是微博营销的基础。

5. 企业微博推广

通过电子邮件、QQ、名片、印刷品、产品外包装等线上线下推广方式，把营销主体微博网址告诉更多的用户，同时也可以邀请更多用户加入微博阵营，让大家通过微博实现更好地沟通。

6. 放大传播效应

微博最大的特点之一是可以通过 SNS 好友圈子的多层次传播快速实现信息在更大范围的传播。当拥有一定量的好友资源之后，通过信息的有效设计（如一定的激励手段），实现在好友之间以及好友的好友之间信息的全方位放大传播，实现“病毒性”推广效果。

◈知识链接

### 六度分割理论

1967 年，哈佛大学的心理学教授 Stanley Milgram（1933—1984）创立了六度分割理论，简单地说："你和任何一个陌生人之间所间隔的人不会超过 6 个，也就是说，最多通过 6 个人你就能够认识任何一个陌生人"。

按照六度分割理论，每个个体的社交圈都不断放大，最后成为一个大型网络。这是社会性网络(Social Networking)的早期理解。后来有人根据这种理论，创立了面向社会性网络的互联网服务，通过"熟人的熟人"来进行网络社交拓展。

### ◈阅读案例

2012 年央视热播的纪录片《舌尖上的中国》引发了淘宝的美食购物热潮，地方特色美食成了淘宝上的热门搜索词。淘宝数据显示，《舌尖上的中国》开播后，短短 5 天内就有 580 多万人上淘宝淘一淘熟悉的家乡味。各类美食中销售增长最快的是此前冷门的毛豆腐、松茸、诺邓火腿、乳扇等。例如：云南的诺邓火腿在纪录片播出后 5 天内，成交量增加了 4.5 倍，环比增长 17 倍。

这一事件表明，SNS 营销将成为电子商务的热点。如何借助社会热点进行"病毒式"人际关系营销，是从事产品经营的营销主体急需掌握的技能。

## 三、利用网上商店平台开展网络营销

网上商店平台是企业与消费者之间进行电子商务交易的网络平台，可以方便地实现产品网络推广和在线销售。网上商店平台如同大型商场，企业可以在商场中租用场地开设产品专柜而不用自行开设专卖店。所以当营销主体实力还不够强大时，可以选择网上商店平台开展网络营销，如：产品信息发布、产品促销、客户关系维护等。

利用网上商店平台开展网络营销的一般步骤如下：

1. 选择网上商店平台

鉴于不同网上商店平台的功能、服务、操作方式和管理水平相差较大，所以营销主体在开设网上商店前，对网上商店平台的选择非常重要。理想的电子商务平台应该具有如下基本特征：良好的品牌形象、简单快捷的申请手续、稳定的后台技术、快速周到的顾客服务、完善的支付体系、必要的配送服务以及售后服务保证措施和一定的用户访量等。目前常见的网上商店平台有淘宝、拍拍等。

2. 在网上商店平台上注册开店

选择好网上商店后就可以在该平台上进行会员注册、实名认证等，并完成产品名称、价格、数量、特色等信息上传。

3. 网上商店平台的推广

在网上开店并发布营销信息是比较简单的事情，但是若想提高产品销量并获得长久收益，还需要进行一定的营销推广。如：营销主体可将所开设网上商店在专业的网上商店推广网站进行免费注册，或者利用已有的论坛、博客、微博、即时聊天工具等进行网络社区营销等。

### ◈引导性案例

#### 云南三七之家：百度草根药材商更有力量

云南网聚科技有限公司主要经营三七药材，在使用百度推广之前，公司主要使用传统渠道进行营销，推广地域受到很大的局限，为扩大推广地域，建立了自己的网站 www.37zj.com，但是效果提升不明显。后来通过百度销售人员的介绍,2007 年 6 月,网聚公司开始使用百度推广,投放的主要关键词是三七花等,以扩大自身的推广地域并增强推广的针对性。

使用百度推广后,不仅咨询电话增加,而且开始接到咨询电子邮件,网站的访问量也在逐渐增加,尤其是来自省外的订单明显增多。在与百度客服不断地沟通和交流中,网聚公司逐渐熟练掌握了网络推广模式,并通过百度后台的数据及时监控推广效果,持续优化推广策略,取得了不错的成效。尤其是在 2008 年金融危机中及时调整战略,充分利用百度搜索引擎推广的优势,保持了业务的稳步发展。

作为一个以网站为销售终端的企业来说,这种方式极大地提升了公司的营销效率,扩大了企业品牌的影响力,市场范围由西南地区拓展到全国,吸引了大批有需求的外省客户,企业赢利能力得到了很大的增长。现在网聚公司已经将网络推广作为最重要的营销手段之一来使用了。

思考:

1. 企业网站建好以后,除了百度推广外,还有哪些方法可以进行网站推广?

2. 如何将这些方法具体应用于基于网站的网络营销?

# 子任务 2　基于网站的网络营销

当营销主体具备一定的规模和实力后可以建立属于自己的企业网站。相对于无站点营销,在拥有企业网站的情况下,营销主体开展网络营销不仅手段更丰富,而且网络营销效果也更有保证。

鉴于企业网站具有信息主动发布,被动传播的特点,所以为了最大限度地获取网络营销的效果,营销主体首先,在策划建立网站时就应该运用正确的网络营销指导思想和专业的网站建设及运营规范。其次,营销主体根据客户需求及时在网站上提供对客户有价值的内容、功能和服务,如:发布官方权威信息、提供详尽完整信息帮助客户购买决策等,最后营销主体还应该综合运用传统媒体、手机短信/彩信、搜索引擎营销、网站资源合作、“病毒性”营销、网络广告、网络会员制营销、许可 E-mail 营销等方法开展基于网站的网络营销,实现网络品牌推广、网站访问量增加以及最终产品销售等目的。

具体来说,网站的网络营销分为线下推广和线上推广两种方式。线下推广,即营销主体把自己的网站印在各种宣传材料、包装盒、名片上,或在报纸、电台电视等传统媒体上做广告。线上推广分为两种,一种是利用免费的渠道和推广工具,如:供求信息平台、贴吧、SNS 社区(博客、微博、人人网等)、即时聊天工具等,将所需要发布的信息发布到这些互动工具上,定期更新,与用户及时互动,即可达到推广的目的(这种线上免费推广方法多为无站点网络营销方法,具体请查看子任务 1,这里就不再赘述了)。另外一种是付费推广,其一是与百度、谷歌等主流搜索引擎合作,利用其强大的搜索引擎功能推广自己的网站及产品,获得有利的搜索结果排名位置,通过增加用户对企业网站的点击率,将访问者转化为顾客,实现产品销售,最终实现企业收益。其二是可以寻找相关产品的网站销售联盟洽谈,并在其网站上链接自己的网站,利用网站销售联盟已有的网站访问量等资源进行产品销售,并根据卖出产品数量给予一定比例的提成。

## 一、利用搜索引擎开展基于网站的网络营销

营销主体建立好网站后除了进行网页内容维护外，关键就是要进行网站推广，即不断将潜在客户带入网站，提高网站的访问量，并通过为用户提供有价值的产品、服务，将其转化为最终客户。

根据中国互联网络发展状况统计报告，搜索引擎已经成为互联网的基础应用之一，并且是网民获取信息的重要工具，下面通过搜索引擎为网站带来的访问量通常占总访问量的比重较大，下面重点介绍一下利用搜索引擎开展产品网络营销的一般步骤。

1. 选择搜索引擎

目前市场上主流的搜索引擎有百度、谷歌、搜狗、360综合搜索等，营销主体可以根据自己的实际资源情况进行选择。由于百度是市场份额最大的中文搜索引擎，大量的用户搜索量使用企业网站在百度搜索进行的推广可以获得更多的关注和点击，但也需要更多的广告消费投入。若营销主体需要将产品推往国际市场，可以选择谷歌全球最大的搜索引擎。搜狗虽然相比百度和谷歌市场占有率较低，但营销主体的推广预算有限的话，可以考虑选择搜狗，其广告价格相对较低。不过如果营销主体有足够的推广预算，为获得最好的推广效果，可以选择多个搜索引擎进行营销推广。

2. 构建符合搜索引擎收录规则的网页信息源

在运用正确的网络营销指导思想和专业的网站建设及运营规范建立好网站后，还需要构建符合搜索引擎收录规则的网页信息源，或者符合企业网站建设指导规范的网页信息源，如：网页含有一定的文字信息量、网页标题与网页内容有一定的相关性、网页URL层次比较合理、网站内部链接关系适当等。

这是利用搜索引擎开展基于网站的网络营销的最基础也是最重要的工作，不仅可以将潜在客户从搜索结果页面中带入网站，而且能够为潜在客户提供有价值的内容、服务、产品等，将潜在客户转化为最终客户。否则即使客户通过搜索引擎检索到网站并进入网站，但由于无法获取有价值的内容、服务、产品等信息，就会很快离开网站，而且会对品牌形象大打折扣。

3. 网页内容被搜索引擎收录

建设专业规范的网页信息源和网站，从一定程度上就可以通过搜索引擎自然检索到，但为获取更好的搜索引擎营销效果来说，需要将建好的网站首页地址提交给搜索引擎，符合收录条件后会自动收录，或者通过其他网站(已被搜索引擎收录)的链接方式。

百度搜索引擎免费登录入口，如图9-15所示。

4. 搜索结果中获取好的排名

搜索引擎登录即实现搜索引擎可见度后，为了在搜索结果中获得好的排名需要借助付费分类目录、付费关键词广告等专业服务。因为免费登录分类目录的方式已经逐步退出网络营销舞台，付费登录分类目录的效果也日益降低，所以优先选择付费关键词广告，如百度推广、谷歌关键词广告等。

选择关键词时首先要站在客户的角度思考他们会使用的关键词，然后根据目标，恰当地选择更为宽泛或者更为具体的关键词，首次投放关键词广告时，建议只投放一个关键词广告，并且连续跟踪观察3～5天，每天观察广告的展示次数、点击率、每次点击费用以及在搜索结果页面的排名情况等，待得到基础数据后再扩大关键词投放范围，开始更多的广告投放，并可根据

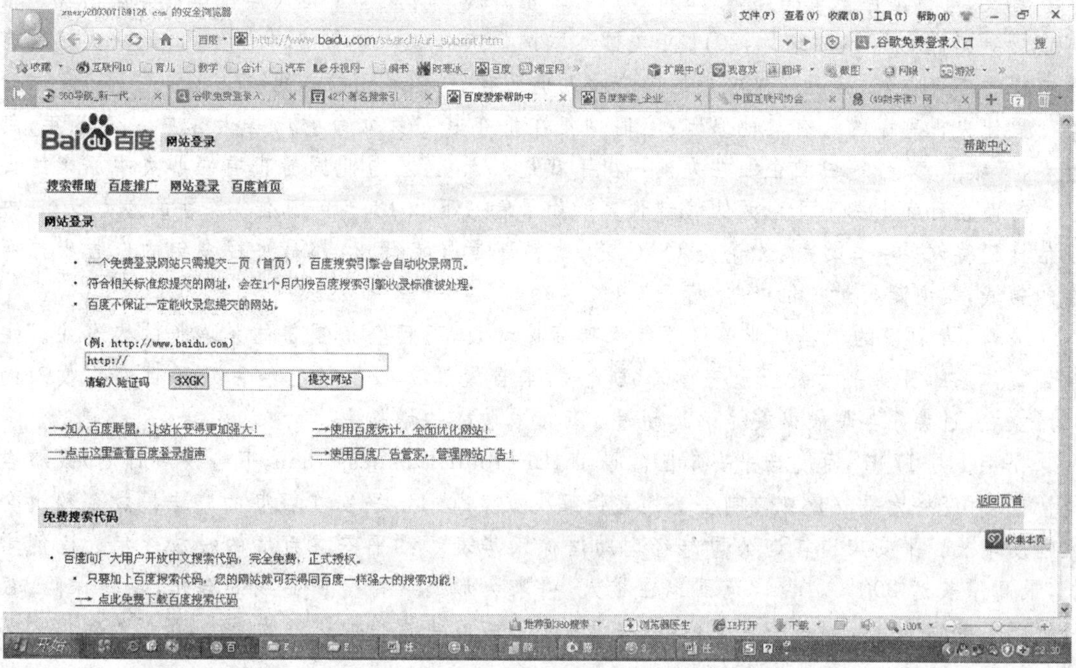
网站登录
帮助中心
搜索帮助 百度推广 网站登录 百度首页
网站登录
一个免费登录网站只需提交一页（首页），百度搜索引擎会自动收录网页。
符合相关标准您提交的网址，会在1个月内按百度搜索引擎收录标准被处理。
百度不保证一定能收录您提交的网站。
（例：http://www.baidu.com）
http://
请输入验证码
3XGK
提交网站
→加入百度联盟，让站长变得更加强大！
→使用百度统计，全面优化网站！
→点击这里查看百度登录指南
→使用百度广告管家，管理网站广告！
返回页首
免费搜索代码
收集本页
百度向广大用户开放中文搜索代码，完全免费，正式授权。
只要加上百度搜索代码，您的网站就可获得同百度一样强大的搜索功能！
→ 点此免费下载百度搜索代码

图 9-15　百度搜索引擎免费登录入口

需要选择在网站联盟中投放广告。根据对第一个广告效果的数据分析，初步掌握所推广网站的基本信息，可充分利用搜索引擎广告管理后台提供的各种分析及优化工具不断对广告进行优化，以便获得最好的广告投放效果，从而在搜索结果中获取好的排名。

5. 提高用户对检索结果的点击率，并将访问量的增加转化为企业最终实现收益的提高

当营销主体在搜索引擎登录网站并获得好的排名后，尚未达到产品网络营销的最终目标，即实现产品销售。此时仍回到了第二步骤，即网站优化设计，提供有价值的内容、产品、服务等，实现将潜在客户转化为最终客户的目标。

## ◈知识链接

搜索引擎营销，就是根据用户使用搜索引擎的方式，利用用户检索信息的机会尽可能将营销信息传递给目标用户。

## ◈阅读案例

### 挑战者百度：今年广告收入或超央视

广告老大的位置央视已经至少坐了 22 年，自从 1991 年电视加速进入客厅，众多广告主就对央视趋之若鹜，以至于每年 11 月份在北京梅地亚中心举行的黄金资源广告招标会一票难求。不过，前不久，百度发布财报显示，2012 年百度的在线营销（也就是广告收入）为 222.46 亿元，同比增长率高达 53.5%。而据央视内部人士透露，2012 年央视的广告收入为 269.76 亿元，同比增长率低于 15%。2013 年，如果双方仍然保持上年的增速，央视让出宝座应该不会有什么悬念。

首次,电视不再是第一媒体,不再是广告之王。这个现象也正在大洋彼岸的美国出现。根据市场研究机构IAB的统计,2011年美国互联网的广告收入达到317亿美元,第一次超越有线电视的广告收入,距离广播电视的广告收入也只有70亿美元的差距。

更让央视恐慌的还有其他原因:互联网正在抢夺其安身立命的广告大客户。2013年,剑南春、五粮液、茅台等白酒企业在央视一出手就是五六亿元,与此同时也有一些央视原来的大客户转而在百度上掷下几亿元的营销预算。如果看一下2013年百度准备深耕的潜力行业,央视估计还得倒吸一口冷气:无论是OTC药、饮料还是服装行业,都是央视多年的广告大户所在的领域,其中诞生过多位广告"标王"。

"2013年百度的大客户业务将继续保持高速增长,而且会是销售体系增长的火车头。"主管销售体系的百度副总裁王湛表示。据了解,来自大客户的收入已经占到了百度总收入的30%左右,过去几年增长率更是远远超过了百度总收入的增长率。

今年1月17日,百度与平安集团签署了JBP(Joint Business Plan,联合发展计划)战略合作协议,百度将为平安量身订制全套的营销解决方案;当然,平安在百度的广告投放金额也会大幅度增长。平安渠道咨询公司总经理助理徐汉华表示:"平安在百度的投放逐年大比例增长,最高增长达200%。合作范围也在扩大,将来会形成涵盖全产品线的合作,包括保险、银行、投资、数据平台等。"另一方面,这也许意味着平安在央视投放比例的减少,虽然绝对值未必减少。

全球最大的广告主宝洁对于电视广告的态度也趋于谨慎。2005—2007年,宝洁曾经连续三年拿到了央视广告招标的"标王"。而从2012年开始,宝洁在电视广告上的投放出现了明显的减少,甚至为此还放弃了炙手可热的"中国好声音"的冠名机会。2012年年初,宝洁CEO麦睿博表示:"我们的广告费占了公司销售额的9%~11%……我相信广告支出的增速将会放缓,当前新媒体层出不穷……这一领域有更为多元化的广告渠道。"

他所说的"多元化的广告渠道"就是互联网。根据艾瑞咨询的统计,2009年宝洁在中国互联网的广告投入只有4 000万元,2011年这个数字则上升到了2.86亿元。2012年5月10日,宝洁公司副董事长葛斯勒到访百度,宝洁也就此成为百度第一家JBP战略合作伙伴。

为什么有如此之多的大广告主将眼光离开电视,转而投向互联网呢?因为相对于传统的电视媒体,新媒体有着诸多的优势:

首先,人们的注意力正在全面从电视向互联网转移。根据国外媒体分析机构eMarketer的研究,中国城市用户在电视上消耗的时间已经少于互联网,19~30岁的年轻居民,他们每天上网的时间已经是看电视的两倍。

讲求投资回报的广告主们注意到了这个趋势,为他们提供广告投放服务的中介机构们当然也不敢落后。"当客户的眼光从电视转向互联网、从其他媒体转向线上之后,我们也要跟随媒体的脚步,提出更整合性、更优化的解决方案。"群邑中国互动营销总裁陈建豪说道:"我们在三四年前就预测互联网媒体的广告投放将会占到全部媒体的15%以上,这个目标2012年已经实现了。"

与此同时,互联网带来的信息大爆炸和大数据,也让消费者第一次获得了产品购买的主导权;如今,电视等传统媒体那种单向、说教式的广告已无法打动他们的心了。美国西北大学教授唐·舒尔茨提出过著名的整合营销理论,他认为随着互联网大数据时代的到来,企业的营销和广告必须转变为以消费者为中心,重点解决购买的四个关键要素SIVA(Solutions—消费者寻求解决问题的方案、Information—消费者寻找与解决方案相关的信息、Values—消费者衡量各种解决方案的价值、Access—消费者解决问题的入口)。

在这方面,互联网媒体显然占据了优势。如今,当消费者对著名奢侈品牌 Burberry(博柏利)感兴趣并用百度搜索之后,首页上出来的第一条结果是模特的走秀视频,视频右边则是一些最新款产品的样图。视频的下面则直接显示出博柏利的新浪官方微博,消费者能够在此看到最新的信息并转发和评论。再往下一行,则分别是博柏利的在线商店、店铺分布、春季礼品、优酷空间和豆瓣小站的链接。

从效果上来看,百度为博柏利量身订制的这个"品牌专区"(所谓"品牌专区",指的是百度在网页搜索结果首页的最上方为广告主量身定制的整合了文字、图片、视频、App 等多种展现结果的内容平台),相当于博柏利的迷你官方网站。消费者不仅能够通过这里获取很多信息,还能够通过微博等工具与博柏利实时互动。而宝马等汽车厂商甚至还在自己的"品牌专区"中推出了预约试驾这样的互动活动。这样丰富的交流方式,显然比那干巴巴的、单向传播的 15 秒钟电视广告要更吸引消费者。因此,当百度在 2012 年对"品牌专区"升级并加入视频、微博等富媒体和互动媒体之后,受到了广告主们的热烈欢迎。王湛透露,2012 年百度的"品牌专区"这款产品"取得了三位数的增长"。

互联网媒体基于大数据的分析能力也颇受广告主的青睐。宝洁公司数字媒体与创新平台经营部市场总监陈万峰回忆,2012 年百度帮助宝洁对旗下重点品牌"玉兰油"做了次大数据分析,结果发现与竞品相比,消费者在"玉兰油"关键词后跟着"适合几岁"的比例明显偏高。结合其他数据宝洁最终得出结论:玉兰油产品的年龄定位比较模糊。为此,宝洁及时调整了营销策略,还顺势推出了一款针对 25 岁人群的细分产品,结果市场反响非常好。

虽然互联网媒体的增速惊人,但陈建豪并不认为其他媒体将会就此消失。"互联网媒体虽然很好,但是不能够单独对待,今天肯定是跨媒体的整合。"2011 年在为伊利舒化奶做整合营销的时候,群邑团队就通过将电影《变形金刚 3》、电视广告、百度搜索、百度新闻以及网络视频结合起来,才收到了最好的效果。

从这个角度来说,以央视为代表的电视媒体仍然有很大的发展空间,不过,他们也许不会是第一主角了。

(资料来源:http://tech.sina.com.cn/i/2013—03—12/10108136880.shtml)

## 二、利用网站资源合作开展基于网站的网络营销

每个企业网站均可以拥有自己的资源,如:一定的访问量、注册用户信息、有价值的内容和功能、网络广告空间等,利用网站的资源与合作伙伴开展合作,实现资源共享、共同扩大收益的目的。在这些资源合作形式中,交换链接是最简单的一种合作方式,有调查表明他也是新网站推广的有效方式之一。

下面就以交换链接为例介绍开展基于网站的网络营销的一般步骤。

1. 分析潜在的合作对象

首先分析哪种网站的访问者可能对自己的网站感兴趣,同时分析自己的网站的访问者对这些网站是否会产生兴趣,找到那些双方的访问者可能互相感兴趣的网站,并将这些网站列为重点目标。如考察几个先于自己发布的,和自己实力、规模、经营领域最接近的网站,逐个分析其交换链接对象,发现合适的,先做为备选对象,留待以后主动发出合作邀请。

2. 合作联系与沟通

当营销主体将网站经过充分测试并正常运营(如网站各栏目内容完整、无明显文字及链接错误、网站整体专业建设水平较高、被主要搜索引擎收录等)后,就可以考虑向目标网站发出互换链接的合作邀请了。建议采用电子邮件作为主要沟通工作,但在合作沟通过程中,要注重网络礼仪,以增加合作伙伴的信任,为实现网站链接打下基础。

3. 实施交换链接及管理

得到对方的确认后应尽快为对方做好链接,同时以电子邮件形式回复对方链接完成,邀请对方检查链接是否正确,位置是否合理等,待对方检查无误后,这种网站之间的合作关系就开始建立起来了。

随着时间的推移,合作伙伴的网站可能会发生网站内容改变、网址失效等问题,所以营销主体应不定期地对链接网站进行回访以确认链接的有效性。

## ◈知识链接

交换链接也称互惠链接,是具有一定互补优势的网站之间的简单合作形式,即分别在自己的网站上放置对方网站的 LOGO 或网站名称并设置对方网站的超级链接,使得用户可以从合作网站中发现自己的网站,达到互相推广的目的。

## ◈分组讨论

1."没有最好的网络营销方法,只有最适用的网络营销方法。"你觉得这句话对吗?如何理解?

2. 无站点网络营销方法是否可以应用于基于网站的网络营销?请举例说明。

3. 企业网站建好以后,是否可以一劳永逸了?为最大限度地获取网络营销的效果,营销主体应该如何进行基于网站的网络营销?

## ◈业务技能训练

某大葱专业合作社主要从事富硒大葱的生产及销售,该合作社社长非常重视产品宣传推广,尤其是当他参加了当地的一个名特优农产品展会后受到启发,决定要建设网站。起初是花了 500 元将产品信息链接在别人的网站上,后来发现可以在中国农业网、中国蔬菜网等这些网站免费申请黄页。一年后,该社长找到了专业技术人员按照他的要求建立了网站,并且在技术人员的帮助下,该社长自行进入网站后台进行维护管理。

网站建设至今有 5 年多了,初建网站加上买断 5 年的域名一共花了 3 000 元,后期每年需要花 1 000 多元的管理费和域名费,网站前后花了总共不到 10 000 元,但是网站带来的效益却远远不止 10 000 元。现在该大葱合作社的客户已经遍布了北京、天津、河南、陕西、重庆等地,而且没有出现过大葱滞销现象。

思考:

1. 请分析该社长都采用了哪些网络营销方法?

2. 请你根据该大葱专业合作社的具体情况,为社长制定一个完善的网络营销策略,并写出具体实施步骤。

随着全球化的信息技术革命，电子商务的深入发展，随着现代移动通信技术的不断革新，基于移动通信技术的电子商务越来越受到人们的重视，移动电子商务正以空前无比的生命力推动着部门经济、区域经济、国民经济和世界经济跃上一个新台阶。我国移动电子商务也正以蓬勃的生命力快速发展。

# 任务十 移动电子商务

## ◈任务解析

了解移动电子商务的概念，掌握移动电子商务的手机购物、二维码的制作与应用等。

## ◈分项任务

子任务 1. 模拟手机购物

子任务 2. 二维码的制作与应用

## ◈能力目标

通过完成本任务，你应该能够：

1. 掌握手机或平板电脑的购物操作流程，学会购物并完成移动支付；
2. 制作并应用二维码。

## ◈核心能力

利用手机或平板电脑购物；制作并应用二维码。

## ◈引导性案例

### 移动商务成企业新阵地

伴随智能手机和 iPad 等移动终端设备的普及，移动电子商务这一新生事物以惊人的发展速度成长起来，成为一道不可忽略的风景，也成为众多企业不可忽视的商务新阵地。

中国电子商务研究中心高级分析师张周平向记者透露了一组来自中国电子商务研究中心的数据：截至 2012 年 12 月，中国移动电子商务市场交易规模达到 965 亿元，同比增长 135%，依然保持快速增长的趋势。到 2013 年这一数字将达到 1 300 亿元。

这意味着，我国的移动电子商务市场已达到千亿规模。与此同时，用户人数也大幅增长。艾媒咨询公司数据报告显示，截至 2012 年年底，中国移动电子商务用户规模达到 1.49 亿人，同比增长 62%。预计到 2015 年年底，用户规模将扩大到 3.52 亿人。

移动商务，不经意间，风起云涌。

APP 商用开启新模式

当前，用手机和 iPad 上网的人越来越多，人们的上网习惯已从使用 PC 机逐步转向使用 APP 客户端上网，而目前国内各大电商，均拥有了自己的 APP 客户端。APP 客户端的商业使用，已经初见锋芒。

比如，早在2011年2月，京东集团意识到移动电商的未来潜力，开始上线京东移动端。京东公关部人士告诉《企业观察报》记者，目前为止，该移动端已经服务于包括安卓、苹果、塞班、微软等10多个移动平台。日订单量超过10万单，占全站订单量的10%；移动客户端用户超过5 000万户，并以超过10%的月递增速度迅速增长，手机网页版每日访问用户超过150万户，访问页面浏览量过亿。

除了京东，中国移动商城、淘宝、凡客诚品、唯品特卖、国美在线等大企业纷纷开发了手机移动端，而且从类别上来看，涵盖了吃穿住行用方方面面。当然，这份移动商务蛋糕也吸引来了一些创业型公司。

比如，在手机上开医院的创业型企业出现了。北京春雨天下软件有限公司CEO张锐告诉记者，该公司采取了一种崭新的"掌上医院"的业务运作模式，公司推出一款定位为"自查十问诊"的APP健康咨询工具，通过移动客户端下载应用软件后，就可以联系到提供咨询服务的医生。用户可使用语音、文字、图片三种方式查询疾病症状。还可根据地理位置信息，帮助用户找到符合自身需求的医生、医院、药房信息等。"我们计划2013年掌上医院的用户能够达到1 000万户，在线医生超过1万人，每日问诊量达到10万次。做到这一规模的时候，大约今年年底，公司应该可以实现赢利了。"

在张周平看来，移动电子商务是电商发展的一个必然趋势，不管是电子商务公司还是传统零售商都在朝这个方向发展，但目前还是电商公司占据多数席位。

微信撬动移动"钱景"

在移动商务领域，垂直电商网站继植入手机APP应用之后，又将发力点转向微信平台。而微信方面也适时开通了在线支付功能。有分析人士认为，电商进驻微信，是一个新的营销趋势，未来微信有可能成为最重要的移动电子商务平台。

中国电商行业网分析师张佳伟表示，"微信的力量不可否认。"这句分析，与正在微信领域进行攻略的电商企业行为不谋而合。一番争奇斗艳，正在微信上展开。

价格优惠，是移动电子商务吸引客户的关键手段。在微信上，大打实惠牌的企业比比皆是。天猫在微信开展了"微信特权，专享优惠券"；唯品会在微信推出了有时间限制的优惠编码。"我为自己代言"的聚美优品和"不美不活"的乐蜂网目前都在微信申请了公共账号，来进行自己的客户服务。其中，聚美优品在微信中专门推出了聚美微信黑钻卡，7位数的黑钻卡号里面每个月都会收到聚美现金券和不定期实物奖品以激励顾客。

一家名为美肤汇的化妆品网站客服告诉记者，"早在一个月前，我们的微信商城已经可以使用微信财付通平台在线支付。"这一行为，丰富了之前仅靠货到付款的交易手段，新的营销模式，开辟了线上和线下的互动。

截至目前，微信用户数已经突破3亿户，对电商企业来说，如此大的消费市场，岂不美哉？

手机支付成时尚

"这几年移动支付的可靠性越来越高了，支付方式还是以支付宝、财付通、快钱支付、网银支付等为主。"张周平介绍说。

根据艾瑞咨询最新分析结果，2012年中国移动支付市场交易规模达1 511.4亿元，同比增长89.2%。预计2016年我国移动支付市场交易规模将突破万亿交易规模，达到13 583.4亿元；华创证券最新研报预期，国内移动支付的普及将在3年左右的时间完成，稳定时期的渗透率能达到30%左右,用户达到2.5亿户。

利益驱动,企业已经在行动了。国内银行、运营商及第三方支付企业、电商企业正在展开产业链上的大规模合作。

据媒体报道,中国移动和中国银联已经启动50个城市合作计划;中国联通和招商银行已经启动第一个基于NFC(近距离无线通讯技术)的合作模式;中国电信已在宁波、河北、东莞等地与当地商业银行合作,推广移动支付业务,同时,中国电信还与中国银联旗下的银联商务、银联电子商务、拉卡拉第三方支付公司建立合作联盟,为商户提供方便的支付。

在采访中,京东公司的相关负责人告诉记者,他们的移动端已可以支持绝大部分主流银行卡的在线支付,另外,用户还可以选择更便利的礼品卡和余额支付。“目前公司已拥有支付牌照,自有支付系统也在开发进行中。”

移动支付的快速发展无疑将使移动商务更为快捷便利。而移动电子商务的快速发展正在改写着商务世界,未来,将有更多的电商公司以及传统零售商向这个新平台进发。

(资料来源:http://www.100ec.cn/detail—6101437.html)

思考:

1. 你尝试过手机购物吗?你认为使用手机购物最大的困难是什么?

2. 你尝试过二维码吗?谈谈使用二维码的好处有哪些?

# 子任务1 模拟手机购物

手机购物是指利用手机上网,实现网购的过程,属于移动电子商务。原理和电脑上网购物一样,只不过载体从电脑变成了上网手机。国内3G业务将有望联手网络购物、网络支付等平台,通过超高的网速实现“手机购物”。未来中国的手机购物会有一个高速增长期,用户只要开通手机上网服务,就可以通过手机查询商品信息,并在线支付购买产品。

下面以凡客诚品(http://www.vancl.com)为例,模拟手机购物过程。

1. 登录凡客诚品首页,首次登录请单击网站会员“注册”按钮,注册成网站会员,注册完成后自动登录,如图10-1所示。

图10-1 凡客诚品首页

2. 单击“手机凡客”按钮，进入手机凡客网，如图 10-2 所示。

图 10-2　手机凡客网

3. 手机凡客网上提供了手机模拟器，可以体验手机购物的真实环境，如图 10-3 所示。

4. 单击“登录”按钮，输入会员名称及密码，登录网站，成功后，显示“欢迎您：(账号名)”，如图 10-4 所示。

图 10-3　手机模拟器

图 10-4　登录手机模拟器

5. 查找商品，此时的操作和 PC 计算机上的操作相同，如图 10-5 所示。

6. 选择商品后，单击商品的图片，进入商品的详细描述区，如图 10-6 所示。

图 10-5 查找商品

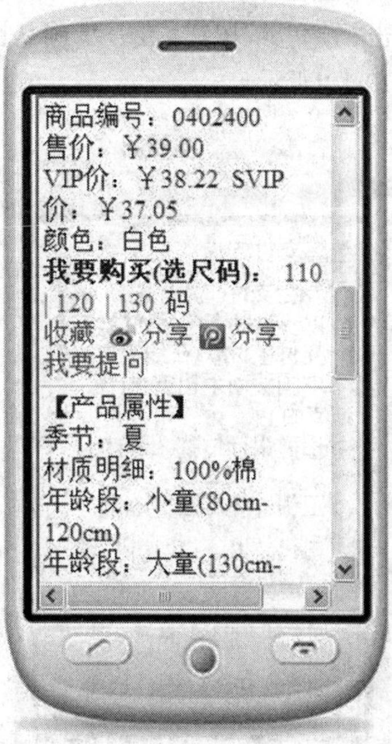


图 10-6 商品描述

7. 选择商品的具体样式，如颜色、规格大小，单击后进入购物车，可以修改购买的数量或者是继续购买，如图 10-7 所示。

8. 单击"去结算"按钮，填写收货地址信息，如图 10-8 所示。

图 10-7 选择商品详情

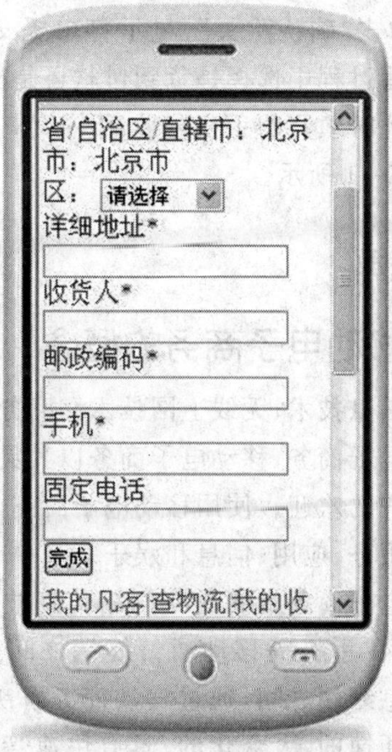


图 10-8 填写收货地址信息

9. 选择网站的送货方式、购物的支付方式及收货的时间，如图 10-9 所示。

10. 单击“下一步”按钮，进一步确认购物信息，如需要发票，在此处填写具体内容，并可以留言，如图 10-10 所示。

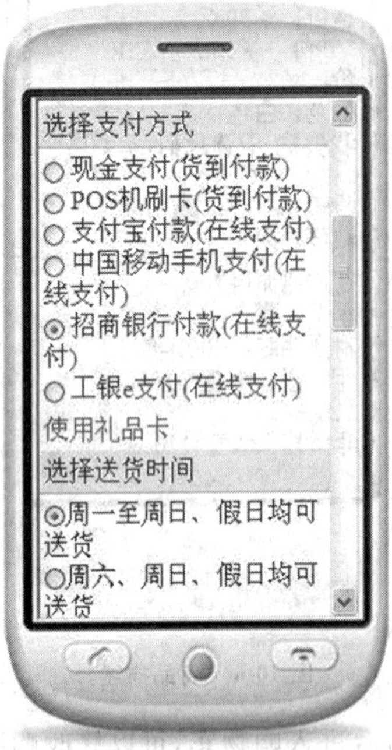


图 10-9　选择送货方式、购物支付方式及收货时间信息

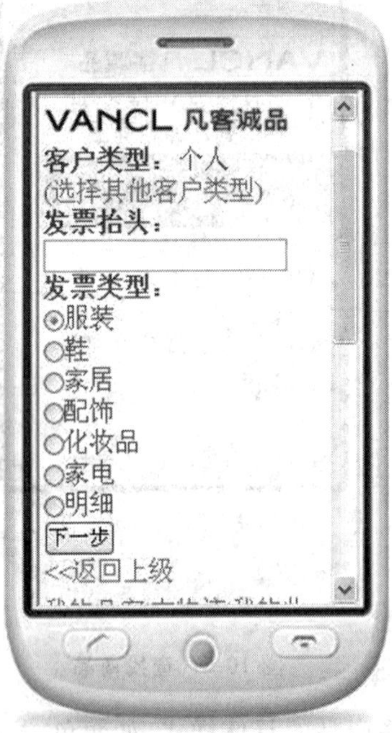


图 10-10　填写发票信息

11. 单击“确认购买”，显示订单提交成功，根据刚才订单提交填写过程中选择是货到付款还是支付宝支付，完成货款支付。此时填写的手机号收到一条来自凡客网的短信提示，如图 10-11 所示。

图 10-11　成功提交订单

◈知识链接

## 一、移动电子商务的概念

移动信息技术、无线上网技术和商务活动的有机结合创造了移动电子商务，移动电子商务以其灵活、简单、方便的特点受到用户的欢迎。使用移动电子商务，用户可随时随地获取所需的服务、应用、信息和娱乐。

移动电子商务指的是在网络信息技术和移动通信技术的支撑下，在手机等移动通信终端之间，或移动终端与 PC 等网络信息终端之间，通过移动商务解决方案，在移动状态下进行的便捷的、大众化的、具有快速管理能力和整合增值能力的商务实现活动。移动电子商务从本质上归属于电子商务的类别，是由创新技术推动下产生和形成的一种新商务模式，它将随着网络信息技术和移动通信技术的不断普及和发展，成为未来中国电子商务增长的新领域和创富运动的新行业。

## 二、移动电子商务的特点

移动电子商务改变了信息获取的速度和方式，并且改变了商务对接，合同签订、货款的交割、库存的管理、流动性车辆的调度、移动目标的追踪和查询等固有运作与流转的方式，给传统的企业管理、营销管理、商务管理带来了巨大的变革，移动电子商务具有即时性、连通性、便携性、方便性、可定位性等特点。

## 三、移动电子商务的服务

Internet、移动通信技术和其他技术的完善组合创造了移动电子商务，但真正推动市场发展的却是多样的服务。移动电子商务主要提供银行业务、交易、订票、购物、娱乐等各种服务。

## 四、实现移动电子商务的技术

移动电子商务正在形成一个庞大的市场。从技术方面来讲，将移动通信工具与互联网连接起来的无线上网技术以及互联网服务商所提供的无线上网服务都已经具备了，因此，移动电子商务不再存在技术障碍。实现移动电子商务的技术主要有无线应用协议(WAP)、移动 IP、蓝牙(Bluetooth)、通用分组无线业务(GPRS)、移动定位系统、第三代(3G)移动通信系统等。

## 五、移动电子商务发展趋势

未来移动电子商务的发展趋势主要有：①企业应用将成为移动电子商务领域的热点；②获取信息将成为移动电子商务的主要应用；③移动电子商务将与无线广告捆绑前进。

◈阅读案例

### 移动终端成农产品电子商务新趋势

随着移动互联网的快速普及，在硬件设施逐渐改善的同时，农产品电子商务的发展也进入了快车道。在过去的几个月里，多种政府性平台和商务型交易网站先后宣布上线。这是不是意味着新的农产品电子商务时代来临了呢？

一提起农产品电子商务，大家很自然地想到了互联网，包括现在多数的农商也反复强调一点，那就是家里有台电脑，扯上一根网线，实现了上网，直接发布自己的农产品信息，这对于从传统农业过渡到现代的电子商务，实现了一个比较大的改变。但仅仅是一根网线加一台电脑就能代表农产品电子商务吗？

中国国内的农业发展在近几十年，经历了非常大的变化，先不说农村和农业的空巢化和观念滞后等严峻现状，但一味强调农产品电子商务就是电脑互联网这种提法就有待商榷。农产品如果要实现电子商务，就要结合当前农村的实际硬件设施情况。对于农民或者合作社的种植户来说，最直接的工具不应该是电脑，而应该是手机。如果我们要求他们需要通过电脑才能搞定农产品在线营销的话，那我们就有点想当然了。联兴农专家团在河北、山东和湖北等地的调研中发现，多数农业专业合作社的社员对于手机的应用还是有所期待，对于电脑的使用，普遍感觉太麻烦，由于从事农业生产的过程中，多数都是在基地和技术站，而不是家里的电脑旁，发一条信息也好，查一个资料也罢，不可能有充足的时间打开电脑上网。所以，如果能把农业合作社的成员从电脑前解放出来就变得尤为重要。

结合近期的电子商务发展看，电商逐渐走向了手机的移动终端，这个终端非常适合农民这样的生产流动群体。现在，连阿里巴巴都在研发淘宝卖家手机，也充分说明了市场对移动商务终端的期待和需求。农产品的独特性要求移动终端的健壮和便捷，联兴农经过前期开发，已经推出了商用版的农销通移动终端，通过移动商务终端，直接可以实现农产品的实时信息发布，产品描述、产品图片、供求概况以及合作社介绍、联系方式等，进行农产品信息的全方位发布，卖家和买家通过语音输入和地图定位，直接可以查到最近最新的农产品供求信息，在公测的过程中，多数农业专业合作社成员表示了认可，这是一个可喜的进步。

联兴农创始人、农产品营销专家张旭东认为，手机的普及直接可以实现手机对手机的端对端链接，网络仅仅成为了移动商务平台的有力支撑，包括数据库的建设和产品库的发布和推广，可以帮助农民有效避开不愿意使用电脑和不愿意束缚在电脑旁的根本问题。所有的买卖和信息发布、需求都通过手机能完美地实现，这本身就是对现有电商模式的根本性变革。以往通过注册各种互联网网站发布信息的局限性，让农民需要在各种网站上发布，网站与网站之间天然的商业保护壁垒，让他们疲于应付，如果哪些卖家和买家不登录这个网站的话，又怎么可能查阅到农产品的信息呢？各种网络平台的孤岛效应让农产品生产者厌烦的同时，也使得各家网站的发展渐入“瓶颈”。

移动商务端的发布给农产品电商发展带来了新变化，但是我们也应该看到，针对农产品的网络化、电商化，最大的困难依然是如何更为专业更为高效的发布信息，农业从业人员在信息的完整性、科学性发布上依然不得要领。这里面包括对农产品特殊卖点的提炼，农产品在线展示的摄录要领，发布时间节点和发布频率，都需要继续进行帮助和扶持。工具不代表一切，抛掉一根网线一台电脑，依然有很多的工作要做。在这方面，政府可以扶持，企业可以帮助，无论是通过培训还是在线学习，最终帮助农民实现移动商务端的熟练应用，对农产品的网络销售和交易产生真真切切的效益，依然有一段路要走。

移动互联网的普及，智能手机的大众化，对于农产品电子商务都是一次难得的发展机遇，建立和完善新的农产品网络渠道并开展围绕网络渠道的一系列服务，才是农产品电子商务服务企业需要努力的方向。

（资料来源：http://www.100ec.cn/detail—6098479.html）

# 子任务 2　二维码的制作与应用

随着电子商务的发展，移动电子商务的普及二维码也被人们广泛应用，下面以淘宝网站宣传信息为例介绍一下二维码的制作与应用。

1. 搜索并下载二维码生成编辑器

如：利用百度搜索“二维码生成器”，如图 10-12 所示。

2. 选择一个二维码生成器并单击进入，在文本框中编辑一段关于你自己淘宝网店的宣传信息，并附上店铺的地址，如图 10-13 所示。

Baidu百度
新闻 网页 贴吧 知道 音乐 图片 视频 地图 文库 更多»
二维码生成器
百度一下
二维码生成器 蜂子二维码 超全的8大套餐16项模块! baidu.yehehe.com
推广链接
二维码生成器提供8大套餐16项模块,移动营销瞬间完成,全国火热招商
二维码商用领先者
移动互联网营销
移动广告载体
中小商户最爱
二维码生成器,不开店,不进货,不要技术,超低门槛 www.875.cn
二维码生成器 8大套餐16项功能,平台打包白菜价,极具市场竞争力,回报超高
二维码生成器,聪聪二维码 全国代理权限量开放! www.57hs.net
二维码生成器,聪聪二维码 加盟商首月盈利60万!
百度网页应用
HOT
二维码生成器
41条评论
开发者: 51240便...
二维码生成器
12条评论
开发者: 程序爱好者
二维码生成器
59条评论
开发者: 大众软件
二维码生成
22条评论
开发者: 联图二维码

图 10-12 百度“二维码生成器”搜索结果

3. 单击“生成二维码”,如图 10-14 所示,即可下载并保存此二维码,默认名为“qrcode. png”。

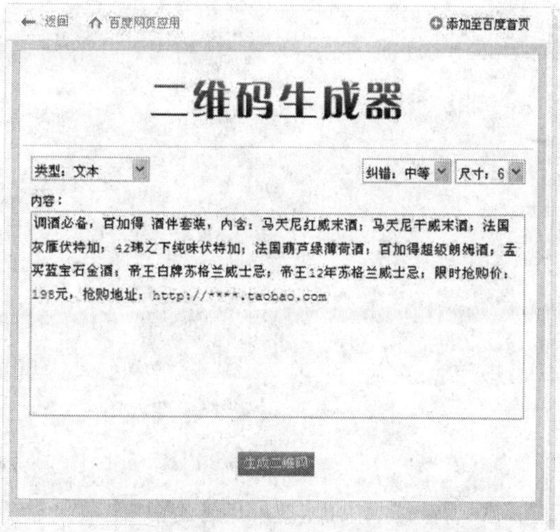
返回
百度网页应用
添加至百度首页
二维码生成器
类型:文本
纠错:中等
尺寸:6
内容:
调酒必备,百加得 酒伴套装,内含:马天尼红威末酒;马天尼干威末酒;法国灰雁伏特加;42球之下纯味伏特加;法国葫芦绿薄荷酒;百加得超级朗姆酒;孟买蓝宝石金酒;帝王白牌苏格兰威士忌;帝王12年苏格兰威士忌;限时抢购价:198元,抢购地址:http://****.taobao.com
生成二维码

图 10-13 宣传信息

二维码生成器
尺寸调整:
1 2 3 4 5 6 7 8 9
下载保存二维码
返回编辑

图 10-14 生成二维码

4. 手机或平板电脑下载二维码识别软件，安装后打开软件，对准刚制作的二维码进行识别，即可识别出所输入的文本信息了。

5. 识别测试成功后即可把该二维码发至 QQ 群，向同学或朋友宣传推广你的网店了。

如还可以在二维码生成器中选择"类型：网址"，输入网店的地址，生成相应的二维码，通过二维码识别软件扫描该二维码，即可轻松进入手机购物网店。

### ◈知识链接

## 一、二维码的定义

二维码(2-dimensional bar code)，又称二维条码，最早起源于日本，它是用特定的几何图形按一定规律在平面(二维方向)上分布的黑白相间的图形，是所有信息数据的一把钥匙。在现代商业活动中，可实现的应用十分广泛，如：产品防伪/溯源、广告推送、网站链接、数据下载、商品交易、定位/导航、电子凭证、车辆管理等。

## 二、二维码的功能

(1)信息获取(名片、地图、WIFI 密码、资料)。

(2)网站跳转(跳转到微博、手机网站、网站)。

(3)广告推送(用户扫码，直接浏览商家推送的视频、音频广告)。

(4)手机电商(用户扫码、手机直接购物下单)。

(5)优惠促销(用户扫码，下载电子优惠券，抽奖)。

(6)会员管理(用户手机上获取电子会员信息、VIP 服务)。

### ◈分组讨论

1. 中小企业如何开展移动电子商务。

2. 农产品电子商务如何抓住移动互联网普及，智能手机大众化等难得发展的机遇来大力发展移动电子商务。

### ◈业务技能训练

1. 请手机登录"凡客诚品"，体验手机购物。

2. 请为你的网店制作二维码并进行宣传推广。

# 参 考 文 献

[1]宋林林,张润卓.电子商务实务项目教程[M].北京:清华大学出版社,2012.
[2]张传玲.电子商务基础与实务[M].北京:人民邮电出版社,2012.
[3]王冠宁,冯方友.电子商务实务[M].北京:中国水利水电出版社,2012.
[4]夏守慧,池宁.电子商务实务[M].北京:科学出版社,2012.
[5]徐国柱.电子商务实务[M].北京:清华大学出版社,2012.
[6]沈萍.电子商务实务[M].北京:电子工业出版社,2013.
[7]冯英健.网络营销基础与实践[M].3版.北京:清华大学出版社,2007.
[8]冯英健.实用网络营销教程[M].北京:清华大学出版社,2012.
[9]闵敏,吴凌娇.电子商务实用基础[M].北京:清华大学出版社,2005.
[10]宋文官.电子商务概论——理论、实务、案例、实训[M].大连:东北财经大学出版社,2011.
[11]刘真真.农民网络营销之路还有多远?农村大众,2013.
[12]张瑞东,陈亮.农产品电子商务白皮书,2012.
[13]中国互联网络信息中心(CNNIC).第31次中国互联网络发展状况统计报告.
[14]中国互联网络信息中心(CNNIC).2011年中国网络购物市场研究报告.
[15]中国电子商务研究中心.2012年度中国电子商务市场数据监测报告.
[16]中国电子商务研究中心.2012年中国电子商务人才状况报告.
[17]百度.http://www.baidu.com.
[18]谷歌.http://www.google.com.hk.
[19]阿里巴巴.http://www.alibaba.com.cn/.
[20]当当.http://www.dangdang.com.
[21]京东商城.http://www.jd.com/.
[22]新蛋中国.http://www.newegg.com.cn/.
[23]天猫商城.http://www.tmall.com/.
[24]淘宝.http://www.taobao.com.
[25]中国电子商务研究中心.http://B2B.toocle.com/.
[26]招商银行.http://www.cmbchina.com/.
[27]网银在线.https://qianbao.chinabank.com.cn/menu/__home.htm.
[28]支付宝.https://www.alipay.com/6/735226.htm.
[29]58同城网.http://about.58.com/fabu.htm.
[30]新农村商网.http://nc.mofcom.gov.cn.
[31]凡客诚品.http://www.vancl.com.